拾遺録——出土文獻研究

白於藍/著

科学出版社
北京

内 容 簡 介

本書收録作者學術論文三十六篇，依據研究内容，大體可分爲文字考釋、文句解讀、竹簡編聯、古書校讀、古史校考和古器物研究等六個類型。研究材料上至甲從骨文、金文、戰國簡帛和古璽印，下至秦漢簡帛，大體涵蓋了作者二十餘年來所從事研究工作的基本領域。研究方法上，各篇論文嚴格遵守將地下出土新材料與傳世文獻相互印證的“二重證據法”。在出土先秦文獻領域，文字考釋是相關研究的重要基石，因此文字考釋也是本書多數論文的研究重點。

本書可供古文字、出土文獻、中國古代史等領域的學者及相關專業的本科生、研究生閱讀與參考。

圖書在版編目（CIP）數據

拾遺録——出土文獻研究 / 白於藍著. —北京：科學出版社，2017.6

ISBN 978-7-03-053252-7

Ⅰ. ①拾… Ⅱ. ①白… Ⅲ. ①出土文物-文獻-研究-中國 Ⅳ. ①K877.04

中國版本圖書館 CIP 數據核字（2017）第 128416 號

責任編輯：陳　亮　范鵬偉 / 責任校對：鄭金紅
責任印製：張　偉 / 封面設計：天穹教育

科學出版社 出版
北京東黄城根北街 16 號
郵政編碼：100717
http：//www.sciencep.com

北京中石油彩色印刷有限責任公司 印刷

科學出版社發行　各地新華書店經銷

*

2017 年 6 月第　一　版　开本：720×1000　B5
2019 年 6 月第三次印刷　印張：20 1/2
字數：330 000

定價：98.00 元

（如有印裝質量問題，我社負責調换）

目　　録

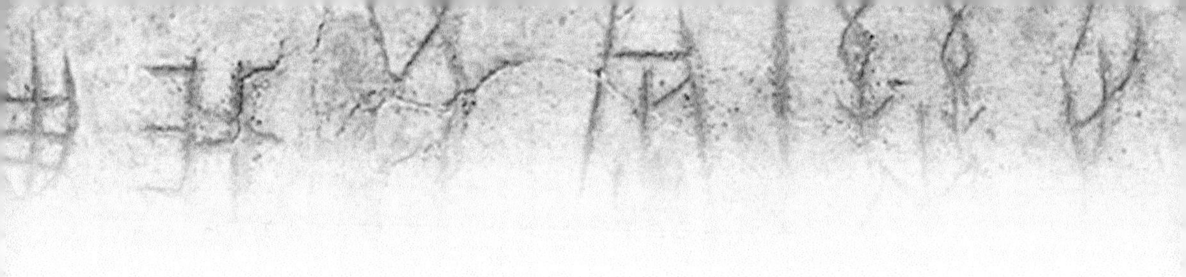

説甲骨卜辭中“南”字的一種特殊用法

一

甲骨文中“南”字很常見，作“[illegible]”“[illegible]”“[illegible]”等形，它們在卜辭中主要有三種用法，一種是用作方位名詞“南方”之“南”，一種是用作祖先名“南庚”之“南”，除這兩種之外，“南”字在卜辭中還有一種特殊用法，就是常用作一種祭物名稱。爲了論述方便，下文以 A 代表甲骨文“南”字原形，以 A1、A2、A3 分别代表甲骨文中“南”字的三種不同用法。

從字形、文義兩方面來看，將 A1、A2 釋爲“南”是没有問題的，但問題是 A3 是否也是“南”字，在古文字學界是有分歧的。本文要討論的就是 A3 的釋法和用法。這裏先把有關 A3 的卜辭釋寫在下面：

（1）貞燎牛又三 A3（《合集》15620）

（2）燎五 A3 十牛（《合集》13751 反）

（3）來癸亥燎三 A3（《合集》1742）

（4）庚戌卜争貞燎于西𡆥一犬一 A3 燎四豕四羊 A3 二卯十牛 A3 一（《英國》1250 正）

（5）貞桒年于王亥𡆥犬一羊一豕一燎三小宰卯九牛三 A3 三羌（《合集》378 正）

（6）燎于東西侑伐卯 A3 黄牛（《合集》14315 正）

（7）貞方帝卯一牛又 A3（《合集》14300）

（8）丁巳卜賓貞燎于王亥十[illegible]卯十牛三 A3 告其比望乘征下[illegible]（《合集》6527）

（9）庚寅豊一牛妣庚𠚤十㞋十牢十 A3（《合集》893 正）

（10）……卜争貞燎𠚤百羊百牛百豕 A3 五十（《英國》1256）

（11）貞燎于高妣己侑 A3𠚤㞋[illegible]卯宰（《合集》710）

（12）甲申卜貞翌乙酉侑于祖乙宰又一牛又 A3（《合集》25）

（13）侑于祖辛八 A3（《合集》1685）

（14）五白牛又 A3（《合集》203 反）

（15）貞𥛃于父乙新 A3 又羊（《合集》2219 正）

（16）貞燎于王亥五牛新 A3（《英國》1175）

（17）貞侑于父乙白豕新 A3（《英國》79）

（18）貞九羌卯九牛新 A3（《合集》360）

（19）貞𠕋妣庚𠬝新 A3（《合集》724 正）

由上引諸例可以看出，A3 在用法上主要具有以下三種特徵：①與犬、羊、豕、豕、牛、牢（或宰）、羌等同爲祭物。②與犬、羊、豕、豕、牛、牢（或宰）、羌等祭物不同，A3 前經常出現“新”字，與“A3”組成“新 A3”一詞。③從祭法上看，“A3”主要是使用“燎”“卯”“𠕋”“侑”等四種祭法。

在甲骨卜辭中，還有一個以“南”爲偏旁的字，常見形體如下：

此字一般用作一期賓組卜辭的貞人名。爲論述方便起見，下文以“B”代表此字。儘管 A3 在字形上與 A1、A2 兩種用法之“南”並無區别，但目前學術界比較一致的看法却是將“A3”釋爲“𡉉”，將“B”釋爲“㱿”。

就筆者所見，最早將“B”釋爲“㱿”的是孫詒讓。孫詒讓在《栔文舉例》一書中首先對甲骨文“南”字作出了正確的釋讀。孫氏云：“疑即南字，與南庚南字作同。”並以甲骨文“南”字字形與《説文》小篆及古文“南”字進行了比較，還與金文盂鼎中之“”“”二形進行了比較[①]。其結論早已爲學術界所接受。但是，孫詒讓却在同書當中又將以其所釋讀出來“南”字爲偏旁的“B”釋爲“㱿”。孫氏云：“今諦審疑當爲㱿字。《説文・殳部》：‘㱿，从上擊下也，从殳𡉉聲。’此从者即殳形，从或作者，𡉉之變，其義當爲縠。”[②]孫詒讓是倡導偏旁分析的第一人，應該説對於自己同一本書中出現如此明顯的相互抵牾的現象是不可能完

① 孫詒讓：《栔文舉例》，1904 年石印本，第 37 頁上。

② 孫詒讓：《栔文舉例》，1904 年石印本，第 7 頁上。

全没有注意到的，但他却對這一現象没有進行過任何解釋。

此後，商承祚、郭沫若、于省吾等多位學者注意到“B”所從與 A1、A2 兩種用法之“南”字形相同，故將之隸作“㪅”[①]。郭沫若並對“南”“㪅”二字字形做了細緻分析。郭氏云：“由字之形象而言（引者按：指南），余以爲殆鐘鎛之類之樂器……以上南字諸異文按之，此（引者按：指㪅）確係从南之字（孫詒讓釋爲㱿字，非也）。字亦象形，乃象一手持槌以擊南，與殸、鼓二字同意。殸作諸形，鼓作若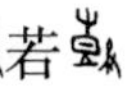，即象持槌以擊殸，持槌以擊鼓，故知㪅與殸鼓必係同類字。又即殸形，即鼓形，則知㪅南同字，而南與殸鼓亦必爲同類……以聲類求之，當即古之鈴字。”[②]此說雖有一定的字形依據，但由於郭氏在論述的過程中以古文字中“南”與“㐭”這兩個完全不同的字强加附會，讀作“鈴”亦與卜辭及典籍中通常所見之祭物名稱不符，因此，唐蘭提出了不同的看法。唐氏云：“據卜辭，方向之南，本無正字，借㱿爲之。後世形聲俱變，遂歧爲二字耳。”[③]又云：“字，孫詒讓氏釋㱿，王國維氏釋㪅，學者多從王氏，今按當從孫氏爲是，或爲，變而爲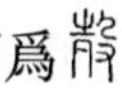，即《說文》㱿字，猶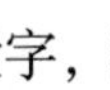變爲，變爲矣。㱿象以殳擊㱿，其聲㱿然，以聲化象意字例之，當從殳㱿聲，然則即㱿字也。㱿字本義，今不可詳，以意度之，當是瞉之本字，以瓦作腔㱿之形，故叩之而殻然也。卜辭字，除用爲南方義外，常用爲祭物……實即㱿字，當讀爲瞉……然則南方之字，本假㱿爲之，無本字也……後世見南方之南，形聲俱變，遂以爲别有專字矣。”[④]唐蘭的看法其實與孫詒讓的觀點並不完全相同。據前引，孫詒讓認爲“A3”也是“南”，只是將“B”釋爲“㱿”，唐蘭則是將“A3”釋爲“㱿”，將“B”釋爲“㱿”。但此說一出，郭沫若隨即放棄舊說，改從唐說，但又有所修正。郭氏云：“㱿舊釋

① 商承祚：《殷虚文字類編》卷 3，決定不移軒 1923 年石印本，第 16 頁。郭沫若：《甲骨文字研究》，上海：上海大東書局，1931 年石印本。于省吾：《雙劍誃殷契駢枝》，北京：北京虎坊橋大業印刷局，1940 年石印本，第 37 頁。

② 郭沫若：《甲骨文字研究·釋南》，上海：上海大東書局，1931 年石印本。1952 年人民出版社版《甲骨文字研究》已去此條，1961 年科學出版社版同人民出版社版。

③ 唐蘭：《殷虚文字記》，北京：北京大學，1934 年石印本，第 89 頁。

④ 唐蘭：《釋四方之名》，《考古學社社刊》1936 年第 4 期，第 2 頁。唐蘭說“王國維氏釋㪅”，但王國維在《戩壽堂所藏殷墟文字》（上海：上海倉聖明智大學，1917 年石印本，第 1 頁）中云：“‘’字卜辭中數見，未詳。”未知唐蘭所說出自何處。

爲南，于用爲祭牲之事苦難解。近時唐蘭始改釋爲青，而讀爲穀。今案釋青是，而讀穀則未爲得。……如‘癸未卜帚鼠㞢（侑）妣己青犬。帚鼠㞢妣庚羊犬。’（《庫》一六〇六）青犬與羊犬對文，則青當是動物名。……余改讀之爲𧰲。𧰲者，《説文》云：‘小豚也，从豖𣪊声。’𣪊則‘从殳青声’，故青可假爲𧰲也。”①郭氏的這一看法亦贏得了唐蘭本人的認可，但又略有修正：“余按郭訂正較余舊讀爲優，惟尚須略加修正。……然則青或𣪊，乃畜子之通稱，不僅小豖也。”②

至此之後，將“B”釋爲“𣪊”，“A3”釋爲“青”，在卜辭中凡用作祭物名稱者均讀作“𧰲”，這一觀點成爲學術界的主流觀點。如張秉權：“這個字經過唐、郭二家互相修正之後的説法，大致説來，可以説已經有了定論。”③李孝定：“至用爲祭牲之名者，郭唐兩氏之説交相修正，最後唐氏謂青之與𣪊卜辭均有用爲祭牲之名者，當讀爲𧰲，有乳子之義，其説塙不可易也。”④姚孝遂：“其作爲祭牲名當是‘𧰲’。《説文》訓‘𧰲’爲‘小豚’。引申爲一切畜子之稱，‘𧰲’爲其孳乳字。”⑤此外，如《甲骨文編》《古文字類編》《漢語古文字字形表》等古文字字形工具書中亦均是采用釋“B”爲“𣪊”的釋法⑥。儘管還有部分學者不同意將“A3”讀作“𧰲”，如于省吾仍堅持唐蘭舊説，主張讀作“穀”⑦，平心認爲當讀作“造”等⑧。但這些看法本身也是建立在“B”即“𣪊”、“A3”即“青”這種釋字觀點的基礎之上的，只是讀法上有所不同。由於這些新的看法難以解釋清所有文句，不具備很强的説服力，因此在學術界也並未形成大的影響。

上面我們簡單回顧了一下這種觀點的形成過程。筆者以爲，儘管這種觀

① 郭沫若：《殷契萃編·殷契萃編考釋》，東京：日本東京文求堂書店，1937年石印本，第165頁。

② 唐蘭：《天壤閣甲骨文存·天壤閣甲骨文字考釋》，北平：輔仁大學，1939年影印本，第51頁。

③ 張秉權：《祭祀卜辭中的犧牲》，《“中央研究院”歷史語言研究所集刊》第38本，1968年，第217頁。

④ 李孝定編述：《甲骨文字集釋》，臺北：“中央研究院”歷史語言研究所，1969年，第2097頁。

⑤ 于省吾主編：《甲骨文字詁林》，北京：中華書局，1996年，第2872頁，姚孝遂“按語”。

⑥ 孫海波：《甲骨文編》，北京：中華書局，1965年，第130頁；高明：《古文字類編》，北京：中華書局，1980年，第83頁；徐中舒主編：《漢語古文字字形表》，成都：四川人民出版社，1981年，第118頁。

⑦ 于省吾：《雙劍誃殷契駢枝三編》，1944年石印本，第16頁。

⑧ 平心：《卜辭金文中所見社會經濟史實考釋》，《中華文史論叢》第1輯，上海：上海古籍出版社，1962年，第17頁。

點似乎已經被學術界所普遍接受，而且看上去似乎能解釋清很多問題，但現在看來，其自身的缺陷恐怕要比它本身所具備的優點還要多，主要表現在以下幾個方面。

首先，從字形上來看，“A3”既與用作“南方”之“南”以及“南庚”之“南”的A1、A2同形，將A1、A2釋爲“南”，却將A3釋爲“青”（同時又將“B”釋爲“殸”），在字形上顯然是自相矛盾的。對於這一點，唐蘭其實也已經注意到了，他說：“孫氏釋爲殸，而釋爲南，則以卜辭每假青爲南方，故有此矛盾也。故分析偏旁，在古文字研究中，雖爲最科學之方法，有時却不免隔閡。必别作歷史研究，始能完善也。”[①]唐蘭一生信奉偏旁分析，因此考釋文字屢有創獲，成績很大，但唯獨在此處則認爲偏旁分析“有時却不免隔閡”，顯然是因其難以自圓其説，竟不惜放棄其所推崇之“最科學之方法”——偏旁分析法。

其次，從字音上來看，“南”與“青”古音並不相近。上古音“南”爲泥母侵部字，“青”“殸”爲溪母屋部字，聲韻都相距很遠。前引唐蘭説“然則南方之字，本假青爲之，無本字也”，實在是很難令人信服的。故李孝定雖力主唐説，亦不得不承認：“唐氏謂南爲瓦制之樂器是也。惟謂南假借爲方向之稱，其音變而爲那含切則較費解。方名之稱，均屬叚借，橐之與東、甾之與西、背之與北，其音近相假之故優有可説，惟苦江切之青，及那含切之南，一在三部江韻，一在七部之覃韻，聲韻似均相遠（《廣韻》青讀苦角切，在覺韻，亦相懸遠），何以得相通叚，豈殷代音讀有别耶？”[②]

再次，從卜辭中此字之用例來看，將“A3”釋爲“青”，讀作“㲉”，解釋爲畜子之通稱，亦有很多弊病。如于省吾指出：“一青、青二、青一、十青、三青，均與牲數相參錯，如讀青爲㲉，㲉亦牲也，同爲一牲，栔文無如此再三複舉之例。”特别是“鬯黍與㲉可言新，牲類無言新之理”[③]。平心亦指出“卜辭有燎新青之辭，畜子或小豕無所謂新舊，尤其是此説很難克服

① 唐蘭：《殷虚文字記》，北京：北京大學，1934年石印本，第94頁。

② 李孝定編述：《甲骨文字集釋》，臺北：“中央研究院”歷史語言研究所，1969年，第2097頁。

③ 于省吾：《雙劍誃殷契駢枝三編》，1944年石印本。

的障礙。”[1]

由此可見，將“A3”釋爲“声”，讀作“穀”，在形、音、義三方面都存在難以克服的問題，是很難令人滿意的。

二

筆者以爲，要對甲骨文中“A3”和“B”有一個正確的認識，首先得對古文字中“声”“殸”和“南”三字的構形要有一個較爲確切的看法。

首先看“声”和“殸”。

《説文》：“（殸），从上擊下也。一曰素也。从殳声聲。”
《説文》：“（声），幬帳之象。从冃，㞢其飾也。”
《説文》：“（冃），重覆也。从冂从一。”

據《説文》，“殸”從“声”聲，而“声”則從“冃”從“㞢”，其中“冃”應即表示“幬帳”之類的覆蓋物，“㞢”則應是其上的裝飾物。

金文中以“殸”爲聲符的字十分常見，如：

殼：（咢侯鼎）
瞉：（瞉作鼎）（召卣）（瞉方尊）（卯簋）
（虢弔作弔殷瞉匜）（般瞉盤）（陳子＝匜）
（瞉父甗）（虢弔尊）

上引諸字的“声”所從之“冃”。除瞉父甗和虢弔尊稍有不同外，其餘諸字則一致作“”，與《説文》“冃”之作“”形體相符。《説文》：“冡，覆也。从冃、豕。”中山王嚳壺中“蒙”字作“”，所從“冃”旁作“”，與前引從“殸”旁諸字比較，所不同者，僅是於“冃”字内加一小横用作飾筆。《説文》：“胄，兜鍪也。从冃由聲。，《司馬法》胄从革。”“胄”字甲骨文作“”[2]，金文作“（豦簋）”“（㦰簋）”，

[1] 平心：《卜辭金文中所見社會經濟史實考釋》，《中華文史論叢》第1輯，上海：上海古籍出版社，1962年。

[2] 從姚孝遂（于省吾主編：《甲骨文字詁林》，北京：中華書局，1996年，第716頁）釋。

所從“冃”旁與前引金文中“殸”“殻”所從之“𠔼”旁形同。中山王嚳壺中“胄”字作“”，所從“冃”旁之内亦加有一小横用作飾筆，則與前中山王嚳壺中“蒙”字所從“𠔼”旁形同。《説文》：“冒，冡而前也。从冃从目。，古文冒。”金文中有“冒”字作“（九年衛鼎）”，“冃”旁之内亦加有一小點用作飾筆。很早就有學者指出，《説文》“冂”“𠔼”“冃”本是一字分化，應當是可信的[①]。

值得注意的是，在戰國楚簡文字當中，“冡”“冒”“曼”[②]“冠”[③]所從之“𠔼（或冂、冃）”旁均演變爲“”形，如：

冡：（望山楚簡 13） （包山楚簡 94）
冒：（包山楚簡 135） （包山楚簡 138）
曼：（郭店楚簡《老子》乙簡 12）
縵：（郭店楚簡《性自命出》簡 45）
冕：（郭店楚簡《成之聞之》簡 7）
冠：（包山楚簡 219） （包山楚簡 231）

而“声”字所從之“𠔼”旁，在戰國楚簡文字當中亦演變作“”形，如：

𣪘：（包山楚簡 135） （包山楚簡 166）
（包山楚簡 191）
轂：（曾侯乙墓竹簡 73） （曾侯乙墓竹簡 120）
（曾侯乙墓竹簡 120）
縠：（包山楚簡 274）

古璽印文字中亦存在同類現象，如：

愲：（《璽匯》1749） （《璽匯》4085）
𣪊：（《璽匯》1819） （《璽匯》5631）

由此可見，“声”所從之“𠔼”旁與“冡”“冒”“曼”“冠”等字所從之

① 丁福保：《説文解字詁林》，北京：中華書局，1988 年，第 7686 頁。
②《説文》：“曼，引也。从又冒聲。”
③《説文》：“冠，絭也。所以絭髮弁冕之緫名也。从冂从元元亦聲。冠有法制，从寸。”

“冂(或冃、冂)”旁具有平行的演化關係，因此《說文》云“吉”字從“冂”顯然是正確可信的。

下面來看“南”字。

《說文》：“(南)，艸木至南方有枝任也。从𣎳羊聲。，古文。”將“南”字分析爲“从𣎳羊聲”，這一點與前舉甲骨文中“南”字作“”“”“”者構形不符。金文中“南”字作：

(啓卣)　(盂鼎)　(鬲攸比鼎)
(盂鼎)　(五祀衛鼎)　(翏生盨)
(無㠱簋)　(無㠱簋)　(兮甲盤)

與甲骨文諸“南”字比較，金文中之“南”字多數多出了“Y”這一部件，並與下面的兩橫相結合，組成類似《說文》所云之“羊”[①]。戰國文字中“南”字亦十分常見，與金文“南”字比較，形體變化不大，作：

(《璽匯》2563)　(《古陶文彙編》3·508)
(包山楚簡153)　(郭店楚簡《唐虞之道》簡25)
(《中國歷代貨幣大系·先秦貨幣》151)

通過字形比較，我們可以看出，“南”字從甲骨文、金文、戰國文字到《說文》小篆，其形體演變一脉相承，而“吉”字自金文到戰國文字再到《說文》小篆，其形體演變亦是一脉相承，兩者絶不相類。因此，“南”與“吉”應是來源不同的兩個字，故甲骨文之“A3”亦只能釋爲“南”，釋爲“吉”缺乏字形依據，而“B”則仍當隸作“㱿”。

三

下面，筆者就卜辭中用作祭物名稱之“南”字談一點自己的看法。我們注意到，卜辭中祭物名稱之“南”與當香酒講之“鬯”字在用法上有很多近似甚至一致的地方，如下面四條卜辭：

① “南”字之從“羊聲”蓋始於周代，大徐本《說文》：“羊，撥也。从干，入一爲干，入二爲羊，讀若能，言稍甚也。”注音“如審切”。徐鍇《繫傳》改“讀若能”爲“讀若飪”，注音“而沈反”。

（1）貞刹南于父乙（《合集》2263 正）
（2）㞢于祖辛刹南（《合集》655 正甲）
（3）貞刹卣于祖乙（《合集》5808）
（4）弓刹卣（《合集》10584）

“南”“卣”二字前均爲“刹”字。雖然目前對“刹”字字義還没有好的解釋，但“刹”僅在“南”“卣”二字前出現，在其他祭物名稱之前則未見使用。

再如前引卜辭中屢見“新南”一詞，而卜辭中“新卣”一詞亦屢見不鮮，如：

（1）其蒸新卣二斗一卣于……（《合集》30973）
（2）辛酉卜王其蒸新卣……（《合集》30974）
（3）于翌日癸蒸新卣王受……（《合集》30975）
（4）其蒸新卣惟……（《合集》30976）
（5）其蒸新卣惟二牛用（《合集》30977）
（6）……新卣其蒸……王……（《合集》30979）
（7）庚寅卜賓貞新卣㞢……（《英國》1209）

作爲祭物名稱，也只有在“南”“卣”“黍”三字前會出現“新”字，在其他祭物名稱之前則未見[①]。“新卣”是指新制之卣酒，“新黍”是指新成熟之黍，一爲手工製作之産物，一爲農業種植之産物。雖都可言“新”，然來源方式不同。前引于省吾仍堅持唐蘭舊説，主張將“A3”讀作“穀”，蓋即認爲“A3”即農業種植之産物，與黍同類。但李孝定從卜辭祭祀方式的角度對此提出批判，指出：“既未聞人類燔燎黍稷以爲食，斷無燔燎百穀以事鬼神之理。”[②]可見，若爲農作物，則與卜辭祭祀方式不符。農作物的可能性既可排除，則“南”很可能和“卣”一樣，是一種經過加工製作之物。若此，“新南”可理解爲新制之“南”。

① “新黍”於卜辭中僅一見，原辭爲“……大貞見（獻）新黍翌……”（《合集》24432 正）。“黍”字作“”，與卜辭常見之“黍”字字形有所不同，此從裘錫圭《甲骨文中所見的商代農業》（《古文字論集》，北京：中華書局，1992 年，第 152 頁）釋。

② 李孝定編述：《甲骨文字集釋》，臺北：“中央研究院”歷史語言研究所，1969 年，第 2536 頁。

從祭祀方式上來考慮，不少學者指出卜辭“南”字前經常出現“燎”“卯”“晉”“侑”諸字，尤其是“卯”字，很多學者理解爲剖牲法[①]，這也是將“南”認定是動物的一則關鍵性依據[②]。其實，這些詞彙也會在“𠫤”字之前出現，如：

（1）丙午卜賓貞燎𠫤（《合集》1506正）

（2）貞燎𠫤㞢豕

貞弓䎽燎𠫤（《合集》1506正）

（3）來庚寅酌享三羊于妣庚晉伐廿𠫤卅宰卅𠬝三多（《合集》22229）

（4）戊寅卜貞氣卜用享二宰晉伐廿𠫤卅宰卅𠬝二多于妣庚三（《合集》22231）

（5）丁酉卜貞王賓文武丁伐十人卯六宰𠫤六卣無尤

丁丑卜貞王賓武丁伐十人卯二宰𠫤……

庚辰卜貞王賓祖庚伐二……卯宰𠫤無尤（《合集》35355）

（6）丙申卜即貞父丁歲侑𠫤一卣（《合集》23227）

（7）癸未卜賓歲侑𠫤（《合集》30336）

綜合以上這些因素考慮，用爲祭物名稱的“南”既是與“𠫤”類型相近的祭物，尋音義以推求，筆者以爲，這類“南”字之字義似可從以下兩方面進行考慮。

第一，讀爲“腩”。“腩”或作“醽”，指干肉或肉羹。《廣雅·釋器》：“腊、腩，脯也。”《説文》：“脯，乾肉也。”《玉篇·肉部》：“腊，乾肉也。”《周禮·天官·腊人》：“腊人掌乾肉，凡田獸之脯腊膴胖之事。凡祭祀，共豆脯，薦脯、膴胖，凡腊物。賓客、喪紀，共其脯腊，凡乾肉之事。”《集韻·感韻》：“腩，䐶也。或从酉。”《説文》：“䐶，肉羹也。”《玉篇·酉部》：“醽，煮也。或作腩。”

第二，讀作“醓”，亦即《説文》之“盬”“肬”。上古音“南”爲泥

---

① 于省吾主編：《甲骨文字詁林》，北京：中華書局，1996年，第3438頁。

② 李孝定：“𠫤既言卯，則必爲牲名可知。”（《甲骨文字集釋》，臺北：“中央研究院”歷史語言研究所，1969年，第2097頁）姚孝遂：“卜辭用爲祭牲者，或言‘卯’、或言‘晉’，其不能是‘縠’甚明。”于省吾主編：《甲骨文字詁林》，北京：中華書局，1996年，第2872頁。

母侵部字，“醓”爲透母侵部字。聲母同爲舌頭音，韻則叠韻，古音十分接近，例可相通。《説文》云“南”從“羊聲”，此説雖未見符合古文字中“南”字之構形，但至少説明“南”“羊”音近。《廣雅·釋詁一》：“扰，刺也。”朱駿聲《説文通訓定聲》：“扰，假借爲羊。”[①]醓、扰俱從冘聲。“醓”字古指肉汁或肉醬。《説文》：“䀌，血醓也。从血肬聲。《禮記》有䀌醓，以牛乾脯粱䊦鹽酒也。”《説文》：“肬，肉汁滓也。”王筠《句讀》：“此醓之古字也。”段玉裁《説文解字注》：“醓醢，正字當作肬，謂多肉汁之醢也。”《詩·大雅·行葦》：“醓醢以薦，或燔或炙。”鄭玄《箋》：“薦之禮，韭菹則醓醢也。”陸德明《釋文》：“醓，肉醬也”《周禮·天官·醢人》：“朝事之豆，其實韭菹醓醢。”鄭玄《注》：“醓，肉汁也。”

以上兩種解釋到底哪一種才是甲骨文中用爲祭物名稱的“南”字之本義，目前尚難論定。但是，由於以上兩種解釋均與肉有關，故筆者推測祭物名稱之“南”很可能是一種肉類製品。甲骨文每省略量詞，以前引“㞢”字爲例，就經常有“數詞+㞢”或“㞢+數詞”的用例，如：

（1）癸巳卜㱿貞燎物牛又五㞢（《合集》15616）

（2）弜用廿㞢（《合集》30914）

（3）乙丑酌禦于妣庚伐廿㞢卅（《合集》22227）

（4）……亥貞王侑百㞢百牛（《合集》32044）

故前引辭例當中存在“數詞+南”或“南+數詞”的用例也是不足爲奇的。

還有一個值得注意的現象，就是㞢、南似乎是兩種不能同時使用的祭物，這是因爲在筆者所見卜辭當中，除了以下兩辭之外，再未發現這兩種祭物同時出現在一條卜辭當中的用例。這兩條卜辭是：

（1）上甲㞢南

弜南（《屯南》2417）

（2）……卜大……甲寅……㞢……南……（《英國》1971）

---

①《説文》：“羊，撖也。”《説文》：“撖，刺也。”朱駿聲的看法當屬有據。

即使是這兩條卜辭，也不見得就是兩種祭物同時使用，而是各有其特殊情況，如第一條，很可能應讀作：“上甲𠀠？南？”是指對上甲的祭祀該使用“𠀠”還是“南”進行發問，所以下面的一辭就説“弜南”，即不要用“南”。如此一來，則“𠀠”與“南”仍未同時使用。至於第二條卜辭，上面雖依據《殷墟卜辭綜類》和《殷墟甲骨刻辭類纂》寫出其釋文①，但該版甲骨因殘損嚴重（圖 1），所以在讀法上本身就可能存在問題，很可能不是一條卜辭。如果𠀠與南在商代祭祀中確實不能同時使用，更可説明兩者關係密切，但其原因尚待今後進一步研究。

圖 1　《英國》1971

四

下面，筆者就“𡉉”字之構形及相關諸字再談一點自己的看法。

應侯視工簋銘文中有字作“□”，與前引㝅父甗和虢弔尊之“㝅”字形同。裘錫圭指出其“所從聲旁作□，與‘殼’所從的‘壳’（引者按，‘殼’與‘壳’應即‘㱿’與‘𡉉’）有異。《説文》‘屋’字古文作□，亦以此字爲聲，疑此字即‘幄’之初文。也可能‘屋’與‘幄’本由一字分化”②。何琳儀、吴紅松進而指出“‘幄’、‘屋’二字相通”，古文“屋”字“應是從‘𡉉’，從‘至’，‘𡉉’亦聲的會意兼形聲字”，“下從‘至’，會人至居處之意，即《説文》‘居也’”。“‘𡉉’與‘屋’應爲一組同源字，即‘屋’是由‘𡉉’分化而來”③。這些看法都有一定道理，但亦都有可商之處。

筆者以爲，“𡉉”實即“幄”字之象形本字。從字音上看，上古音“𡉉”爲溪母屋部字，“幄”爲影母屋部字，讀音很近。從字義上看，《説文》：“𡉉，幬帳之象。”而“幄”字古亦指帷帳。《左傳・襄公二十四年》：

---

①〔日〕島邦男：《殷墟卜辭綜類》，東京：汲古書院，1971 年，第 415 頁；姚孝遂主編：《殷墟甲骨刻辭類纂》，北京：中華書局，1988 年，第 1109 頁。其中，《殷墟卜辭綜類》所引甲骨號爲舊著録《金》59，與《殷墟甲骨刻辭類纂》所引《英國》1971 爲同一版。

② 裘錫圭：《應侯視工簋補釋》，《文物》2002 年第 7 期，第 74 頁。

③ 何琳儀、吴紅松：《説屋》，《語言》第 4 卷，北京：首都師範大學出版社，2003 年，第 164 頁。

“二子在幄。”杜預《注》：“幄，帳也。”《史記·齊太公世家》：“子我在幄。”裴駰《集解》引杜預曰：“幄，帳也，聽政之處也。”《廣韻·覺韻》：“幄，大帷。”《小爾雅·廣服》：“覆帳謂之幄。幄，幕也。”從字形上看，《説文》：“𠀠，幬帳之象。从冂，㞢其飾也。”段《注》：“巾部曰：‘幬，襌帳也。’‘帳，張也。’幬帳所以覆也。帳必有飾。凡豈、鼓右皆象垂飾。”徐鍇《説文解字繫傳》更直接指出：“㞢象其幄上飾形，非之適之字 。”可見，將“𠀠”理解爲“幄”字之象形本字，或者説“幄”即“𠀠”字之後起形聲字，從形音義三方面都可以講得過去。

《説文》：“屋，居也。从尸。尸，所主也。一曰尸象屋形。从至。至，所至止。室、屋皆从至。，籀文屋从厂。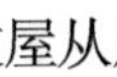，古文屋。”許慎據小篆訛變形體分析字形，故字形分析不可據。前引裘文指出“可能‘屋’與‘幄’本由一字分化”，這是有道理的。《詩·大雅·抑》：“尚不愧于屋漏。”鄭玄《箋》：“屋，小帳也。”《周禮·天官·幕人》：“掌帷、幕、幄、帟、綬之事。”鄭玄《注》：“四合象宫室曰幄，王所居之帷也。”《釋名·釋床帳》：“幄，屋也。以帛衣板施之，形如屋也。”《集韻·覺韻》：“幄，亦作屋。”《墨子·節葬下》：“車馬藏乎壙，又必多爲屋幕。”孫詒讓《閒詁》：“《非攻》中篇亦作幄。幄，俗字，古止作屋。”徐灝《説文解字注箋》：“蓋屋即古幄字。”可見，“幄”“屋”很可能同源。若此，則前引何琳儀、吴紅松所説“‘𠀠’與‘屋’應爲一組同源字，即‘屋’是由‘𠀠’分化而來”也應當是正確的。

問題是“屋”字後世爲何從“至”。前引《説文》云“从至。至，所至止。室、屋皆从至”。關於“室”字，大徐本《説文》云“室，實也。从宀从至。至，所至止也”。將“室”字理解爲會意字。徐鍇《繫傳》：“室，實也。從宀至聲。室、屋皆從至，所止也。”則將“室”理解爲會意兼形聲字。段玉裁《説文解字注》、王筠《説文句讀》及朱駿聲《説文通訓定聲》皆從小徐本。按，《説文》以“所至止”來解釋“屋”“室”之所以從“至”實極爲牽强。上古音室爲書母質部字，至爲章母質部字，聲母同爲舌上音，韻則叠韻。故“室”完全可以理解爲一個從宀至聲的形聲字，而不必用會意字或會意兼形聲字解釋之。考《説文》之所以一定要强調“室”字之“至，所至止也”，固是因爲“屋”字之亦從“至”，實在難以解釋，而必須從會意的角度才可自圓其説。

按，《説文》“屋”字古文作“”，古璽當中又有字作“”（《璽匯》3143），學術界亦都釋爲“屋”。前引㱿父甗、虢弔尊和應侯視工簋“㱿”字作“”“”“”，所從“”旁與“”“”上部所從相同。前引裘先生文亦注意到此點，故云“《説文》‘屋’字古文作，亦以此爲聲，疑此字即‘幄’之初文”。這一看法應當是正確的。但又云“所從聲旁作，與‘殼’所從的‘壳’（引者按，‘殼’與‘壳’應即‘㱿’與‘肓’）有異”，似不主張將“”釋爲“肓”，則恐未確。首先，前引金文之“㱿”字或從“”，或從“”，即説明“”很可能亦是“肓”。其次，“”旁下部從“冃”，“”旁下部從“宀”。《説文》：“冃，重覆也。”《説文》：“宀，交覆深屋也。象形。”前文已論“肓”實即“幄”字象形本字，而“‘屋’與‘幄’本由一字分化”，故“肓”字下部所從由“重覆也”之“冃”演變爲“交覆深屋”之“宀”表義正可體現“肓”即“幄（或屋）”字之象形初文，本質上並不矛盾。𩰫匜有字作“”“”“”，散氏車父壺有字作“”，散車父壺有字作“”。所從“肓”旁下部變作從“广”。《説文》：“广，因广爲屋。象對剌高屋之形。”可見，“广”亦與“屋”相關，故“肓”亦可從“广”。

“”“”上部既亦從“肓”，而上古音屋爲影母屋部字，肓爲溪母屋部字，古音十分接近，故何琳儀、吴紅松文即指出古文“屋”字本從“肓”聲，顯然是可取的。但他們分析古文“屋”字爲“應是從‘肓’，從‘至’，‘肓’亦聲的會意兼形聲字”，“下從‘至’，會人至居處之意，即《説文》‘居也’”。似仍未允當。筆者以爲，“”實應分析作從室從肓，肓亦聲，其中“室”字上部所從之“宀”與“肓”下部所從之“宀”發生借筆關係。九店楚簡當中有“營室”合文作“”（簡78），有學者指出中間所從之“宀”旁亦屬公用，則與此同例①。《詩·唐風·葛生》：“歸於其室。”毛《傳》：“室，猶居也。”《説文》：“屋，居也。”段玉裁《注》：“屋，室之覆也。”可見，“室”字實可用作“屋”字之表義偏旁。

---

① 李守奎：《江陵九店56號墓竹簡考釋四則》，《江漢考古》1997年第4期，第69頁；湖北省文物考古研究所、北京大學中文系：《九店楚簡》，北京：中華書局，2000年，第128頁。

《説文》：“臺，觀。四方而高者。从至从之从高省，與室、屋同意。”“與室、屋同意”，各家都認爲是指“臺”下亦從“至”，與“室”“屋”相同，亦即所謂“至，所至止也”[①]。徐鍇《繫傳》將“臺”字分析作“從至，高省，與室、屋同意，之聲”。按，《繫傳》指出“臺”字是從“之”聲，這是很有見地的意見，但説“從至，高省”則仍未確。郭店楚簡《老子》甲有“九成之臺”語，其中“臺”字作“”，上部正從“之”。上古音臺爲定母之部字，之爲章母之部字，古音十分接近，故《繫傳》云“臺”從“之”聲顯然是正確的。“”字下部從“室”。《説文》：“臺，觀。”《左傳・僖公五年》：“遂登觀臺以望。”杜預《注》：“臺上構屋，可以遠觀者也。”故“臺”字以“室”表義亦顯然是合適的。以“臺”字之從“室”表義類推，則“屋”字之從“室”表義亦完全可以理解。望山二號墓楚簡中又有一字作“”（簡 15），整理者釋爲“屋”[②]，顯然是正確的。以此“”字與“”字比較，則“屋”字之本從“室”表義愈顯。

附帶再解釋一個字。古璽印文字中屢見一人名用字，作如下諸形：

《璽匯》0919　《璽匯》3783　《璽匯》0425

該字從高（或省）從上没有問題，或隸定作“亯”。筆者認爲，就字形分析而言，此字不外乎兩種解釋。第一種是從上高聲。第二種是從高上聲。若按第一種解釋，則此字很可能是“高”字異構。《説文》：“上，高也。”故此字從“上”可以理解爲追加之義符。若按第二種解釋，則此字似即“堂”字。堂、高義近。《禮記・檀弓》：“吾見封之若堂者矣。”鄭玄《注》：“堂形四方而高。”《文選・張衡〈西京賦〉》：“刊層平堂。”李善《注》引宋衷《太玄經》注曰：“堂，高也。”《楚辭・七諫・謬諫》：“雞鶩滿堂壇兮。”王逸《注》：“高殿敞揚爲堂。”《釋名・釋宫室》：“堂，猶堂堂，高顯貌也。”即其例。《説文》：“高，小堂也。从高省，同聲。”訓“小堂也”之“高”正“从高省”表義。《説文》：“堂，殿

① 丁福保：《説文解字詁林》，北京：中華書局，1988 年，第 11547 頁。

② 湖北省文物考古研究所、北京大學中文系：《望山楚簡》，北京：中華書局，1995 年，第 109 頁。

也。从土尚聲。，古文堂，，籀文堂从高省。”籀文“堂”亦正從“高”。可見“堂”可從“高”表義。《説文》云“堂”從“尚聲”，上、尚音同義通，故“堂”亦當可從“上”表音。考慮到漢字中幾乎看不到從“上”表義的字，則上引諸字似以釋“堂”的可能性較大①。或許還有第三種解釋，即該字亦可能是“尚”字異構。《廣雅·釋詁四》：“尚，高也。”則“尚”亦可從“高”表義。但古璽中另有“尚”字，作“”（《璽匯》1075）、“”（《璽匯》4081）等形，中山器亦有“尚”字作“”，則上引諸字再釋爲“尚”似不太合適。

編按：阜陽漢簡《春秋事語》二號木牘章題三有“晉平公築施祁之臺”語，與《説苑·辨物》二十四章“晉平公築虒祁之室”相當（韓自强：《阜陽漢簡〈周易〉研究》，上海：上海古籍出版社，2004年，第185頁）。可證“臺”與“室”字義相關。

① 《説文》“上”部下有“帝”“旁”二字，但就古文字的實際情況來看，此二字實均不從“上”。

師永盂新釋

師永盂是西周中晚期青銅器中的重器，1969 年出土於陝西藍田濱湖鎮，銘文共計 121 字，内容涉及土地轉讓。該器自公佈以來，先後經唐蘭、陳邦懷、吴鎮烽、戚桂宴、李學勤、裘錫圭等多位先生研究，銘文整體内容已基本明確。筆者此文，擬在諸家研究的基礎上，對銘文當中的“厥”字及斷句問題作一探討，同時對涉及土地轉讓的銅器銘文中的個别字句作一簡要分析。不當之處，敬請方家指正。

就筆者所見，最早對該器銘文進行綜合整理研究的是唐蘭，經其整理的釋文如下：

> 唯十有二年初吉丁卯，益公入即命于天子。公乃出厥命，錫畀師永厥田陰陽洛疆眔師俗父田。厥眔公出厥命，邢伯、榮伯、尹氏、師俗父、遣仲。公乃命鄭司徒圅父、周人司工居、敔史、師氏、邑人奎父、畢人師同，付永厥田。厥率□厥疆宋句。永拜稽首，對揚天子休命。永用作朕文考乙公尊盂。永其萬年孫=子=永其率寶用。①

此後不久，唐蘭又在另一篇文章中指出“厥率□厥疆宋句”之“率”下殘字當釋爲“舊”，是人名，並將該句重新斷讀爲“厥率舊，厥疆宋句”，解釋爲“分田的事，率領者是舊，定疆界的是宋句”②。與唐蘭同刊同期發表的還有陳邦懷的一篇研究文章，陳先生引一位學者的看法亦將“厥率□厥疆宋句”之“率”下殘字釋爲“舊”，認爲“‘率舊’和《詩經》‘率由舊章’的意思一樣”，同時指出本句是説“率舊定錫田的疆界”③。現在看來，這些看法都是有問題的。

---

① 唐蘭：《永盂銘文解釋》，《文物》1972 年第 1 期，第 58 頁。

② 唐蘭：《〈永盂銘文解釋〉的一些補充——並答讀者來信》，《文物》1972 年第 11 期，第 53 頁。

③ 陳邦懷：《永盂考略》，《文物》1972 年第 11 期，第 57 頁。

1975年陝西省岐山縣董家村出土了五祀衛鼎，鼎銘有“帥履裘衛厲田四田”語。吴鎮烽、戚桂宴、李學勤和裘錫圭等多位先生均據此指出本銘“厥率□厥疆宋句”之“率”下殘字當釋爲“履”。其中吴鎮烽説“履”即踏踐之義，這裏指的是踏勘田界[①]。戚桂宴説“率履”是周代勘核界内土地面積的用語[②]。李學勤説“履”和“步”同義，是度量的意思。土地轉讓，必須實地度量，標識地界，這一工作稱爲“履”[③]。裘錫圭則引清人許瀚説“履猶今言踏勘正疆界也”[④]。按，以上諸位先生將“率”下缺字釋爲“履”，可信，將之解釋爲與土地度量有關的踏勘田界的意思亦可從。

關於“厥率履厥疆宋句”這句話該如何解釋的問題。戚桂宴把“乒疆宋句”和“疆眔師俗父田”等同看待，認爲是同屬王所賜之田的兩條疆界[⑤]。依前引戚氏對“率履”一詞的解釋，則戚氏似認爲本句中“率履”的是宋句的這條疆界。吴鎮烽則將這句話解釋爲“率領踏察勘定田界的是宋句”[⑥]。

按，戚桂宴的説法不確。銘文前面僅説“疆眔師俗父田”，未見有關宋句這條疆界的任何記録，而且也不可能在“率履”時不提及與師俗父田相鄰的那條疆界，却提到一條前文未見的疆界，這在情理上是説不過去的，故其説爲學術界所不取。目前比較流行的是上引吴鎮烽的解釋，如裘錫圭就認爲吴鎮烽的解釋“完全正確”，並説：“師永所受的田是周王賞賜的，主持踏勘田界的宋句，大概跟遣仲等人一樣，也是直屬朝廷的一個王官。大簋記膳夫豖‘以嬰履大錫里’，豖也是以王官的身份主持踏勘田界的工作的。如果不提嬰的話，就可以説‘豖率履大錫里’。”[⑦]

筆者認爲，吴鎮烽的解釋恐亦可商榷。若依其説，“厥率履厥疆宋句”這句話的語法結構就得理解爲主語後置，首字“厥”就得理解爲無意義的句首助詞或副詞，第二個“厥”字則應理解爲代詞，指代周王所賜之田地（詳

① 吴鎮烽：《金文研究劄記》，《人文雜誌》1981年第2期，第93頁。

② 戚桂宴：《永盂銘殘字考釋》，《考古》1981年第5期，第448頁。

③ 李學勤：《西周金文中的土地轉讓》，《光明日報》，1983年11月30日。

④ 裘錫圭：《西周銅器銘文中的“履”》，《甲骨文與殷商史》第3辑，上海：上海古籍出版社，1991年，第427頁。

⑤ 戚桂宴：《永盂銘殘字考釋》，《考古》1981年第5期。原文中將“句”釋爲“迿”。

⑥ 吴鎮烽：《金文研究劄記》，《人文雜誌》1981年第2期。

⑦ 裘錫圭：《西周銅器銘文中的“履”》，《甲骨文與殷商史》第3辑，上海：上海古籍出版社，1991年。

見下文）[1]。本銘另見“厥罘公出厥命，邢伯、榮伯、尹氏、師俗父、遣仲”語，亦見有兩個“厥”字，除前引陳邦懷認爲首字“厥”仍是句首助詞外，目前一般的解釋是首字“厥”指代“邢伯、榮伯、尹氏、師俗父、遣仲”等，而第二個“厥”則指代周王[2]。如此一來，本銘中的“厥”字至少存在四種不同的用法，實在太不固定。遍查西周金文，尚未見在同篇銘文當中“厥”字用法會如此不固定。

本銘中“厥”字共出現七例，其中前兩處出現在“公乃出厥命，錫畀師永厥田陰陽洛，疆罘師俗父田”這句話當中，而這兩個“厥”字無疑是指代周王。如果再將前引“厥罘公出厥命”中的第二個“厥”字及“付永厥田”之“厥”字考慮進來，則本銘中至少有四個“厥”字無疑都是古漢語中“厥”字的通常用法——用作“其”，均是指代周王。其實，如果我們能夠放棄成見，將本篇銘文中的前六個“厥”字都理解爲周王，將第七個“厥”字理解爲周王所賜之田地，則整篇銘文就可重新斷讀爲：

> 隹（唯）十又二年初吉丁卯，益公内（入），即命于天子。公迺（乃）出氒（厥）命，易（賜）畀師永氒（厥）田湌（陰）昜（陽）洛，彊（疆）罘師俗父田。氒（厥）罘公出。氒（厥）命井白（伯）、榮白（伯）、尹氏、師俗父、遣中（仲）；公迺（乃）命奠（鄭）嗣（司）土（徒）囚（昷）父、周人嗣（司）工眉（殿）、敓史、師氏、邑人奎父、畢人師同。付永氒（厥）田，氒（厥）逹（率）履氒（厥）彊（疆）、宋句。永拜韻（稽）首，對揚天子休命，永用乍（作）朕文考乙白（伯）障（尊）盂，永其邁（萬）年孫=子=永其逹（率）寶用。[3]

下面，筆者依此新釋文對銘文中的相關語句加以解釋。

① 陳邦懷（《永盂考略》，《文物》1972年第11期）認爲首字“厥”是句首助詞，張世超等編撰的《金文形義通解》（京都：中文出版社，1996年，第2929頁）認爲是副詞。

② 唐蘭：《永盂銘文解釋》，《文物》1972年第1期；馬承源：《商周青銅器銘文選》第3卷，北京：文物出版社，1988年，第141頁。

③ “敓史”之“敓”從張亞初、劉雨《西周金文官制研究》（北京：中華書局，1986年，第32頁）、張亞初《〈殷周金文集成〉引得》（北京：中華書局，2001年，第434頁）隸定。“朕文考乙白（伯）”之“白（伯）”字從馬承源《商周青銅器銘文選》第3卷（北京：文物出版社，1988年，第141、142頁）、中國社科院考古研究所編《殷周金文集成釋文》第6卷（香港：香港中文大學中國文化研究所，2001年，第187頁）釋讀。

公迺（乃）出氒（厥）命，易（賜）畀師永氒（厥）田湆（陰）昜（陽）洛，彊（疆）眔師俗父田：益公發佈周王的命令，賜予師永周王在陰陽洛之田，（這塊田地的）田界是與師俗父之田接壤。此時益公發佈命令的對象就是師永一人，就好比大簋銘文中“王乎（呼）吴師召大易（賜）趛睽里”一樣，是周王先令吴師將大召來後宣佈賜給他“趛睽里”，亦僅對大一人發佈王命。土地轉讓需履行具有一定法律意義的程序，將被賜人召來後宣佈賞賜，應是周王賞賜土地時所應履行的法律程序中的第一道程序，即令被賜人知道被賞賜，而且令其知曉所賜土地的大體位置[①]。

氒（厥）眔公出：周王和益公同時出宮。此“出”字是與前“益公内（入），即命于天子”之“内（入）”相對而言。

氒（厥）命井白（伯）、檠白（伯）、尹氏、師俗父、遣中（仲）：周王向井伯等發佈命令。這應是所需履行的法律程序中的第二道程序，即令井伯等王朝中的執政大臣們知道此事[②]，以獲得合法的認可。從身份地位上來講，“井白（伯）”等的社會地位顯然要較後面提到的“奠（鄭）嗣（司）土（徒）囚（昷）父”等爲高，所以周王親自下達命令。

公迺（乃）命奠（鄭）嗣（司）土（徒）囚（昷）父、周人嗣（司）工眉（殿）、㪤史、師氏、邑人奎父、畢人師同：益公（在周王向井伯等發佈命令之後）才向奠（鄭）嗣（司）土（徒）囚（昷）父等下達命令。這應是所需履行的法律程序中的第三道程序，即令奠（鄭）嗣（司）土（徒）囚（昷）父等地方官員知道並參與此事[③]。

付永氒（厥）田：可以理解爲是表示時間的説法，即正式交付師永其（周王的）田地之日。同樣是涉及土地轉讓的衛盉銘文在記述“伯邑父、燮伯、定伯、琼伯、單伯乃令參有嗣：嗣土（徒）㣲（微）邑、嗣馬單旟、嗣工（空）邑人服”之後有“眔受（授）田”語，而五祀衛鼎在記述“乃令參有嗣=（嗣：

① 李學勤：《西周金文中的土地轉讓》，《光明日報》，1983年11月30日；李零：《西周金文中的土地制度》，《學人》第2輯，南京：江蘇文藝出版社，1992年，第247頁；楊寬：《西周史》，上海：上海人民出版社，1999年，第215頁。

② 井伯等爲王朝中的執政大臣，采用李學勤（《西周金文中的土地轉讓》，《光明日報》，1983年11月30日）、楊寬（《西周史》，上海：上海人民出版社，1999年）的説法。

③ 奠（鄭）嗣（司）土（徒）囚（昷）父等爲地方官員，采用李學勤（《西周金文中的土地轉讓》，《光明日報》，1983年11月30日）的説法。

嗣）土（徒）邑人趙、嗣馬頻人邦、嗣工（空）隆矩、内史友寺芻（？）”之後有“邦君厲眔付裘衛田”語，九祀衛鼎則在相關記載之後有“眔受（授）”語。筆者認爲，“眔受（授）田”“邦君厲眔付裘衛田”和“眔受（授）”除字面意思之外，均還表示有正式交付土地的時間這一層含義在内。

氒（厥）達（率）履氒（厥）彊（疆）、宋句：這句話涉及兩個“氒（厥）”字。其中第一個“氒（厥）”字，應當亦指周王。據相關土地轉讓銘文的記載，可知在正式轉讓土地的當日，土地的原所有者一般都要親臨現場進行勘察，如格伯簋銘文中有如下一段記載：

> 格白（伯）履殹妊彶（及）仡。氒（厥）從格白（伯）安（按）彶甸殷，氒（厥）紉雩谷杜木、遼谷旅桑，涉東門。氒（厥）書史戠武立畫（舌）成壁。

格伯簋這段文字中共記有三個“氒（厥）”字，所指代無疑應該就是將土地轉讓給格伯的倗生[①]。説明作爲土地的原所有者倗生，是親臨現場進行了勘察的。這與大簋銘文的情況有所類似，又有所不同。大簋中是周王將本屬趛睽的土地轉讓給大，並命令善夫冢代辦，所以周王無需到場，而只需“冢以（與）睽履大易（賜）里”，即由冢和趛睽勘履大所賜之里。但由此亦可看出，“趛睽”作爲土地的原所有者，亦是親臨現場勘察的。以此爲依據，將“氒（厥）達（率）履氒（厥）彊（疆）、宋句”中第一個“氒（厥）”理解爲田地的原所有者周王亦十分恰當[②]。

至於第二個“氒（厥）”字，應當是指代周王所賜之田地。這一看法可從五祀衛鼎銘文中得到證實，其銘文如下：

> 氒（厥）逆（朔）彊（疆）眔厲田，氒（厥）東彊（疆）眔散田，氒（厥）南彊（疆）眔散（？）田、眔政父田，氒（厥）西彊（疆）眔

---

① 格伯簋中格伯爲受田方，采用李學勤（《西周金文中的土地轉讓》，《光明日報》，1983年11月30日）、裘錫圭《釋“叓”》（廣東炎黄文化研究會等編：《容庚先生百年誕辰紀念文集（古文字研究專號）》，廣州：廣東人民出版社，1998年，第153頁）的説法。

② 散氏盤銘文中土地糾紛的雙方在履田之時均有人參與，其中散氏一方出10人，夨方出15人。五祀衛鼎銘中邦君厲是土地原所有者，裘衛是土地接受者，裘錫圭（《西周銅器銘文中的“履”》，《甲骨文與殷商史》第3辑，上海：上海古籍出版社，1991年）指出“履田之時，邦君厲和裘衛雙方無疑都是有人參加的”。至於此二器中土地的原所有者是否親自參與履田，銘文記載不明確。

厲田。

五祀衛鼎這段文字講述的是邦君厲轉讓給裘衛田地的四界，而其中的四個“氒（厥）”字所指代的顯然就是將要轉讓的田地。包山楚簡 154 號中又有如下一段文字：

王所舍新大廄以啻蔵之田，南與郚君執疆，東與蔆君執疆，北與鄝昜執疆，西與鄱君執疆。

這段文字與前引五祀衛鼎銘文十分近似，但表述得更爲清楚，所謂“南與郚君執疆，東與蔆君執疆，北與鄝昜執疆，西與鄱君執疆”就是王所賜新大廄之啻蔵之田的四界。可見“厥逹（率）履厥彊（疆）、宋句”之第二個“厥”字應當是指代周王所賜師永之田地。

關於“逹（率）履”，前引吴鎮烽等指出即五祀衛鼎“帥履裘衛厲田四田”之“帥履”，正確可從。但過去學者多將“逹（率）履”之“逹（率）”解釋爲率領，筆者認爲不確。五祀衛鼎原銘文如下：

井白（伯）、白（伯）邑父、定白（伯）、琼白（伯）、白（伯）俗父乃顜，事（使）厲誓。乃令參有𤔲₌（𤔲：𤔲）土（徒）邑人趙、𤔲馬頚人邦、𤔲工（空）隆矩、内史友寺芻（？），帥（率）履裘衛厲田四田，乃舍寓（宇）於厥邑。

若將其中的“帥（率）”解釋爲率領，顯然不很合適，因爲銘文中看不出是誰在具體率領。筆者認爲此二器銘之“率”字均當訓爲“循行”。《詩·大雅·綿》：“率西水滸。”毛《傳》：“率，循也。”鄭《箋》：“循西水厓沮、漆水側也。”《爾雅·釋詁上》：“率，循也。”郭璞《注》：“循行。”“率履”即循行勘履。五祀衛鼎中循行勘履者應該就是井伯等所命的三有司之𤔲徒邑人趙等，當然“邦君厲和裘衛雙方無疑都是有人參加的”，而本銘“厥逹（率）履”則是説周王親自循行勘履。

至於“宋句”，筆者認爲並非人名，其他青銅器銘文中也未見有“宋句”其人[①]。此處之“宋句”應當是和“彊”一樣，也是“履”的對象，當讀作“塍溝”。

上古音宋爲心母冬部字，塍從朕聲，朕爲定母侵部字。從韻部上來講，上古音冬、侵合韻，關係密切。井侯簋中有“朕臣天子”語，在梁其鐘中作“農臣天子”，上古音農爲泥母冬部字，即其例。從聲母上來講，宋爲齒頭音，朕爲舌頭音，看似有一定距離，但可以疏通。前引井侯簋中之“朕臣天子”，在頌鼎、追簋、克盨、梁其鼎等中亦作“畯臣天子”，畯字聲母爲精母，爲齒頭音。郭店簡《尊德義》之“尊”作“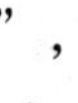”，從灷聲[②]。尊字聲母亦爲精母，爲齒頭音。《説文》：“倴，送也。从人灷聲……古文以爲訓字。”朕、倴俱從灷聲，訓則從川聲，而同從川聲的馴、紃俱爲邪母，亦爲齒頭音。《禮記·緇衣》：“則民有孫心。”上博簡《緇衣》“孫”作“㡭”。朕、㡭俱從灷聲，而“孫”字聲母爲心母，仍爲齒頭音。可見，從灷聲之字古多可與齒頭音之字相通。《説文》：“宋，居也。从宀从木。讀若送。”而送則從灷聲[③]，此是宋可讀作塍的直接證據。

上古音句、溝俱爲見母侯部字，音近可通。《荀子·非十二子》：“世俗之溝猶瞀儒。”楊倞《注》：“溝讀爲怐。”《史記·滑稽列傳》：“若親有嚴客，髡帣韝鞠䠋，侍酒於前。”朱駿聲《説文通訓定聲》：“[帣韝]猶卷句也。”《周易·睽》：“婚媾，往，遇雨則吉。”阜陽漢簡本媾作冓，上博簡本媾作佝。《詩·召南·草蟲》：“亦既見止，亦既覯止，我心則説。”郭店簡本《五行》篇引此詩覯作詢，馬王堆帛書本《五行》篇覯作鉤。可見，句可讀作溝。

塍指田間土堆，即田埂。《説文》：“塍，稻田中畦埒也。”[④]《文選·

---

① 在涉及土地轉讓的吴虎簋銘文中有“氒𣅀（俱）履弄（封）：豐生、雍毅”語，或許有學者會以此爲依據，認爲“宋句”是人名。但筆者認爲吴虎簋銘文所記情況與本銘文有所不同，吴虎簋銘文前面有“王令善夫豐生、嗣工雍毅䰜（申）剌（列）王令：□吴□舊彊付吴虎”語，可見豐生和雍毅二人在那次土地轉讓的過程中所充當的角色是與本銘文中的益公相當。也就是説，如果本銘文中“氒（厥）達（率）履氒（厥）彊（疆）”之後所記是人名，也應當是益公才對，而不應該是一個前文未見交代的宋句。

② 沈培：《上博簡〈緇衣〉篇“㡭”字解》，《華學》第6輯，北京：紫禁城出版社，2003年，第68頁。

③《説文》：“送，遣也。从辵倴省。𨘍，籀文不省。”清代宋保《諧聲補逸》指出送應從倴省聲，沈培（《上博簡〈緇衣〉篇“㡭”字解》，《華學》第6輯，北京：紫禁城出版社，2003年）則認爲送從灷聲。二説均可從，中山圓壺“唯送先王”之“送”以往學者均讀作“朕”，即其明證。

④ 今大徐本《説文》作：“塍，稻中畦也。”此據段玉裁《説文解字注》和王筠《説文句讀》本引録。

班固〈西都賦〉》："疆埸綺分，溝塍刻鏤。" 吕延濟《注》："塍，畦界隔也。"《玄應音義》卷九"溝塍"《注》引《蒼頡篇》："塍，畔也。"《玉篇·土部》："塍，埒也。"《急就篇》卷三："頃町界畝畦埒封。" 顔師古《注》："埒者，田間堳道也。"《文選·左思〈蜀都賦〉》："峻岨塍埒長城。" 劉良《注》："塍埒，猶園畦之畔隔也。"

溝指田間水道。《論語·泰伯》："而盡力乎溝洫。" 朱熹《集注》："溝洫，田間水道，以正疆界、備旱潦者也。"《周禮·秋官·雍氏》："掌溝瀆澮池之禁。" 鄭玄《注》："溝、瀆、澮，田間通水者也。"《釋名·釋水》："水注谷曰溝，田間之水亦曰溝。"

上引《文選·班固〈西都賦〉》和《玄應音義》有"溝塍"一詞。"溝塍"即此"宋（塍）句（溝）"。《文選·班固〈西都賦〉》中"疆埸"與"溝塍"相對，亦與銘文"厥逶（率）履厥彊（疆）、宋（塍）句（溝）"相合[①]。

《周禮·地官·大司徒》："而辨其邦國都鄙之數，制其畿疆而溝封之。" 鄭玄《注》："疆猶界也。……溝，穿地爲阻固也。封，起土界也。" 賈公彦《疏》："穿溝出土於岸，即皆爲封，封即起土界也。" 孫詒讓《正義》："定其封疆溝洫，以正其經界也。"《周禮·地官·封人》："封人掌設王之社壝，爲畿封而樹之。凡封國，設其社稷之壝，封其四疆，造都邑之封域者亦如之。" 孫詒讓《正義》引崔氏《古今注》云："封疆畫界者，封土爲臺，以表識疆境也。畫界者，於二封之間，又爲壝埒，以畫分界域也。" 通過《周禮》這兩段文字記載及各家説解，可知古代邦國都鄙、社稷及都邑之封域的疆界上均設有溝封。溝是壕溝，挖溝所出之土即可壘砌封埒。封是土臺，二封之間是埒。散氏盤："以南至於大沽，一封；以陟，二封。" 青川木牘《爲田律》："封高四尺，大稱其高；埒高尺，下厚二尺。" 不少學者據此指出規模較大的農田中也會設有溝封，以示田界[②]。睡虎地秦簡《法律答問》："'盗徙封，贖耐。'可（何）如爲'封'？'封'即田千

---

①《廣雅·釋詁》："疆、埸，界也。"

② 李學勤：《西周金文中的土地轉讓》，《光明日報》，1983年11月30日；李零：《西周金文中的土地制度》，《學人》第2輯，南京：江蘇文藝出版社，1992年；楊寬：《西周史》，上海：上海人民出版社，1999年。

（阡）佰（陌）。”整理者注釋指出“古時阡陌起田界的作用”[①]。由此看來，本銘之“宋（塍）句（溝）”其實並非普通意義上的田埂和水渠，而是用於表示田界之埒溝。

綜上所述，“厥逵（率）履厥彊（疆）、宋（塍）句（溝）”即周王親自循行勘履所賜田地之疆界及疆界上的塍溝。這應是所需履行的法律程序中的第四道程序，即令被賜人對田地的疆界和實際面積加以確認。

銘文重新斷讀後，每句話均文從字順，並無不通難解之處，而且七個“氒（厥）”字亦均得到了統一而合理的解釋，故筆者認爲應當是合適的。

目前一般認爲師永盂屬於西周中晚期之器[②]。這一時期開始，貴族間的土地轉讓也已十分頻繁，見於青銅器銘文者就有衛盉、五祀衛鼎、九祀衛鼎、散氏盤、鬲比鼎、鬲比盨、吴虎簋諸器，李學勤、李零、楊寬等已做過很好的總結探討[③]。通過上文分析，結合以往研究，筆者認爲可以從中得出以下兩點推論。

（1）最遲從西周中晚期開始，針對土地的轉讓已經形成一套較爲完善的法律程序，貴族間進行土地轉讓時要遵守，周王賞賜田地也不例外。周王的田地賞賜所要履行的法律程序分爲四個步驟：①周王命人向被賞人宣佈賞賜。②周王直接給朝中執政大臣下達命令。③周王命人向地方官員轉達命令。④周王親自勘履所賜田地的田界。

（2）周王親自勘履所賜田地的疆界，一方面體現了西周中晚期以後周王朝對土地所有權的重視；另一方面則可看出，經過西周前期不斷的分封和賞賜田地，到西周中晚期，王室直轄的領地已經大幅減少。大簋和鬲比鼎銘文中周王則直接將本屬别人的土地轉贈他人，更反映出王室領地的鋭減。其中，鬲比鼎銘文中攸衛牧則更是不聽周王的再分配，致使“鬲比以攸衛牧告于王”，而周王亦不得不派“史南以即虢旅”，令虢旅迫使攸衛牧發誓並屈

---

① 睡虎地秦墓竹簡整理小組：《睡虎地秦墓竹簡》，北京：文物出版社，1990年，第108頁。

② 唐蘭（《永盂銘文解釋》，《文物》1972年第1期；《〈永盂銘文解釋〉的一些補充——並答讀者來信》，《文物》1972年第11期）定爲恭王時期，李學勤《西周中期青銅器的重要標尺——周原莊白、强家兩處青銅器窖藏的綜合研究》（《中國歷史博物館館刊》1979年第1期，第29頁）定爲懿王時期，彭裕商《西周青銅器年代綜合研究》（成都：巴蜀書社，2003年，第352、356、368頁）定爲夷王時期。

③ 李學勤：《西周金文中的土地轉讓》，《光明日報》，1983年11月30；李零：《西周金文中的土地制度》，《學人》第2輯，南京：江蘇文藝出版社，1992年；楊寬：《西周史》，上海：上海人民出版社，1999年。

從於土地轉讓。《史記·周本紀》："懿王之時，王室遂衰，詩人作刺。"西周中晚期王室之衰弱，應與王室直轄領地的減少存在比較密切的關係。土地是有限的，而内服王臣的田地賞賜一旦約定俗成或形成制度則是無限的，這兩者之間的矛盾應是西周中晚期王室衰微的重要因素。

最後，筆者對涉及土地轉讓的青銅器銘文中所見之"者其鄉""者其匓""者其鄉匓"等詞句作一點簡單解釋，它們分别見於下以下各器：

衛盉：眔受（授）田，燹趙、衛小子𦅫、逆者其鄉。

五祀衛鼎：邦君厲眔付裘衛田，厲叔子夙、厲有𤔲䜌季、慶癸、燹□、荆人敢、井人偈屖、衛小子者其鄉、匓。

九祀衛鼎：眔受（授），衛小子[illegible]、逆者其匓。

關於"者其鄉"，原報告和馬承源讀"鄉"爲"饗"[①]。不確。李學勤讀作"書其向"，認爲即"寫下疆界的方向"[②]。按，李先生之説可從。不過，筆者考慮此處之"者"似更可能當讀作"圖"。上古音者、圖均是章母魚部字，音近可通。上博簡《曹沫之陣》："今邦㲻（彌）少（小）而鐘愈大，君其惾（圖）之。"《鮑叔牙與隰朋之諫》："公弗惾（圖），必䛠（害）公身。"《苦成家父》："亡道正也，伐乇適[illegible]，虗（吾）子惾（圖）之。"《苦成家父》："虗（吾）植（直）立經（徑）行，遠慮惾（圖）後。"《魯邦大旱》："魯邦大旱，哀公胃（謂）孔₌（孔子）：'子不爲我圕（圖）之？'"惾、圕俱從者聲。可證"者"可讀作"圖"[③]。《周禮·春官·冢人》："辨其兆域而爲之圖。"鄭玄《注》："圖，謂畫其地形及丘壟所處而藏之。"《周禮·天官·司會》："凡在書契版圖者之貳。"鄭玄《注》："圖，土地形象，田地廣狹。"《荀子·榮辱》："刑辟圖籍。"楊倞《注》："圖，謂模寫土地之形。""者（圖）其鄉（向）"，即將疆界的方向繪製爲地圖。散氏盤銘文最後有"厥爲圖"語，陳夢家認爲"圖即丹

① 岐山縣文化館、陝西省文管會等：《陝西省岐山縣董家村西周銅器窖穴發掘簡報》，《文物》1976年第5期，第28頁；馬承源：《商周青銅器銘文選》第3卷，北京：文物出版社，1988年，第127、132頁。

② 李學勤：《西周金文中的土地轉讓》，《光明日報》，1983年11月30日。

③ "惾"可能是"圖謀"之"圖"字異體，"圕"可能是"地圖"之"圖"字異體。

圖，乃是約劑”，並引《周禮·司約》：“凡大約劑書於宗彝，小約劑書於丹圖”及相關注釋爲證[①]。其説可信。《周禮·地官·小司徒》：“凡民訟，以地比正之。地訟，以圖正之。”鄭玄《注》：“地訟，争疆界者。圖謂邦國本圖。”可見，這種繪有土地四向的地圖，在民間田界之争訟中將會發揮重要作用。

至於五祀衛鼎“者其鄉、𦚏”和九祀衛鼎“者其𦚏”之“𦚏”，原報告和馬承源讀作“賸”[②]。恐不確。通過和上面“鄉（向）”字聯繫起來考察，筆者認爲亦當讀作“塍”，指表示田界之埒。

① 陳夢家：《西周銅器斷代》，北京：中華書局，2004年，第348頁。

② 岐山縣文化館、陝西省文管會等：《陝西省岐山縣董家村西周銅器窖穴發掘簡報》，《文物》1976年第5期，第28頁；馬承源：《商周青銅器銘文選》第3卷，北京：文物出版社，1988年。

“玄衣𢍰純”新解

1996 年陝西省丹鳳縣出土的虎簋蓋銘中有如下一段話：

> 易（賜）女（汝）載（緇）市幽黄（珩）、玄衣𢍰屯（純）、䜌（鸞）旗五日。

這段話中，“玄衣𢍰屯（純）”一詞於青銅器銘文中尚屬首見。“玄衣”指玄色的衣服，“屯（純）”指衣緣，這是大家所熟知的。此詞之關鍵在於一“𢍰”字。此字從川從竟。目前，幾乎所有解讀虎簋銘文的學者均一致依據川、水二字在用作表義偏旁時可以互换的原則而將此字徑釋爲“滰”。但在具體釋義上却頗多分歧，如王輝認爲：“宜看作一種色彩，讀爲黥，是一種黑色。”[①]周曉陸則説：“不是紋樣，就是色澤。《説文》：‘滰，浚乾漬米也’。滰修飾純，蓋謂絲纙漂晾乾未染色澤，仿佛漉干之米，指白亮之純。”[②]此兩説均未能舉出典籍或出土文獻中相同詞句的例證，而且“黥”字在先秦都用作刑罰字，不用作顔色。周文亦純係推測之辭。所以，兩説均難以令人信服。其後，陳昭容亦發表文章參與了關於此字的討論[③]。陳文在否定以上二説的同時提出“‘滰’或可讀爲‘錦’”。但是，上古音錦爲侵部字，而滰爲陽部字，二字韻部相隔甚遠，要想讓二字相通實在太困難了。於是，陳文中便舉出一系列通假的例子以證其説。其論證過程大體如下：滰從竟聲，而同從竟聲的“境”與“競”古可相通；“競”與“兢”形音義並近，可能是一字；“兢”又可通“矜”；“矜”從今聲，而典籍中從今聲的字與從金聲的字又可相通，於是“滰”字便可與從金聲的“錦”字相通。之後，陳文又舉出《儀禮·士冠禮》有“錦緣”、楚簡中有“紟（錦）純”以

---

① 《考古與文物》編輯部：《虎簋蓋銘座談紀要》，《考古與文物》1997 年第 3 期，第 81 頁。

② 《考古與文物》編輯部：《虎簋蓋銘座談紀要》，《考古與文物》1997 年第 3 期。

③ 陳昭容：《説“玄衣滰屯”》，《中國文字》新 24 期，臺北：藝文印書館，1998 年，第 55 頁。

進一步證成其説。表面上看，陳先生之説雖然有些迂曲，但仍似有理可循，且有典籍及出土文獻中的文句相互參照，似乎能講得通。但是陳先生似乎並未注意到在其論述的環節中存在一處很大的疏漏，那就是“矜”字。矜字原本不從“今”聲，而從“令”聲。這一點段玉裁在《説文解字注》中講得很清楚，裘錫圭亦有詳細論述①。所以即便證明了“滰”可通“矜”，也無法證明“滰”可與從“今”聲的字相通，更無法得出滰可通錦。因此，陳先生之説亦是不能成立的。

由此可見，將㡆釋爲滰，至少到目前爲止都是講不通的。筆者以爲，要想對“玄衣㡆屯（純）”一詞作出合理的解釋，還得再重新回到對“㡆”字的考釋工作上來，即“㡆”到底是不是“滰”，如果不是，該是什麽字。

大家都知道，啓卣及其蓋銘中有兩個字形與此字全同的字，過去亦多釋爲“滰”②。此外，毛公旅鼎銘文中又有一“𧮰”字，研究者或認爲是“滰”之繁構③，或釋爲“競”④。唯獨林澐師認爲啓卣之“㡆”當釋爲“順”，毛公旅鼎之“𧮰”當釋爲“訓”⑤。爲論述方便起見，兹將此兩器之釋文全部抄録於下：

王出狩南山，寇遡山谷，至於上侯，㡆川上。啟從征，堇（謹）不夒（擾）。乍（作）且（祖）丁寶旅障（尊）彝，用匄魯福，用夙夜事。戉（鉞）莆（箙）。（啓卣）

毛公旅鼎，亦隹（唯）簋。我用𩚬（飪）厚，眔（暨）我友飼。其用友，亦引唯考（孝）。𨽍（肆）母（毋）又（有）弗𧮰，是用壽考。（毛公旅鼎）

---

① 裘錫圭：《〈墨經〉“佴”、“諿”、“廉”、“令”四條校釋》，《國學研究》第3卷，北京：北京大學出版社，1995年，第264頁。

② 齊文濤：《概述近年來山東出土的商周青銅器》，《文物》1972年第5期，第5頁；何琳儀、黄錫全：《啓卣啓尊銘文考釋》，《古文字研究》第9輯，北京：中華書局，1984年，第380頁；唐蘭：《西周青銅器銘文分代史徵》，北京：中華書局，1986年，第264頁。

③ 唐蘭：《西周青銅器銘文分代史徵》，北京：中華書局，1986年，第345頁；董蓮池：《〈金文編〉校補》，長春：東北師範大學出版社，1995年，第78頁。

④ 容庚：《金文編》，北京：中華書局，1985年，第153頁。

⑤ 林澐：《〈金文編〉正文部分釋字商榷》，江蘇太倉中國古文字研究會第八屆學術研討會論文，太倉，1990年。

林先生之文云："啓卣'至於上侯，𧡛川上'，當指沿川而上。"又云："毛公旅鼎之'肄毋有弗𧬊'，應讀爲'毋有弗順'。"很顯然，林先生對此兩器銘文的解釋均文通字順，非常契合。但遺憾的是或許是由於其文僅是中國古文字學會的年會論文，至今未能正式發表的緣故，故其説多年來一直未能引起大家的普遍認同，時至今日，唯獨陳漢平在其博士學位論文中基本采納了林先生的看法，但略有不同。他認爲𧡛、𧬊乃繁簡二體，並即訓字[①]。可惜，陳漢平的看法依然未能引起大家的普遍重視。筆者以爲，陳漢平的看法是正確的，𧡛字實應分析爲從竞川聲。《説文》："竟，樂曲盡爲竟。从音从人。"許慎是根據小篆已訛變了的字形來解釋字義，歷來諸家都附會其説，不可信。古文字中竟字上部均從言，不從音。所以，竟字實應是一個從人從言的會意字，推其本義當與言語有關。因此，"𧡛"字作"訓"字的異體，與"訓"字之從言表義並不相悖，至於"𧬊"字所從之言旁，當係追加之義符。

下面我們來看一下將"𧡛"字釋爲"訓"，虎簋銘文是否可通。册命金文中與"玄衣𧡛（訓）屯（純）"一詞文詞相近者有"玄衣黹屯（純）"（此簋、頌簋等）、"玄衮𪓐（黼）屯（純）"（師𩛥鼎）。此外，典籍中又有"蔑席黼純"（《書・顧命》），亦可相較。《説文》："黹，箴縷所紩衣。"徐鍇《繫傳》："黹，象刺文也。"《説文》："𪓐，合五彩鮮色。"《説文》："黼，白與黑相次文。"虎簋銘文"玄衣𧡛（訓）屯（純）"之"𧡛（訓）"與"黹""𪓐""黼"三字位置相當，其字義亦應與衣緣之裝飾有關。筆者認爲，此處之"𧡛（訓）"當讀爲"紃"。訓、紃俱從川聲，自可相通。《淮南子・精神》："以道爲紃，有待而然。"高誘《注》："紃者，法也。"朱駿聲《説文通訓定聲》："紃，假借爲訓。"即其例。

《説文》："紃，圜采也。"段玉裁《説文解字注》："以采綫辮之，其體圜也。"朱駿聲《説文通訓定聲》："以采綫辮之，其體圓。紴絾縱條之屬也。"《禮記・内則》："（女子）執麻枲，治絲繭，織紝組紃，學女事，以共衣服。"鄭玄《注》："紃，條。"孔穎達《疏》："薄闊爲組，似繩者爲紃。"可見，紃實際上是一種以彩色絲綫編織成的綫條，可以施之

① 陳漢平：《〈金文編〉訂補》，北京：中國社會科學出版社，1993年，第258頁。

於衣服。《字林》："紃，圜緣絛（絛）也。"《急就篇》："履舄鞜裒（襞）絨緞紃。"顔師古《注》："紃，緣履之圓絛也。賈誼諫曰：'今人賣僮僕者，爲之繡衣、絲履、偏諸緣。'"《説文》："絛，扁緒也。""偏諸"即"扁緒"，亦即絛。前引鄭《注》云："紃，絛。"則此"偏諸緣"當即紃緣。可見，紃這種以彩色絲綫辮成的綫條可以用來裝飾"繡衣""絲履"之緣。《禮記·雜記》："韠長三尺，下廣二尺，上廣一尺，會去上五寸。紕以爵韋六寸，不至下五寸。純以素。紃以五采。"鄭玄《注》："紃施諸縫中，若今時絛也。"孔穎達《疏》："'紃以五采'者，紃，絛也。謂五采之絛置於諸縫之中。"孫希旦《集解》："紃以五采，謂上之會，兩畔之紕，下之純，其縫中皆以紃飾之，其紃皆用五采絲織之也。"韠就是蔽膝，《禮記》這段文字講述的是蔽膝的製作規格。原來，紃這種以彩色絲綫辮成的綫條是施之於衣服的接縫處，以起到美觀裝飾的作用。又《儀禮·士冠禮》："玄端黑屨，青絇繶純。"鄭玄《注》："繶，縫中紃也。"賈公彦《疏》："繶，縫中紃也者，謂牙底相接之縫中有絛紃也。"《淮南子·説林》："絛可以爲繶，不必以紃。"高誘《注》："紃亦繶也。"可見，《儀禮·士冠禮》之"繶純"就是"紃純"，與虎簋蓋銘之"幰（紃）屯（純）"正相吻合。因此，我們有理由認爲幰字之釋爲訓當可無疑。

信陽楚簡中有"褰紃"（簡 211）一詞，朱德熙、裘錫圭將之讀作"絛紃"，並云："絛紃同類，所以諸書多以絛訓紃。"[①]包山楚簡中又有"紃約"（簡 268）一詞，原《包山二號楚墓簡牘釋文與考釋》的《考釋》（614）云："據考古發現，紃即以彩色絲綫織成的絛帶。"[②]這些看法都是可信的。

綜上所述，"玄衣幰（紃）屯（純）"是指在衣緣之縫中飾有以彩色絲綫辮成的綫條的玄色衣服。

---

① 朱德熙、裘錫圭：《信陽楚簡考釋（五篇）》，《考古學報》1973 年第 1 期，第 121 頁。

② 湖北省荊沙鐵路考古隊：《包山楚墓》，北京：文物出版社，1991 年，第 65 頁。

金文校讀三則

通常認爲，古文字的考釋分兩個步驟。第一步是認出某字是後世何字；第二步是在識字的基礎上解釋文句所表達的意義，也就是確定這些字在具體使用場合下的特定含義①。事實證明，很多時候是在字已確認的情況下，對其具體字義的解讀仍會存在大量争議，也就是説古文字考釋的第二步尚有大量工作可做。筆者此文，擬以金文爲例，舉三則這方面的例子，供讀者參考，並請方家批評指正。

一、敢弗具付𩰫比其且射分田邑

傳世𩰫比鼎和𩰫比簋蓋中有如下一段文字：

> 𩰫比以攸衛牧告于王曰："女（汝）乭我田，牧弗能許𩰫比。"王令眚（省）。史南以即虢=旅=（虢旅。虢旅）迺使攸衛牧誓曰："敢弗具付𩰫比其且射分田邑則殺。"攸衛牧則誓。②

這段文字講述的是𩰫比與攸衛牧二人之間的土地訴訟。其中，攸衛牧的誓辭"敢弗具付𩰫比其且射分田邑則殺"頗難解，尤其是其中的"且射分"三字。據筆者統計，對該句進行過解釋的先後有郭沫若、楊樹達、陳夢家、馬承源和裘錫圭五位學者。此五家從斷句到具體字詞的釋讀均存在一定程度的差異，兹分述如下。

郭沫若斷讀爲"我弗具付𩰫从其且（租）射（謝）分田邑，則放"③，未作過多解釋。

---

① 林澐：《古文字研究簡論》，長春：吉林大學出版社，1986年，第3頁。

② "乭"字從裘錫圭《釋"乭"》（廣東炎黄文化研究會等編：《容庚先生百年誕辰紀念文集（古文字研究專號）》，廣州：廣東人民出版社，1998年，第148頁）釋。

③ 郭沫若：《兩周金文辭大系考釋》，北京：科學出版社，1958年，第127頁。

楊樹達斷讀爲“我弗具付𤔲比其且射，分田邑，則殊”，認爲且當讀爲租，指田賦。射當讀爲謝，謂錢財[①]。

陳夢家斷讀爲“我弗具付𤔲比其且射分、田邑則放（？）”，認爲牧的正面之辭是“具付𤔲比其且射分，田邑”，“其”義如連詞“之”，即將比之租謝分和田邑完全交還。“租謝分”指田與邑的田賦和租金，分讀如《齊語》“小罪讁以金分”、《淮南子·泛論》“有輕罪者贖以金分”之分。“則放”者我若不具付則將如何，當是情願受罰之意[②]。

馬承源斷讀爲“敢弗具付𤔲从，其且（沮）射（厭）、分田邑，則散（懲）”，將該句翻譯爲“敢不付與𤔲從，其有所損毀誓約，自行分田邑的，則懲”，認爲且射當讀爲沮厭，是損毀之意。且，假作沮，訓爲敗、毀壞。射，假作厭，厭有損義。且射就是損毀誓約的意思。散即徵字初文，此讀作懲，懲罰之意[③]。

裘錫圭在總結前面各家説法的基礎上，將該句斷讀爲“敢弗具付𤔲比，其且射分田邑，則殺”，認爲“且”確應從馬承源説讀爲“沮”，而“射”則應讀爲“斁”，“沮”“斁”二字古均有“敗”“壞”等訓。誓辭的意思是説“如敢不把𤔲比所應得的都付給他，而沮止破壞分田邑之事的話，就應被殺”。誓辭末一字與三體石經“殺”字古文和《説文》“殺”字古文第二體等相似，故釋作“殺”[④]。

筆者認爲，在斷句上當以最初郭沫若之斷句爲優。其中“且射分”三字應爲“田邑”之修飾語或限定語，也就是説攸衛牧“具付𤔲比”之“田邑”是其“且射分”之“田邑”。師永盂銘文中有“付永氒田”語，“付𤔲比其田邑”與“付永氒田”句式相當，唯“田邑”前多了“且射分”三字。此外，五祀衛鼎有“邦君厲眔付裘衛田”語，九祀衛鼎有“付裘衛林孴里”語，“付”字之後均記有“田”“林孴里”這樣明確的交付對象。以此爲依據，“敢弗具付𤔲比其且射分田邑”作一句讀應更爲合理。前引裘

① 楊樹達：《積微居金文説》，北京：中國科學院，1952 年，第 28 頁。

② 陳夢家：《西周銅器斷代》，北京：中華書局，2004 年，第 266 頁。

③ 馬承源：《商周青銅器銘文選》第 3 卷，北京：文物出版社，1988 年，第 296 頁。

④ 廣東炎黄文化研究會等編：《容庚先生百年誕辰紀念文集（古文字研究專號）》，廣州：廣東人民出版社，1998 年。

錫圭將這句話分成兩句，翻譯爲“如敢不把𩰫比所應得的都付給他，而沮止破壞分田邑之事的話”，在語義上有些衝突。因爲如果攸衛牧若能夠“把𩰫比所應得的都付給他（引者按，即𩰫比）”的話，似乎也就不存在“沮止破壞分田邑之事”。同樣，如果攸衛牧“沮止破壞分田邑之事”的話，似乎也就不會“把𩰫比所應得的都付給他”。

筆者認爲“且射”之“且”當讀作“昔”，典籍中從且聲之字與從昔聲之字常可互通①。“且（昔）”在此是昔日、往昔之義。至於“射”字，則當以裘錫圭之説爲是，當讀作“斁”。“斁”字古有“止”“敗”“壞”等訓。同時，裘錫圭關於“殺”字的解釋也正確可從。

綜上所述，該句當斷讀爲：“敢弗具付𩰫比其且（昔）射（斁）分田邑，則殺。”大意是説敢不把其（攸衛牧）昔日破壞分出之田邑全部交給𩰫比，就應被殺。换句話説，就是敢不把田邑全部交給𩰫比，就應被殺，而這些田邑就是其（攸衛牧）昔日破壞分出之田邑。

二、井五量

傳世康簋銘文中有如下一段文字：

> 康拜稽首，休朕匋君公白（伯）易（賜）氒臣弟康井五量，易（賜）衣胄干戈。

關於“井五量”之“量”，原文作“”，由於原拓中該字筆畫不是很清晰，以往皆誤釋。李零釋爲“量”，讀爲“糧”，認爲井即里、田，也是井田。“五糧”是指賜給康五井糧田②。裘錫圭贊同李零將該字釋讀爲“量（糧）”的看法，但認爲按照古今漢語通例，“五井糧”是不能説成“井五糧”的，就跟“五杯水”不能説成“杯五水”一樣，所以認爲李零“井五量”是五井糧田的説法不確。裘先生引到張政烺説“井五糧”也許指一井所出的五種糧食，認爲此説比較合理。同時指出銘文中“胄”上一字一般釋作鎧甲之“甲”，未必正確，但其字義大概與之相近。糧爲行軍所需，

---

① 高亨：《古字通假會典》，濟南：齊魯書社，1989年，第902頁。

② 李零：《西周金文中的土地制度》，《學人》第2輯，南京：江蘇文藝出版社，1992年，第247頁。

以糧與甲胄干戈等戎器同錫，也是合乎情理的[①]。

將“井五量”之“量”讀作“糧”，理解爲是指一井所出的五種糧食，在文義的理解上似較爲迂曲，而且金文中似乎也看不到此種文例。筆者認爲，“井五量”之“量”應爲“井”之單位（量詞）。“五杯水”的確不能説成“杯五水”，但可以説成“水五杯”。“井五量”的確也不能理解成“五井量”，但可以理解成“五量井”。青銅器銘文中賞賜物品常見之書寫格式正是“某物+數詞+量詞”，如“貝三朋”（攸簋）、“禾十秭”（曶鼎）、“臣五家”（不㱂簋）、“金十鈞”（幾父壺）、“矩鬯一卣”（三年師兑簋）、“馬四匹”（穌簋）等。“井五量”之文例與此相仿。

“井五量”蓋當讀作“輕五兩”，指五輛戰車。輕從巠聲。傳世文獻中從井聲之字與從巠聲之字常可相通。其例較多，兹不贅引[②]。出土文獻中毛公鼎有“今余唯肈巠先王命，命汝辥我邦我家内外”語，“肈巠”即《尚書·文侯之命》“汝肈刑文武”之“肈刑”[③]。曾侯乙墓竹簡有“一輮（乘）犗車”（簡 64），整理者讀“犗車”爲“輕車”[④]。《中國歷代貨幣大系·先秦貨幣》2484 號三孔布文“五陸”，裘錫圭和何琳儀説應即地名“五陘”[⑤]。此外，四十三年逑鼎有“毋敢不𦘔不井”之“井”，似亦應讀作“勁”，訓作彊[⑥]。《説文》：“刑，剄也。”《説文》：“剄，刑也。”互爲聲訓。可見，井當可讀作輕。

《説文》：“輕，輕車也。”段玉裁《注》：“輕本車名，故字从車。”《玉篇·車部》：“輕，車也。”《文選·張景陽〈七命〉》：“爾乃列輕武整戎剛。”李善《注》：“輕、武、戎、剛，四車名也。”“輕車”

① 裘錫圭：《西周糧田考》，張永山主編：《胡厚宣先生紀念文集》，北京：科學出版社，1998 年，第 221 頁。

② 高亨：《古字通假會典》，濟南：齊魯書社，1989 年，第 51 頁。

③ 陳夢家：《西周銅器斷代》，北京：中華書局，2004 年，第 294 頁。

④ 裘錫圭、李家浩：《曾侯乙墓竹簡釋文與考釋》，湖北省博物館：《曾侯乙墓》，北京：文物出版社，1989 年，第 518 頁，注［137］。

⑤ 裘錫圭：《戰國貨幣考（十二篇）》，《北京大學學報》（哲學社會科學版）1978 年第 2 期，第 69 頁；又載《古文字論集》，北京：中華書局，1992 年，第 429 頁；何琳儀：《戰國古文字典》，北京：中華書局，1998 年，第 817 頁。

⑥ 白於藍：《釋“𦘔”》，《古文字研究》第 28 輯，北京：中華書局，2010 年，第 516 頁。

古指戰車。《史記·韓長孺列傳》："太僕公孫賀爲輕車將軍。"張守節《正義》引司馬彪《續漢書》云："輕車，古之戰車。"《漢書·張安世傳》："送以輕車介士。"顔師古《注》："輕車，古之戰車。"《後漢書·輿服志上》："輕車，古之戰車也。"《後漢書·吴漢傳》："發北軍五校、輕車、介士送葬。"李賢《注》："輕車，兵車也。"《周禮·春官·車僕》："輕車之萃。"鄭玄《注》："輕車，所用馳敵致師之車也。"

量、兩音近可通。顔師古《匡謬正俗》卷七："或問曰：'今人呼履舄屐屩之屬一具爲一量，於義何耶？'答曰：'字當作"兩"。《詩》云"葛履五兩"者，相偶之名。履之屬，二乃成具，故謂之兩，兩音轉變，故爲量耳。'"即其證。又典籍中兩、良音近可通。《周禮·夏官·方相氏》："敺方良。"鄭玄《注》："方良，罔兩也。"孫詒讓《正義》："罔兩即蝄蜽之借字，與方良並叠韻字通。"《國語·魯語下》："木石之怪曰夔、蝄蜽。"《史記·孔子世家》引蝄蜽作罔閬。信陽簡 2—04 號見"一良圓軒""一良女乘"，彭浩指出此二例之"良"均當讀作"兩"[①]。而典籍中量、良亦音近可通。《山海經·海内北經》："有文馬……名曰吉量。"郭璞《注》："一作良。"《楚辭·九懷》："援瓟瓜兮接糧。"洪興祖《楚辭考異》："糧一作粮。"可見，量亦當可讀作兩。

"兩"可用作車之單位。《書·牧誓序》："武王戎車三百兩。"僞孔《傳》："車稱兩。"《左傳·昭公十年》："用幣必百兩。"孔穎達《疏》引《尚書》僞孔《傳》："兵車稱兩。"《後漢書·范滂傳》："汝南、南陽士大夫迎之者數千兩。"李賢《注》："兩，車也。"《孟子·盡心下》："革車三百兩。"朱熹《集注》："兩，車數。"《集韻·漾韻》："兩，乘也。"《資治通鑒·晉紀十七》："段遼以車數千兩輸乙連粟。"胡三省《注》："兩，乘也。"小盂鼎銘文"孚（俘）車卅兩"，亦用此義。這種字義之"兩"，今通作"輛"。

綜上所述，"井（輕）五量（兩）"即五輛戰車，與後文所賜之"厷冑干戈"俱爲武器裝備。

---

① 彭浩：《信陽長台關楚簡補釋》，《江漢考古》1984 年第 2 期，第 64 頁。

三、不叚不其、倗下不其

1956年出土的盠組銅器中有如下兩段文字：

盠曰：天子不叚不其萬年保我萬邦。（盠方彝、盠方尊）
盠曰：王倗下不其則萬年保我萬宗。（盠駒尊）

這兩段文字均是盠頌美周天子之辭，但是由於對其中“天子不叚不其”和“王倗下不其”的理解的不同，所以以往學者在斷句和詞句的解釋上均有所不同。

郭沫若斷讀爲：

盠曰：天子不叚不（丕）其（基），萬年保我萬邦。（盠方彝、盠方尊）
盠曰：王倗下不（丕）其（基），則萬年保我萬宗。（盠駒尊）

郭氏指出，兩者合勘，可知當在“其”字斷句，“不其”者“丕基”也。《尚書·立政》“以並受此丕丕基”。“倗下”與“不叚”音相近，義當亦相近。倗假爲堋，《説文》“喪葬下土也”。“堋下丕基”即是奠定盛大的基業。“不叚”則讀爲“坯瑕”，《月令》“孟冬使有司壞城郭”。《爾雅·釋詁》“瑕，大也”[①]。

陳夢家斷讀爲：

盠曰：天子不叚，不其萬年保我萬邦。（盠方彝、盠方尊）
盠曰：王倗下不其則，萬年保我萬宗。（盠駒尊）

陳氏認爲盠方彝和盠方尊之“天子不叚不其”與盠駒尊之“不其則”詞例相當，“叚”，“其”與“其則”似皆是惡義，否定之成爲善義，乃作器者頌美天子之辭[②]。

馬承源斷讀爲：

---

① 郭沫若：《盠器銘考釋》，《考古學報》1957年第2期，第4頁；又載《郭沫若全集（考古編）》第6卷，北京：科學出版社，2002年，第110頁。

② 陳夢家：《西周銅器斷代》，北京：中華書局，2004年，第172頁。

> 盠曰：天子不叚（遐）不（丕）其（基），萬年保我萬邦。（盠方彝、盠方尊）
>
> 盠曰：王倗下（不遐）不其（丕基），剮（則）邁（萬）年保我邁（萬）宗。（盠駒尊）

馬氏指出二銘中“倗下不其”与“不叚不其”相當，倗下即不遐。不、倗，遐、下皆同音假借。《詩·大雅·抑》“不遐有愆”，即有愆之疑問句。《詩·邶風·泉水》：“遄臻于衛，不瑕有害。”瑕通作遐，不遐是疑辭，其反面的意思是肯定。不其，即丕基，大的基業。还将“天子不叚（遐）不（丕）其（基）”翻譯成：“天子不是有偉大的基業嗎？”①

除以上三说外，唐蘭《西周青銅器銘文分代史徵》和張亞初《殷周金文集成引得》中均有此二銘的釋文，但未作解釋。其中唐蘭將這兩段文字斷讀爲：

> 盠曰：天子不叚，不其萬年，保我萬邦。（盠方彝、盠方尊）
>
> 盠曰：王倗下不其則萬年保我邁（萬）宗。（盠駒尊）②

張亞初斷讀爲：

> 盠曰：天子不（丕）叚（遐）不（丕）其（基），萬年保我萬邦。（盠方彝、盠方尊）
>
> 盠曰：王倗下，不（丕）其則，邁（萬）年保我邁（萬）宗。（盠駒尊）③

從斷句上看，以上諸説大體可分成兩類。一類是郭沫若、馬承源認爲二銘中“不叚不其”與“倗下不其”對應，故主張在“其”字后斷句。另一類是陳夢家、唐蘭似不主張二銘中“不叚不其”與“倗下不其”存在對應關

① 馬承源：《商周青銅器銘文選》第3卷，北京：文物出版社，1988年，第190、229頁。張世超《金文形義通解》（京都：中文出版社，1996年，第645頁）對的盠方彝的斷讀與馬承源此説相同，但認爲“遐”當訓作“遠”。

② 唐蘭：《西周青銅器銘文分代史徵》，北京：中華書局，1986年，第481、483頁。

③ 張亞初：《殷周金文集成引得》，北京：中華書局，2001年，第115、149頁。張氏對盠方尊的釋文中漏寫了“天子”二字。

係，所以在斷句上與前説迥異。張亞初的處理比較特別，對盠方彝、盠方尊的斷句與第一類相同，而對盠駒尊的斷句似又與第二類陳夢家的觀點相仿。

以上兩種觀點，當以前一種爲是。後一種的問題是未注意到“不叚”與“倗下”在字音上的密切關係，因此對銘文文義的把握不夠準確，致使斷句有誤。

倗從朋聲，上古音“朋”爲並母蒸部字，“不”爲幫母之部字。兩字聲母同爲唇音，韻則陰陽對轉，字音十分接近。《説文》云“郴”“讀若陪”，又云“倗”“讀若陪位”，而“陪”本從“咅”聲，據《説文》“咅”又從“否”聲。不、否古本一字分化。可見“倗”與“不”的確音近可通。《周易·蹇》：“九五：大蹇朋來。”上博簡本《周易》“朋”作“不”，即其證。

上古音叚、下俱爲匣母魚部字。兩字雙聲叠韻，例可相通。典籍中下字可與夏字相通。《左傳·僖公二年經》：“虞師、晉師滅下陽。”《公羊傳》《穀梁傳》“下陽”並作“夏陽”。《楚辭·離騷》：“夏康娱以自縱。”王念孫《讀書雜志·餘編下·楚辭》引王引之曰：“夏，當讀爲下。”而夏字又可與從叚聲之字相通。《漢書·高帝紀上》：“發兵距之陽夏。”顔師古《注》引鄭氏曰“夏”“音假借之假”。《周禮·春官·巾車》：“卿乘夏縵。”孫詒讓《正義》：“夏與瑕聲近……故夏亦訓赤也。”《詩·大雅·皇矣》：“不長夏以革。”朱駿聲《説文通訓定聲》認爲“夏”假借爲“暇”。《吕氏春秋·求人》：“夏海之窮。”朱駿聲《説文通訓定聲》認爲“夏”假借爲“蝦”。可見“叚”與“下”亦當可通。

總之，就字音而言，二銘中“不叚不其”與“倗下不其”顯然完全相當，故郭沫若和馬承源的斷句應當是正確的。但郭、馬二氏對具體字義的解釋又有所不同。郭氏認爲“倗下”當讀作“堋下”，“堋下丕基”即是奠定盛大的基業，而“不叚”則讀爲“坯蝦”。馬氏則認爲“倗下”與“不叚”均當讀作“不遐”，是疑辭，“天子不叚（遐）不（丕）其（基）”的意思是：“天子不是有偉大的基業嗎？”近年，陳英傑又提出“不遐”

有動詞義，“不遐丕基”義即使這種偉大的基業永遠地延續下去[1]。以上三説的相同之處是均將“不其”讀作“丕基”，解釋成大的基業。

在字義解釋方面，以上三説均迂曲牽强，尤其是對“不叚”和“倗下”的解釋都很難令人滿意。其根源蓋囿於認定銘文之“不其”一定就是郭氏所引《尚書·立政》“以並受此丕丕基”之“丕丕基”，而事實上這兩者之間是否存在必然的關聯本身就值得懷疑。筆者認爲，其實“不叚不其”與“倗下不其”是聯合詞組，均當讀作“丕祜（或嘏）丕祺”。

祜從古聲。上古音古爲見母魚部字，與下、叚二字聲母同屬喉音，韻則叠韻，例可相通。《儀禮·公食大夫禮》：“鉶芼牛藿羊苦豕薇。”鄭玄《注》：“今文苦爲芐。”《説文》“芐”下引“苦”作“芐”。《儀禮·特牲饋食禮》：“鉶芼用苦若薇。”鄭玄《注》：“今文苦爲芐。”這是從下聲之字與從古聲之字相通的例證。《詩·大雅·旱麓》：“遐不作人。”《潛夫論·德化》引“遐”作“胡”。《儀禮·士冠禮》：“永受胡福。”《初學記·禮部下》引“胡”作“遐”。這是從叚聲之字與從古聲之字相通的例證，可見“下”“叚”均可讀作“祜”。

《説文》：“祜，上諱。”徐鉉《注》：“臣鉉等曰：此漢安帝名也。福也。當从示古聲。”《爾雅·釋詁》：“祜，福也。”《詩·小雅·信南山》：“受天之祜。”鄭玄《箋》：“祜，福也。”《詩·周頌·載見》：“思皇多祜。”陸德明《釋文》：“祜音户，福也。”《漢書·禮樂志》：“皇祜元始。”顔師古《注》：“祜，福也。”此種用法的“祜”在典籍中還常借用“嘏”字來充當。《詩·小雅·賓之初筵》：“錫爾純嘏。”朱熹《集傳》：“嘏，福。”《詩·大雅·卷阿》：“純嘏爾常矣。”馬瑞辰《毛詩傳箋通釋》：“嘏與祜音義並同，嘏亦爲大福。”克鐘銘文有“用匄屯叚永命”語，學術界一般認爲“屯叚”即《詩經》等典籍常見之“純嘏”，此亦“不叚”之“叚”可讀作“嘏”訓作“福”之佳證。

祺從其聲，則其自可讀作祺。祺字古有吉祥之義。《説文》：“祺，

---

① 陳英傑：《金文中“叚”字及相關文例的討論》，《中國文字》新30期，臺北：藝文印書館，2005年，第171頁。

吉也。”《爾雅·釋言》：“祺，吉也。”《玉篇·示部》：“祺，吉也。”《儀禮·士冠禮》：“壽考惟祺。”鄭玄《注》：“祺，祥也。”《荀子·非十二子》：“祺然，蕼然。”楊倞《注》：“祺，祥也，吉也。”

綜上所述，“丕祜丕祺”即大福大吉。兩段銘文應分別斷讀爲：

盠曰：天子不（丕）叚（祜）不（丕）其（祺），萬年保我萬邦。（盠方彝、盠方尊）

盠曰：王倗（丕）下（祜）不（丕）其（祺），則萬年保我萬宗。（盠駒尊）

釋驫羌鐘銘文中的“义”字

驫羌鐘銘文中有如下一段文字：

> 唯廿又再祀，驫羌乍（作）仪氒（厥）辟韓宗敲逹（帥），征秦迮齊，入長城，先會于平陰（陰）。

銘文中“驫羌乍（作）仪氒（厥）辟韓宗敲逹（帥）”這句話，過去曾有多種解釋。朱德熙研究指出本句當連爲一句讀①。筆者認爲此説可從，故本釋文暫依此釋寫。

關於“仪”字，過去曾有四種解釋。第一種釋爲伐②；第二種隸定爲戉，釋爲匕③；第三種釋爲戎④；第四種隸定爲汖，讀作代⑤。對於以上四種解釋，第一種和第二種與字形明顯不合，無需贅言。第三種和第四種在字形上都有一定依據，且影響較大，故筆者多作一些分析。

先看第三種解釋。古文字中“戎”字十分常見，早期金文作“”（且

---

① 朱德熙：《關於驫羌鐘銘文的斷句問題》，《中國語言學報》第2期，北京：商務印書館，1985年，第55頁；又載《朱德熙古文字論集》，北京：中華書局，1995年，第168頁。

② 唐蘭：《驫羌鐘考釋》，《國立北平圖書館館刊》第6卷第1號，1932年，第84頁；又載《唐蘭先生金文論集》，北京：紫禁城出版社，1995年，第2頁。

③ 徐中舒：《驫氏編鐘圖釋》，臺北：“中央研究院”歷史語言研究所，1932年；徐中舒：《驫氏編鐘考釋》，《徐中舒歷史論文選輯》，北京：中華書局，1998年，第212頁。

④ 劉節：《驫氏編鐘考》，《國立北平圖書館館刊》第5卷第6號，1931年，第35頁；郭沫若：《驫 丂鐘銘考釋》，《金文叢考》，東京：求文堂，1932年，第240頁；于省吾：《雙劍誃吉金文選》卷上之一，北平：大業印刷局，1932年，第12頁；温廷敬：《驫羌鐘銘釋》，《國立中山大學研究院文科研究所歷史學部史學專刊》第1卷第1期，廣州：國立中山大學出版部，1935年，第195頁；容庚：《商周彝器通考》上册，劍橋：哈佛燕京學社，1941年，第500頁；楊樹達：《積微居金文説》，北京：中國科學院，1959年，第161頁；孫稚雛：《驫羌鐘銘文匯釋》，《古文字研究》第19輯，北京：中華書局，1992年，第108頁。

⑤ 朱德熙：《關於驫羌鐘銘文的斷句問題》，《中國語言學報》第2期，北京：商務印書館，1985年；又載《朱德熙古文字論集》，北京：中華書局，1995年。

丁尊）、“”（己且觚）等形，從人執戈執盾形[1]。甲骨文省寫作“”（《合集》9608 正）[2]，又進一步省寫作“”（《合集》21897），金文承襲甲骨文作“”（盂鼎）、“”（不𡢁簋）等形，戰國文字作“”（救秦戎鐘）、“”（郭店簡《成之聞之》簡 13）等形，均從戈從盾會意[3]。甲骨文中“古”字作“”（《合集》3826），金文作“”（盂鼎）、“”（牆盤），戰國文字作“”（郭店簡《語叢一》簡 40），“古”字所從盾形演變軌跡與“戎”字相同。

從字形上講，上引“戎”字中的部分形體與“”字在字形上的確有些近似，但又存在明顯不同，即“戎”字所從之“盾”雖後來演變爲一横一豎交叉之形，但均横平豎直（“古”字所從之“盾”形演變亦同），從未見有如“”字左旁所從作兩斜畫交叉之形。可見，釋“”爲“戎”在字形上其實是缺乏嚴格依據的，而且釋爲“戎”也很難使文義通暢。

第四種解釋是朱德熙提出的，他認爲“”字當分析爲從力從弋。爲論述方便，現將朱先生的字形分析歸納如下：

> （1）戰國時期的“弋”字，無論是作爲獨體字或作爲偏旁，都可以寫得跟“戈”字一樣。李家浩《戰國邙布考》（《古文字研究》第三輯）曾經舉出一些確鑿的例證。
>
> （2）“”字左旁所從與（㔟）（《古璽彙編》3983）、（加）（《古璽彙編》4108）、（勁）（《古璽彙編》0843）等字所從“力”旁寫法相近，故“”字左旁很有可能就是“力”字。
>
> （3）古璽文字中見有此字，作：（《古璽彙編》0930）、（《古璽彙編》1718）、（《古璽彙編》3031）。

以此爲基礎，朱先生進而指出銘文“𪊨羌乍（作）氒（厥）辟韓宗𢼸率（帥）”這句話的意思是説“𪊨羌被任命爲代其君韓宗𢼸出征伐齊的帥”。

---

① 丁山《甲骨文所見氏族及其制度》（北京：中華書局，1988 年，第 93—98 頁）、張亞初《古文字分類考釋論稿》（《古文字研究》第 17 輯，北京：中華書局，1989 年，第 234 頁）釋爲戎。

② “”字所從胡厚宣《甲骨文所見殷代奴隸的反壓迫鬥爭》（《考古學報》1976 年第 1 期，第 6 頁）、連劭名《甲骨文字考釋》（《考古與文物》1988 年第 4 期，第 38 頁）釋爲戎。

③ “戎”字《説文》小篆作“”，從戈從甲。古文字中甲常作“十”形，小篆“戎”字所從之“甲”，可能是將“戎”字所從之“盾”當作“甲”而誤改。

筆者認爲朱先生的這一看法亦有可商，理由有以下两點：

首先，就字形而言，上面朱先生所舉古璽所見之“□”“□”“□”三字的確從力，所從力旁可參《古璽文編》“力”部諸字①。但問題是本銘當中“□”字左旁所從之“□”其實並非“力”字。本銘文中有“武侄（鷙）寺（恃）力”語，其中“力”字作“□”，此是“力”字之標準寫法，二者明顯不同②。這説明“□”與“□”“□”“□”三字並不同字，不能等同看待。事實上朱先生也已注意到了這一點，但他解釋説“這個現象並不奇怪，因爲偏旁的寫法跟作爲獨體字時的寫法不同是常見的事”。這一解釋其實很難令人滿意，因爲古文字中力字和力旁叠出繁見，至今未見一例有寫作“□”者。

其次，這種解釋與史料記載不合。《水經·汶水注》引《竹書紀年》記載：“晉烈公十二年，王命韓景子、趙烈子、翟員伐齊，入長城。”以往研究表明，《紀年》所記與銘文所載爲一事，銘文之“韓宗”即《紀年》之“韓景子”③。但在《紀年》這段文字中明確記載韓景子是與趙烈子、翟員一起“伐齊，入長城”，未見被任何人替代。可見，將“□”解釋爲代，將驫羌理解爲代替韓景子來統帥，很難令人信服。

筆者認爲，“□”字當釋爲“乂”。《説文》：“□（乂），芟艸也。从丿从乀相交。□（刈），乂或从刀。”甲骨文中有字作：“□”（《粹》433）、“□”（《乙》498），裘錫圭釋爲“艾”，並指出“□”“□”字所從之“□”“□”，“只要稍加整齊化就會變成小篆的□（乂）”④。此説可信。據此，我們有理由認爲“□”字所從之“□”旁正可看作是甲骨文

① 羅福頤：《古璽文編》，北京：文物出版社，1981年，第331—332頁。

②“侄（鷙）”“寺（恃）”二字從于省吾（《雙劍誃吉金文選》卷上之一，北平：大業印刷局，1932年，第12頁）讀。

③ 温廷敬：《驫羌鐘銘釋》，《國立中山大學研究院文科研究所歷史學部史學專刊》第1卷第1期，廣州：國立中山大學出版部，1935年；唐蘭：《智君子鑑考》，《輔仁學誌》第7卷第1、2期合刊，北平：輔仁大學圖書館，1938年，第105頁；又載《唐蘭先生金文論集》，北京：紫禁城出版社，1995年，第47頁；陳夢家：《六國紀年》，上海：學習生活出版社，1955年，第68頁；又載《西周年代考·六國紀年》，北京：中華書局，2005年，第125頁；朱德熙：《朱德熙古文字論集》，北京：中華書局，1995年；孫稚雛：《驫羌鐘銘文匯釋》，《古文字研究》第19輯，北京：中華書局，1992年。

④ 裘錫圭：《甲骨文字考釋（八篇）》，《古文字研究》第4輯，北京：中華書局，1980年，第153頁；又載《古文字論集》，北京：中華書局，1992年，第35頁。

“”“”演變成小篆“”的中間過渡環節。

《説文》“（乂）”字之異體“（刈）”從刀表義，“”字從戈表義。古文字中刀、刃、戈三字在用作表義偏旁時常可互換。如“傷”字作“”（郭店簡《太一生水》簡12）、又作“”（《古璽彙編》3221）、“”（包山簡144）；“割”字作“”（曾侯乙鐘），又作“”（郭店簡《語叢四》簡18）、“”（郭店簡《緇衣》簡37），即其例。郭店簡《老子》甲“奇”字作“”（簡29）、“”（簡31），似可釋爲“剞”，字見《説文》，在簡文中讀作“奇”。以此來看，“”與“（刈）”應是一字，亦爲“乂”字異體。

乂、艾古通。《詩·周南·葛覃》：“是刈是濩。”《釋文》本“刈”作“艾”，《注》：“艾本亦作刈。”《禮記·月令》仲夏之月“令民毋艾藍以染”，《吕氏春秋·仲夏紀》艾作刈。此艾字與刈字同音同義，可以看作“刈”的異體[①]。“艾”字古有輔相之義。《爾雅·釋詁下》：“艾，相也。”《詩·小雅·鴛鴦》：“福禄艾之。”馬瑞辰《毛詩傳箋通釋》：“艾之謂輔助之。”《書·立政》：“以乂我受民。”江聲《集注音疏》：“乂讀當爲艾。艾，相也。”

《書·君奭》：“惟兹惟德稱，用乂厥辟，故一人有事于四方。”孫星衍《尚書今古文注疏》：“乂，同艾，《釋詁》云：‘艾，相也。’”王引之《經義述聞·爾雅上·艾歷覛胥相也》：“《君奭》曰‘用乂厥辟’，謂用相厥辟也。”按，《書·君奭》之“乂厥辟”與銘文之“（艾）氒（厥）辟”正可相參。《逸周書·皇門》：“乃維其有大門宗子勢臣，罔不茂揚肅德，訖亦有孚，以助厥辟，勤王國王家……人斯既助厥辟，勤勞王家。”此“助厥辟”與銘文之“（艾）氒（厥）辟”亦可相參。

至於銘文之“作”字，筆者認爲似當訓爲始。《詩·魯頌·駉》：“思馬斯作。”毛《傳》：“作，始也。”《廣雅·釋詁一》：“作，始也。”

---

① 裘錫圭：《甲骨文字考釋（八篇）》，《古文字研究》第4輯，北京：中華書局，1980年；又載《古文字論集》，北京：中華書局，1992年。

《周易·繫辭下》："作結繩而爲網罟。"焦循《易章句》："作，始也。"王引之《經傳釋詞》："作，始也。……《禹貢》曰：'萊夷作牧。'言萊夷水退，始放牧也。"《管子·輕重己》："作衍牛馬之實。"郭沫若《管子集校》引張佩綸云："作，始也。"故銘文"乍（作）戈（艾）氒（厥）辟"蓋即始相厥辟之義。

關於銘文之"敽"字，目前主要有兩種看法。第一種是陳夢家提出的。陳氏云："《韓世家·索隱》云'《紀年》及《世本》皆作景子名虔'……鐘銘曰：'厥辟韓宗敽'，即景子虔也。其字從鬲從攴即獻字之省，陳侯午敦獻從鼎從犬，亦省虎頭。金文假獻爲甗，甗者上爲甑下爲鬲，而鬲實爲主體。古音'獻''虔'音近，故知銅器之韓宗即《紀年》之景子矣。"[①]朱德熙力主陳説，云："此説甚確，因爲：①字形上有根據。'鬳'字作爲偏旁可以省去虎頭，除去陳侯午敦'獻'字外，𤴓甗（攈古録金文一之二 81）'獻'字（借爲'甗'）作'鬳犬'，也是很好的例證。②字音密切吻合。'獻'和'虔'都是古元部字，聲母同屬見系。③揆之史實，也若合符契。"[②]第二種是温廷敬提出的。温氏引《説文》徹字古文作徹，説敽爲徹之省，云："徹率即通率，猶言統率也。"[③]

平心而論，以上二説都有一定字形依據。釋"獻"之説，前引陳、朱二家已有詳論，無需贅言。温氏釋"徹"稍嫌簡略，可稍作補充。

《説文·攴部》："徹，通也。从彳从攴从育。徹，古文徹。"《説文》將"徹"歸入"攴"部，這是有問題的。字書中除徹字外，還見有撤、澈、轍、𦢊、櫛諸字，以諸字例之，徹當歸入彳部。而且，《説文》徹訓通。通從辵表義，彳、辵二字在用作表義偏旁時可互换。以此例之，徹仍當歸入彳部爲宜。

《説文》將"徹"字字形分析爲"从彳从攴从育"，也是有問題的。徐灝《説文解字注箋》引戴侗《六書故》曰："敽疑自爲字，從攴從鬲。屏去

① 陳夢家：《六國紀年》，上海：學習生活出版社，1955 年；又載《西周年代考·六國紀年》，北京：中華書局，2005 年。

② 朱德熙：《關於屭羌鐘銘文的斷句問題》，《中國語言學報》第 2 期，北京：商務印書館，1985 年；又載《朱德熙古文字論集》，北京：中華書局，1995 年。

③ 温廷敬：《屭羌鐘銘釋》，《國立中山大學研究院文科研究所歷史學部史學專刊》第 1 卷第 1 期，廣州：國立中山大學出版部，1935 年。

釜鬲，徹饌之義也。徹從彳㪫聲，鬲訛爲育耳。徹從彳，本言道路之通徹。”就字形分析而言，戴氏此説十分有據，按之本銘之“㪫”，戴氏之卓見愈顯。甲骨文有字作“”“”，羅振玉釋爲“徹”，云：“《説文解字》‘徹，通也。’古文作‘㣝’。此從鬲從又，象手象鬲之形，蓋食畢而徹去之。許書之㣝從攴，殆從又之訛矣。卒食之徹乃本義。訓通者，借義也。”[①]此説後來得到多家認同[②]。若此説不誤，“㪫”的確獨立成字，而“㣝”就應當分析爲從彳㪫聲。總之，温氏釋㪫爲徹，就字形而言，也是很有根據的。

以上二説雖然在字形上都有依據，但就上下文義而言，筆者認爲當以温氏所言爲優。這是因爲誠如孫稚雛所言，“如果把‘㪫’字説作韓景子之名，家臣直呼其宗主之名而銘於鐘，似有悖於情理”[③]。朱德熙已經注意到了這一點，他説：“事實上凡是主張‘㪫’是韓君之名的説法……都要碰到一個根本問題：驫羌既是韓君臣屬，爲什麼能夠直稱韓君之名？”但他解釋説：“因爲驫羌是奉晉公之命代韓君爲帥伐齊，他在銘文裏提到這項任命的時候，自然可以直稱韓君的名字。”[④]按，這一解釋很難令人滿意，因爲我們不論是在《紀年》還是在本銘當中均未見有關驫羌“奉晉公之命”的記載。銘文的後半部分雖見有“賞于韓宗，令于晉公，昭于天子”語，但此爲是役之後之事，顯然也不能當成是“奉晉公之命”伐齊的依據。即便如朱先生所釋，將“”字讀作“代”，理解爲代替，也很難説這一代替就是“奉晉公之命”。總之，將“㪫”説作韓景子之名，則家臣直呼宗主之名的問題始終是難以解釋的問題。而依照温氏的理解，則可避免這一衝突。所以，儘管温氏將“徹率”解釋爲“通率”，認爲“猶言統率”，其實也並不十分令人滿意，但目前來看，仍不失爲一種相對合理的解釋。

綜上所述，筆者認爲“驫羌乍（作）（艾）氒（厥）辟韓宗㪫（徹）率（帥）”即驫羌始輔相其君韓宗來統帥。如此解釋，既可在字形上找到相

① 羅振玉：《增訂殷虚書契考釋》卷中，東方學會，1927年，第71頁下。

② 于省吾主編：《甲骨文字詁林》，北京：中華書局，1996年，第907—909頁。

③ 孫稚雛：《驫羌鐘銘文匯釋》，《古文字研究》第19輯，北京：中華書局，1992年。

④ 朱德熙：《關於驫羌鐘銘文的斷句問題》，《中國語言學報》第2期，北京：商務印書館，1985年；又載《朱德熙古文字論集》，北京：中華書局，1995年。

對穩妥的依據，又可避免家臣直呼宗主之名的麻煩，而且在文義上還可避免與《紀年》記載衝突的弊端，韓景子當親自參加了“伐齊，入長城”之役，驫羌僅是輔相其來統帥。

最後需要説明的是，本文在斷句上雖采用朱德熙的看法，將“驫羌乍（作）〓（艾）氒（厥）辟韓宗敵（徹）率（帥）”連爲一句讀，但也有學者認爲“敵”字屬下讀，將“敵（徹）率（帥）征秦迮齊”連爲一句[①]。就上下文義而言，如此斷句亦通。但這不影響筆者將“〓”釋爲“乂”，也不影響筆者後面結論的得出。

① 温廷敬：《驫羌鐘銘釋》，《國立中山大學研究院文科研究所歷史學部史學專刊》第 1 卷第 1 期，廣州：國立中山大學出版部，1935 年；孫稚雛：《羌鐘銘文匯釋》，《古文字研究》第 19 輯，北京：中華書局，1992 年。

釋中山王嚳方壺中的“屬”字

中山王嚳方壺銘文中有一字出現在“余智（知）其忠信旃（也），而△貨（任）之邦”（爲論述方便，先暫時以“△”號代替該字）這句話當中。目前，學術界基本一致（《金文編》除外）的看法是將該字隸定爲“謞”，讀爲“專”。就論文發表的時間先後來看，最早將該字作如此釋讀的是河北省文物管理處撰寫的《河北平山縣戰國時期中山國墓葬發掘簡報》和朱德熙、裘錫圭合撰的《平山中山王墓銅器銘文的初步研究》二文，但此二文均只是在釋文中隨文釋讀，並未對該字字形作出具體分析①。之後不久，有關中山諸器銘文的注釋性文章日漸增多，但這些文章大都亦采用以上二文的做法，在釋文中隨文釋讀，未作具體説明②。只有張政烺注釋云：“謞，从言傳聲。字書不見，在此讀爲專。”③此後，《商周青銅器銘文選》注釋云：“謞，从言傳聲，與从專同。”並將“余智（知）其忠信也，而△貨（任）之邦”這句話譯爲“余知其忠信而以國事專委任之”④。另外，《商周古文字讀本》中亦注云：“謞：从言，傳聲，通‘專’。貨：从貝，任聲，通‘任’。之：代詞，指相邦賈。邦：指國事。以上兩句意爲：我知道他忠貞誠信，因而把國事交給他一力承擔。”⑤直到20世紀90年代末，才見何琳儀在《戰國古文字典》一書中針對該字進一步解釋云：“中山王方壺‘謞貨’，讀‘專任’。《荀子·

① 河北省文物管理處：《河北平山縣戰國時期中山國墓葬發掘簡報》，《文物》1979年第1期，第1頁；朱德熙、裘錫圭：《平山中山王墓銅器銘文的初步研究》，《文物》1979年第1期，第42頁。

② 于豪亮：《中山三器銘文考釋》，《考古學報》1979年第2期，第171頁；趙誠：《中山壺、中山鼎銘文試釋》，《古文字研究》第1輯，北京：中華書局，1979年，第247頁；李學勤、李零：《平山三器與中山國史的若干問題》，《考古學報》1979年第2期，147頁；徐中舒、伍仕謙：《中山三器釋文及宮堂圖説明》，《中國史研究》1979年第4期，第85頁；商承祚：《中山王嚳鼎、壺銘文芻議》，《古文字研究》第7輯，北京：中華書局，1982年，第43頁。

③ 張政烺：《中山王嚳壺及鼎銘考釋》，《古文字研究》第1輯，北京：中華書局，1979年，第208頁。

④ 馬承源：《商周青銅器銘文選》第4卷，北京：文物出版社，1986年，第576頁。

⑤ 劉翔、陳抗、陳初生等編著：《商周古文字讀本》，北京：語文出版社，1989年，第192頁。

仲尼》‘主專任之’。”[①]可以看作是對“△”及“△賃（任）”一詞的補充説明。

不可思議的是，在目前所見到的有關該字的各類摹本當中，該字竟被摹寫作兩種具有明顯區别的形體：

1

2

以上第一種摹寫較爲流行，見於《中山王嚳器文字編》[②]、《古文字類編》[③]、《殷周金文集成》[④]、《戰國古文字典》[⑤]。第二種摹寫較爲少見，只見於《金文編》[⑥]、《殷周金文集録》[⑦]。但同樣是第二種形體，《金文編》和《殷周金文集録》的解釋却有所不同，《殷周金文集録》仍將該字隸作“譐”，讀爲“專”，而《金文編》則隸作“謢”，云“《説文》所無”。對於《金文編》的這種隸定及解釋，董蓮池給予了批判，其文云：

> 此文今諸家多隸作“譐”，釋爲“專”，可从。右旁不能看作“夌”，應分析爲“”、“一”、“丫”三部分。“”即“叀”，西周金文“叀”旁寫作“”，又或作“”（見《金文編》二七一頁），戰國時又離析寫作“”（見《古璽文編》“鄟”所从），其離析情形與此文同。“又”旁上之一横畫乃飾筆，此種於“又”上加一横畫爲飾者戰國文字習見，如陶文“”異體又作“”（見《古陶文舂録》一、二），所以此實即从言从傳。“譐”不見於字書，可附於言部待考。[⑧]

如此看來，不論該字是作以上哪種形體，似乎並不影響將該字隸定爲

---

① 何琳儀：《戰國古字字典》，北京：中華書局，1999年，第1025頁。

② 張守中：《中山王嚳器文字編》，北京：中華書局，1981年，第76、111頁。

③ 高明：《古文字類編》，北京：中華書局，1980年，第169頁。

④ 中國社會科學院考古研究所：《殷周金文集成》第15册，北京：中華書局，1993年，第291頁，9735·1B。據該書書後“壺類銘文説明”，此摹本亦來自張守中本。

⑤ 何琳儀：《戰國古字字典》，北京：中華書局，1999年。

⑥ 容庚：《金文編》，北京：中華書局，1985年，第151頁。

⑦ 徐仲舒主編：《殷周金文集録》，成都：四川辭書出版社，1984年，第373頁。

⑧ 董蓮池：《〈金文編〉校補》，長春：東北師範大學出版社，1995年，第75頁。

“譐”，讀爲“專”。而且這種看法似乎已在學術界取得共識，因爲到目前爲止，尚未見有人對該字的釋讀提出過任何疑義。

這裏，筆者首先要討論的是以上兩種摹寫形體哪一種是正確的。答案是第二種，這有兩方面的理由。首先，就目前所見有關該字的各類拓本來看，該字所從的“”旁與“一”旁之間確實具有隱約可見的筆畫，否則《殷周金文集録》和《金文編》也不可能無中生有地將該字摹寫作如上形體，尤其是《金文編》向以摹字準確著稱。其次，該字所從“一”旁與其上“”旁之間若無筆畫，則“一”與“”的位置就顯得格外疏遠，而與其下之“又”旁則過於靠近。衆所周知，中山王嚳方壺上的字體是一種美術字體，如此佈局，也不符合其書寫風格。

下面筆者來討論有關該字的釋讀問題。筆者認爲，過去將該字隸作“譐”，讀爲“專”，不外乎就是認爲其右上所從之“”就是“叀”字，但是中山王嚳方壺中有“惠”字作“”。衆所周知，“惠”從“叀”，但此“惠”字所從之“叀”旁與該字所從之“”旁顯然有别。因此，筆者認爲將該字隸作“譐”，讀爲“專”是值得懷疑的。

既然如此，該字又當如何解釋呢？筆者認爲《金文編》的隸定是正確的。但此字右旁所從之“”實乃“尌”字，即“樹”“澍”所從之聲符[①]。“尌”字小篆作“”，《説文·壴部》：“尌，立也。从壴，从寸持之也。讀若駐。”朱駿聲《説文通訓定聲》改作：“尌，立也。从壴，从寸持之也。會意。讀若駐。”並云：“按，壴亦聲。”段玉裁《説文解字注》：“寸與又古通用，又者手也，此説从寸之意。壴而復持之，則固矣。壴亦聲。”《説文》：“壴，陳樂立而上見也。从屮从豆。”可見，若據《説文》及朱、段二家的理解，則“尌”字可分析作從寸從壴，壴亦聲，而“壴”字則從屮從豆。

現在我們再來分析“”字，該字下部從“又”，小篆“尌”則從“寸”，這種差異上引段《注》已作了很好的解釋，無需贅説[②]。該字所從之“”，上部從“屮”，與小篆“壴”字上部相同。至於下部所從之“”，

---

① “樹”當是“尌”字之後起形聲字，詳見後文。

② 古文字中，很多左右並列結構的字，又可寫成上下重疊結構，如“柳”既可作“”（柳鼎），又可作“”（散氏盤）；“杞”既可作“”（杞伯鼎），又可作“”（杞伯鼎）。

就是“豆”字，戰國文字中類似這種寫法的豆字和豆旁十分常見[1]。其實，中山器文字材料本身就可證明該字所從之“”旁就是“壴”，《説文》：“嘉，美也。从壴加聲。”中山王𰯼大鼎中有“嘉”字作“”，所從之“壴”與該字所從之“”全同[2]。若此，將“”釋爲“尌”在字形上應該不會存在太大問題。

以此爲依據，我們進而可以推出“謏”字所從之“侸”旁，實際上就是“侸（或侸）”字。《説文·人部》：“侸，立也。从人豆聲。讀若樹。”段玉裁《説文解字注》：“侸，《玉篇》作侸，云‘今作樹’，《廣韻》曰‘侸同尌’。蓋樹行而侸、尌、豎廢，并侸亦廢矣。”《玉篇·人部》：“侸，《説文》作侸。立也。今作樹。”可見將“侸”釋爲“侸（或侸）”，在字形和字音兩方面都可以説得過去。

下面筆者來討論該字在中山王𰯼方壺銘文中的用法。本文開頭已經談到該字出現在“余智（知）其忠信旃（也），而△賃（任）之邦”這句話中。在此，筆者以爲該字當讀爲“屬”。上古音樹、澍、尌、侸俱爲禪母侯部字，屬爲禪母屋部字。兩字雙聲，韻則陰入對轉。古音十分接近，例可相通。典籍中尌及從尌聲之字可與從主聲之字相通，如《玉篇·壴部》：“尌，立也。又作駐。”《説文》云“尌”“讀若駐”。《文選·王褒〈洞簫賦〉》：“聲礚礚而澍淵。”李善《注》：“《説文》曰：‘注，灌也。’澍與注古字通。”而屬及從屬聲之字亦可與從主聲之字相通，如《周禮·考工記·函人》：“犀甲七屬。”鄭玄《注》：“屬讀如灌注之注。”《老子》四十九章：“百姓皆注其耳目。”漢帛書甲本《老子》注作屬[3]。《荀子·禮論》：“紸纊聽息之時。”楊倞《注》：“紸讀爲注。注纊即屬纊也。”皆其例。又，屬從蜀聲，《詩·曹風·候人》：“不濡其味。”《玉篇·口部》引味作噣。而從朱聲之字亦可與從尌聲之字相通，如《集韻·虞韻》：“𨄔，踟𨄔，行不進也。亦作跦。”亦其例。王力認爲𨄔與躅乃同

① 湯餘惠主編：《戰國文字編》，福州：福建人民出版社，2001年，第311頁。

② 該字所從之“”乃“嘉”字所從之“加”旁，唯“口”旁移至上部而已。容庚《金文編》（北京：中華書局，1985年）第328頁“嘉”字條。

③ 馬王堆漢墓帛書整理小組：《馬王堆漢墓帛書——老子》，北京：文物出版社，1976年，第4頁。

源字[①]。可見，“諼”可以讀作“屬”。

“屬”字古有託付、委託等義。《吕氏春秋·貴公》：“寡人將誰屬國？”高誘《注》：“屬，托也。”《國語·越語》：“請委管籥屬國家。”韋昭《注》：“屬，付也。”《漢書·張良傳》：“而漢王之將獨韓信可屬大事，當一面。”顔師古《注》：“屬，委也。”《漢書·晁錯傳》：“臣聞五伯不及其臣，故屬之以國，任之以事。”顔師古《注》：“屬，委也。”《漢書·霍光傳》：“察群臣唯光任大重，可屬社稷。”顔師古《注》：“屬，委也。”《漢書·王莽傳上》：“屬予以天下兆民。”顔師古《注》：“屬，委付也。”

“委”字古亦有屬義。《左傳·成公二年》：“王使委於三吏。”杜預《注》：“委，屬也。”《廣韻·紙韻》：“委，屬也。”可見“屬”“委”同義，可以互訓。《吴越春秋·勾踐歸國外傳》：“寡人之計，未有决定，欲築城立郭，分設里閭，欲委屬於相國。”“委”“屬”連言。

“屬任”一詞見於典籍，義同委任。《漢書·石顯傳》：“陛下過私小臣，屬任以事。”顔師古《注》：“屬，委也。”即其例。又《史記·蕭相國世家》：“上以此專屬任何關中事。”《史記·韓信盧綰列傳》：“今上病，屬任吕后。”《晉書·段灼傳》：“由不能屬任賢相，用婦人之言。”亦其例。典籍中另見“任屬”一詞，《漢書·韓信傳》：“項王意烏猝嗟，千人皆廢，然不能任屬賢將，此特匹夫之勇也。”顔師古《注》：“屬，委也。”此“任屬”與“屬任”當屬同義[②]。

綜上所述，銘文“屬任之邦”，意即委任之邦。中山王䂂大鼎另有“氏（是）以寡人�任之邦而去之遊”語。關於“医”字，過去有多種釋法，自徐中舒、伍仕謙考定爲“委”字後[③]，現已爲學術界普遍認同。此正可與“屬任之邦”相參。中山王胤嗣圓壺又有“或得𦣞（賢）㚅（佐）司馬賙，而冢任之邦”語，過去一般讀“冢”爲“重”。現在看來，此“冢”字亦可能當讀爲“屬”，上古音“冢”爲端母東部字，與“屬”聲母同爲舌音，韻則陽

① 王力：《同源字典》，北京：商務印書館，1982年，第110頁。

②（漢）荀悦《漢紀·高祖紀二》引此文爲：“項王喑嗚叱吒，千人皆靡，然不能屬任賢將，此特匹夫之勇耳。”“任屬”正作“屬任”。

③ 徐中舒、伍仕謙：《中山三器釋文及宫堂圖説明》，《中國史研究》1979年第4期，第85頁。

入對轉，古音亦十分接近，例可相通。《説文》：“冢，高墳也。从勹豖聲。”《説文》：“屬，連也。从尾蜀聲。”而典籍中從蜀聲之字與從豖聲之字亦常可互通，其例甚多，兹不贅舉[①]。前已云典籍中屬及從屬聲之字多可與從主聲之字相通，而楚簡當中“冢”字作“”（包山簡 203）、“”（包山簡 227），其右正從“主”聲[②]。可見，“冢任之邦”有可能亦當讀作“屬任之邦”。

最後，筆者對“尌”字的構形及其他問題再作一點簡單的解釋。甲骨文有一字作“”，王獻唐釋爲“尌”之初文，認爲“尌”所從之“豆”乃後加之聲符[③]。裘錫圭贊同其説，並作過進一步補充論證[④]。按，從字形上來看，《石鼓文·作原》有“尌”字作“”，郭店楚簡《語叢三》簡 46 有“尌”字作“”，去掉“豆”旁後所剩形體與上引甲骨文之字顯然是一字；從字音上來看，裘先生文中已指出“尌”“豆”二字上古音俱屬侯部，“樹”屬禪母，“豆”屬定母，二母上古音極近[⑤]。此外，包山楚簡 250 號有“命攻解於漸（斬）木立（位），虘（且）徙其居而梪之”語，有不少學者都認爲此處之“梪”當讀爲“樹”[⑥]。“梪”從“豆”聲。亦可參證。可見，王、裘的看法是可信的。古文字“屮”“木”二旁用作表意偏旁時常可互换，小篆“”（尌）所從之“木”省變爲“屮”很可能是屬於同類現象。中山王嚳方壺此“譔”字所從之“尌”旁作“”，《十鐘山房印舉》三·四四有“尌”字作“”。由此可見，“尌”字的這種變化，最晚在戰國時期就已經出現了。“木”旁變爲“屮”旁後，“尌”字之種植之義不顯，故又另造“樹”字，以代其本意。並由此可以看出，“尌”所從之“壴”與“鼓”字所從之“壴”來源是不同的，故本文前面所引《説文》及朱、段兩家對“尌”

① 高亨：《古字通假會典》，濟南：齊魯書社，1989 年，第 347 頁。

② 何琳儀：《句吴王劍補釋——兼釋冢、主、幵、丂》，《第二届國際中國古文字學研討會論文集》，香港：香港中文大學中文系編集，1993 年，第 249 頁；白於藍：《包山楚簡考釋（三篇）》，《吉林大學古籍研究所建所十五周年紀念文集》，長春：吉林大學出版社，1998 年，第 68 頁。

③ 王獻唐：《古文字中所見之火燭》，濟南：齊魯書社，1983 年，第 17—22 頁。

④ 裘錫圭：《釋樹》，《龍宇純先生七秩晉五壽慶論文集》，臺北：學生書局，2002 年，第 189 頁。

⑤ “”右旁從攴，古文字中“又”“寸”“攴”三字在作爲偏旁時可以通用，如“得”字作“”（師旂鼎）、“”（《古璽彙編》2242）、“”（余購逐兒鍾），即其例。

⑥ 林澐：《讀包山楚簡劄記七則》，《江漢考古》1992 年第 4 期，第 83 頁；李學勤：《“梪”字與真山楚官璽》，《國學研究》第 8 卷，北京：北京大學出版社，2001 年，第 173 頁。

字的構形分析其實是錯誤的，但這並不影響筆者用小篆“尌”字形體與“譳”字所從之“㝵”旁進行比較，也不影響筆者後面結論的得出。

包山楚簡司法文書中有“詎”。例如，15 號、16 號簡：“僕以告君王，君王詎僕於子左尹，子左尹詎之新告（造）迅尹丹，命爲僕至（致）典。”陳偉認爲“詎”“似可讀作屬，表示上級官長將訟獄交付給下級官員辦理”[①]。按《老子》第十九章“故令有所屬”，郭店楚墓竹簡《老子》甲 2 號簡“屬”作“豆”[②]。“詎”從“豆”聲，可見，陳偉的看法是可取的。

中山王嚳方壺此“譳”字與包山簡之“詎”比較，從義符上來看，二字均從言表義；從聲符上來看，“譳”從“僔”聲，而“僔”前文已云可釋爲“侸（或佢）”，“侸（或佢）”《説文》云：“讀若樹”，《玉篇》云“今作樹”，《廣韻》云“同尌”，而“樹”“尌”古本一字，“尌”字又本從“豆”聲。由此看來，“譳”與“詎”很可能是一字之異，只是繁簡不同而已。前已云“屬”字古有委託、託付等義，俱與言語有關。若此，則“譳”“詎”很可能就是用以表示“屬”字之委託、託付等義的專字。後世又造“囑”字來表示“屬”字的這種義項，《左傳・隱公三年》：“宋穆公疾，召大司馬孔父而屬殤公焉。”楊伯峻《注》：“屬，今囑託之囑字，音燭，古書皆作屬，囑是後起字。”[③]《廣韻・燭韻》：“囑，托也。”《世説新語・規箴》：“昔夫人臨終，以小郎囑新婦，不以新婦囑小郎。”唐孟郊《傷時》：“一生不愛囑人事，囑即直須爲生死。”蓋“囑”行而“譳”“詎”俱廢。

編按：銀雀山漢簡《守法守令等十三篇》第十篇篇名爲《兵令》，内容與傳世本《尉繚子・兵令》篇相合。《兵令》篇第 968 簡有一段文字是“將與卒，非有父子之親、血□之樹、六親之私也”（簡 968）。《群書治要》引《尉繚子・兵令》篇與這段文字相對應的文字是“將之與卒也，非有父母之惻、血膚之屬、六親之私”。銀雀山漢簡整理小組《守法守

① 陳偉：《包山楚簡初探》，武漢：武漢大學出版社，1996 年，第 30 頁。
② 荊門市博物館：《郭店楚墓竹簡》，北京：文物出版社，1998 年，第 111 頁。
③ 楊伯峻：《春秋左傳注》，北京：中華書局，1981 年，第 28 頁。

令等十三篇·兵令》注釋［二一］："'樹'、'屬'古音相近，簡文借'樹'爲'屬'。"（銀雀山漢簡整理小組：《銀雀山漢墓竹簡》，文物出版社，1985年，第152頁）這是從"尌"聲之字可與"屬"字相通的直接證據。

讀中山三器銘文瑣記

一

> 隹十四年，中山王嚳命相邦貫擇燕吉金，鑄爲彝壺，節於⿰酉垔⿰酉齊，可灋可尚，以鄉（饗）上帝，以祀先王。（中山王嚳方壺）

關於“⿰酉垔⿰酉齊”之“⿰酉垔”字，以往研究者都一致將之讀作“禋”。至於“⿰酉齊”字，或釋爲“齋”[①]，或讀作“劑”[②]，其餘多數學者讀作《周禮·天官·酒正》“辨五齊之名。一曰泛齊。二曰醴齊。三曰盎齊。四曰緹齊。五曰沈齊”之“齊”。《周禮》之“齊”，鄭玄《注》：“齊者，每有祭祀，以度量節作之。”

按，以往諸家將“⿰酉垔”字讀作“禋”可能是有問題的。

首先，典籍中“禋”作爲一種祭祀，主要有兩種解釋，一種出自許慎的《説文解字》，另一種出自鄭玄注《周禮》，兩種解釋分别如下：

> 《説文》：“禋，潔祀也。一曰精意以享爲禋。”
>
> 《周禮·春官·大宗伯》：“以禋祀祀昊天上帝。”鄭玄《注》：“禋之言煙。周人尚臭，煙，氣之臭聞者。……三祀皆積柴實牲體焉，或有玉帛，燔燎而升煙，所以報陽也。”

這兩種解釋的角度有所不同，但都没有提到“禋”與“酒”存在密切的關係。而且，古代祭祀種類繁多，何以銘文中單單特意提到禋祀之“⿰酉齊”呢？這一點很令人費解。

其次，“⿰酉齊”從“酉”表義，古代與“酒”有關的字多從“酉”表義，

---

① 河北省文物管理處：《河北平山縣戰國時期中山國墓葬發掘簡報》，《文物》1979年第1期，第7頁；于豪亮：《中山三器銘文考釋》，《考古學報》1979年第2期，第177頁。

② 徐中舒、伍仕謙：《中山三器釋文及宫堂圖説明》，《中國史研究》1979年第4期，第85頁。

故上述各家中很多都將“醑”讀作《周禮·天官·酒正》“五齊”之“齊”，這是很有道理的[①]。但銘文中的“醒”字亦從“酉”表義，這種現象恐並非偶然。在中山三器的銘文當中，凡並列詞組往往使用相同的表義偏旁，如方壺銘文中“夙夜篚（匪）解（懈）”之“夙夜”，“乏其先王之祭祀”之“祭祀”，“財（載）之笶（簡）筞（策）”之“笶筞”；大鼎銘文中“使智（知）社禝（稷）之賃（任）”“社禝（稷）其庶虖（乎）”“身勤社禝（稷）”“忑（恐）隕社禝（稷）之光”之“社禝”，“隹（唯）俌（傅）佫（姆）氏（是）從”之“俌佫”，“以悳（憂）惄（勞）邦家”之“悳惄”，“愳（謀）恴（慮）皆從”之“愳恴”；圓壺銘文中“訢（謇）詻（諤）戰（僤）忞（怒）”之“訢詻”[②]，“茅（苗）蒐猶（田）獵”之“茅蒐”和“猶獵”等。以此反推，“節於醒醑”之“醒”與“醑”亦當是並列詞組才較爲合理。

筆者以爲，要對這一問題有一合理的解釋，必須得對《周禮》中的“五齊三酒”有一較爲明確的認識。先看“五齊”：

> 《周禮·天官·酒正》：“酒正掌酒之政令。以式法授酒材。凡爲公酒者。亦如之。辨五齊之名。一曰泛齊。二曰醴齊。三曰盎齊。四曰緹齊。五曰沈齊。”鄭玄《注》：“齊者，每有祭祀，以度量節作之。”賈公彦《疏》：“三酒味厚，人所飲者也，五齊味薄，所以祭者也……五齊對三酒，酒與齊異；通而言之，五齊亦曰酒。”孫詒讓《正義》：“五齊，有滓未泲之酒也。”並引吕飛鵬云：“五齊皆酒之濁者。後鄭謂盎以下差清，但較泛齊、醴齊爲稍清耳，其實皆濁酒也。”

再看“三酒”：

> 《周禮·天官·酒正》：“辨三酒之物。一曰事酒。二曰昔酒。三曰清酒。”鄭玄《注》：“事酒，酌有事者之酒，其酒則今之醳酒也。昔酒，今之酋久白酒，所謂舊醳者也。清酒，今中山冬釀，接夏而

① 醑字見字書，《玉篇·酉部》：“醑，酒有五醑之名，見《周禮》。或作齊。”

② “䜣（謇）詻（諤）”從湯餘惠《戰國銘文選》（長春：吉林大學出版社，1993年，第40頁）讀。“戰（僤）忞（怒）”從張政烺《中山國胤嗣𡥱䖵壺釋文》（《古文字研究》第1輯，北京：中華書局，1979年，第240頁）、于豪亮《中山三器銘文考釋》（《考古學報》1979年第2期，第182頁）等讀。

成。”賈公彦《疏》：“事酒酌有事人飲之，故以事上名酒也。二曰昔酒者，久釀乃熟，故以昔酒爲名，酌無事之人飲之。三曰清酒者，此酒更久於昔，故以清爲號。”孫詒讓《正義》：“三酒，已泲去滓之酒也。”又云：“三酒之中，事酒較濁，亦隨時釀之，酋繹即孰。昔酒較清，則冬釀春孰。清酒尤清，則冬釀夏孰。”

除上引之外，《周禮·天官·酒正》：“凡祭祀，以灋共五齊三酒，以實八尊。”《周禮·天官·酒人》：“酒人掌爲五齊三酒，祭祀則共奉之，以役世婦。”亦提到“五齊三酒”之名。《北堂書鈔·酒食部》引漢末徐幹《齊都賦》：“三酒既醇，五齊惟醹。”亦是以“三酒”與“五齊”相對爲文。

據上引材料，我們大體可以形成以下三個方面的認識。第一，五齊、三酒都是祭祀用酒。第二，五齊均爲濁酒，只是濁的程度有所不同。三酒均爲清酒，但清的程度有所不同，其中以清酒爲最清。第三，三酒較五齊味重，三酒中清酒釀造的時間最長，因此酒味最重。

基於以上認識，筆者以爲，尋音義以推求，銘文中“𨣘醨”之“𨣘”當讀作“醇”。

從字音上來講，“𨣘”從“垔”聲，上古音“垔”屬影母文部字。“醇”則爲禪母文部字。兩字叠韻，聲母看似有一定的距離，但同從“垔”聲的“甄”“籈”均爲章母文部字，則與“醇”同爲舌音，可見古音很近。《説文》：“焞，明也。从火𦎫聲。《春秋傳》曰：‘焞耀天地。’”《説文》：“甄，匋也。从瓦垔聲。”朱駿聲《説文通訓定聲》指出古書中“甄”有假借爲“焞”者：“《周禮·典同》《注》：‘甄讀甄耀之甄。’按，緯書有《洛書·甄曜度》。《後漢書·安帝紀》李賢《注》：‘甄，明也。’”甄、𨣘俱從垔聲，醇、焞俱從𦎫聲，甄既可通焞，則𨣘自亦可讀作醇。

從字義上來看，《説文》：“醇，不澆酒也。”段玉裁《注》：“澆，沃也。凡酒沃之以水則薄，不雜以水則曰醇。”《漢書·曹參傳》：“至者，參輒飲以醇酒。”顔師古《注》：“醇酒不澆，謂厚酒也。”可見醇酒是一種酒味很重的酒，與五齊不同，而類於三酒，尤與清酒類似。又，典籍中屢見“清醇”一詞來形容酒，《後漢書·仲長統傳》：“清醇之酎，敗而不可飲。”《文選·嵇叔夜〈琴賦〉》：“蘭肴兼御，旨酒清醇。”亦可佐證。蓋酒清則醇，醇則亦清。最值得注意的是上引鄭《注》中明言“清酒，今中山冬釀，接夏而成”。又《北堂書鈔·酒食部》引晉袁准《袁子正論》：“長安九釀，中山清酤。”可見中山之地自古就有釀造清酒的習俗。典籍中又記古中山之地有釀造醇酒的習俗，《文選·左太沖〈魏都賦〉》：“醇酎中山，流湎千日。”《初學記·酒類》引晉張載《酃酒賦》：“中山冬啓，醇酎秋發。”通過這些材料對比，不難看出醇酒應當就是清酒。《博物志·雜説下》和《搜神記·千日酒》均記古中山之人能釀造“千日酒”，可令人“一醉千日”，雖過分誇張，但説“千日酒”是一種酒精純度很高的醇酒，應該是可以的。古中山之地既有釀制醇酒的習俗，故銘文中在表示濁酒的“醨（齊）”字前出現表示清酒的“醧（醇）”字也是不足爲奇的。而且“齊”指代五齊，“醇”指代三酒，文義上亦正相對。

二

天降休命於朕邦，又（有）氒（厥）忠臣貯克巛（順）克卑，亡（無）不衒（率）仁，敬巛（順）天悳（德），以左右寡人，使智（知）社稷（稷）之賃（任），臣宔（主）之宜，夙夜不解（懈），以譯道寡人。（中山王譽大鼎）

關於“譯道”之“譯”，目前有多種解釋。第一種解釋認爲該字從“𢆶”聲，在此基礎上或讀爲“訓”[①]，或讀爲“申”[②]，或讀爲“引”[③]；第二種解釋認爲從“𢆶”聲之字與從“辛”聲之字可通，在此基礎上或讀爲“詵”“辨”“辞”[④]，或讀爲“親”[⑤]，或讀爲“誘”[⑥]；第三種解釋認爲該字從

① 李學勤、李零：《平山三器與中山國史的若干問題》，《考古學報》1979年第2期，第155頁。

② 于豪亮：《中山三器銘文考釋》，《考古學報》1979年第2期，第173頁。

③ 河北省文物管理處：《河北平山縣戰國時期中山國墓葬發掘簡報》，《文物》1979年第1期，第6頁；朱德熙、裘錫圭：《平山中山王墓銅器銘文的初步研究》，《文物》1979年第1期，第49頁。

④ 徐中舒、伍仕謙：《中山三器釋文及宫堂圖説明》，《中國史研究》1979年第4期，第90頁。

⑤ 湯餘惠：《戰國銘文選》，長春：吉林大學出版社，1993年，第34頁。

⑥ 馬承源：《商周青銅器銘文選》第4卷，北京：文物出版社，1986年，第571頁。

“牛”聲，當釋爲“䛖”，讀爲“誘”[1]；第四種解釋認爲該字從“羊”聲，或讀爲“諭”[2]，或釋爲“詳”[3]；第五種解釋認爲該字當釋爲“善”[4]；第六種解釋認爲該字右旁“羍”從羊從牛，牛羊雜處不亂，可能是會協調諧和之意，“䛭道（導）”即和善地教導[5]。

筆者認爲，尋音義以推求，該字似當讀作“挈”。

從字音上來看，以上諸説很多都將“䛭”字分析爲從言羍聲，這是正確的。今本《説文》中從“羍”聲的字有三個，分別是角部的“觲”字、土部的“垟”和馬部新附的“騂”字，此三字徐鉉反切注音均爲“息營切”。“觲”“垟”“騂”三字在典籍和字書中的異體分別作“觪”“垶”“騂”。上古音挈爲溪母月部字，觲、垟、騂爲心母耕部字，聲韻看似有一定距離，但可以疏通。《詩經·小雅·角弓》：“騂騂角弓。”陸德明《經典釋文》：“騂，息營反，調利也。沈又許營反。《説文》作弲，火全反。”按，今本《説文·弓部》：“弲，角弓也。洛陽名弩曰弲。从弓肙聲。”未見引《詩》。《説文》觲字下却見引有此《詩》，云：“觲，用角低仰便也。从羊、牛、角。《詩》曰：‘觲觲角弓。’”馬瑞辰《毛詩傳箋通釋》云：“六朝舊本蓋作‘讀若《詩》曰：弲弲角弓。’”上古音弲爲見母元部字，與挈聲母同爲喉音，韻則對轉，古音很近。就音理而言，從“羍”聲之字既可與“弲”字相通，則亦當存在與“挈”字相通的可能。《周禮·地官·草人》：“騂剛用牛。”鄭玄《注》：“故書騂爲挈……杜子春挈讀爲騂，謂地色赤而土剛强也。”“騂”即“騂”，此是從“羍”聲之字可讀作“挈”

① 張政烺：《中山王〓壺及鼎銘考釋》，《古文字研究》第1輯，北京：中華書局，1979年，第225頁。

②〔日〕小南一郎：《中山王陵三器銘文とその時代背景》，〔日〕林巳奈夫編：《戰國時代出土文物の研究》，京都：京都大學人文科學研究所，1985年。轉引自鄭瑾：《中山三器銘文研究》，長春：吉林大學碩士學位論文，1994年，第52頁。

③ 孫稚雛：《中山王〓鼎、壺的年代史實及其意義》，《古文字研究》第1輯，北京：中華書局，1979年，第289頁；張克忠：《中山王墓青銅器銘文簡釋——附論墓主人問題》，《故宫博物院院刊》1979年第1期，第39頁。

④ 商承祚：《中山王〓鼎、壺銘文芻議》，《古文字研究》第7輯，北京：中華書局，1982年，第52頁；黄盛璋：《中山國銘刻在古文字、語言上若干研究》，《古文字研究》第7輯，北京：中華書局，1982年，第76頁。

⑤ 趙誠：《中山壺、中山鼎銘文試釋》，《古文字研究》第1輯，北京：中華書局，1979年，第255頁。

的直接證據。

從用法上來看，“挈”字古有提挈之義。《説文》：“提，挈也。”《説文》：“挈，縣持也。”段玉裁《注》：“提與挈皆謂縣而持之也。”《玉篇·手部》：“挈，提挈也。”《公羊傳·桓公十一年》：“挈乎祭仲也。”何休《注》：“挈，猶提挈也。”又，挈與攜音近義通。《公羊傳·襄公二十七年》：“公子鱄挈其妻子而去之，將濟于河，攜其妻子而與之盟。”即其例。《説文》：“攜，提也。”《慧琳音義》卷四八“攜從”《注》引《廣雅》：“攜，提挈也。”《慧琳音義》卷八二“攜引”《注》引《韻詮》：“攜，提攜也。”亦其證。《魏書·彭城王勰列傳》：“吾少與綢繆，提攜道趣。”“攜引”“提攜道趣”與銘文之“誱（挈）道”語義相仿，可參。

據方壺和大鼎銘文，參照《戰國策·中山策》中的相關記載，可知中山王嚳在其“先考成王”“㬃（早）棄（棄）群臣”之時，尚“學（幼）踵（童）未甬（通）智”，而司馬賈最晚是在王嚳的“先考成王”時即已任相邦之職，王嚳還尊稱司馬賈爲“虘（吾）老”（大鼎）或“仲父”（方壺）。據此，鼎銘説相邦司馬賈“夙夜不解（懈），以誱（挈）道寡人”在語義和語氣上都是能夠説得通的。

三

昔者先王，孳（慈）㤅（愛）百每，竹（畜）胄（育）亡（無）彊（疆），日夜不忘，大盍（去）型（刑）罰，以㥂（憂）氏（是）民之隹（罹）不殆（辜）。（中山王𧊒嗣圓壺）[①]

關於“孳（慈）㤅（愛）百每”之“每”，過去有多種釋法，或釋爲“敃”[②]，或釋爲“侮”[③]，或釋爲“姓”[④]，其餘大多數學者都釋爲“每”。

---

① “竹（畜）胄（育）”從于豪亮（《中山三器銘文考釋》，《考古學報》1979年第2期，第181頁）讀。“氏（是）”字從張漢之《古文字瑣記》（《考古與文物》1984年第6期，第83頁）釋讀。

② 朱德熙、裘錫圭：《平山中山王墓銅器銘文的初步研究》，《文物》1979年第1期，第44頁。

③ 陳長安：《中山王墓䳔䖵壺銘中的“[illegible]”字小議》，《中原文物》1985年第3期，第95頁。

④ 黄盛璋：《中山國銘刻在古文字、語言上若干研究》，《古文字研究》第7輯，北京：中華書局，1982年，第80頁；〔日〕小南一郎：《中山王陵三器銘文とその時代背景》，〔日〕林巳奈夫編：《戰國時代出土文物の研究》，京都：京都大學人文科學研究所，1985年。

目前在釋字上雖基本趨於統一，認爲當以釋“每”爲是，但在“百每”的具體讀法上仍分歧很大，有讀爲“百敏”[①]、“百謀”[②]、“百牧”[③]、“百服”[④]、“百民”[⑤]、“慔敏”[⑥]、“迫媚”[⑦]等多種讀法。

筆者認爲，“百每”之“百”當讀作“博”。百與白乃一字分化，甲骨文“三白羌”即三百羌[⑧]。典籍中百與白以及從百聲之字與從白聲之字常可互通[⑨]，郭店簡《窮達以時》中“百里溪”之“百”即作“白”，亦其例。而典籍中從白聲之字與從甫聲之字亦常可相通，《周禮·天官·醢人》：“饋食之豆，其實……豚拍。”鄭玄《注》：“鄭大夫、杜子春皆以‘拍’爲‘膊’，謂脅也。”《集韻·鐸韻》：“髆，《説文》：‘肩甲也。’或作拍。”楚簡中亦常見從白聲之字與從甫聲之字相通之例，《容成氏》：“與之言豊（禮），敓（悦）敀（薄）以不逆。”《容成氏》：“☐是（氏）之又（有）天下，厚悉（愛）而泊（薄）僉（斂）安（焉），身力以袋（勞）百眚（姓）。”《曹沫之陣》：“收而聚之，束（束）而厚之，貣（重）賞泊（薄）坓（刑），思（使）忘其死而見其生。”均其例。可見百可讀作博。

至於“百每”之“每”，筆者認爲當從原發掘簡報和張克忠、何琳儀等讀作“敏”。

據此，“㜏悉百每”即“慈愛博敏”。内中慈、愛、博、敏乃胤嗣稱述先王譽的四種品德，正如同方壺銘文中王譽稱述其先考成王“慈孝寰（宣）惠”一樣[⑩]，亦如同大鼎銘文中王譽説燕王子會“觀（叡）弇夫（膚）𤟤

① 河北省文物管理處：《河北平山縣戰國時期中山國墓葬發掘簡報》，《文物》1979年第1期，第5頁；張克忠：《中山王墓青銅器銘文簡釋——附論墓主人問題》，《故宫博物院院刊》1979年第1期，第46頁。

② 張政烺：《中山國胤嗣壺釋文》，《古文字研究》第1輯，北京：中華書局，1979年，第235頁。

③ 李學勤、李零：《平山三器與中山國史的若干問題》，《考古學報》1979年第2期，第161頁。

④ 于豪亮：《中山三器銘文考釋》，《考古學報》1979年第2期，第181頁。

⑤ 湯餘惠：《戰國銘文選》，長春：吉林大學出版社，1993年，第39頁。

⑥ 何琳儀：《中山王器考釋拾遺》，《史學集刊》1984年第3期，第9頁。

⑦ 馬承源：《商周青銅器銘文選》第4卷，北京：文物出版社，1986年，第579頁。

⑧ 于省吾：《甲骨文字釋林》，北京：中華書局，1979年，第450頁。

⑨ 高亨：《古字通假會典》，濟南：齊魯書社，1989年，第921—924頁，“白字聲系”。

⑩ “寰（宣）”字從朱德熙（《平山中山王墓銅器銘文的初步研究》，《文物》1979年第1期，第48頁）、李學勤（《平山三器與中山國史的若干問題》，《考古學報》1979年第2期，第148頁）等讀。

（悟）”一樣[①]，同樣都是四種品質並列。這種例子在典籍中也很常見，《左傳·文公十八年》：“高辛氏有才子八人……忠肅共懿，宣慈惠和。”《東觀漢紀·肅宗孝章皇帝》：“壯而仁明謙恕，温慈惠和。”《漢書·張敞傳》：“今太后姿質淑美，慈愛寬仁。”《後漢書·程文矩妻傳》：“而穆姜慈愛温仁，撫字益隆。”

“博敏”一詞亦見於典籍。《漢書·哀帝紀》：“孝哀自爲藩王及充太子之宫，文辭博敏，幼有令聞。”顔師古《注》：“博，廣也。敏，疾也。”“博敏”一詞亦經常用於表述人之品德，《蔡中郎集》卷六《郡掾吏張玄祠堂碑》：“掾天姿恭恪，宣慈惠和，允恭博敏，惻隱仁恕。”[②]《隸釋》卷九《繁陽令楊君碑》：“膺天鐘慶，誕德孔醇。温恭博敏，貞瞰藐倫。”[③]又《有魏使持節冠軍將軍濟州刺史崔使君墓誌銘》：“君立志種年，道隆弱歲，温仁博敏，取譽當時。”[④]

---

① “夫（膚）”字從李學勤（《平山三器與中山國史的若干問題》，《考古學報》1979年第2期，第155頁）讀。“㤈（悟）”字從朱德熙（《平山中山王墓銅器銘文的初步研究》，《文物》1979年第1期，第49頁）、李學勤（《平山三器與中山國史的若干問題》，《考古學報》1979年第2期，第153頁）、于豪亮（《中山三器銘文考釋》，《考古學報》1979年第2期，第172頁）等讀。

② 嚴可均校輯：《全上古三代秦漢三國六朝文·全後漢文》卷79，北京：中華書局，1958年，第896頁。

③ 嚴可均校輯：《全上古三代秦漢三國六朝文·全後漢文》卷79，北京：中華書局，1958年，第1026頁。

④ 山東省文物考古研究所：《臨淄北朝崔氏墓》，《考古學報》1984年第2期，第232頁。

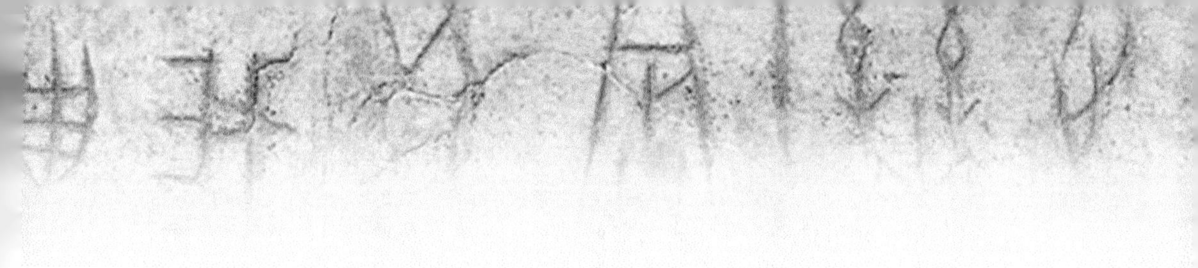

曾侯乙墓竹簡中的“鹵”和“櫓”

曾侯乙墓竹簡文字當中有一字作如下諸形。

（簡 13） （簡 16） （簡 69） （簡 176）①

《曾侯乙墓竹簡釋文與考釋》（以下簡稱《釋文與考釋》）將該字隸定爲“酉”②。該字分別出現在如下之辭例當中：

1.酉靷 （簡 13、簡 16）
2.酉鞍 （簡 69）
3.酉邧之騂馬爲右飛 （簡 176）

又有一個以該字爲偏旁的字，作如下諸形：

（簡 31） （簡 37） （簡 60） （簡 80）

此字上部從“户”，《釋文與考釋》將該字隸定爲“⿸户酉”，並於注［二三］云：

> “⿸户酉”，19 號簡作“⿸户酉”。此字所從“酉”旁亦見於 13 號、16 號等簡，雖與金文“迺”字形近，恐非一字。在天星觀一號墓竹簡裏，“⿸户酉”從“革”作“⿸户革”。天星觀簡云：“一方⿸户革，紫綳。其上載二戈、一戟。”顯然“⿸户革”是車上一種承載兵器等物的東西，所以曾侯乙墓竹簡稱爲“載⿸户酉”。古代車的廂、輢之間有一種叫“扃”的木欄，可以存放兵器。《左傳》宣公十三年“晉人或廣隊（墜）不能進，楚人惎之脱扃”，杜預注：“扃，車上兵闌。”“扃”也可以載旗。《文選·西京

① 湖北省博物館：《曾侯乙墓》，北京：文物出版社，1989 年。

② 裘錫圭、李家浩：《曾侯乙墓竹簡釋文與考釋》，湖北省博物館：《曾侯乙墓》，北京：文物出版社，1989 年，第 504 頁，注［23］。

賦》："旗不脱扃。"簡文所記的"扂"也承載兵器和旗，與"扃"的作用相同，而且二字都從"户"，疑指同一種東西。

我們先來分析"亙"字。上引《釋文與考釋》注［二三］指出該字"雖與金文'迺'字形近，恐非一字"，這一點應當是可信的①。但該字到底是何字，仍是一個需要解答的問題，筆者以爲該字當釋爲"鹵"，理由有以下三點：

第一，《説文》："鹽，鹹也。从鹵，監聲。古者宿沙初作煮海鹽。"《説文》："鹵，西方鹹地也。从西省，象鹽形。安定有鹵縣。東方謂之㡿，西方謂之鹵。"②"鹵"字小篆作""。秦系文字當中有"鹽"字作""③，古封泥中有"鹽"字作""④，均從鹵、監聲，爲《説文》小篆所本。但所從之"鹵"均省去了中間四小點，與小篆之"鹵"形體不同。包山楚簡中有"煮鹽於海"語，其中"鹽"字作""（簡147），當係""""之省形，可分析爲從鹵、監省聲⑤。《玉篇·鹵部》："𪉧，同鹽。"《六書通·鹽韻》有"鹽"字古文作""。包山簡之""與"𪉧"""顯是一字。另外，漢簡中有"鹽"字作""（居延簡甲99），亦可看作是從鹵、監省聲⑥。所從之"鹵"亦與包山簡之"鹽"字所從之"鹵"形同。

《説文》："鹽，河東鹽池。袤五十里，廣七里，周百六十里。从鹽省，古聲。"包山楚簡中亦見"鹽"字作""（簡3）、""（簡177）、""（簡215）等形，可分析爲從鹽、古聲。

就上引"鹽""鹽"二字之楚簡字形來看，所從之"鹵"均與"亙"字所從形同。表面上看，上引"鹽"和"鹽"所從之"鹵"下部似未見一横畫。

① 何琳儀仍將"亙"字釋爲"迺"，讀作"耳"，認爲是指車之兩耳，即"輒"。並將"扂""𩊚"俱讀作"耳"。何琳儀：《戰國古文字典》，北京：中華書局，1998年，第78頁。

② 段玉裁和朱駿聲均認爲"鹵"字下部所從之四小點象鹽形。段玉裁：《説文解字注》，北京：中華書局，1988年，第586頁；朱駿聲：《説文通訓定聲》，北京：中華書局，1984年，第416頁。

③ 湯餘惠主編：《戰國文字編》，福州：福建人民出版社，2001年，第777頁。

④ 孫慰祖：《古封泥集成》，上海：上海書店出版社，1994年，第245頁，"無鹽丞印"之"鹽"字。

⑤ 該句原《包山二號楚墓簡牘釋文與考釋》（湖北省荆沙鐵路考古隊：《包山楚簡》，北京：文物出版社，1991年，第16—67頁）的釋文有誤，林澐、劉釗二師都有相關論述，今據以改正。林澐：《讀包山楚簡劄記（七則）》，《江漢考古》1992年第4期，第83頁；劉釗：《談包山楚簡中有關"煮鹽於海"的重要史料》，《中國文物報》，1992年11月8日。

⑥ 漢語大字典字形組：《秦漢魏晉篆隸字形表》，成都：四川辭書出版社，1985年，第843頁"鹽"字條。

其實，這種情況可能是由於“鹵”與其下“皿”之上部橫畫發生“借筆關係”後造成的。這種“借筆關係”亦見於其他楚簡文字當中，如“成”字作“”（包山楚簡100）、“”（包山楚簡120）、“”（郭店楚簡《老子》乙簡13）[①]；“城”字作“”（包山楚簡2）、“”（包山楚簡4），成字及成旁均從“壬”聲。上古音成、壬二字俱爲舌音耕部字，故成或可從“壬”聲作[②]。而楚簡文字中從“成”聲之“盛”字可作“”（包山楚簡125）、“”（包山楚簡132），所從之“壬”亦與下部之“皿”共用一横畫，發生借筆關係，這與上引“鹽”“鹽”二字的情況如出一轍。古璽印文字中有“鹽”字作“”[③]，漢印文字中又有“鹽”字作“”“”[④]，所從之“鹵”亦均具有一短横，所不同者僅是將之移至上部而已。

第二，上引“西”字上部所從與楚簡中之“西”字形同，但古文字中“西”“鹵”二字常因形近而互訛。如“覃”字作“”（晉姜鼎）、“簟”字作“”（番生簋），均從“鹵”，與《説文》小篆形體相合；但“覃”字又可作“”（父乙卣）、“”（父丁爵），上部從“西”；再如金文中“瓶”可作“”（欒司徒瓶），從“鹵”，又可作“”（陳公孫𦵦父瓶），從“西”；另外，“迺”字作“”（盂鼎）、“”（禹鼎），均從“西”，亦可作“”（夨方彝），從“鹵”，又可作“”（夨方彝），直接省作“鹵”。可見，曾侯乙墓竹簡中的“西”下所從之一短横有可能是有意與“西”字相區分的一種“區別符號”[⑤]。

第三，金文中“盧”字作“”（取盧盤）、“臚”字作“”（九年衛鼎）、“爐”字作“”（邵鐘）、“盧”字作“”（伯公父匿），俱從“卣”[⑥]。但在戰國文字當中又有如下諸字：“”（籚）、“”（蘆）、“”（纑）、“”（爐）、“”（臚）[⑦]、“”（慮，郭店楚簡《性

① 荆門市博物館：《郭店楚墓竹簡》，北京：文物出版社，1998年。

② 白於藍：《古璽印文字考釋（四篇）》，《考古與文物》1999年第4期，第85頁。

③ 羅福頤：《古璽文編》，北京：文物出版社，1981年，第282頁，“鹽”字條。

④ 羅福頤：《漢印文字徵》卷12，香港：中華書局香港分局，1979年，第2頁，“鹽”字條。

⑤ 唐蘭認爲“西與鹵是一字”。唐蘭：《西周青銅器銘文分代史徵》，北京：中華書局，1986年，第375頁。

⑥ 王國維：《觀堂集林》卷6《釋由上》，《王國維遺書》第1册，上海：上海古籍書店，1983年，第6頁。

⑦ 以上諸字均從吴振武釋。吴振武：《釋戰國文字中的從“虛”和從“朕”之字》，《古文字研究》第19輯，北京：中華書局，1992年，第490頁。

自命出》簡62），所從之“卣”俱變得與上引“西”字形近或形同。上古音鹵與盧、籚、蘆、纑、爐、臚諸字俱爲來母魚部字，故盧、籚、蘆、纑、爐、臚諸字所從之“卣”變爲“西（鹵）”很可能是“變形音化”，起注音作用。

通過以上三個方面的分析，筆者以爲，將“西”釋爲“鹵”至少在字形上應該是不會有太大問題的。下面來看“西（鹵）”字的用法。

在上引辭例當中，第三例“西（鹵）邡”之“西（鹵）”用作姓氏字，古有“鹵”姓。《姓觽·麌韻》：“鹵，昆明族。”《史記·遊俠列傳》：“太原鹵公孺、臨淮兒長卿、東陽田君孺，雖爲俠而逡逡有退讓君子之風。”《萬姓統譜·麌韻》：“鹵，漢鹵公孺，太原人，任俠。”第一、二例之“西（鹵）”，筆者以爲均應讀作“盧”或“黸”，上已云“鹵”“盧”俱爲來母魚部字，二字古音極近，例可相通。“盧”從“虘”聲，“虘”又從“虍”聲，典籍中鹵與從虍聲之字亦有相通之例證，如《史記·高祖本紀》：“毋得掠鹵。”裴駰《集解》引應劭曰：“鹵與虜同。”《後漢書·光武帝紀上》：“有出鹵掠者，輒擊取之。”李賢《注》：“鹵與虜同。”《説文》：“膚讀若鹵。”可見“鹵”可讀作“盧”。《書·文侯之命》：“盧弓一、盧矢百。”僞孔《傳》：“盧，黑也。”《太玄·守》：“與荼有守，辭于盧首，不殆。”范望《注》：“盧，黑也。”《漢書·王莽傳下》：“是猶紲韓盧而責之獲也。”顏師古《注》：“黑色曰盧。”《文選·司馬相如〈上林賦〉》：“盧橘夏熟。”李善《注》引晉灼云：“盧，黑也。”《説文·黑部》：“黸，齊謂黑爲黸。”《廣雅·釋器》：“黸，黑也。”王念孫《疏證》：“字通作盧。”“黸”殆“盧”之表黑義之後起形聲字。簡文中“韌”和“鞍”均是車上所使用的器物，二字均從“韋”表義，當與皮革有關，“西韌”“西鞍”當指用黑色皮革製作之“韌”和“鞍”①。

曾侯乙墓竹簡中另見“䞣鞍”（簡10）、“䞣韋之席”（簡58）。關於“䞣”字，就其用法來看，與上引“西”字相同，但該字從“丹”表義，似與紅色有關，若從這方面來考慮，則該字似當釋爲“赭”。“丹”“赤”義近。《廣雅·釋器》：“丹，赤也。”即其證。“赭”從“者”聲，上

① 關於“韌”字，筆者以爲即“茵席”之“茵”字異體。詳參拙作：《曾侯乙墓竹簡考釋（四篇）》，《中國文字》新30期，臺北：藝文印書館，2005年，第193頁。

古音“者”爲章母魚部字，與“鹵”聲母同爲舌音，韻則叠韻。《説文》：“者，别事詞也。从白𣥺聲。𣥺，古文旅字。”前已云“鹵”與從“盧”聲之字多可相通，而“旅”與從“虍”聲之字亦多可相通[①]。其例甚多，兹不贅舉。可見，“䣣”有可能是“赭”之異體。《廣雅·釋器》：“赭，赤也。”若此，則“䣣鞍”“䣣韋之席”當指紅色皮革之“鞍”和“席”。當然，“䣣”字既從“西(鹵)”聲，亦不排除其仍當讀爲“盧”，義指黑色的可能。

關於“扈”字，前引《釋文與考釋》注[二三]中認爲該字相當於“扃”，最主要的證據是該字在天星觀一號墓竹簡中寫作“䍚”，而其辭例是“一方䍚，紫緅。其上載二戈、一戟”。由此推斷出“䍚”是“車上一種承載兵器等物的東西”。也就是説，《釋文與考釋》認爲該簡文中“其上載”之“其”即指“䍚”，而“二戈”和“一戟”則是“䍚”上所承載的兵器。關於這一點，筆者有不同的看法。《釋文與考釋》發表於1989年，當時包山楚墓竹簡的材料尚未正式公佈，故《釋文與考釋》得此結論也是無可厚非的。待到1991年《包山楚簡》一書正式出版後，我們看到其中第267—277號簡和牘1當中也都有車及車上所載之器物的記録，而其中也有“其上載”這樣的辭例，如（釋文儘量用通行字。首尾標點不完整者，用以表示原簡有缺簡或殘簡等情況，余同）：

（1）一輮（乘）正車：……糴輪，白金之鈦，赤金之銍，紩組之鑪之鈦，軹䡐。其上載：朱旌，一百條四十條，翠之首。䍙中干，朱縞七就。車戟，侵羽一就；其旆，術五就。（簡271、簡276、簡269、簡270）[②]

（2）一輮（乘）韋車：……糴輪，白金之鈦。其上載：䢼（旝）旌，毫首。二戟，侵二就；二旆，皆術九就。（簡273）

（3）一軩正車：……糴輪，白金大，赤金之鈓，紩組鑪之大，楚

① 高亨：《古字通假會典》，濟南：齊魯書社，1989年，第875頁，“虎字聲系”。

② 該簡文原《包山二號楚墓簡牘釋文與考釋》（湖北省荆沙鐵路考古隊：《包山楚簡》，北京：文物出版社，1991年，第16—67頁）的編連有誤，李家浩、陳偉二位先生都有相關論述，今據以改正。另外，釋文中部分字亦據李家浩的意見作了相應改動。詳參李家浩：《包山楚簡研究（五篇）》，第二届國際中國古文字學研討會論文，香港，1993年；陳偉：《包山楚簡初探》，武漢：武漢大學出版社，1996年，第187頁。

> 緈。其上載：朱旌，百條四十條，翠之首，䍃中干，朱縞七就。車戟，侵羽一就：其旆，術五就。（牘 1）

由上引文句可以看出，“其上載”之“其”顯然不可能是針對“其”字之前所記各類物品而言，而應當是指“車”，“其上載”也就是車上所載。另外，值得注意的是，包山簡“其上載”之後所記均是旌旗一類器物[①]，而在曾侯乙墓竹簡文字當中，所記“戟”“戈”“殳”“晉殳”諸物也都是當旌旗來用的，而不是用作刺殺性的武器[②]。如此看來，上引天星觀竹簡中之“二戈”和“一戟”亦很可能是用爲旌旗。也就是説，上引天星觀之簡文在文例上也是同包山簡一致的。由此可見，天星觀之“䉛”也應當是與“其上載”無關，所以也就無從得出“䉛”是“車上一種承載兵器等物的東西”這一結論。

筆者以爲，曾侯乙墓竹簡之“扈”字可分析爲從户鹵聲。該字在曾侯乙墓竹簡中共出現 20 例，除簡（31）因竹簡殘損而無法確定外，其他 19 例都是與韔、箙、弓、箭、戟、戈、殳、敡、鞥（函）等器物記在一處，而尤以與韔、箙、弓、箭、鞥（函）這五類器物記在一處者居多（共 18 例）[③]。兹略舉數例如下：

> （1）虓（虎）韔，貘聶。豻殉之箙，貍貘之聶。二繇（懸）箙，䙡紫魚與录（緑）魚，二貍貘之聶。一繇（懸）箙，录（緑）魚，敽聶，屯瓔（纓）組之綏。二鞥（函），屯斂𩋯，屯瓔（纓）組之綏。二載扈，丌（其）一䙡，紫黄紡之紃。二郪（秦）弓，㔾賠。芉，箙五秉。一戟，二菓，又（有）栝，一翼翿。一椶，二旆，屯八翼之翿。旗賠。二戢，戈，屯一翼之䔰（翿）。（簡 1 正—4）
>
> （2）录（緑）魚之韔，屯貂𣯱之聶；三䙡貂與录（緑）魚之箙，狐白之聶；一䙡貂與紫魚之箙，𦃃聶，屯瓔（纓）組之綏。二郪（秦）

---

① 李家浩：《包山楚簡研究（五篇）》，第二届國際中國古文字學研討會論文，香港，1993 年。

② 裘錫圭、李家浩：《曾侯乙墓竹簡釋文與考釋》，湖北省博物館：《曾侯乙墓》，北京：文物出版社，1989 年，第 505 頁注［31］。李家浩：《包山楚簡研究（五篇）》，第二届國際中國古文字學研討會論文，香港，1993 年。

③ 關於“鞥”字，筆者以爲即“函”字異體。詳參拙作：《曾侯乙墓竹簡考釋（四篇）》，《中國文字》新 30 期，臺北：藝文印書館，2005 年。

弓，䡾賠。用羊，箙五秉。一䙴載𦈢，紫黄紡之綳。二𩌓（函），屯𩏂䩷，紃綏，二戟，屯二菓，屯一翼之䎗。二旆，屯八翼之䎗。丌（其）旗，䳑（翠）首，紫羊須之總，紫翆（羽）之常。二黄金之戢，二戈，紫總，屯一翼之䎗。（簡 4—7）

（3）二𩌓（函），紫組之綏，二𩏂䩷，𤩽（纁）組之綏。录（緑）魚之韔，䖙（虎）𣰥之聶。三貂䙴紫魚之箙，屯貍𣰥之聶；二𨚕（秦）弓，䡾賠。用羊，箙五秉。一䙴載𦈢，紫黄紡之綳。二戟，屯三菓，屯一翼之䎗。二旆，屯九翼之䎗。䳑（翠）䋷，白敀之首，䳑（翠）頸，䳑（翠）𩀱，紫羊須之總，貂定之笐。黄金之戢。二戈，紫總，屯二翼之䎗。（簡 8—11）

（4）紫魚［之］韔，屯貍貘之聶。三箙，屯䙴紫魚录（緑）魚之箙，四𢇍聶。一䙴貂紫魚之箙，一貍𣰥之聶。二䙴載𦈢，紫黄紡之綳。二𩌓（函），紫組之綏，二𩏂䩷，𤩽（纁）組之綏。一獢綏。一戟，三果，一翼之䎗。一桱，二旆，屯八翼之䎗。丌（其）旗賠。二黄金之戢。二戈，紫總，屯一翼之䎗。二𨚕（秦）弓，䡾賠。用羊，箙五秉。（簡 18—20）

（5）二𩌓（函），組綏，二𩏂䩷，𤩽（纁）組之綏，䖙（虎）韔，屯狐聶。四䙴貂與录（緑）魚之箙，三貍莫聶，一狐白之聶。二𨚕（秦）弓，䡾賠。羊，箙五秉。一戟，二果，一翼之䎗。一晉桱，二旆，䎗屯八翼。二畫戢。二戈，屯二翼之䎗。二䓢（漆）載𦈢，紫黄紡之綳。（簡 36—37）

（6）二載𦈢，黄金之玳（飾），紫綳。䖙（虎）韔，䖙（虎）𣰥之聶。豻□之箙，無聶。二紫𢅥（錦）之箙，豻玳（飾），二旆，二戟，二戢，屯䨓翆之䎗。（簡 42—43）

（7）弅𦈢，紫綳，黄金之玳（飾）。䖙（虎）韔，䖙（虎）𣰥之聶。豻箙，無聶。二紫𢅥（錦）之箙，豻玳（飾），一𨚕（秦）弓，九羊。（簡 60）

以此推斷，該字當與弓箭類兵器有關。循其音義以推求，筆者以爲此字當讀爲“櫓”。“𢉖”從“鹵”聲[1]，“櫓”從“魯”聲。上古音“鹵”與“櫓”“魯”俱爲來母魚部字，雙聲叠韻，例可相通。《説文》：“櫓，大盾也。从木魯聲。樐，或从鹵。”“樐”正從鹵聲。又《説文》：“蓾，艸也。可以束，从艸魯聲。𦵳，蓾或从鹵。”亦其例。這是異體的例子。《史記·秦始皇本紀》：“流血漂鹵。”《史記·陳涉世家》《文選·賈誼〈過秦論〉》鹵作櫓。這是通假的例子，可見“𢉖”可以讀作“櫓”。

據上引《説文》，“櫓”乃“大盾”。段玉裁《説文解字注》：“盾，瞂也。瞂，盾也。《秦風》毛《傳》曰：‘伐，中干也。’伐即瞂，干即戰，櫓其大者也。”《詩·秦風·小戎》：“蒙伐有苑。”毛《傳》：“蒙，討羽也。伐，中干也。”陸德明《釋文》：“伐，本或作瞂，音同，中干也。”孔穎達《正義》：“櫓是大盾，故以伐爲中干。干、伐，皆盾之別名也。”《禮記·儒行》：“禮儀以爲干櫓。”鄭玄《注》：“干櫓，小盾大盾也。”《周禮·夏官·司兵》：“司兵掌五兵、五盾。”鄭玄《注》：“五盾，干櫓之屬，其名未盡聞也。”可見，盾類兵器統言之則都可稱之爲盾，細分則有干、伐和櫓等多種類型，而櫓則是一種體型較大的盾，干、伐則體型相對較小。

在曾侯乙墓竹簡所記車上所載各類器物當中，亦記有“瞂”。該字通常出現在“二畫瞂”這樣的辭例當中，但亦有如下諸例頗值得注意：

（1）黄金之瞂。（簡 10）

（2）二黄金之瞂。（簡 20）

（3）畫瞂，鄦紫之綳。（簡 54）

（4）畫瞂，齊紫之綳。（簡 88）

而在上引有關“𢉖”字的辭例當中，亦記有“二載𢉖，黄金之玳（飾），紫綳”（簡 42），“弇𢉖，紫綳，黄金之玳（飾）”（簡 60）。其中“黄金之

---

[1] 關於“𢉖”字所從之“户”旁，筆者推測有兩種可能。第一種可能是追加之聲符，上古音鹵、户俱爲魚部字。若此，則“𢉖”可能是一個雙聲字。第二種可能是“户”旁起表義功能，《説文》：“户，護也。”《釋名》：“户，護也。”盾、櫓這類兵器之功用本來就是起保護、掩護的作用。《説文》：“盾，瞂也。所以扞身蔽目。”《釋名·釋兵》：“盾，遁也。跪其後避以隱遁也。”若此，則“𢉖”有可能正是“櫓”字之異體。

玒（飾）”當是“䡟”上所帶的一種裝飾。首先從製作材料上來看，古代盾有革制和木制兩種，故所謂“黃金之瞂”亦恐是因其上裝飾有“黃金之飾”而得名[①]。可見，瞂與䡟具有同樣的裝飾部件。其次，瞂與䡟上又都具有“綳”，而且簡文中“綳”僅是在“䡟”“瞂”這兩種器物名稱之後出現，其他器物上從未見具有該物[②]。再次，簡中又有“二畫䡟”（簡31），“䡟”字前亦用“畫”字，與“二畫瞂”之“畫”字用法亦相同。“瞂”與“䡟”兩者之間的這些共同特徵，亦暗示出它們應當是屬於同種類型的器物，此亦可證明筆者認爲“䡟”即“櫓”具有一定的合理性。“櫓”既有革製者，故天星觀竹簡中“䡟”作“鞼”，從革表義。

下面筆者對相關辭例作一些解釋：

（1）一襨載䡟（櫓）。（簡5等）

（2）二載䡟（櫓），丌（其）一襨[③]。（簡2）

關於“襨”字，《釋文與考釋》注［一八］在解釋簡2之“二緜（懸）箙，襨紫魚與录（緑）魚”時云：

“襨”字見於《集韻》齊韻，訓爲“一幅巾”。5號等簡有“襨貂與緑魚之箙”、“襨貂與紫魚之箙”語，“襨貂”與“緑魚”、“紫魚”對言。“襨”似指某種顏色，與《集韻》“襨”字不同義。“襨紫魚與緑魚”當指“二懸箙”是用襨紫色的魚皮和緑色的魚皮作的。

何琳儀則認爲“襨”當讀爲“畫”，並引《説文》“讗讀若畫”“纗讀若畫”

① 《釋名·釋兵》：“盾……以犀皮作之曰犀盾，以木作之曰木盾，皆因所用爲名也。”

② 關於“綳”字，似即“繃”字。《説文》：“繃，束也。”《廣雅·釋詁》：“繃、帶，束也。”《尚書·費誓》：“善敹乃甲胄，敿乃干，無敢不弔。備乃弓矢，鍛乃戈矛，礪乃鋒刃，無敢不善。”鄭玄《注》：“敿猶繫也。”王肅云：“敿楯當有紛繫持之。”孫星衍《尚書今古文注疏》：“繫連其干盾。”“繫”“束”義近，《玉篇》：“繫，約束也。”《説文》：“縛，束也。”《廣韻·藥韻》：“縛，繫也。”若此，則簡文中所謂“紫黃紡之綳”“紫綳”“鄗紫之綳”等很可能正是盾、櫓這類兵器上所使用的繫帶。

③ 該簡文原釋文中寫作“二載䡟，丌（其）一襨紫黃紡之綳”（裘錫圭、李家浩：《曾侯乙墓竹簡釋文與考釋》，湖北省博物館：《曾侯乙墓》，北京：文物出版社，1989年，第490頁），將“丌（其）一襨”與“紫黃紡之綳”合爲一句，其他簡文中“綳”字前從不用“襨”字修飾，可知“丌（其）一襨”應是説明前面“二載䡟”的故“丌（其）一襨”與“紫黃紡之綳”不應作一句讀。

爲證①。筆者以爲，何琳儀的看法可從。《釋名・釋書契》：“畫，繪也。以五色繪物象也。”《尚書・顧命》：“東序西向，敷重豐席，畫純，雕玉仍幾。”孔穎達《疏》：“《考工記》云‘畫繢之事雜五色’，是彩色爲畫。”至於“載”字，則似因這種“廈（櫓）”爲車上所承載，故而稱之爲“載廈（櫓）”，簡中另見“二畫廈之載，紫黄紡之☐”（簡 31）語，其“載”字用法更爲明顯②。所以“一禤載廈”似指一個施有彩繪花紋的車載之櫓。“二載廈，丌（其）一禤”，是説兩個車載之櫓，其中一個施有彩繪花紋。《詩・秦風・小戎》：“蒙伐有苑。”毛《傳》：“蒙，討羽也。伐，中干也。”鄭玄《箋》：“蒙，厖也。討，雜羽也。畫雜羽之文於伐，故曰厖伐。”孔穎達《疏》：“上言龍盾，是畫龍於盾，則知蒙伐是畫物於伐，故以蒙爲討羽，謂畫雜鳥之羽以爲盾飾也。”《國語・齊語》：“管子曰：‘輕罪贖以韇盾一戟。’”韋昭《注》：“韇盾，綴革有文如繢。”可見，盾類兵器上是會施有彩繪花紋。

《周禮・夏官・司弓矢》：“中春獻弓弩，中秋獻矢箙。”鄭玄《注》：“箙，盛矢器也，以獸皮爲之。”古時皮革類製品在施以彩繪時往往要先施以底漆，之後才在底漆上施以彩繪花紋。《説文》：“韇，韋繡也。”桂馥《説文解字義證》引《國語》（筆者按，本是《吴子》）：“今君四時使人斬離皮革，掩以朱漆，畫以丹青。”内中“朱”與“漆”即指底漆而言。筆者以爲，上引《釋文與考釋》注［一八］所提到的“紫魚”“緑魚”之“紫”與“緑”，亦當指底漆而言。故“禤貂與緑魚之箙”是指貂皮與底漆爲緑色的魚皮上均施有彩繪花紋的箙，“二縣（懸）箙，禤紫魚與录（緑）魚”是指兩件底漆爲紫色和緑色的魚皮上均施有彩繪花紋的縣（懸）箙。

江陵沙冢一號楚墓中曾出土三件箙，均爲木胎。其中標本 SM1：23—2 裏髹紅漆，外髹黑漆，並在外面的黑漆地上用紅漆繪變形龍鳳紋、卷雲紋和點紋等。標本 SM1：26 裏髹紅漆，近底處用黑漆繪幾何紋，外髹黑漆，並用

① 何琳儀：《戰國古文字典》，北京：中華書局，1998 年，第 736 頁。

② 曾侯乙墓竹簡中有一種兵器稱作“縣箙”（簡 2），蓋因懸挂於車上而得名，典籍中另見有“縣鼓”“縣磬（磬）”“縣旌”，参《漢語大詞典》（縮印本）（上海：漢語大詞典出版社，1997 年，第 5712 頁）等器物名稱，均因其懸挂而得名。“載廈（櫓）”之“載”之用例，蓋與“縣箙”之“縣”相彷。

紅、黄色漆彩繪龍紋圖案[①]。這兩件標本均可以同我們上面的看法相參證。而且，兩件標本中箙之裹外所施之底漆顔色有所不同，均裹爲紅色，外爲黑色。據此，則簡文之“貂與緑魚”“貂與紫魚”以及“紫魚與緑魚”亦很可能是指箙之裹外而言。簡文另見“二貂襡紫魚之箙”（簡 8）與“二貂襡录（緑）魚之箙”（簡 58），“襡”字均出現在“貂”字之後，也就是説彩繪花紋僅施於染有底漆的魚皮之上，却未施於貂皮。而在上述兩件標本中，外部都施有彩繪花紋，而其内部則亦有不施者（如標本 SM1：23—2），亦與簡文相符。並且，可以看出簡文之“貂”亦很可能正是箙内之革。箙内之彩繪，不易爲人所看到，故可施可不施。

（3）二桼（漆）載鹵（櫓）。（簡 37）

“漆”有黑義。《周禮・春官・巾車》：“漆車。”鄭玄《注》：“漆車，黑車。”“二桼（漆）載鹵（櫓）”應指兩個黑色的車載之櫓。

（4）弇鹵（櫓）。（簡 60、簡 62）

似應讀爲“陷虜”，前文已論述過鹵與從虍聲之字可以相通。至於“陷”與“弇”，上古音“陷”爲匣母侵部字，“弇”爲影母侵部字，兩字聲母同爲喉音，韻則叠韻，古音很近，例可相通。《説文》：“弇，蓋也。从廾从合。”徐鍇《繫傳》：“弇，蓋也。从合廾聲。”段玉裁《説文解字注》改作：“弇，蓋也。从廾合聲。”並云：“廾合鍇（筆者按，指徐鍇）誤倒……皿部有盦字，蓋弇字之别體，後人所增也。”上古音合爲匣母緝部字，與弇聲母同爲喉音，韻則對轉，段《注》所改當屬可信。弇字既從合聲，典籍中合及從合聲之字可與從今聲之字相通，《易・坤・六三》：“含章，可貞。”馬王堆漢墓帛書本《易經》含作合。《爾雅・釋言》：“洵，龕也。”陸德明《釋文》：“龕，字或作含。”前引段《注》云盦“蓋弇字之别體”，盦字亦從今聲。而古籍中從臽聲之字亦可與從今聲之字相通，《説文》：“啗，讀與含同。”《説文》：“欿，讀若貪。”可見，“弇”可讀爲“陷”。《釋名・釋兵》：“盾，遁也。跪其後避以隱遁也。……約脅而鄒者曰陷虜，言

① 湖北省文物考古研究所：《江陵望山沙冢楚墓》，北京：文物出版社，1996 年，第 179 頁。

可以陷破虜敵也。”王先謙《釋名疏證補》：“畢沅曰：《釋書契》篇：‘鄒，狹小之言也。’”據此，“陷虜”似指一種較爲狹小的盾。

“櫓”既是一種大盾，但到底多大的盾才可稱之爲櫓，這是一個值得探討的問題。就目前考古發掘資料來看，長沙楚墓、江陵望山楚墓、包山楚墓和曾侯乙墓當中都有盾出土，爲我們瞭解戰國時期南方地區盾的形制提供了重要綫索。

長沙 406 號楚墓中出土漆盾兩件，一件長 62.5 釐米，一件長 63.8 釐米①。

包山二號楚墓中出土盾 11 件，分木盾和漆盾兩種。木盾共 10 件，4 件完整，6 件只有木盾柄。完整者盾面長方形，兩件方角，兩件角微弧。方角者如標本 2：240，長 91.8 釐米，寬 4 釐米。角微弧者如標本 2：239，長 92.4 釐米，寬 49 釐米。革盾只有 1 件，即標本 2：384，皮革胎已朽，殘剩漆皮，通高 46.8 釐米②。

江陵望山一號楚墓當中出土漆盾 14 件，皮胎均已腐朽，僅存漆皮。原報告中據其形制的差異將這 14 件分爲三型。A 型 10 件，長方形，根據花紋和大小的差别，又分爲三式：Ⅰ式 4 件，其中標本 WMl：B119 長 59.6 釐米，寬 20.5 釐米。Ⅱ式 4 件，均已殘缺。其中標本 WMl：B2 長 62.5 釐米，殘寬 24.8 釐米。標本 WMl：B5 殘長 44 釐米，寬 31 釐米。Ⅲ式 2 件，均已殘缺，其中標本 WMl：B6 殘長 55 釐米，寬 29 釐米。B 型 2 件，連弧形，均已殘缺。標本 WMl：Bll 殘長 52 釐米，寬 63 釐米。C 型 2 件，長條形，均已殘破，標本 WMl：B63 長 78 釐米，寬 63 釐米③。

曾侯乙墓中出土盾 49 件。盾面亦可能爲皮質做成，出土時皮質不存，僅留下漆皮和盾柄。漆皮没有一件完整的，只有極少數幾件的漆皮可以基本拼攏復原。其中標本 E.161 盾面通長 92.5 釐米，下部最寬 55 釐米。標本 E.62 通長 97 釐米，寬 54 釐米④。

在上述各類標本當中，就長度而論，去掉殘損嚴重無法測量長度者，以

---

① 中國社科院考古研究所：《長沙發掘報告》，北京：科學出版社，1957 年，第 57—58 頁。
② 湖北省荆沙鐵路考古隊：《包山楚墓》，北京：文物出版社，1991 年，第 213—216 頁。
③ 湖北省文物考古研究所：《江陵望山沙冢楚墓》，北京：文物出版社，1996 年，第 62—65 頁。
④ 湖北省博物館：《曾侯乙墓》，北京：文物出版社，1989 年，第 303—306 頁。

包山二號楚墓之標本2：240、2：239和曾侯乙墓之標本E.161、E.62爲最大，長度都在90釐米以上。這幾例會不會就是文獻記載中的“櫓”呢？筆者以爲這種可能性是不應該完全排除的。

值得注意的是，據原報告中介紹，曾侯乙墓所出之盾的正面均爲黑漆素面。盾的背面，有的仍爲素面（如標本E.62），有的却有繁複精細的彩繪圖案（如標本E.161）（圖1）。筆者以爲，這種正反兩面均爲黑漆素面的盾很可能就是簡中所記之“桼（漆）載𠧩（櫓）”，而正面爲黑漆素面，背面有繁複精細的彩繪圖案者則可能正是“𧜨（畫）載𠧩（櫓）”。當然，也不排除在其他殘片中會包含有“畫瞂”在内的可能。

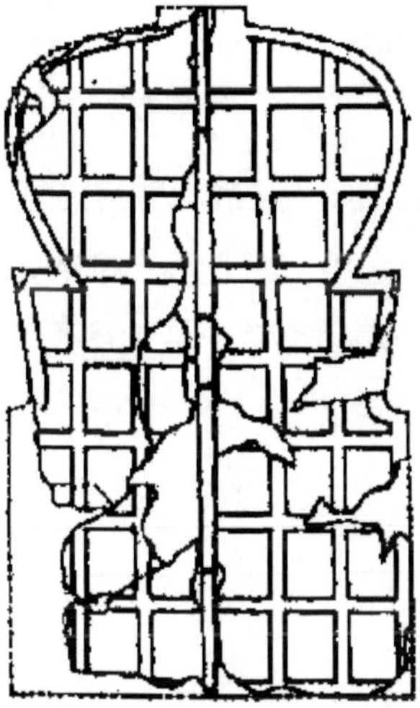

1　　　　2

圖1　盾E. 161背面彩繪花紋圖

1. 盾E. 161背面（采自《曾侯乙墓》第304頁）
2. 盾E. 161背面花紋（局部）（采自《曾侯乙墓》第305頁）

標本E.62出土時，背面還附有六個鉛錫環，在上部和下部盾柄兩邊一邊一個；中部的兩個正是握手的下方，位置稍錯開未完全重叠。鉛錫環外貼有金箔，有的已脱落，鉛錫環的外徑12.8釐米、内徑5.5釐米、厚近0.1釐米（圖2）。除E.62外，原報告稱，這種盾飾在北室還出土四件，在東室出土六件，除五件没有貼金箔外（有的可能脱落），餘均單面貼金箔。上文提到簡文中記有“二載𠧩，黄金之玳（飾），紫綳”（簡42），“弁𠧩，紫綳，黄金之玳（飾）”（簡 60）。筆者以爲，所謂“黄金之玳（飾）”很可能正是指這種外貼金箔的鉛錫環。

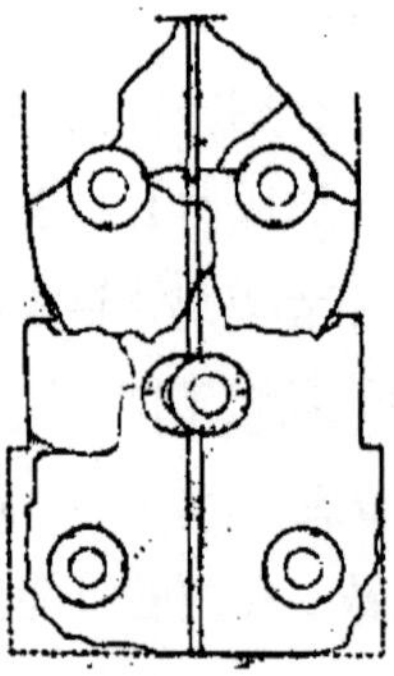

圖 2 盾 E. 62 背面錫環圖

資料來源：湖北省博物馆：《曾侯乙墓》北京：文物出版社，1989 年，第 306 頁

另外，上引《釋文與考釋》注［二三］中提到天星觀竹簡中有“一方䍐，紫緅”語。此“方䍐”有没有可能就是指類似包山二號楚墓之標本 2：240、2：239 這種形體較大的長方形的盾呢？上述各類標本當中是否會有“陷虜”存在呢？這些問題都有待今後進一步研究。

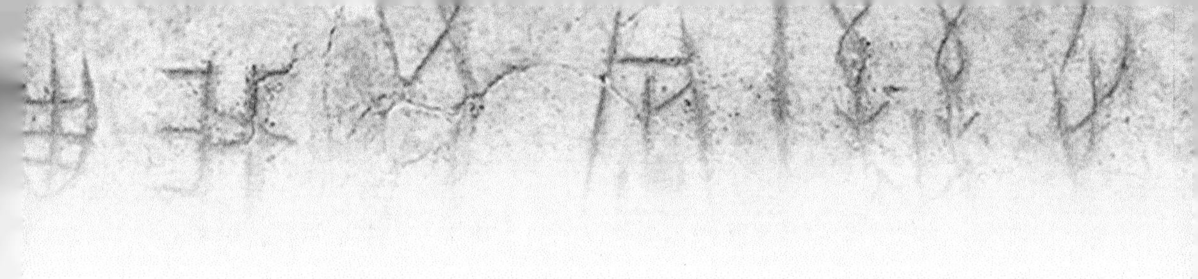

曾侯乙墓竹簡考釋（四篇）

《曾侯乙墓竹簡釋文與考釋》（以下簡稱《考釋》）是由北京大學裘錫圭、李家浩兩位先生整理完成的，其考證之精審、論述之縝密已爲學術界所公認[①]。但是，内中個别字句的釋讀似仍有可商之處。筆者不揣淺陋，草成此文，敬乞方家指正。

一

簡文中有一“軒”字，其常見之辭例如下：

（1）黄⿰爿炎所馭⿱吅邑軒：鄟輪，革緋，弼，琱貽，畫䩈，敓韌，犒綏。（簡 26）

（2）黄⿰爿炎馭⿱門單軒：二吴甲，吴組之縢。（簡 128）

（3）黄孛馭⿱門單軒：一吴甲，索（素）。吴組之縢。（簡 129）

（4）殤禐之騮爲左飛（騑），獽之騮爲左驂，卿事（士）之騮爲左騞（服），鄴君之騮爲右騞（服），建巨之子（牸）爲右驂，獽之騮爲右飛（騑）。邊輿人駟=（六馬）。⿱門單軒。（簡 172）

（5）滤國爲左飛（騑），嬛騹爲左驂，鼜（黖）夫之騮爲左騞（服），秙黑爲右騞（服），難（難）馬□爲右驂，司馬之白爲右飛（騑），竁（乘）馬之駟。魚軒。（簡 174）

（6）鄴君之圓軒：左騞（服）騜，右騞（服）駐（牡）。（簡 203）

（7）宫廄敂（令）犁所馭竁（乘）⿱門單：䑊輪，畫䡅（轅），⿰中夕鏑，革䩛，弼，擊，琱貽。园軒，紡䙋（襮），紫裏，貂毻。（簡 4）

（8）黄克馭輲車：鄟輪，革䩛。貧墜，黄紡之綏。园軒，紡䙋（襮），紫裏，貂定之毻。（簡 45）

① 湖北省博物館：《曾侯乙墓》，北京：文物出版社，1989 年，第 487—531 頁。

（9）宮廄尹馭安車：鄵輪，革弦（鞃），革䡅。褈軒，貂毱。（簡 48）

（10）新安車：鄵輪，紫峇（錦）之安。上軒、貂毱；下軒，豻毱，黌組之黴（縢）。（簡 50）

（11）鄴君之車：鄵輪。囩軒，紫峇（錦）之䙬（襮），□裏，貂定之毱。反录（緑）之弦（鞃），紫峇（錦）之䡅。（簡 53）

（12）新官敂（令）欹馭公左□：鄵輪，革䡅，紫組之綏。紡軒，紫□□□□弦（？），屯貂毱。（簡 57）

（13）凡輊（廣）車十䡅（乘）又二䡅（乘）。四䡅車，囩軒。攻（工）差（佐）坪所賹（造）行輊（廣）五䡅（乘）。游車九䡅（乘），囩軒。一畋（畋）車，一椯轂，一王僮車，一輴輨車，遂（路）車九。（簡 120）

不難看出，上引諸辭例當中，（1）至（6）之"軒"字均用爲車名，《説文·車部》："軒，曲輈藩車。"徐鍇《説文解字繫傳》："軒，曲輈轓車也。載物則直輈。軒，大夫以上車也。轓，兩旁壁也。"（1）至（6）之"軒"似正用此義。從辭例上看，（7）至（13）之"軒"並非車名，而是車上的某種器物。《考釋》注［四七］在解釋簡 4 之"囩軒"時云：

長沙五里牌四〇六號墓竹簡、望山二號墓竹簡和長臺關一號墓竹簡中，"囩"均用爲"圓"。"云"、"員"音近古通……此簡"囩（圓）軒"爲車上之物，203 號簡的"圓軒"則用爲車名，當是因爲有"圓軒"而得名。《左傳》閔公二年"鶴有乘軒者"，孔穎達正義引服虔云："車有轓曰軒。"《漢書·景帝紀》："今長吏二千石車朱兩轓"，顔師古注引應劭曰："車耳反出，所以爲之藩屏，翳塵泥也。"又引如淳曰："轓，音反，小車兩屏也。"……"圓軒"疑爲圓形的軒。

按，《考釋》未得確解。孔《疏》"車有轓曰軒"，本義是説車上若有"轓"，則車稱爲"軒"，並非車上之"轓"就是"軒"。孔《疏》對"軒"的看法與上引《説文》對"軒"字的解釋是相吻合的。另外，《考釋》云 203 號簡的車名“圓軒”是“因爲有‘圓軒’而得名”，亦不足信。因爲簡 203 車名“圓軒”後並未見記有“囩（圓）軒”這種器物。相反，用作器名的“囩軒”共出現五例，除簡 53 未明確記載車名外，其餘四例之前所記之車名却分别是“䡾（乘）䡴”（簡 4）、“輴車”（簡 45）、“䡴車”（簡 120）、“游車”（簡 120）。可見，在曾侯乙墓楚簡當中，器物“囩軒”之有無與車名並無實質性關係。

筆者以爲，上引簡文（7）至（13）之“軒”均當讀爲“幰”。上古音軒、幰俱爲曉母元部字，二字雙聲叠韻，例可相通。《玉篇・巾部》：“幵，許偃切，音𧭸。同幰，車幰也。”幵、軒俱從干聲，此是軒可讀爲幰之明證。幰本是古代車上所使用的一種帷幔，或作𨏹。《説文・新附》：“幰，車幔也。”《玉篇・巾部》：“幰，車幰也。”《廣雅・釋器》：“幨謂之幰。”《玉篇・巾部》：“幨，帷也。”北周庾信《詠畫屏風詩》：“𨏹拂緣堤柳，甍飄夾路花。”倪潘《注》引《蒼頡篇》：“帛張車上爲𨏹。”又王國維《觀堂别集・魏曹望憘造象跋》：“車頂及前後，皆以衣蔽之。車前衣，用兩木撐之，使與頂平而稍仰其前，此古之所謂𨏹。𨏹者，軒也。”[①]亦可證。

簡文之“囩軒（幰）”（簡 4、簡 45、簡 53、簡 120）似應讀爲“雲幰”。《後漢書・輿服志》：“雲氣畫帷裳，椟文畫曲轓。”帷裳亦指車幔，《詩・衛風・氓》：“淇水湯湯，漸車帷裳。”孔穎達《疏》：“以帷障車之傍如裳，以爲容飾。”可見，古代有在車之帷幔上畫雲氣之文以爲裝飾的做法。典籍常見“雲幡”“雲屏”“雲旆”等一類詞彙，均指上面施有雲氣形圖案。“雲幰”之用例，蓋與此同。

簡文之“襢軒”（簡 48），《考釋》注［一一七］謂：“‘襢’，疑讀爲《晉書・輿服志》‘油幢車’之‘幢’。‘幢軒’似是指蒙覆有帷幕的軒。”按，除“軒”當讀爲“幰”外，《考釋》的看法大體是可取的。《廣韻・絳韻》：“幢，后妃車𨏹。”“幢幰”乃同義複合詞。簡文器名“襢（幢）軒（幰）”前所記之車名爲“安車”，《周禮・春官・巾車》：“安車，雕面鷖總，皆有容蓋”。鄭玄《注》：“容謂幨車，山東謂之裳

① 王國維：《王國維遺書》第 4 册，上海：上海古籍出版社，1983 年，第 16 頁。

幃，或曰幢容”。孔穎達《疏》：“容、幢容與幨及裳幃爲一物也。”可見，古代安車上是具有帷幔一類物件，與簡文相合。

簡文“紡軒（幰）”（簡 57）。《儀禮·聘禮》：“賓裼，迎大夫賄，用束紡。”鄭玄《注》：“紡，紡絲爲之，今之縳（絹）也，所以遺聘君，可以爲衣服。”賈公彦《疏》：“云‘紡，紡絲爲之’者，因名此物爲紡。云‘今之縳（絹）也’者，鄭注《周禮·内司服》亦云‘素紗者，今之白縳（絹）也’，則此束紡者，素紗也。”簡文之“紡軒（幰）”蓋即是用紡這種素紗製作而成的幰。

簡文之“上軒（幰）”“下軒（幰）”（簡 50），蓋古代車上所使用的幰有分成上下兩部分者。

二

簡文中屢見車名“槫轂”，又作“端轂”，其辭例如下：

（1）南（？）陵連𤖉（敖）愇馭槫轂：鄦輪，革韋。歛壂，紫組之綏。歛勒，獢綏，蓐扂，紫篖（席）。豻韅（禊），反录（緑）之裏。虎（虎）韔，貍𩋳之聶。䊷貂與紫魚之☐。（簡 73）

（2）槫轂：录（緑）之韔，䊷貂之箙。（簡 74）

（3）凡輊（廣）車十乘（乘）又二乘（乘）。四單車，図軒。攻（工）差（佐）坪所賠（造）行輊（廣）五乘（乘）。游車九乘（乘），図軒。一敏（畋）車，一槫轂，一王僮車，一輶輴車，逄（路）車九。（簡 120）

（4）鄭禮白爲左飛（騑），宋司城之駐爲左驂，哀臣之駐爲左驌（服），樂君之駐爲右驌（服），左尹之駐爲右驂，酉邡之駐爲右飛（騑）。□人之駷=（六馬）。端轂。（簡 176）

《考釋》注［一五二］將“槫（或端）轂”讀作“雕轂”，並云：“簡文‘端轂’是車名，大概由於車轂雕鏤有花紋而得名，猶兵車‘長轂’（見《左傳》昭五年）以轂長而得名。”鑒於“雕轂”一詞於典籍無證，而且端、雕二字韻部相隔過遠（上古音端爲元部字，雕爲幽部字），故《考釋》未能令人信服。時隔不久，包山楚簡文字當中亦出現一例以“槫檄（轂）”

爲車名的用例，其辭例是：

（5）一輮（乘）槫㩣（轂），貝□□。（簡 274）

其後，舒之梅、陳偉兩位先生分别撰文對此詞加以討論，他們的結論相同，即認爲曾侯乙墓簡之“槫（或端）轂”和包山簡之“槫㩣（轂）”均應讀爲“輲轂”，是指“喪車”[①]或“出葬時運載棺柩的專用車”[②]。此説亦頗值得懷疑，首先，典籍中未見有車名“輲轂”者，僅見“輲車”。另有“輲輪”，專指車輪。“輲車”是否就是“輲轂”，典籍無證。其次，就上引曾侯乙墓簡（73）、簡（74）來看，槫轂車上所使用的各類物件，亦同樣見於曾侯乙墓簡所記的其他各車（如各類旆車、殿車以及附車、魚軒、安車等），而且簡 176 所記“端轂”車的駕車之馬分爲“左騑”“左驂”“左服”“右服”“右驂”“右騑”，其馭駕方式與“附車”（簡 171）、“𦩍軒”（簡 172）、“墨乘”（簡 173）、“魚軒”（簡 174）、“敏（畋）車”（簡 175）等車亦相同，未見有何特别之處。因此，很難説“槫轂”就一定是“喪車”或“出葬時運載棺柩的專用車”。

曾侯乙墓簡（1）有如下一段話：

大莫囂（敖）𩁣喙適豧之春，八月庚申，𦣻𧻓執事人書入車。

《考釋》注［七］云：“簡文所記的車大都是别人贈送的，‘書入車’，意即記録所納之車。”這些觀點無疑都是可信的。筆者以爲，槫轂既是由“南（？）陵連囂（敖）愇”（簡 73）所贈送，那麽它應該同其他贈送車輛一樣，大概是不會被用爲墓主曾侯乙的載柩車或喪車的。或者説，這些車在贈來之前就已經根據各自的形制或用途而擁有固定的名稱，不會因贈送給了墓主而臨時更改用途和更改名稱。而且，作爲地位崇高的曾侯乙來説，大概也不會用他人所贈之車作爲自已的載柩車或喪車。

筆者以爲“槫（端）轂”當讀爲“短轂”，槫、端俱從耑聲，上古音耑、端和短俱爲端母元部字，三字雙聲叠韻，例可相通。今本《老子》：

---

① 舒之梅：《包山簡遣册車馬器考釋五則》，《容庚先生百年誕辰紀念文集（古文字研究專號）》，廣州：廣東人民出版社，1998 年，第 592—595 頁。

② 陳偉：《包山楚簡初探》，武漢：武漢大學出版社，1996 年，第 185 頁。

“長短相較，高下相傾。”馬王堆漢墓帛書甲本《老子》作：“長短之相刑（形）也，高下之相盈也。”郭店楚簡《老子》中作：“長耑之相型（形）也，高下之相浧（盈）也。”此是楚簡當中端可讀爲短之確證。又《老子》：“揣而鋭之，不可長保。”馬王堆漢墓帛書乙本《老子》“揣”作“掜”。亦可證。包山楚簡中有人名“李瑞”（簡22），或作“李偳”（簡30），又作“李逗”（簡24），瑞、偳俱從耑聲，逗、短俱從豆聲，亦其例[①]。

“短轂”一詞見於古代典籍。《周禮·考工記·車人》：“行澤者欲短轂，行山者欲長轂。短轂則利，長轂則安。”以“短轂”與“長轂”相對。轂是車輪中心穿軸承輻的部分，因古代兵車之轂往往較長，所以兵車亦稱爲“長轂”。《左傳·昭公五年》：“長轂九百。”杜預《注》：“長轂，戎車也。”《穀梁傳·文公九年》：“長轂五百乘。”范甯《集解》：“長轂，兵車。”又《文選·班固〈封燕然山銘〉》：“元戎輕武，長轂四分。”《晉書·凉武昭王李玄盛傳》：“將建朱旗以啓路，驅長轂而迅徵。”亦均是以“長轂”指兵車。兵車“長轂”既可以轂長得名，此車稱“短轂”蓋是以其轂短而得名。《鹽鐵論·散不足》：“今富者連車列騎，三貳輜軿；中者微輿短轂，繁髦掌蹄。”王利器《校注》：“長轂者兵車，短轂者非兵車。微輿短轂，蓋取其輕利。”據此，“短轂”是指兵車之外的車。

上引簡120被《考釋》注［一七九］稱作是“1號至119號簡所記之車的總記簡”。在該簡當中，兵車僅記“凡𨋢（廣）車十奪（乘）又二奪（乘）”，而不再記旆、殿等兵車車名。《考釋》注［一七九］云：“旆、殿等車是根據它們在車隊（陣）中的方位而定名的，而廣車則是兵車的一個共名，所以旆、殿等車可以統稱爲廣車。”此觀點應當是可信的。值得注意的是，在該簡當中“椯（短）轂”是與兵車之共名“廣車”並列，大概正可體現出其“非兵車”的性質。當然，考慮到在該簡當中另外還記有行𨋢（廣）、游車、敏（畋）車等其他車名，所以，筆者認爲“椯（短）轂”只是“非兵車”中的某一種車，而並非指“非兵車”的全部。

---

① 《説文》云短從豆聲。

三

簡文中有一“韇”字，是一種器物名稱，或省作“弇”。《考釋》注［二二］謂：

“韐”從“韋”從“弇”。“韋”訓柔革，因爲“韋”與“革”作爲表意偏旁時往往可以通用……疑“韐”即“鞥”字。《説文·革部》：“鞥，轡鞥。从革弇聲，讀若麐。一曰龍頭繞者。”但簡文“韐”常與韔、箙、戟、旆、席等車上器物記在一起，與《説文》所説之“鞥”似非一事。《説文》：“鞥，車具也。从革奄聲。”“弇”、“奄”音近古通。《穆天子傳》卷三“升於弇山”，郭璞注：“弇，弇兹山，日入所也。”古書“弇兹”多作“崦嵫”。據此，簡文“韐”可能應當讀爲“鞥”。

筆者對簡文中之“韇”字作過統計，此字共出現 25 例，簡 58 明顯是與“席”記在一起，簡 38、簡 75 因竹簡殘損而無法確定，其餘 22 例都是與韔、箙、弓、箭、戟、戈、殳等兵器類器物記在一處，而尤以與韔、箙、弓、箭這四類器物記在一處者居多（共 16 例）。兹略舉數例如下：

（1）虎（虎）韔，貘聶。豻䴏之箙，貍貘之聶。二䌛（縣）箙，䙌紫魚與录（緑）魚，二貍貘之聶；一䌛（縣）箙，录（緑）魚，敔聶，屯𤩽（纁）組之綏。二韐，屯飲靴，屯𤩽（纁）組之綏。（簡 1 正、簡 2）

（2）二韐，紫組之綏，二飲靴，𤩽（纁）組之綏。录（緑）魚之韔，虎（虎）蓍之聶。三貂䙌紫魚之箙，屯貍蓍之聶。二𨛜（秦）弓，㢓貽，用羊（箭），箙五秉。（簡 8、簡 9）

（3）二韐，飲靴，屯𤩽（纁）組之綏。虎（虎）韔，屯狐聶。二䙌紫魚與录（緑）魚之箙，屯一鼬聶，一䙌貂录（緑）☐。（簡 26）

（4）紫魚之韔，貍蓍之聶。䙌貂與紫魚之箙，狐白之聶，屯𤩽（纁）組之綏。一𨛜（秦）弓，㢓貽，一韐，無靴。羊（箭）五秉。（簡 45、簡 46）

（5）录（緑）魚之韔，豻蓍之聶。䙌貂與紫魚之箙，貍蓍之聶。

一鞥，貧鞉，屯𤩽（纏）組之綏。一䣓（秦）弓，𠤳賠，五秉羊（箭）。（簡 71、簡 72）

（6）紫魚之韔，𧆞（虎）蓑之聶。𧞤貂與录（绿）魚之箙，狐白之聶，紫組之□。一䣓（秦）弓，𠤳賠，羊（箭）五秉。一弇，貧鞉，黽組之綏。（簡 96、簡 97）

以此推斷，此字當與弓箭類兵器有關。循其音義以推求，筆者以爲此字當釋爲“函”。鞥從弇聲，上古音弇爲影母侵部字，函爲匣母談部字，兩字聲母同爲喉音，韻亦很近。前引《考釋》注［二二］云“‘弇’、‘奄’音近古通”。上古音奄爲影母談部字，則與函字同韻。《説文》：“弇，蓋也。从廾从合。”徐鍇《繫傳》：“弇，蓋也。從合廾聲。”段玉裁《説文解字注》改作：“弇，蓋也。从廾合聲。”並云：“廾合鍇（筆者按，指徐鍇）誤倒……皿部有盦字，蓋弇字之别體，後人所增也。”上古音合爲匣母緝部字，與弇聲母同爲喉音，韻則對轉，段《注》所改當屬可信。弇字既從合聲，典籍中合及從合聲之龕字可與含字相通，《易・坤・六三》：“含章，可貞。”馬王堆漢帛書本《易經》含作合。《爾雅・釋言》：“洵，龕也。”陸德明《釋文》：“龕字或作含。”而古籍中含與函又常可相通，其例甚多，兹不贅引[①]。又《説文》函字或體作“肣”，從今聲，而前引段《注》云盦“蓋弇字之别體”，盦字亦從今聲。可見，簡文之鞥可讀爲函。

甲骨文有字作“”，王國維釋爲函，云：“象倒矢在函中，小篆字由此譌變，殆即古文函字。古者盛矢之器有二種，皆倒載之，射時所用者爲箙，矢括與笴之半皆露於外，以便於抽矢，、諸字象之。藏矢所用者爲函，則全矢皆藏其中，字象之。《考工記》：‘函人爲甲。’謂作矢函之人兼作甲。盛矢之函，欲其堅而不穿，故與甲同工。”[②]此説可信，已爲學界所公認。又《墨子・非儒下》：“君子勝不逐奔，揜函拂射。”裘錫圭解釋該句云：“戰勝後不追逐戰敗奔逃者，而且蓋住矢函不再抽射他

① 高亨：《古字通假會典》，濟南：齊魯書社，1989 年，第 233 頁，“含與函”字條；第 251 頁，“函與含”字條。

② 王國維：《觀堂古今文考釋・不㪕敦蓋銘考釋》，《王國維遺書》第 6 册，上海：上海古籍出版社，1983 年，第 7—8 頁。

們。”①可見，函字之本義當是盛矢之器。簡文中已見有“箙”字，從這一方面來考慮，將“韇”釋爲“函”也是合理的。“韇”字從韋表義，蓋因古時盛矢之函本由皮革製作而成。

四

簡文中常見一“靭”字，是一種車上所使用的器物名稱。值得注意的是該字經常出現在器名“席”字之前，如：

（1）敓靭，敓扂，紫筃（席），二貓綏。（簡 8）

（2）敓靭，𦍒扂，紫筃（席）。（簡 18）

（3）貣靭，貣扂，綒綏。紫筃（席）。（簡 45）

（4）縜靭，幃組之絓，貓綏。□扂，亹組之綏，紫因之筃（席）。（簡 53）

（5）貣靭，戠組之絓，貣扂，二貓綏，䌛（鼬）韋之筃（席），鄦紫之䙿（襮）。（簡 54、簡 55）

（6）䌛（鼬）靭，紫組之絓，紫扂，紫筃（席）。（簡 63）

（7）貍䩢（䙡），柃（錦）扂，𦍒靭，昏筃（席），組絓。（簡 70）

（8）貣靭，貓綏，𦍒扂，紫筃（席）。（簡 71）

（9）敓靭，貓綏，𦍒扂，紫筃（席）。（簡 73）

（10）縜靭，紫組之絓，二貓綏，縜扂，紫筃（席），亹組之綏。（簡 75）

（11）敓靭，紫組之絓，縞綏，𦍒扂，紫筃（席）。（簡 88）

（12）縜靭，貓綏，𦍒扂，紫筃（席）。（簡 104）

筆者以爲，“靭”字似當釋爲“茵”。郭店楚簡《六德》：“門内之治紉弇宜，門外之治宜斬紉。”於《禮記·喪服四制》作：“門内之治，恩掩義；門外之治，義斷恩。”又郭店楚簡《成之聞之》：“少（小）人不緹人於刃，君子不緹人於豊（禮）。”有學者亦已指出此“刃”字亦當讀爲

① 裘錫圭：《説“揜函”——兼釋甲骨文的“櫓”字》，《華學》第 1 期，廣州：中山大學出版社，1995 年，第 59 頁。

“恩”[①]。《説文》：“恩，惠也。从心因聲。”可見，在楚簡文字當中，刃字及從刃得聲之字可與從因聲之字相通。

《説文》：“茵，車重席。从艸因聲。鞇，司馬相如説茵从革。”《詩·秦風·小戎》：“文茵暢轂。”毛《傳》：“文茵，虎皮也。”鄭玄《箋》：“文茵，以虎皮爲茵。茵，車席也。”孔穎達《疏》：“茵者，車上之褥，用皮爲之。言文茵，則皮有文采，故知虎皮也。”又《急就篇》卷三：“鞇靸靯鞲鞍鑣鐊。”顔師古《注》：“鞇，車中所坐蓐也。”可見，茵是一種車上所使用的用皮革製造的坐蓐，與普通用竹、草編制而成的席有所不同。

上古音分爲幫母文部字，文爲明母文部字，兩字聲母同是脣音，韻則叠韻，古音極近。王力認爲“紛”“紊”本即音近義同的同源字[②]。由此看來，簡文之“貧（或黴、繽）韌”很可能就是《小戎》“文茵暢轂”之“文茵”。

上引簡53有“紫因之箬（席）”，《考釋》將此“因”讀作“絪”，但未作解釋。簡文中另見“豯韋之席”（簡54），仰天湖竹簡中有“紫錦之席”（簡25·8）。據此，簡中“因”當與“韋”和“錦”相當，是指席之製作材料或裝飾物而言，與“茵席”之“茵”無涉，其義待考。

① 陳偉：《郭店楚簡别釋》，《江漢考古》1998年第4期，第71頁。

② 王力：《同源字典》，北京：商務印書館，1982年，第524頁。

釋包山楚簡中的“巷”字

包山楚簡中有一字作如下兩形：

（簡 142）　　（簡 144）

舊不識，按此字應釋爲巷。《説文》䢽（巷）字云：“里中道，从䢼从共，皆在邑中所共也，衖，篆文从䢼省。”考古新發現有如下兩方漢代封泥，見於《西安北郊新出土封泥選拓》（《書法報》1997 年，第 15 期）一文。

原編者將此兩方封泥的釋文分别釋寫爲“永巷”和“永巷丞印”，對“巷”字的考釋可謂獨具慧眼。永巷在漢代是嬪妃、宫女居住的地方，同時也是幽禁嬪妃、宫女的場所。《史記·吕后紀》：“吕后最怨戚夫人及其子趙王，乃令永巷囚戚夫人。”裴駰《集解》引如淳曰：“《列女傳》云周宣王姜后脱簪珥待罪永巷，後改爲掖庭。”司馬貞《索隱》：“永巷，别宫名，有長巷，故名之也。”永巷丞應是管理永巷的官員。《漢書·百官公卿表》少府、詹事屬官皆有永巷令、丞。

值得注意的是，在漢代所封的諸王宫中亦往往有永巷，如：

《漢書·五行志》：“昭帝元鳳元年，燕王宫永巷中豕出圂，壞都灶，銜其鬴六七枚置殿前。”

《漢書·景十三王傳》：“後去（廣川王）立昭信爲后；幸姬陶望卿爲修靡夫人，主繒帛；崔修成爲明貞夫人，主永巷。”

《漢書·宣元六王傳》：“宇（東平王）聞，斥朐臑爲家人子，掃除永巷，數笞擊之。”

在已發現的漢代官印及封泥中有“楚永巷丞”①、“楚永巷印”和“齊永巷丞”②，應即楚、齊王宮中管理永巷的官員所使用的官印。

現在，我們再回到關於“巷”字的考釋問題上來。漢魯峻碑中有“巷”字作“□”，此字從行從共，可隸定爲“衖”，字亦見於古代典籍，《爾雅·釋宫》：“衖門謂之閎。”郭璞《注》：“閎，衖頭門。”陸德明《經典釋文》：“衖，《廣雅》云：‘道也。’《聲類》猶以爲‘巷’字。”《易·睽》：“遇主於巷。”陸德明《經典釋文》：“字書作衖。”朱駿聲《説文通訓定聲》巷字下云：“篆文从邑，今字作巷，省字亦作衖。《廣雅·釋詁二》：‘衖，凥也。’《釋室》：‘閻謂之衖。’又，‘衖，道也。’《三蒼》：‘衖，里中别道也。’”

包山楚簡“□”實即巷字的原始寫法，由“□”演變爲漢封泥之“□”，實是在其原字形上又累加了“□（廾）”聲。古音巷爲匣母東部字，廾爲見母東部字，兩字聲紐同屬喉音，韻則叠韻，是故巷可以從廾聲作。以後巷字遂更由漢封泥之“□”演變爲漢碑之“□”（小篆“共”字作“□”，與漢封泥“□”字中間作“□”者形近），使其成爲從行共聲的形聲字。共字古音是群母東部字，與巷聲紐同屬喉音，韻則叠韻，所以巷可以從共聲作。

由包山簡中巷字作“□”，我們推測巷字在古代可能並非像《説文》所言是一個會意字，而是一個從行“□（芇）”聲的形聲字，巷字《説文》云：“里中道。”古代從行表義的字大都與道路有關，如：

> 《説文》：“街，四通道也。从行圭聲。”
> 《説文》：“衢，四達謂之衢。从行瞿聲。”
> 《説文》：“衝，通道也。从行童聲。”
> 《説文》：“衕，通街也。从行同聲。”

皆其例。“芇”字目前雖不識，然其古音與巷應當相近。獨體的“芇”字亦見於青銅器芇伯歸夆簋的銘文當中，原文爲：“乃且（祖）克□（弼）

① 羅福頤：《秦漢南北朝官印徵存》，北京：文物出版社，1987年，第229頁。
② 吴幼潛：《封泥彙編》，上海：上海古籍書店，1984年，第32頁。

先王，異（翼）自它（他）邦，又㠭于大命。”過去或將“㠭”釋爲“席”，則於文義未安，很難讀通，而如將之讀爲與巷字音近的“共”“恭”“龔”，則文通義順，古代典籍中“共命”“恭命”“龔命”之辭頗爲常見，如：

《尚書·甘誓》：“左不攻于左，汝不恭命；右不攻于右，汝不恭命；御非其馬之正，汝不恭命。”

《國語·魯語下》：“子計其利者，小國共命。”

《周書·孝閔帝紀》：“予雖不明，敢弗龔天命，格有德哉。”

此外，銅器銘文中亦有類似之辭句，如：

蔡侯簋：蔡侯紳（申）虔共大命。

禹鼎：共賸（朕）辟之命。

秦公鎛：嚴龔夤天命。

由此可見，巷字本是從行“㠭”聲的形聲字的可能性是很大的。包山簡中巷字又寫作“”，這是由於偏旁行、彳、辵可通用之故。此兩字在包山簡中分別出現在如下之辭句當中。

簡 142：趣（趣）至州巷。

簡 144：小人逃至州巷。

“州巷”一詞亦見於典籍，《禮記·祭義》：“而弟達乎朝廷矣……而弟達乎道路矣……而弟達乎州巷矣。”鄭玄《注》：“一鄉者五州，巷，猶閭也。”據陳偉《包山楚簡初探》（武漢：武漢大學出版社，1996 年）研究，包山簡中之州與里、邑一樣，爲官府確定居民所在的具體單位，其規模可能與里、邑相當。若此，則包山簡與《禮記》之“州巷”應即通常意義上的“里巷”，指里中道路而言。這與包山簡 142、簡 144 原簡之文義也是相符的。

青銅器銘文中有一人名用字作：

（榮有司再鼎）　　（榮有司再鬲）

該字從龍從㠭聲，可隸作“龏”。前已云“㠭”“共”音近。若此，則

“蘢”很可能即“龔”字異構。《説文》龔字云：“給也，从共龍聲。”今按，龔字非爲從龍得聲，實是從共得聲。上古音龔爲見母東部字，共是群母東部字。共與龔聲紐同屬喉音，韻則叠韻。關於龔從共聲這一點，段玉裁《説文解字注》中已論及，其在“龔”字下云：“俱容切，九部。按俱容於共得聲，未詳。”銅器銘文中此兩字出現在同一人名“嬴蘢（龔）母”之中，“嬴蘢（龔）母”乃是一名爲“蘢（龔）母”的嬴姓女子。

《郭店楚墓竹簡》釋文正誤一例

郭店楚墓竹簡《成之聞之》中有一段話，原《郭店楚墓竹簡釋文注釋》將其録寫爲：

> 戎夫⿱矛人飤不强，加糧弗足矣（矣）。士成言不行，名弗得矣（矣）。（簡 13）[①]

其後有裘錫圭按語，云："此句疑當讀爲：戎（農）夫⿱矛人（務）飤（食）不强，加糧弗足矣（矣）。'糧'上一字左側似有'田'字，也許不當釋爲'加'，待考。'⿱矛人'亦見於《老子》丙一號簡，用爲'侮'。"[②]

這段文字之上句看上去有些語不成義，難以通讀。筆者以爲，裘先生按語中將"戎夫"讀爲"農夫"，將"⿱矛人飤"讀爲"務食"均確不可易。古"戎""農"音近可通。《韓詩外傳》九："孔子與子貢、子路、顔淵遊於戎山之上。"《説苑・指武》戎作農，即其例。又古農（即農夫）每與士對言，如《孟子・滕文公章句下》："士之仕也，猶農夫之耕也。"再如《孟子・公孫丑章句上》："尊賢使能，俊傑在位，則天下之士皆悦而願立於其朝矣。……耕者助而不税，則天下之農皆悦而願耕於其野矣。"簡文這段文字中亦是"戎（農）夫"與"士"對言，與典籍文句相合。

"⿱矛人"字從人矛聲，"務"字從力敄聲，而敄又從矛聲，故"⿱矛人"可讀爲務。又"侮"從"每"聲，而"矛""每"古音很近，故郭店簡《老子》丙一號簡及《古文四聲韻》引《古孝經》均將"侮"字寫作"⿱矛人"，"⿱矛人"字或即"侮"字異構。古侮與務亦可通用。《集韻・噳韻》："侮，慢也。或作務。"《詩・小雅・常棣》："外禦其務。"鄭玄《箋》："務，侮也。"《左傳・僖公二十四年》引此詩作"外禦其侮"。亦可證"⿱矛人"可讀"務"。

---

① 荊門市博物館：《郭店楚墓竹簡》，北京：文物出版社，1998 年，第 167 頁。

② 荊門市博物館：《郭店楚墓竹簡》，北京：文物出版社，1998 年，第 169 頁。

簡文“務食”之“務”意爲致力、從事。《管子·乘馬》：“是故事者生於慮，成於務，失於傲。”尹知章《注》：“專務則事成也。”又《管子·牧民》：“不務地利，則倉廩不盈。”此“務”字亦爲致力、從事之義。簡文之“務食”猶《管子·牧民》“積於不涸之倉者，務五穀也”之“務五穀”。

由此可見，裘先生按語是可信的，但這段文字依然難以讀通。筆者以爲問題正是出在裘按中所疑的“加糧弗足俟（矣）”之“加”字上了。細審原簡照片圖版，發現此字誠如裘先生所言，其左側的確從“田”，作“”，顯然“不當釋爲‘加’”。筆者以爲此字當釋爲“耕”。《説文·耒部》：“耕，犁也。从耒井聲，一曰古者井田。”段《注》本將其改作：“耕，犁也。从耒井，古者井田，故从井。”認爲“耕”字是“會意包形聲”。這一點很值得注意。傳世典籍中“耕”字或可寫作“畊”或“畍”。《玉篇·田部》：“畊，古文耕字。”《晏子春秋·内篇諫下二》：“今齊國丈夫畊，女子織，夜以接日，不足以奉上。”又《古文四聲韻》卷二引《崔希裕纂古》“耕”字作“畊”“畍”。可見“耕”字古有從“田”者。簡文此字中間從“力”，古代“耒”“力”都是發土工具。裘錫圭云“耒跟力的性質相近，因此有時作爲表意符號可以通用。例如，甲骨文裏的‘㯥’字，偶而也有寫作從‘力’的”。“從形制上看，力、耜、臿爲一系，由木棒式原始農具發展而來；耒則應由樹杈做的原始農具發展而來”①。可見，《説文》云“耕”字從“耒”表義，與簡文此字從“力”表義並不相悖。假如段《注》有誤，小篆之“耕”字確係《説文》所云之“从耒井聲”的形聲字，那麼簡文此字當即“耕”字之原始會意字。

郭店楚墓竹簡中又有一字作“”（《窮達以時》簡二），裘錫圭按語云：“疑即‘耕’之異構。”②此字出現在“舜於鬲（歷）山”的文句當中。典籍中有關舜耕於歷山的記載比比皆是，可見裘疑無疑是有據的。“”與“”無疑當是一字，所不同者僅是前一形將後一形中象手操力耕作之手形删除後又綴加了“（口）”形而已。郭店簡《六德》篇中“男”字寫作

① 裘錫圭：《甲骨文中所見的商代農業》，《古文字論集》，北京：中華書局，1992年，第163頁。

② 荊門市博物館：《郭店楚墓竹簡》，北京：文物出版社，1998年，第146頁。

“”（簡 33）、“”（簡 39），則“”字所從之“（口）”形很可能是爲了與“男”字相區分而有意綴加的“區别符號”。金文中有一字原作“”（斁侯匜），過去均釋爲“男”，現在看來亦恐是耕字，爲楚簡此字所本。

《郭店楚墓竹簡釋文注釋》中之所以將“强”與“加”字中間點斷，一方面固然是因爲未識出“加”字實爲“耕”字，另一方面很可能是受了《淮南子·脩務》“是故田者不强，囷倉不盈”這句話的影響。要不然很明顯本段文字中上句之“糧”與下句之“名”相對，爲什麼不因此而將所謂的“加”字上讀呢？現在既已將“”釋爲“耕”，則本段文字之上句實當是：

戎（農）夫柔（務）飤（食），不强耕，糧弗足悘（矣）。

《爾雅·釋詁下》：“强，勤也。”《集韻·養韻》：“强，勉也。”又《墨子·天志》：“上强聽治，則國家治矣；下强從事，則財用足矣。”簡文與《墨子·天志》中的“强”字的用法是一致的，均是當勤勉講。本句意爲：農夫致力於糧食生産，若不辛勤耕作，糧食將會不充足。《淮南子·齊俗》：“其耕不强者，無以養生；其織不强者，無以揜形。”簡文“不强耕”猶此言“耕不强”。典籍中與此句文義相近者，除上引《管子·牧民》《淮南子·脩務》和《淮南子·齊俗》中的話之外，另有《管子·輕重甲》“一農不耕，民或爲之飢”，《韓非子·外儲説左上第三十二》“農夫惰於田者，則國貧也”，《韓非子·詭使第四十五》“倉廩之所以實者，耕農之本務也”，等等。

通過對本段文字之上句的分析，則可知其下句當是：

士成（誠）言，不行，名弗得悘（矣）。

《離騷》：“初既與余成言兮，後悔遁而有他。”宋洪興祖《楚辭補注》：“成言謂誠信之言，一成而不易也。《九章》作‘誠言’。”誠言乃士所必須具備的品德，猶如“務食”乃農夫之本務一樣，故而簡文中將“士成（誠）言”與“戎（農）夫柔（務）以飤（食）”對言。《公羊傳·僖公十年》：“獻公病將死，謂荀息曰：‘士何如則可謂之信矣？’荀息對曰：‘使死者反生，生者不愧乎其言，則可謂信矣。’”内中荀息的話講的正是士當誠言的意思。《禮記·緇衣》："言從而行之，則言不可飾也。"孔穎達《疏》："從，隨也。謂言在於先而後隨以行之，言當須實不可虚飾也。……故君子寡言而行以成其信者，以其言行相副之故，君子當顧言而行，以成其信也。"《禮記》中的這段話及孔《疏》正可爲簡文中的本句作一個很好的注解。

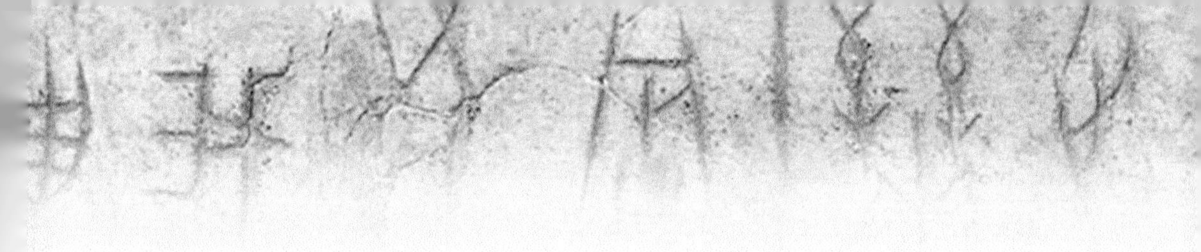

《郭店楚墓竹簡》讀後記

郭店楚墓竹簡於 1993 年冬出土於湖北省荆門市郭店一號楚墓。1998 年，文物出版社出版了《郭店楚墓竹簡》一書，對這批簡進行了系統的整理和研究。總的來看，書中的釋文和注釋品質都很高，但仍有一些可商榷的地方。筆者近來研讀此書，有一些不同的看法，故草成此文，以期方家惠正。

一

> 完（管）寺（夷）虗（吾）笱（拘）⿰言系棄縛［注七］，斁（釋）杙（桎）⿰木⿱虍夲（梏）［注八］，而爲者（諸）侯相，堣（遇）齊逗（桓）也。（第一四五頁。《窮達以時》圖版六—七行）注七：完寺虗，讀作“管夷吾”，即管仲。裘按：句首一字似從“艸”“关”（卷字所從）聲，可能是“⿱艹关”的異體，與“管”音近。“⿰言系”疑當讀爲“囚”。“棄”疑爲“束”。注八：杙，讀爲“桎”。“⿰木⿱虍夲”，其右旁下從“夲”，朱德熙、裘錫圭認爲，“夲”即梏之表意初文（《平山中山王墓銅器銘文的初步研究》，《文物》1979 年第 1 期）。⿰木⿱虍夲似可讀爲“梏”。（第 146 頁）

筆者所要討論的是此段文字中注八已解釋過的“⿰木⿱虍夲”字，此字從木⿱虍夲聲，在古文字材料中首次出現，而其所從之聲符“⿱虍夲”於楚文字中倒是屢見不鮮。過去，已有一些學者將“⿱虍夲”釋爲“柙”，或根據其用法而讀爲“甲”①。此説實可信從。筆者以爲，⿰木⿱虍夲、⿱虍夲當是一字之異，⿰木⿱虍夲字從木，乃追加之義符，⿰木⿱虍夲、⿱虍夲並即“柙”字。

典籍中關於管仲的記載頗多，與上述簡文内容相近者亦不少，就筆者所

---

① 李家浩：《包山楚簡研究（五篇）》，第二届國際中國古文字學研討會論文，香港，1993 年；李零：《古文字雜識（兩篇）》，《于省吾教授百年誕辰紀念文集》，長春：吉林大學出版社，1996 年，第 270 頁。

見就有如下諸條：

> 《管子·小匡》："於是魯君乃不殺，遂生束縛而柙以予齊。"
>
> 《韓詩外傳·卷七》："管夷吾束縛自檻車，以爲仲父，則其遇齊桓公也。"
>
> 《説苑·雜言》："管夷吾束縛膠目，居檻車中，自車中起爲仲父，則遇齊桓公也。"
>
> 《抱朴子·博喻》："是以夷吾桎檻而建匡合之績。"

《説文》："柙，檻也，以藏虎兕。"沈濤《古本考》："柙之爲檻，而非謂柙之專藏虎兕也。"《釋名·釋車》："檻車，上施闌檻以格猛獸，亦囚禁罪人之車也。"柙、檻音近義通，故可通用。由文獻記載可知，管夷吾本是囚禁於囚車之内，而非拘束於桎梏之中，而且《抱樸子·博喻》中明是"桎檻"連言，正與郭店簡文記載相吻合。由此可見，"榛"確係"柙"字，而非"梏"字。"榛"釋爲"柙"也可爲過去釋"㯬"爲"柙"再補充一條新證據。

二

> 大教之中［注八］，天子罙（親）齒，效（教）民弟也。先聖牙（與）後耶（聖）考，後而逯先，效（教）民大川（順）之道也。（第157頁。《唐虞之道》圖版第5—6行）注八：裘按："大教"讀爲"太學"。（第159頁）

注［八］中裘先生的按語是可信的。大、太本是一字分化；教、學二字形音俱近，故易相混。簡本《老子》甲一二之"教不教"於帛書本及今本《老子》中均寫作"學不學"。簡本《老子》丙一三之"學不學"於帛書甲本中寫作"教不教"，均其證。

筆者所要討論的是此段文字之後一句，後一句中"先聖牙（與）後耶（聖）考，後而逯先"有些文不成義，難以通讀。筆者以爲，此句中之"考"字實當下讀，因爲"先聖"和"後聖"乃是兩個並列名詞，常見於古代典籍。如《孟子·離婁下》"先聖後聖，其揆一也"。《新語·道基》"於是先聖乃仰觀天文，俯察地理，圖畫乾坤，以定人道……於是後聖乃定《五經》、明《六藝》，承天統地，窮事察微，原情立本，以緒人倫”。由此可見，“考”字確應下讀。然“考後而遈先”依然文不成義。筆者細審原簡圖版照片，所謂“遈”字實作“”，乃“歸”字，包山簡二一八號竹簡有歸字作“”，與此字字形極近，可相比較。故本句實爲“考後而歸先”。至此，本段話之文義實已明朗，所謂“後”“先”二字乃是上承前句之“後聖”“先聖”而言。至於“考”字，在此應讀爲“孝”，考、孝二字上古音同爲喉音幽部字，故可相通假。典籍中二字亦有相通之例證，如《史記·三代世表》“孝伯”，《衛康叔世家》作“考伯”。《史記·燕召公世家》“燕孝公”，《漢書·古今人表》作“燕考公”，均其例。當然，考、孝二字形音俱近，簡文此考字也不能排除會是孝之誤字的可能，其情形正如前述“教”“學”二字互誤的情形一樣。《書·文侯之命》：“追孝于前文人。”孔安國《傳》：“繼先祖之志爲孝。”《禮記·中庸》：“夫孝者善繼人之志，善述人之事者也。”簡文中“考（孝）後”之“考（孝）”字正用此義。“考（孝）後”意即繼後聖之志，述後聖之事。

“歸先”之“歸”在此當讀爲“餽”。歸、餽二字上古音同爲喉音幽部字，典籍中二字亦多相通假，如《書·微子之命》“王命唐叔歸周公于東”，《史記·魯周公世家》歸作餽。《史記·周本紀》“成王以歸周公于兵所”，裴駰《集解》引徐廣曰“歸一作餽”。《孟子·公孫丑下》“王餽兼金一百而不受”，《論衡·刺孟》引餽作歸，均其例。“餽”字古有祭義。《説文》：“餽，吴人謂祭曰餽。”段玉裁《説文解字注》：“《方言》：‘餹、餟，餽也。’三字皆謂祭。”《戰國策·中山策》：“勞者相饗，飲者舖餽。”高誘《注》：“吴人謂食爲餽，祭鬼亦爲餽。”又餽、饋音義並近，古可通用①。饋字亦有祭義。《論衡·明雩》：“詠而饋，詠歌饋祭也，歌詠而祭也。”《文選·顔延之〈宋文皇帝元皇后哀策文〉》：“皇帝親臨祖饋，躬瞻宵載。”李善《注》引《蒼頡篇》曰：“饋，祭名也。”故簡文之“歸（餽或饋）先”意即祭祀先聖。

《吕氏春秋·尊師》：“天子入太學，祭先聖，則齒嘗爲師者弗臣，所

① 高亨：《古字通假會典》，濟南：齊魯書社，1989年，第490頁。

以見敬學與尊師也。”這段話從内容上看與簡文中本段文字有一定聯繫，而其“先聖”二字前用的正是“祭”字。

三

> 咎采内用五型（刑）［注一七］，出弋兵革。（第 157 頁。《唐虞之道》圖版第 12 行）注一七：咎采，人名，亦作“咎繇”，皋陶，是帝舜之臣，製作五刑。事見《尚書・舜典》。裘按：“采”音“由”，與“繇”通。（第 159 頁）

簡文注釋中對“出弋兵革”一句未作解釋，然此句文義未暢，有必要疏通。筆者以爲“弋”字在此當讀爲“試”，義爲用。《説文》：“試，用也，从言式聲。”試從式聲，而式又從弋聲，故弋可讀爲試。《史記・樂書》：“暴民不作，諸侯賓服，兵革不試，五刑不用，百姓無患，天子不怒。”裴駰《集解》引鄭玄曰：“賓，協也。試，用也。”其中“兵革不試，五刑不用”與簡文中“内用五型（刑），出弋兵革”正可參照。簡文中之“弋”字亦可讀爲“式”，式字古代亦有用義。《爾雅・釋言》：“式，用也。”《左傳・成公二年》：“蠻夷戎狄，不式王命。”杜預《注》：“式，用也。”《戰國策・秦一》：“式於政不式於勇。”高誘《注》：“式，皆用也。”《法言・重黎》：“（伍子胥）謀越諫齊不式，不能去。”李軌《注》：“式，用。”均其例。

郭店簡《唐虞之道》章中，“弋”字亦出現在下面兩段文句當中：

> 古者吴（虞）舜簹（篤）事[illegible]寞，乃弋其孝；忠事帝堯，乃弋其臣。（第 157 頁。圖版第 9 行）
>
> 今之弋於直（德）者，未年不弋。君民而不喬（驕），卒王天下而不矣（疑）。（第 158 頁。圖版第 17—18 行）

考察文義，第一段文字中的“弋”字亦當讀爲“試”或“式”，義爲用。第二段文字中的“弋”疑當仍用其本字，其義爲取。《書・多士》：“非我小國，敢弋殷命。”孔安國《傳》：“弋，取也。”孔穎達《疏》：“弋，射也。射而後取之，故弋爲取也。”《管子・侈靡》：“觀危國過君而弋其能者。”房玄齡《注》：“弋，取也。”又《史記·楚世家》：“三王以弋道德，五霸以弋戰國。”弋字亦是取義。《史記·楚世家》之“弋道德”與簡文之“弋於德”可相參照。

四

> 《吴陟》曰［注三二］：“大明不出，完勿（物）虐（皆）訇。”［注三三］（第158頁。《唐虞之道》圖版第27行）注三二：吴陟，似爲古書篇名。它與下引文句不見於今本古籍。裘按：“吴陟”疑當讀爲“虞詩”。注三三：完，簡文寫作。《汗簡》引王存乂《切韻》“完”作。簡文下部所從與《汗簡》不同，當爲“完”之本字。裘按：或疑此字本應作“万”（即《説文》“丏”字），讀爲“萬”。（第160頁）

這段文字中有一“訇”字，注釋中未予解釋。訇字見於字書。《説文》：“訇，騃言聲，从言匀省聲。漢中西城有訇鄉。又讀若玄。，籀文不省。”《集韻·稕韻》：“詢，《博雅》：‘欺也。’或作‘訇’。”可見，字書所見之“訇”字之字義均難以使簡文文義暢通。而且《説文》《集韻》之“訇”皆從“匀”聲，而簡文此“訇”字原篆作“”，上部所從乃“勹”字，並非“匀”字，故簡文之“訇”當與字書所見之“訇”字無涉。

筆者以爲，簡文此“訇”字實是從勹言聲，乃“揞”字異構。揞從音聲，古文中言、音乃一字分化，于省吾先生已詳論之①。故簡文此“訇”字從言聲與“揞”字從音聲並不相悖。至於簡文“訇”字所從之義符“勹”，乃“伏”字初文②。伏字古有藏、覆、隱等義。《廣雅·釋詁》：“伏，藏也。”《釋名·釋姿容》：“伏，覆也。”《禮記·曲禮上》：“寢毋伏。”鄭玄《注》：“伏，覆也。”《國語·晉語》：“龍尾伏辰。”韋昭《注》：“伏，隱也。”而揞字古亦有藏、覆、隱等義。《方言·卷六》：“揞、揜、錯、摩，藏也。荆楚曰揞，吴揚曰揜，周秦曰錯，陳之東鄙曰摩。”錢繹《箋疏》：“《廣雅·釋詁四》：‘揞、揜、錯、摩，藏也。’《玉篇》：

① 于省吾：《甲骨文字釋林》，北京：中華書局，1979年，第87—88頁。
② 于省吾：《甲骨文字釋林》，北京：中華書局，1979年，第374—378頁。

‘揞，藏也。’《説文》：‘揜，覆也。’《廣韻·鐸韻》：‘錯，摩也。’又《戈韻》：‘摩，隱也。’《大學》云：‘揜其不善而著其善。’鄭玄《注》：‘揜讀爲黡。黡，閉藏之貌也。’王氏懷祖云：‘揞，猶揜也，方俗語有侈歛耳。’《廣韻》：‘揞，手覆。’覆，亦藏也。今俗語猶謂手覆物爲揞矣……《考工記·弓人》：‘强者在内［而］摩其筋。’鄭《注》云：‘摩，猶隱也。’隱，亦藏也。”由此可見，揞字以勹（伏）作爲其表義偏旁是完全行得通的。尤其值得注意的是，揞字還是荆楚之地的方言，這與郭店簡出土於楚國故地也是相合的。簡文此句話中，訇（揞）字義爲隱。《説文》：“隱，蔽也。”《玉篇》：“隱，不見也，匿也。”又《易·坤》：“天地閉，賢人隱。”孔穎達《疏》：“天地否閉，賢人潛隱。”

簡文“大明不出”之“大明”古指日或月，也可兼指日月。《禮記·禮器》：“大明生於東，月生於西。”鄭玄《注》：“大明，日也。”《文選·晉本玄虚華（輩）〈海賦〉》：“若乃大明攎轡於金樞之穴。”李善《注》：“大明，月也。”《管子·内業》：“鑒於大清，視於大明。”房玄齡《注》：“（大明），日月也。”“大明不出，萬（萬）勿（物）虐（皆）訇（揞）”這句話的字面意思是講日（或月，或日月）不出，萬物隱匿。引申之則意爲聖人不出，萬民蒙昧。

五

> 唯君子道可近求而可遠遣（？）也。（第168頁。《成之聞之》圖版第37行）

此段文字未見注釋，釋文中於“遣”字後加“？”號，可見釋文作者對此字之釋讀亦持懷疑態度。此字原篆作“”，若釋爲遣，則文義艱澀難通。《説文》：“遣，跡遣也。”段玉裁《説文解字注》據《玉篇》《廣韻》改“跡”爲“这”，曰：“《小雅》：‘獻醻交錯。’毛曰：‘東西爲交，邪行爲錯。’”王筠《句讀》：“这，今爲交；遣，今爲錯。”又《玉篇》：“遣，亂也。”《廣雅·釋詁二》：“遣，偕也。”總之，遣字之義均無一能使本段文字通暢。筆者以爲此字辵旁上部所從乃“向”字。郭店簡中“向”字作如下諸形：

（《老子》乙圖版第 17 行）
（《魯穆公問子思》圖版第 3 行）
（《尊德義》圖版第 28 行）

字形均與此字所從之“”形近，唯“”字下部似從“日”，恐是訛變。向字古有趨向之義。《荀子·仲尼》：“鄉方略，審勞佚。”楊倞《注》：“鄉，讀爲向，趨也。”又《集韻·漾韻》：“向，趣也。”古文字中凡具有動態意向的字往往可追加“彳”“止”“辵”旁以爲義符。其例甚多，兹不贅舉。故簡文此字很可能正是向字之異構。

向字引申之則又有景仰、崇尚之義。《吕氏春秋·音初》：“樂和而民鄉方矣。”高誘《注》：“鄉，仰；方，道。”《淮南子·説林》：“其鄉之誠也。”高誘《注》：“鄉，仰。”向、鄉音義並通，故可通用。《孟子·告子下》：“君不鄉道，不志於仁，而求富之，是富桀也。”朱熹《注》：“鄉與向同。”《史記·汲鄭列傳》：“上方向儒術，尊公孫弘。”向字亦是景仰、崇尚之義。簡文“唯君子道可近求而可遠向也”之“向”字，其義與《吕氏春秋》之“鄉方”、《孟子》之“鄉道”、《史記》之“向儒術”中之“向（或鄉）”是相同的。

六

> 堣（均）不足以坪（平）正（政），悇（？）不足以安民。（第 174 頁。《尊德義》圖版第 34—35 行）

釋文中於“悇”字後亦加注“？”號。此字原篆作“”，其“（心）”旁上部所從並非“家”，楚簡中“家”字習見，但無一例與此旁形近[1]。筆者以爲此字實應分析爲從心從宀爰聲，應隸定爲“㥿”。郭店簡本章中又有一字作“”（圖版 23 行），釋文中認爲是“爰”字，應該是可信的。鄂君啓節中“爰陵”之“爰”字作“”，包山簡五“瑗”字作“”，“”“”“”形體十分接近，當是一字無疑。簡文“”字所從

① 滕壬生：《楚系簡帛文字編》，武漢：湖北教育出版社，1995 年，第 600 — 601 頁。

之“”旁與“”亦當是一字，只不過“”字下部所從之“又”位置上移，並同其上部所從之“”發生借筆關係而已。

簡文中此“𡪿”字當讀爲“緩”，緩、寬義近，《玉篇》：“寬，緩也。”《國語·吴語》：“將必寬然有伯諸侯之心焉。”韋昭《注》：“寬，緩也。”簡文“緩不足以安民”猶言“寬不足以安民”。《管子·法禁》：“莫敢布惠緩行。”房玄齡《注》：“從容養民謂之緩行。”既然“從容養民謂之緩行”，爲什麽簡文却説“緩（寬）不足以安民”呢？其實，這並不矛盾。《書·君陳》：“寬而有制，從容以和。”《左傳·昭公二十年》：“寬以濟猛，猛以濟寬，政是以和。”《荀子·正論》：“殺人者不死而傷人者不刑，是謂惠暴而寬賊也。”《韓非子·難二》：“今緩刑罰，行寬惠，是利奸邪而害善人也。”《漢書·宣帝紀》：“今吏或以不禁奸邪爲寬大，縱釋有罪爲不苛，或以酷惡爲賢，皆失其中。”由此可見，“寬”也有一定的限度，一味行“寬政”而不適當施之以刑罰，反而會害民。這正是“緩不足以安民”之本義。

編按：上博簡《從政甲》簡5—簡7有“五德：一曰愋（寬），二曰共（恭），三曰惠，四曰悬（仁），五曰敬。𡥈=（君子）不愋（寬）則無以頌（容）百眚（姓），不共（恭）則無以叙（除）辱，不惠則無以聚民，不悬（仁）則無以行正（政），不敬則事無城（成）”語。其中，兩例“愋（寬）”字分別作“”“”，所從之“爰”旁與《尊德義》“”字所從之“”旁字形十分接近，可參。

讀郭店簡瑣記（三篇）

一

今本《老子》第十三章中有如下一段話：

> 寵辱若驚，貴大患若身。何謂寵辱若驚？寵爲下。得之若驚，失之若驚，是謂寵辱若驚。

這段話中，“驚”字共出現五例。其中“何謂寵辱若驚”這句話於郭店楚簡本《老子》乙篇中作“何謂寵辱”，故郭店楚簡本《老子》中的“驚”字實際上只出現四例。此四例“驚”字在原簡文中分別作如下諸形（爲論述方便，下文以“△”代替該字）：

（簡5） （簡6） （簡6） （簡6）

郭店简釋文中將“△”釋爲“纓”，注云：“纓，簡文从‘糸’从‘賏’。《汗簡》引《古老子》‘嬰’字作[①]。即‘賏’，與‘嬰’同音。‘纓’讀作‘驚’。裘按：簡文此字似从‘賏’从‘縈’。‘賏’、‘縈’皆影母耕部字，如‘縈’的‘糸’旁兼充全字形旁，此字仍可釋爲‘纓’。”[②]

針對“△”字構形，上引注釋實際上提出了兩種分析方案。第一種是整理者提出的，認爲該字從糸賏聲，即該字“糸”旁上部所從是“賏”字，而賏、嬰同音，故此字可釋爲“纓”。第二種是裘按提出的，認爲該字從賏從縈。並認爲此字“縈”旁所從的“糸”有可能“兼充全字形旁”，故“此字仍可釋爲‘纓’”。這兩種分析儘管對此字下部所從的認識有所不同，但均認爲該字上部從“賏”，而且都主張將該字釋爲“纓”。

---

① 檢《汗簡》“嬰”字下並未見引《古老子》此字形，《古老子》此字形實在《古文四聲韻》卷3“耕韻”下。

② 荊門市博物館.《郭店楚墓竹簡》，北京：文物出版社，1998年，第119頁。

筆者認爲，將“△”釋爲“纓”是有問題的，因爲該字上部所從其實並非“賏”字。《説文》：“賏，頸飾也。从二貝。”楚簡中“貝”及從“貝”之字很常見，而“見”字和“見”旁亦十分常見，李守奎曾對“貝”“見”二字作過專門分析，指出楚簡中貝字作“”，而“見”字作“”，區别主要在於“貝字上部均作平首狀，而見字上部所從‘目’旁是鋭角狀”[①]。對比可知，“△”字上部所從之“”與“貝”字上部所從並不相類，却與“見”字上部所從相同。可見，“△”字上部所從並非“賏”字，故釋“△”爲“纓”亦當不確。

“見”字從“目”，故“△”字上部所從之二“”實即《説文》“䀠”字，而其下部所從正即裘按之“縈”字，故“△”字當分析作從䀠縈聲，可隷作“䌝”。在釋法上，筆者認爲有以下兩種可能。

第一種可能，“䌝”即“眢”字異構。從義符上看，古文字中表義偏旁單複每無别，故“䀠”與“目”當可互換。從聲符上看，《説文》：“眢，惑也。从目桊省聲。”《説文》：“桊，桐木也。从木熒省聲。”[②]《説文》：“縈，收鮝也。从糸熒省聲。”可見，若依《説文》，“䌝”與“眢”所從基本聲符相同。因此，將“䌝”釋爲“眢”在形音兩方面都可以説得過去。在簡文中讀作“驚”。

第二种可能，字書中“䀠”及從“䀠”之字亦多具有驚顧、驚視之義。如：

《説文》：“䀠，左右視也。从二目。……讀若拘。又若良士瞿瞿。”饒炯《部首訂》：“會意。从二目，左右視也，即申釋二目會意之旨，蓋驚恐者目善揺。”徐灝《注箋》：“左右視者，驚顧之狀。”

《説文》：“瞿，鷹隼之視也。”徐鍇《繫傳》：“驚視也。”《莊子·徐無鬼》：“子綦瞿然喜曰：‘奚若？’”陸德明《釋文》：“瞿然，李云：驚視貌。”《爾雅·釋訓》：“瞿，儉也。”郝懿行《義疏》：“瞿，驚顧貌。”

《説文》：“界，舉目驚界然也。从夰从䀠，䀠亦聲。”《廣韻·

① 李守奎：《江陵九店56號墓竹簡考釋四則》，《江漢考古》1997年第4期，第67頁。

② 此從段注本改，今大徐本《説文》爲“桊，桐木也。从木熒聲”。

遇韻》引《埤蒼》：“眝，目驚眝眝然。”《集韻·迥韻》：“眝，目驚也。”

《文選·班固〈東都賦〉》：“主人之辭未終，西都賓客矍然失容。”李善《注》引《説文》曰：“矍，驚視貌也。”《説文解字繫傳》：“矍，左右驚顧。”

據此，“䋁”很可能正是“驚”字之異構（上古音驚、縈俱爲影母耕部字）。《説文》：“驚，馬駭也。从馬敬聲。”也可能《説文》此“驚”是“馬驚”之“驚”的專字，而“䋁”則專用於表示“驚視”“驚顧”之義，起初並非一字，後世借“馬驚”之“驚”表示“驚視”“驚顧”之“䋁”，故“驚”行而“䋁”字廢。

二

郭店簡《成之聞之》篇簡7—簡8有一段話，原釋文寫作：

君均而立於复（祚），一宫之人不勳（勝）其敬。

注下裘按云：“‘君’下一字也許不是‘均’，但確是一個从‘勻’聲的字，在此似當讀爲‘袀’。其下一字疑當釋爲‘褜’，讀爲‘冕’。袀冕，意即袀服而冕，在此當指祭服（袀服爲上衣下裳同色之服）。《禮記·祭統》謂將祭之時，君與夫人皆齋，‘然後會於太廟，君純冕立於阼’。‘袀’‘純’義通。《漢書·王莽傳下》‘時莽紺袀服’注：‘袀，純也，純爲紺服也’。《淮南子·齊俗》‘尸祝袀袨’注：‘袀，純服。袨，墨齋衣也’。疑《禮記》‘純冕’與‘袀冕’同義。簡文‘复’當讀爲‘阼’。”[①]

裘按釋“”爲“褜”，讀作“冕”，讀“复”爲“阼”，均可信從。至於“君”下之字，原作“”，裘按指出此字“確是一個從‘勻’聲的字”，亦顯然是正確的，但云讀作“袀”，似仍可商榷。應該説明的是，裘按先引《禮記·祭統》“然後會於太廟，君純冕立於阼”爲例，與簡文相參，再引《漢書》《淮南子》古注袀、純同義爲證，以證“‘純冕’與‘袀冕’

① 荊門市博物館：《郭店楚墓竹簡》，北京：文物出版社，1998年，第167頁。

同義”，的確很具説服力，故學者多信從之。但這裏仍有可疑之處，即“袀冕”固然可以理解爲“袀服而冕”，但“袀冕”一詞典籍未見。其實，《禮記》中可與簡文相參的文句不止裘按所引之一種，爲論述方便並便於對比，現將相關文句均引録如下：

《禮記·祭統》：“君純冕立於阼，夫人副褘立於東房。”

《禮記·祭統》：“君卷冕立於阼，夫人副褘立於東房。”

《禮記·明堂位》：“君卷冕立於阼，夫人副褘立於房中。”

除《禮記》之外，與簡文可參的文句，還見《後漢書》李賢《注》：

《後漢書·和熹鄧皇后紀》：“與皇帝交獻親薦，成禮而還。”李賢《注》：“周禮，宗廟祭之日，旦，王服衮冕而入，立於阼；后服副褘，從王而入。”

可見，除“純冕”之外，還有“卷冕”“衮冕”，可供釋讀“”字時參考。

先谈“卷冕”和“衮冕”。

《詩·豳風·九罭》：“衮衣繡裳。”陸德明《釋文》：“字或作卷。”陳奂《詩毛氏傳疏》：“衮與卷古同聲；卷者，曲也。”

《詩·大雅·烝民》：“衮職有闕。”馬瑞辰《毛詩傳箋通釋》：“漢《司隸校尉魯峻碑》作‘緄職’，《曲禮記》衮衣字皆作卷，《荀子》又作綣。衮、緄、卷皆雙聲字，故通用。”

《周禮·春官·司服》：“王之吉服……享先王則衮冕。”鄭玄《注》曰：“衮，卷龍衣也。”孫詒讓《正義》：“云‘衮，卷龍衣也’者，《詩·豳風·九罭》篇‘衮衣繡裳’，毛《傳》云：‘衮衣，卷龍也。’《玉藻》‘天子龍卷以祭’，《注》云：‘龍卷，畫龍於衣。字或作衮。’《詩·大雅·采菽》篇‘玄衮及黼’，《箋》云：‘玄衮，玄衣而畫以卷龍也。’《釋名·釋首飾》云：‘衮冕，衮，卷也，畫卷龍於衣也。’案，卷龍者，謂畫龍於衣，其形捲曲，其字《禮記》多作‘卷’，鄭《王制》注云：‘卷俗讀也，其通則曰衮。’是衮雖取卷龍之義，字則以衮爲正；作卷者，借字也。”

可見，“卷冕”即“衮冕”，而“衮冕”之所以又可稱“卷冕”，除音近相通之外，義亦相關。筆者認爲，簡文“褸（冕）”亦當讀作“衮冕”。從匀聲，衮從㕣聲[①]。典籍中從匀聲之字可與從㕣聲之字相通，如《書·禹貢》：“沿于江海。”陸德明《釋文》：“沿，鄭本作松，松當爲沿。馬本作均。”段玉裁《説文解字注》“沿”字注：“鄭本沿作松，字之誤也。馬本作均，依今文《尚書》也。均者，沿之假借字。”《史記·夏本紀》：“均江海，通淮泗。”裴駰《集解》引鄭玄曰：“均，讀曰沿。”又，《吕氏春秋·大樂》：“渾渾沌沌。”高誘《注》：“渾讀如衮冕之衮。”渾從軍聲，而戰國文字軍字多從匀聲，可證可讀作衮[②]。《管子·君臣上》：“衣服緷絻，盡有法度。”尹知章《注》：“緷絻，古衮冕字。”益是簡文“褸（冕）”應讀作“衮冕”之佳證。

典籍中從匀聲之字亦常可與從屯聲之字相通，故筆者認爲前引《禮記·祭統》“君純冕立於阼”之“純冕”恐亦當讀作“衮冕”[③]。

《説文》：“巽（巺），具也。从丌𠀤聲。巽，古文巽。巽，篆文巽。”簡文“”字下部所從與“巺”字上部所從形近[④]。典籍中從巺聲之字與從旬聲之字常可互通，而從匀聲之字與從旬聲之字亦常可互通[⑤]。故“”字似是一個雙聲字。

三

郭店簡《窮達以時》篇有這樣一段話：

善伓（否），吕（己）也。穿（窮）達以旹（時），悳（德）行弌（一）

① 《説文》：“衮，天子享先王卷龍繡於下幅，一龍蟠阿上鄉。从衣公聲。”段玉裁《説文解字注》、桂馥《説文解字義證》、王筠《説文句讀》、錢坫《説文解字斠詮》、毛際盛《説文解字述誼》均指出“公”當是“㕣”之誤字。丁福保：《説文解字詁林》，北京：中華書局，1988年，第8334—8336頁。

② 何琳儀：《戰國古文字典》，北京：中華書局，1998年，第1320頁。

③ 高亨：《古字通假會典》，濟南：齊魯書社，1989年，第79頁。

④ 李零將此字下部所從直接釋爲巺。李零：《郭店楚簡校讀記》，北京：北京大學出版社，2002年，第123頁。

⑤ 高亨：《古字通假會典》，濟南：齊魯書社，1989年，第79、81頁。

也。譽（譽）𦣞（毁）才（在）仿（旁），聖之弋之。母（梅）白（伯）（簡 14）初醓（醢）醢（醢），後名昜（揚），非其悳（德）加；子疋（胥）前多社（功），後翏（戮）死，非其（簡 9）智懷（衰）也……（簡 10）

關於這段釋文，有三點需要説明。第一，《淮南子・繆稱》："故善否，我也；禍福，非我也。"顔世鉉引此證出簡文"善伓㠯也"當讀作"善否，己也"，認爲本句意思是説人爲善或爲惡，完全取決於自己[①]。第二，《淮南子・齊俗》："意行鈞，窮達在時。"《文子・微明》："趨行等，順逆在時。"陳偉指出這兩段話"與簡文'窮達以時，德行一也'語義略同，只是句序前後有異。因而原釋文對這八個字的斷讀應該是正確的。相形之下，隨後八字也應是大致類似的句式"[②]。第三，在竹簡的編連次序上，原釋文的編連次序有誤，陳劍指出簡 14 應當和簡 9 連讀，簡 14"聖之弋母之白"中"母之"二字係誤抄倒。"母之"二字乙轉後，"聖之弋之母白"應斷作"聖之弋之。母白"，而"母白"即商紂王時的"梅伯"[③]。這些意見顯然都是正確的，故本釋文是在綜合以上三个方面的意見後寫成的。

筆者所要討論的是簡文中"聖之弋之"這句話。此句頗爲費解，陳劍從裘錫圭的意見，認爲"疑可讀作'聖之賊之'，意爲旁人對同一個人毁譽的不同，或以之爲聖，或以之爲賊"。細繹文義，筆者認爲簡文中"窮達"和"譽毁"相對，這兩者是講述客觀存在，均屬外在因素，不取决於自己，即《淮南子・繆稱》之"非我也"。而"德行一也"和"聖之弋之"則是講述個人修行，即自身在面對"窮達"和"譽毁"時的處事態度，都屬内在因素，取决於自己，即《淮南子・繆稱》之"我也"，亦即簡文之"己也"。若此理解不誤，則讀"聖之弋之"爲"聖之賊之"於文義就不十分貼切，因爲"聖之賊之"與簡文"譽毁在旁"之"譽毁"基本意思相仿，仍屬外在因素，不取决於自己，屬於"非我"。

筆者考慮，此"聖之弋之"似當讀作"聽之任之"。简文之"聖"，

---

① 顔世鉉：《郭店楚簡散論（二）》，《江漢考古》2000 年第 1 期，第 38 頁。

② 陳偉：《郭店竹書别釋》，武漢：湖北教育出版社，2002 年，第 48 頁。

③ 陳劍：《郭店簡〈窮達以時〉、〈語叢四〉的幾處簡序調整》，《國際簡帛研究通訊》2002 年第 5 期。

原釋文整理者讀爲“聽”，但於“聽”字後加“？”號，表示不十分確定，但這一意見很可能是正確的。

至於弋讀作任。上古音弋爲餘母職部字，任爲日母侵部字，兩字聲母同爲舌音，韻部職侵通轉。依照王力的擬音，上古職部發“ək”音，侵部發“əm”音，两者主要元音相同。王力同時指出“蒸部在上古和侵部元音相同（əŋ：əm），所以它們有時候合韻”[①]。以從“任”的“凭”字爲例，上古音“凭”爲蒸部字。《説文》：“凭，依几也。从几从任。《周書》：‘凭玉几。’讀若馮。”以會意字解釋之。朱駿聲《説文通訓定聲》將“从几从任”改作“从几任聲”，云“馮、任聲近”。宋保《諧聲補逸》亦指出：“凭，讀若馮。任聲。憑、馮在蒸、登韻，任在侵韻，兩部相關。”若此説不誤，則蒸部之“凭”正是以侵部之“任”爲聲。侵部與蒸部的關係既十分密切，而職部與蒸部又存在嚴格的對轉關係，因此，職部與侵部的關係亦當很密切。上古音朕爲侵部字，從朕聲之賸、勝、騰、滕、縢、塍、媵諸字则爲蒸部字，而黱字以及當害蟲講的螣字則爲職部字，即可説明這一點。

典籍中從朕聲之字常有從弋聲之字爲異體。《詩·小雅·大田》：“去其螟螣。”陸德明《釋文》：“螣，字亦作蟘。”《説文》“蟘”字下引螣作蟘。《説文》：“黱，畫眉也。从黑朕聲。”徐鍇《繫傳》：“今俗作黛字。”段玉裁《注》：“黛者，黱之俗。”《玉篇·黑部》：“黛，同黱。”《説文》：“幐，囊也。从巾朕声。”朱駿聲《説文通訓定聲》：“幐，字又作帒、作袋。幐、代一聲之轉，如黱或作黛、螣或作蟘之比。”即其例。而任及從任聲之字亦可以同從朕聲之字相通，《禮記·月令》：“戴勝降于桑。”《吕氏春秋·季春紀》勝作任，《淮南子·時則》勝作鵀。《爾雅·釋鳥》：“鶝鶔，戴鵀”郭璞《注》：“今亦呼爲戴勝。”陸德明《釋文》：“鵀，本亦作鶔，……《方言》云戴鵀一名戴南，一名戴勝。”郝懿行《義疏》：“鵀即勝也，聲近字通。”可見，弋可讀作任。

典籍中見有如下兩段話：

《孔叢子·鶚賦》：“禍福無門，惟人所求。聽天任命，慎厥

① 王力：《漢語史稿》，北京：中華書局，1980年，第112頁。

所修。”

《抱樸子·審舉》：“屈伸默語，聽天任命。窮通得失，委之自然。”

這兩段話與簡文“窮達以時，德行一也。譽毀在旁，聽之任之”在語義上十分近似，内中都講到“聽天任命”，筆者認爲簡文“聽之任之”與此“聽天任命”關係密切，可參考。《抱樸子外篇·自序》：“而洪之爲人，信心而行，毀譽皆置於不聞。”此“毀譽皆置於不聞”正可理解爲是簡文“譽毀在旁，聽之任之”的另一種説法。

《淮南子·齊俗》：“故趨舍同，誹譽在俗；意行鈞，窮達在時。”此“意行”之“意”字頗費解，今與簡文“穿（窮）達以岩（時），悳（德）行式（一）也”對照，知此“意行”之“意”恐應是“悳（德）”之誤字。

編按：上博簡第四册《内禮》第8簡之“縈（禁）”字作“”，清華簡第一册《尹至》第4簡之“縈（禁）”字作“”，清華簡第三册《芮良夫毖》第1簡、第16簡之“縈（營）”字作“”“”，均與郭店楚簡本《老子》乙篇中的“繠”字下部所從同形，可證裘按認爲“繠”字下部從“縈”不誤。

上海博物館藏竹簡《容成氏》“凡民俾敝者”考

上博簡《容成氏》篇中有這樣一段話：

> 壚遅是（氏）之有天下也，皆不受（授）亓（其）子而受（授）臤（賢）。亓（其）德酋（鰌）清[①]，而上愛（簡 1）下，而一亓（其）志，而寢亓（其）兵，而官亓（其）材。於是乎喑聾執燭，相戉鼓瑟，跛躃守門，敉（侏）需（儒）爲矢，長者酥宅，僂者坆數，瘿（簡 2）者煮鹽，尼肓者漁澤，□弃不□。凡民俾敝者，教而誨之，飲而飤（食）之，思役百官而月青（請）之。古（故）當是時也，亡（無）并☐（簡 3）

關於簡文中“俾敝”一詞，此篇整理者李零注釋云“待考”，並對“思役百官而月青（請）之”注釋云：“願其聽用於百官而月月請謁之。”[②]何琳儀認爲“俾敝”當讀作“卑末”，指出身地位低下者[③]。但就何文所引《後漢書·欒巴傳》的材料來看，“卑末”實指地位低下的吏，與簡文云“凡民……者”不合，裘錫圭已指出其説之非[④]。裘先生認爲“凡民俾敝者”之“性質當與上文所言的那些殘疾者或體態異常者相近”，指出“俾敝”當讀作“蔽芾”，“當指雖已成年但身材顯著比一般人矮小者”，並引張家山漢簡《二年律令》的《傅律》之“當傅，高不盈六尺二寸以下，及天烏者，以爲罷癃（《二年律令》簡 363）”爲證。

按，裘先生之説恐亦不確。首先，從這段話的整體文義上来看，筆者以

---

① 此從楊澤生讀。楊澤生：《讀上博竹書劄記（六則）》，《古文字研究》第 25 輯，北京：中華書局，2004 年，第 352 頁。

② 馬承源主編：《上海博物館藏戰國楚竹書（二）》，上海：上海古籍出版社，2002 年，第 253 頁。

③ 何琳儀：《滬簡二册選釋》，簡帛研究網，2003 年 1 月 14 日。

④ 裘錫圭：《讀上博簡〈容成氏〉劄記二則》，《古文字研究》第 25 輯，北京：中華書局，2004 年，第 314 頁。

为，“俾攴”這種人恐不宜理解爲是“其性質當與上文所言的那些殘疾者或體態異常者相近”的人，而應當是與簡文前面所言之殘疾人群並列的另一種人群。對於八種殘疾者，簡文是側重於“用”，使其人盡其用，各守其職；而對於“俾攴”者，簡文則側重於“教誨”，“教而誨之，飲而食之，思役百官而月青（請）之”是專針對這種人所實施的教化方式。其次，簡文前已云“敊（侏）需（儒）爲矢”，“侏儒”已經是身材矮小者，則此處再説“俾攴”是指身材矮小的人，顯然是不合適的。再次，裘文中引到《詩·召南·甘棠》“蔽芾甘棠”，毛《傳》：“蔽芾，小貌。”《詩·小雅·我行其野》：“我行其野，蔽芾其樗。”鄭《箋》：“樗之蔽芾始生，謂仲春之時嫁娶之月。”但這些材料充其量只能説明“蔽芾”具有小的含義，並不能證明其相當於漢簡中之“罷癃”。

筆者雖不同意裘先生將“俾攴”讀作“蔽芾”，解釋爲“雖已成年但身材顯著比一般人矮小者”，但裘文中提到漢簡之“罷癃”，則是一條十分重要的綫索。笔者以爲簡文“俾攴”之“俾”正當讀爲“罷”。“俾”從“卑”聲，典籍中從“卑”聲之字與“罷”及從“罷”聲之字多可相通。《説文》：“髀，别也。从冎卑聲。讀若罷。”《周禮·夏官·司弓失》：“恒矢、庳矢，用諸散射。”鄭玄《注》：“鄭司農云：‘庳矢，讀爲人罷短之罷。’”《後漢書·馬融傳》：“然後擺牲班禽，淤賜犒功。”李賢《注》：“《廣雅》曰：‘捭，開也。’《字書》：‘擺亦捭字也，音捕買反。’”即其例。

至於“攴”字，原篆作“”，筆者以爲當釋爲“敝”。這可以從兩方面進行分析。首先，楚簡中見有如下諸字：

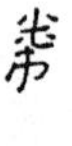（九店楚簡44）　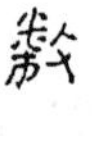（包山楚簡260）　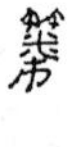（包山楚簡213）

過去李家浩將之分别釋爲“㡀”“敝”和“籞”。他指出這些字所從之“𢼸”實爲“釆”，云：“古文字‘㡀’或把上部改寫作與它形近的‘釆’，顯然是爲了使其聲符化。”[1]其説確不可易，已爲學術界公認，並

① 李家浩：《包山楚簡“籞”字及其相關之字》，《第三屆國際中國古文字學研討會論文集》，香港：香港中文大學中國文化研究所編集，1997年，第555頁。

得到郭店楚簡文字材料的支持[1]。從字形上看，上引之"敝"字，如將其所追加的聲符"釆"去掉，剩餘部分則與"俾敝"之"敝"字形全同。其次，上古音"㡀""敝""弊""斃""幣""獘"均爲並母月部字，"蔽""鷩""鷩"均爲幫母月部字，而"市""芾"亦爲幫母月部字。可見，"市"實可用作"敝"字之聲符。也就是説，即便將"敝"字之追加聲符"釆"去掉，其所從之"市"仍舊可以起到注音作用。因此，將""釋爲"敝"在字形上是完全可以説得過去的。

"罷敝"一詞習見於典籍，指疲勞困敝。《左傳・昭公三年》："庶民罷敝，而宫室滋侈。"即其例。又見"罷弊""罷獘"等詞，與"罷敝"同義。《國語・吴語》："既罷弊其民，而天奪之食。"《漢書・匈奴傳下》："吏士罷弊。"漢賈誼《過秦論》："兵革不休，士民罷弊。"《史記・范雎蔡澤列傳》："諸侯見齊之罷獘，君臣之不和也，興兵而伐齊，大破之。"均其例。但這種詞義和用例均與簡文不符，故當另求其義。

據典籍記載，對民之無行乏德者可稱之爲"罷"或"罷士"。例如，《國語・齊語》："罷士無伍，罷女無家。"韋昭《注》："罷，病也。無行曰罷。"《管子・小匡篇》："罷士無伍，罷女無家。"尹知章《注》："罷，謂乏於德義者。"均其例。又，《荀子・非相篇》："君子賢而能容罷，知而能容愚。"《荀子・王霸篇》："無國而不有賢士，無國而不有罷士。"《荀子・王制篇》："賢能不待次而舉，罷不能不待須而廢。"《説苑・君道篇》："賢者進以顯榮，罷者退而勞力。"均以"罷"與"賢"相對爲文。

這種"罷"或"罷士"，在《周禮》中被稱作"罷民"。

《周禮・秋官・大司寇》："以圜土聚教罷民，凡害人者，寘之圜土而施職事焉，以明刑恥之。其能改過，反于中國，不齒三年；其不能改而出圜土者，殺。……以嘉石平罷民，凡萬民之有罪過而未麗于法，而害於州里者，桎梏而坐諸嘉石，役諸司空。重罪旬有三日坐，期役；

[1] 郭店簡《老子》乙"其用不敝"之"敝"作""（簡14）、《性自命出》"幣帛"之"幣"作""（簡22）。

其次九日坐，九月役；其次七日坐，七月役；其次五日坐，五月役；其下罪三日坐，三月役。使州里任之，則宥而舍之。”鄭玄《注》：“嘉石，文石也。樹之外朝門左。平，成也。成之使善。有罪過，謂邪惡之人所罪過者也。麗，附也。未附於法，未著於法也。木在足曰桎，在手曰梏。役諸司空，坐日訖，使給百工之役也。役月訖，使其州里之人任之，乃赦之。宥，寬也。”

《周禮·秋官·司圜》：“司圜掌收教罷民，凡害人者，弗使冠飾而加明刑焉，任之以事而收教之。能改者，上罪三年而舍，中罪二年而舍，下罪一年而舍。其不能改而出圜土者，殺。雖出，三年不齒。凡圜土之刑人也不虧體，其罰人也不虧財。”鄭玄《注》：“弗使冠飾者，著墨幪，若古之象刑與？舍，釋之也。鄭司農云：‘罷民，謂惡人不從化，爲百姓所患苦，而未入五刑者也，故曰凡害人者。不使冠飾，任之以事，若今時罰作矣。’”

按，《周禮》這兩段文字講述的是國家對“罷民”的教育管理政策，而上引鄭《注》中“役諸司空，坐日訖，使給百工之役也。役月訖，使其州里之人任之，乃赦之”與簡文“思役百官而月青（請）之”在文義上是十分接近的。簡文之“思”字，有不少學者已指出當讀作“使”，則與鄭《注》之“使”字相當[①]。簡文之“役”與鄭《注》之“役”相同。簡文之“百官”亦與鄭《注》之“百工”相當。《書·堯典》：“允釐百工，庶績咸熙。”僞孔《傳》：“工，官。”《漢書·律曆志》引作：“允釐百官，衆功皆美。”《管子·輕重·巨乘馬》：“謂遠近之縣里邑百官。”馬非百《管子輕重篇新詮》：“百官即百工。《尚書·堯典》‘允釐百工’，《史記·五帝本紀》作“信飭百官”，即其證。”[②]《史記·夏本紀》：“乃歌曰：‘股肱喜哉，元首起哉，百工熙哉！’”裴駰《集解》引孔安國曰：“股肱之臣喜樂盡忠，君之治功乃起，百官之業乃廣。”又，郭沫若《奴隸制時代》：“古代重要的工商業，都和農業一樣，是官家經營的。……故殷周的百工就是百官，

① 孟蓬生：《上博竹書（二）字詞劄記》，簡帛研究網，2003年1月14日。陳斯鵬：《論周原甲骨和楚系簡帛中的“囟”與“思”——兼論卜辭命辭的性質》，《第四届國際中國古文字學研討會論文集》，香港：香港中文大學中國語言文學系編集，2003年，第555頁。

② 馬非百：《管子輕重篇新詮》，北京：中華書局，1979年，第141頁。

《考工記》三十六工也都是官，使一些國家官吏管轄著各項生產工藝品的奴隸以從事生產。”[①]簡文之“月青（請）”與鄭《注》之“月訖（謁）”亦相當[②]。可見將簡文之“俾”讀作“罷”，義指“罷民”，與《周禮》及鄭《注》若合符節。

簡文“俾（罷）”既指“罷民”，但與“敂（敝）”字合爲“罷敝”一詞該如何解釋，筆者以爲這有兩種可能。第一種可能是“罷敝”與“罷”同義。

> 《周禮·秋官·大司寇》：“以圜土聚教罷民。”鄭玄《注》：“圜土，獄城也。聚罷民其中，困苦以教之爲善也。民不愍作勞，有似於罷。”賈公彥《疏》：“云‘教之’者，正謂夜入圜土，晝則役之司空，困苦則歸善。鄭云‘困苦以教之爲善’。云‘民不愍作勞，有似於罷’者，罷謂困極罷弊，此圜土被囚而役，是不愍强作勞之民，有似罷弊之人也。”

若按賈《疏》的理解，則“罷民”之“罷”的本義就是“困極罷弊”，“罷民”之名稱的由來，也正是因爲其本爲“不愍强作勞之民，有似罷弊之人也”。若此，則簡文“凡民罷敝者”仍當就是指“罷民”。

第二種可能是考慮到“罷敝”一詞在典籍中十分常見，但尚未見有用來專指“罷民”者，故筆者以爲“敝”在此或可讀爲“憋”。《廣雅·釋詁三》：“憋，惡也。”王念孫《疏證》：“憋者，《方言》：‘憋，惡也。’郭璞《注》云：‘憋怤，急性也。’《列子·力命篇》云：‘嘽咺憋懯。’《後漢書·董卓傳》：‘敝腸狗態。’李賢《注》云：‘言心腸敝惡也。’《續漢書》敝作憋。漢司隸校尉楊孟文《石門頌》云：‘惡虫蔽狩。’‘蔽狩’與‘憋獸’同。……是凡言憋者，皆惡之義也。《周官·司弓失》：

---

① 郭沫若：《奴隸制時代》，北京：人民出版社，1954年，第50頁。

② 鄭《注》之“訖”，過去注家往往訓爲“止”。現從與楚簡這條材料的對應關係來看，則似當讀作“謁”。典籍中“乞”及從“乞”聲之字與從“曷”聲之字多可互通，詳參高亨《古字通假會典》（濟南：齊魯書社，1989年）第525—526頁，“乞字聲系”。《説文》：“請，謁也。”《爾雅·釋言》：“謁，請也。”《張家山漢簡·二年律令》：“吏、民有罪當笞，謁罰金一兩以當笞者，許之”（簡86）。“唯謁屬所二千石官者，乃勿令坐”（簡106）。“子謁歸户，許之”（簡344）。均其例。《唐律疏議》：“若官爵五品以上，犯死罪者，上請。”長孫無忌等《注》：“請，謂條其所犯及應請之狀，正其刑名，別奏請。”上“謁”與“請”之用例概即此義。

‘句者謂之槃弓。’鄭《注》云：‘槃，猶惡也。’徐邈音‘扶滅反’。槃與憋聲義亦同，故《大司寇》‘以邦成槃之’，故書槃爲憋矣。”《方言》卷一〇：“憋，惡也。”錢繹《箋疏》：“《廣雅·釋詁三》：‘憋，惡也。’‘憋’與‘弊’通。……又通作‘敝’。”

> 《周禮·地官·司救》：“司救掌萬民之衺惡過失而誅讓之，以禮防禁而救之。凡民之有衺惡者，三讓三罰，三罰而士加明刑，恥諸嘉石，役諸司空。其有過失者，三讓而罰，三罰而歸于圜土。”鄭玄《注》：“邪惡，謂侮慢長老、語言無忌而未麗於罪者。過失，亦由邪惡酗醬好訟，若抽拔兵器，誤以行傷害人麗於罪者。誅，誅責也。古者重刑，且責怒之，未即罪也。”賈公彦《疏》：“衺惡謂坐嘉石之罷民，不入圜土者。過失謂不坐嘉石，入圜土者也。……云‘救之’者，皆使困苦而令改惡從善，是救之也。”

可見，所謂“罷民”也就是“衺惡”之民。若此，則簡文“凡民俾（罷）敝（憋）者”也可以理解爲民之罷惡者，亦當是指“罷民”。

簡文中針對“凡民罷敝者”的教化，除了“思役百官而月青（請）之”已在前引鄭《注》中找到對應關係之外，還提到“教而誨之，飲而飤（食）之”。關於“教而誨之”，亦可與前引《周禮·秋官·大司寇》“以圜土聚教罷民”和《周禮·秋官·司圜》“司圜掌收教罷民”等文句相對應。至於“飲而飤（食）之”，則不爲《周禮》及鄭《注》賈《疏》中所載，因此需要稍作解釋。上引《周禮》及鄭《注》賈《疏》中針對“罷民”的教化屢見“役諸司空”“役之司空”語。而在《睡虎地秦簡·秦律十八種·司空》中有這樣一段話：

> 有罪以貲贖及有責（債）於公，以其令日問之。其弗能入及賞（償），以令日居之，日居八錢。公食者，日居六錢。居官府公食者，男子參，女子駟（四）。……凡不能自衣者，公衣之，令居其衣如律然。其日未備而被入錢者，許之。以日當刑而不能自衣食者，亦衣食而令

居之。[1]

此雖爲秦律，但對於“役諸司空”之“不能自衣食者”，尚能“亦衣食而令居之”，故簡文中對於“役諸司空”之“凡民罷敝者”，在“教而誨之”之後出現“飲而飤（食）之”也是不足爲怪的。

① 睡虎地秦墓竹簡整理小組：《睡虎地秦墓竹簡》，北京：文物出版社，1990年，第51頁。

《曹沫之陳》新編釋文及相關問題探討

《上海博物館藏戰國楚竹書（四）》[1]中《曹沫之陳》是“一部佚失已久的古兵書”[2]，内容十分重要，竹簡保存狀況也比較良好，字跡亦較爲清晰。但是，原書整理者在對竹簡進行拼合編連時存在不少問題，故不少學者提出新的看法。據統計，目前發表在簡帛研究網站上涉及此問題的研究論文有五篇：廖名春之《讀楚竹書〈曹沫之陳〉劄記》[3]、陳劍之《上博竹書〈曹沫之陳〉新編釋文（稿）》[4]、陳斯鵬之《上海博物館藏楚簡〈曹沫之陳〉釋文校理稿》[5]、李鋭之《〈曹沫之陳〉釋文新編》[6]以及拙作《上博簡〈曹沫之陳〉新編釋文》[7]。在拙作中，筆者曾指出上述前四篇當中，“從整體上來看，筆者認爲當以陳劍的編連較爲完善，脈絡較爲明晰，考釋也較爲詳盡。故筆者此次新編之釋文亦主要是在陳劍編連的基本框架内進行，同時亦引入了陳斯鵬和李鋭各一處拼合意見（陳斯鵬的意見是將簡 29 與簡 24 下拼合爲一支整簡，李鋭的意見是將 7 下、8 上這兩支半段簡從原 7、8 兩簡中分離出來）”。但由於當時時間有限，筆者未曾就調整的理由加以具體説明，現擬就此問題談一些自己的看法。不當之處，敬請方家指正。

一、《曹沫之陳》新編釋文

本次整理，筆者認爲應當重新調整的簡序共計五處：第一處是簡 22、簡 29 這兩支簡相連；第二處是簡 27、簡 23 上+簡 51 下、簡 50、簡 51 上+簡 31、

---

① 馬承源主編：《上海博物館藏戰國楚竹書（四）》，上海：上海古籍出版社，2004 年。

② 李零：《曹沫之陳釋文考釋》，馬承源主編：《上海博物館藏戰國楚竹書（四）》，上海：上海古籍出版社，2004 年，第 242 頁。

③ 廖名春：《讀楚竹書〈曹沫之陳〉劄記》，簡帛研究網，2005 年 2 月 12 日。

④ 陳劍：《上博竹書〈曹沫之陳〉新編釋文（稿）》，簡帛研究網，2005 年 2 月 12 日。

⑤ 陳斯鵬：《上海博物館藏楚簡〈曹沫之陣〉釋文校理稿》，簡帛研究網，2005 年 2 月 20 日。

⑥ 李鋭：《〈曹沫之陳〉釋文新編》，簡帛研究網，2005 年 2 月 25 日。

⑦ 白於藍：《上博簡〈曹沫之陳〉新編釋文》，簡帛研究網，2005 年 4 月 10 日。

簡 32 上+簡 30 這五支簡相連；第三處是簡 60、簡 48+簡 46 下這兩支簡相連；第四處是簡 28、簡 37 上+簡 49 這兩支簡相連；第五處是簡 65 上+簡 7 下、簡 8 上+簡 65 下這兩支簡相連。其中，簡 23 上+簡 51 下、簡 51 上+簡 31、簡 32 上+簡 30、簡 48+簡 46 下、簡 37 上+簡 49、簡 65 上+簡 7 下、簡 8 上+簡 65 下這 7 支簡均爲筆者新拼接的簡。

重新編排後，竹簡總數由原来的 65 枚拼合爲 60 枚，其中整簡或近似整簡者 50 枚，其餘 10 枚爲殘簡（簡 3、簡 16、簡 23 下、簡 24 上、簡 32 下、簡 37 下、簡 53 上、簡 58、簡 59、簡 63 下）。此 60 枚竹簡，除題目“曹沫之陳”（簡 2 背）外，筆者認爲當分作八個編聯組：

第一組：簡 1、簡 2、簡 3；

第二組：簡 41+簡 4、簡 5、簡 6、簡 7 上+簡 8 下、簡 9、簡 10、簡 11+簡 12、簡 13、簡 14、簡 17、簡 18、簡 19、簡 20、簡 21、簡 22、簡 29+簡 24 下、簡 25；

第三組：簡 23 下、簡 24 上；

第四組：簡 26+簡 62、簡 58；

第五組：簡 37 下、簡 38、簡 39、簡 40、簡 42、簡 43、簡 44、簡 45、簡 46 上+簡 47、簡 63 上+簡 27、簡 23 上+簡 51 下、簡 50、簡 51 上+簡 31、簡 32 上+簡 30、簡 52、簡 53 上；

第六組：簡 32 下、簡 61+簡 53 下、簡 54、簡 55、簡 56、簡 57+簡 15、簡 16；

第七組：簡 59、簡 60、簡 48+簡 46 下、簡 33、簡 34、簡 35、簡 36、簡 28、簡 37 上+簡 49；

第八組：簡 63 下、簡 64、簡 65 上+簡 7 下、簡 8 上+簡 65 下。

下面依照新的拼合與編連次序抄出釋文，凡外加條形框者爲筆者所發現的認爲應當連讀或拼合的簡。釋文中上下有空行者爲筆者認爲中間有缺簡者。新編釋文是在陳劍整理的基礎上作的，故依照陳劍的格式，儘量用通行字。釋讀方面，凡與陳劍意見相合者，不另作説明；凡不同者，在注釋或本文第二部分中加以説明。

曹沬之陳（簡 2 背）

魯莊公將爲大鐘，型既成矣。曹沬入見，曰："昔周室之封魯，東西七百，南北五百，非（簡 1）山非澤，亡有不民。今邦彌小而鐘愈大，君其圖之。昔堯之饗舜也，飯於土簋，欲〈啜〉於土鉶，（簡 2）而撫有天下。此不貧於美而富於德歟？昔周☐[①]（簡 3）

☐境必勝，可以有治邦，周等（典）是存。"莊公曰：（簡 41）"今天下之君子既可知已，孰能並兼人（簡 4）哉？"曹沬曰："君其毋員（昏）[②]。臣聞之曰：鄰邦之君明，則不可以不修政而善於民。不然，恐亡焉。（簡 5）鄰邦之君亡道，則亦不可以不修政而善於民。不然，亡以取之。"莊公曰："昔池胉語寡人曰：（簡 6）'君子得之失之，天命。'今異於尔言。"曹沬曰：（簡 7 上）亡以異於臣之言。君弗盡，臣聞之曰：君（簡 8 下）子以賢稱而失之，天命；以亡道稱而没身就死，亦天命。不然，君子以賢稱，曷又弗（簡 9）得？以亡道稱，曷又弗失？"莊公曰："晚哉，吾聞此言。"乃命毁鐘型而聽邦政。不晝（簡 10）寢，不飲酒，不聽樂，居不褻文，食不貳饍[③]，（簡 11）兼愛萬民，而亡有私也。還年而問於曹（簡 12）沬曰："吾欲與齊戰，問陳奚如？守邊城奚如？"曹沬答曰："臣聞之：有固謀而亡固城；（簡 13）有克政而亡克陳。三代之陳皆存，或以克，或以亡。且臣聞之：小邦處大邦之間，敵邦（簡 14）交地，不可以先作怨，疆地毋先而必取□焉，所以距邊；毋愛貨資子女，以事（簡 17）其便嬖，所以距内；城郭必修，繕甲利兵，必有戰心以守，所以爲長也。且臣之聞之：不和（簡 18）於邦，不可以出舍。不和於舍，不可以出陳。不和於陳，不可以戰。是故夫陳者，三教之（簡 19）末。君必不已，則繇其本乎？"莊公曰："爲和於邦如之

① "周"下之字，廖名春《讀楚竹書〈曹沬之陳〉劄記》（簡帛研究網，2005 年 2 月 12 日）補爲"室"，陳劍（《上博竹書〈曹沬之陳〉新編釋文（稿）》，簡帛研究網，2005 年 2 月 12 日）、李鋭（《〈曹沬之陳〉釋文新編》，簡帛研究網，2005 年 2 月 25 日）從之。但該字殘損十分嚴重，僅剩一撇，待考。

② "員"字，原書注釋讀作"愪"，訓爲"憂"，各家從之。按，訓爲"憂"與義不合，筆者認爲當讀作"昏"。上古音員爲匣母文部字，昏爲曉母文部字，兩字聲母同爲喉音，韻則疊韻。例可相通。《釋名·釋天》："昏，損也。陽精損減也。"即其例。

③ "饍"字，原篆作""。此字亦見於上博簡《容成氏》《周易》，張新俊《説饍》（簡帛研究網，2004 年 4 月 29 日）釋爲"饍"，可從。《容成氏》："食不重味，朝不車逆，舂不毇米，饍不折骨。"簡文"食不貳饍"疑有缺文。

何？”曹沫答曰：“毋獲民時，毋奪民利。（簡20）陳功而食，刑罰有罪而賞爵有德。凡畜群臣，貴賤同等，禄毋倍。《詩》於有之，曰：‘豈（簡21）弟君子，民之父母。’此所以爲和於邦。”莊公曰：“爲和於舍如何？”曹沫曰：“三軍出，君自率，（簡22）必約邦之貴人及邦之奇士御（？）卒，使兵毋復前（簡29）常。凡貴人使處前位一行，後則見亡。進（簡24下）必有二將軍，毋將軍必有數嬖大夫，毋俾嬖大夫，必有數大官之師、公孫公子。凡有司率長，☐（簡25）

☐期會之不難，所以爲和於舍。”莊公或問（簡23下）：“爲和於陳如何？”答曰：“車間容伍，伍間容兵，貴（簡24上）☐

☐伍之間必有公孫公子，是謂軍紀。五人以伍，一人（簡26）有多，四人皆賞，所以爲斷。毋上（尚）獲而上（尚）聞命，（簡62）所以爲毋退。率車以車，率徒以徒，所以同死。☐（簡58）

☐又戒言曰：牪爾正社，不牪而或興，或康以（簡37下）會。故帥不可使牪，牪則不行。戰有顯道，勿兵以克。”莊公曰：“勿兵以克奚如？”答曰：“人之兵（簡38）不砥礪，我兵必砥礪。人之甲不堅，我甲必堅。人使士，我使大夫。人使大夫，我使將軍。人（簡39）使將軍，我君身進。此戰之顯道。”莊公曰：“既成教矣，出師有機乎？”答曰：“有。臣聞之：三軍出，（簡40）其將卑，父兄不廌[①]，由邦御之，此出師之機。”莊公或問曰：“三軍散（？）果有機乎？”答曰：“有。臣聞（簡42）之：三軍未成陳，未舍，行阪濟障，此散（？）果之機。”莊公或問曰：“戰有機乎？”答曰：“有。其去之（簡43）不速，其就之不尃（迫）[②]，其啓節不疾，此戰之機。是故疑陳敗，疑戰死。”莊公或問曰：“既戰有機乎？”（簡44）答曰：“有。其賞淺且不中，其誅厚且不察，死者弗收，傷者弗問，既戰而有怠心，此既戰之機。”莊（簡

---

① “廌”字，原書注釋讀爲“薦”，李銳從之（《〈曹沫之陳〉釋文新編》，簡帛研究網，2005年2月25日）。陳劍（《上博竹書〈曹沫之陳〉新編釋文（稿）》，簡帛研究網，2005年2月12日）、陳斯鵬（《上海博物館藏楚簡〈曹沫之陣〉釋文校理稿》，簡帛研究網，2005年2月20日）讀爲“存”。待考。

② “尃”字，原書注釋讀爲“附”，陳劍讀爲“傅”（《上博竹書〈曹沫之陳〉新編釋文（稿）》，簡帛研究網，2005年2月12日）。此從陳斯鵬（《上海博物館藏楚簡〈曹沫之陣〉釋文校理稿》，簡帛研究網，2005年2月20日）讀。從白聲之字可與從尃聲之字相通，本篇簡54“重賞薄刑”之“薄”作“泊”，即其例。《廣雅·釋詁一》：“迫，急也。”簡文“其去之不速，其就之不尃（迫），其啓節不疾”之“速”“迫”“疾”都是快速之義。

45）公或問曰：“復敗戰有道乎？”答曰：“有。三軍大敗，（簡 46 上）［死］者收之，傷者問之，善於死者爲生者。君（簡 47）乃自過以悦於萬民，弗�危地，毋火食□。（簡 63 上）［毋］誅而賞，毋辠百姓而改其將。君如親率，（簡 27）必聚群有司而告之：‘二三子勉之，過不在子在（簡 23 上）寡人，吾戰敵不順於天命，反師。將復戰，（簡 51 下）則禄爵有常[①]，幾莫之當。’”莊公或問曰：“復盤戰有道乎？”答曰：“有。既戰復舍，號令於軍中（簡 50）曰：‘繕甲利兵，明日將戰。’則斯（訾）宅（度）傷亡，盤（擊）就（蒐）行（簡 51 上）失車甲，命之毋行。明日將戰，使爲前行。諜人（簡 31）來告曰：‘其將帥盡傷，車輦皆載，曰將早行。’乃（簡 32 上）□□蓐食[②]，使爲前行。三行之後，苟見短兵，攴[③]（簡 30）毋怠，毋使民疑。及爾龜策，皆曰勝之。改[illegible][④]爾鼓，乃失其服，明日復陳，必過其所。此復（簡 52）盤戰之道。”莊公或問曰：“復甘戰有道乎？”答曰：“有。必▨（簡 53 上）

▨白徒：‘早食輂兵，各載爾藏，既戰將量。’爲之（簡 32 下）賞獲□葸，以勸其志。勇者喜之，巟者誨之，萬民？（簡 61）黔首皆欲或之。此復甘戰之道。”莊公或問（簡 53 下）曰：“復故戰有道乎？”答曰：“有。收而聚之，束而厚之。重賞薄刑，使忘其死而見其生，使良（簡 54）車良士往取之餌，使其志起。勇者使喜，葸者使悔，然後改始。此復故戰之道。”莊公或問曰：（簡 55）“善攻者奚如？”答曰：“民有保，曰城，曰固，曰阻。三者盡用不皆（棄），邦家以宏。善攻者必以其（簡 56）所有，以攻人之所亡有。”莊公曰：“善守者奚

① 本文初稿中將“反師將復戰則禄爵有常”這段話標點爲“反師將復，戰則禄爵有常”，初稿完成後，曾請李家浩、張桂光二位先生審閲，二位先生指出似應標點爲“反師。將復戰，則禄爵有常”，李家浩同時指出這段話可與筆者下文所引《司馬法·嚴位》“若將復戰，則重賞罰”相參。今從之。

② “蓐”字前尚殘存半個字，作“[illegible]”。原書注釋認爲有可能是“立”，各家從之，但均讀作“位”。待考。

③ “攴”字，原書注釋懷疑是“枚”，陳劍讀爲“審？”（《上博竹書〈曹沫之陳〉新編釋文（稿）》，簡帛研究網，2005 年 2 月 12 日），李鋭讀爲“什？”（《〈曹沫之陳〉釋文新編》，簡帛研究網，2005 年 2 月 25 日），蘇建洲《〈上博（四）曹沫之陳〉補釋一則（二）》（簡帛研究網，2005 年 2 月 25 日）讀作“協”，孟蓬生《上博竹書（四）閒詁（續）》（簡帛研究網，2005 年 3 月 6 日）讀爲“慎”。待考。

④ 此字原書注釋未釋。禤健聰《上博楚簡釋字三則》（簡帛研究網，2005 年 4 月 15 日）認爲此字上部所從與郭店簡《成之聞之》簡 22“唯[illegible]不單稱德”之“[illegible]”爲一字，可看作是“旒”或“旄”等的象形古體，讀作“冒”。其他各家都疑爲“作”字。待考。

如？”答曰：（簡 57）“其食足以食之，其兵足以利之，其城固（簡 15）足以捍之。上下和且輯，因紀於大國，大國親之，而下▨（簡 16）

▨其志者寡矣。”莊公或問曰：“吾有所聞之：一（簡 59）出言三軍皆勸，一出言三軍皆往，有之乎？”答曰：“有。明慎以戒，如將弗克，毋冒以陷，必過前攻。（簡 60）不可不慎。不卒[①]則不恒，不和則不輯，不謙畏（簡 48）［則］不勝。卒欲少以多。少則易[illegible][②]，[illegible][③]成則易（簡 46 下）治，果勝矣。親率勝。使人不親則不敦，不和則不輯，不義則不服。”莊公曰：“爲親如（簡 33）何？”答曰：“君毋憚自勞，以觀上下之情僞；匹夫寡婦之獄訟，君必身聽之。又知不足，亡所（簡 34）不中。則民親之。”莊公或問：“爲和如何？”答曰：“毋嬖於便嬖，毋長於父兄，賞均聽中，則民（簡 35）和之。”莊公或問：“爲義如何？”答曰：“陳功尚賢。能治百人，使長百人；能治三軍，使帥。授（簡 36）有智，舍有能，則民義之。且臣聞之：卒有長，三軍有帥，邦有君，此三者所以戰。是故長（簡 28）民者毋▨爵，毋御（？）軍，毋辟罪。用都教於邦（簡 37 上）□於民。”莊公曰：“此三者足以戰乎？”答曰：“戒。勝▨（簡 49）

▨鯱。鬼神勑武，非所以教民，唯君其知之。此（簡 63 下）先王之至道。”莊公曰：“沫，吾言是否，而毋惑諸小道歟？吾一欲聞三代之所。”曹沫答曰：“臣聞之：昔之明王之起（簡 64）於天下者，各以其世，以及其身。今與古亦間，（簡 65 上）不同矣。臣是故不敢以古答。然而古亦（簡 7 下）有大道焉，必恭儉以得之，而驕泰以失之。君其

---

① “卒”字，原書注釋認爲“或可讀爲‘依’”，是以“卒”爲“衣”之訛。陳劍從之（《上博竹書〈曹沫之陳〉新編釋文（稿）》，簡帛研究網，2005 年 2 月 12 日）。李鋭認爲“衣”與“愛”古通，故讀作“愛”（《〈曹沫之陳〉釋文新編》，簡帛研究網，2005 年 2 月 25 日）。待考。

② 此字原書未釋，隸作“[illegible]”。陳劍認爲“此字左從‘車’，右從楚簡用爲‘察’‘淺’‘竊’等字之聲符。讀爲何字待考”（《上博竹書〈曹沫之陳〉新編釋文（稿）》，簡帛研究網，2005 年 2 月 12 日）。李鋭直接讀作“察”（《〈曹沫之陳〉釋文新編》，簡帛研究網，2005 年 2 月 25 日）。蘇建洲《〈上博（四）·曹沫之陳〉三則補議》（簡帛研究網，2005 年 3 月 10 日）讀作“潛”。待考。

③ 此字原書釋爲“圪”。陳劍（《上博竹書〈曹沫之陳〉新編釋文（稿）》，簡帛研究網，2005 年 2 月 12 日）、蘇建洲（《〈上博（四）·曹沫之陳〉三則補議》，簡帛研究網，2005 年 3 月 10 日）從之，但讀法不同，陳劍讀作“壘？”，蘇建洲讀作“既”；陳斯鵬隸作“垍”，讀作“管”（《上海博物館藏楚簡〈曹沫之陳〉釋文校理稿》，簡帛研究網，2005 年 2 月 20 日），李鋭從陳斯鵬隸定，疑讀爲“臼”（《〈曹沫之陳〉釋文新編》，簡帛研究網，2005 年 2 月 25 日。待考。

（簡 8 上）亦唯聞夫禹、湯、桀、紂矣。（簡 65 下）

二、《曹沫之陳》簡序調整的説明

首先需要説明的是，本篇中標準的“完簡”（即中間未經折斷，上、下端完整者），共計 18 枚：簡 5、簡 9、簡 10、簡 13、簡 14、簡 18、簡 19、簡 20、簡 21、簡 22、簡 33、簡 35、簡 36、簡 38、簡 39、簡 40、簡 50、簡 54[①]。據原書注釋，在這 18 枚簡當中，除簡 5、簡 22、簡 50 這三支簡之外，其他各簡的長度都是 47.5 釐米。可見，47.5 釐米應當可以看作是本篇竹簡長度的一個重要標尺。

上文指出，筆者認爲應當重新調整的簡序共計五處，現就調整理由逐處説明如下。

第一處：簡 22、簡 29 這兩支簡相連。

原書釋文中簡 22 是與簡 23 相連，上引各家對這一編序均未提出異議。這其實是有問題的。爲説明這一點，先將原釋文 22、23 兩簡有關文字引録於下：

> 俤（弟）君子，民之父母。’此所㠯爲和於邦。”臧（莊）公曰：“爲和於豫女（如）可（何）？”莔（曹）蔑（沫）曰：“三軍出，君自銜（率），（簡 22）必聚群又（有）司而告之：‘二厽（參）子孛（勉）之，怂（過）不才（在）子才（在）□。’亓（期）會之不難，所㠯爲和於豫。”牆（莊）公或（又）䎽（問）：（簡 23）

首先，原書中對簡 23 的拼接本身就有問題。據原書介紹，簡 23“由兩段綴合成完簡，中略殘，上、下端亦殘”。按，據原書圖版，簡 23 的確是由上下兩支斷簡綴合而成，斷開位置位於“過不在子在”之“在”字之下，但此兩支斷簡其實並不應該拼接在一起，筆者認爲簡 23 上當與簡 51 下綴合。拼合後的釋文可釋寫作（釋文用通行字）：

---

① 陳劍認爲“完簡”有 19 枚（《上博竹書〈曹沫之陳〉新編釋文（稿）》，簡帛研究網，2005 年 2 月 12 日）。這是因爲他將並非“完簡”的簡 52、簡 65 也包括了進來，同時遺漏了簡 36。

必聚群有司而告之：‘二三子勉之，過不在子在（簡 23 上）寡人[①]，吾戰敵不順於天命，反師將復。戰（簡 51 下）

這樣拼接的好處有兩個方面：第一，從拼接長度上看，據黑白圖版，簡 23 上現存長度爲 23.2 釐米，簡首編繩前殘去，參照其他簡簡首編繩前的長度一般是在 1.3 釐米左右，兩者相加約 24.5 釐米；簡 51 下長 23.4 釐米，簡首“寡”字上半殘損，殘去約 0.2 釐米。兩者相加約 23.6 釐米。故該簡總長度大概在 48.1 釐米左右，這個數據與“完簡”之標準長度 47.5 釐米相距不遠。第二，從文義上來看，“二三子勉之，過不在子在寡人”顯然文從字順。

其次，簡 23 上與簡 51 下重新拼接後，據其文義，顯然已經不適合置於簡 22 之後，筆者認爲當置於簡 27 之後（詳見下文）。與此同時，陳劍文中原置於簡 27 之後的簡 29 正當編於簡 22 之後。拼接後的相關釋文可釋寫作（釋文用通行字）：

弟君子，民之父母。’此所以爲和於邦。”莊公曰：“爲和於舍如何？”曹沫曰：“三軍出，君自率，（簡 22）必約邦之貴人及邦之奇士御（？）卒，使兵毋復前（簡 29）常。凡貴人使處前位一行，後則見亡。進（簡 24 下）

從文義上看，簡文“三軍出，君自率，必約邦之貴人及邦之奇士御（？）卒”亦十分通暢，而且“約邦之貴人及邦之奇士”正可體現“爲和於舍”之“和”這一特質。

至於簡 29，陳斯鵬主張與簡 24 下拼接爲一支整簡，筆者認爲是合適的。第一，從長度上看，據黑白圖版，簡 24 下長 22.3 釐米，簡 29 長 25.1 釐米，兩者相加爲 47.4 釐米，這一數據與“完簡”之 47.5 釐米基本吻合。第二，簡 29 下端與簡 24 上端茬口完全密合。第三，簡 29 下端之殘字與簡 24 上端之殘字正好組合成一“前”字。所以，儘管目前“使兵毋復前常”這句話還未見有好的解釋，但拼接本身應該不會有太大問題。

① 簡 51 下簡首殘字作“”，原釋文未釋，以“□”號代之。其他各家或釋爲“乎”，或釋爲“虎”，均讀爲“呼”。按，從殘畫上看，該字當釋爲“寡”。本篇中“寡”另見三例，其中簡 6 之字最清楚，也未殘損，作“”，其下部所從可資比較。

第二處：簡 27、簡 23 上+簡 51 下、簡 50、簡 51 上+簡 31、簡 32 上+簡 30 這五支簡相連。拼接後的相關釋文可釋寫作（釋文用通行字）：

> 公又問曰："復敗戰有道乎？"答曰："有。三軍大敗，（簡 46 上）［死］者收之，傷者問之，善於死者爲生者。君（簡 47）乃自過以悦於萬民，弗琫危地，毋火食□。（簡 63 上）［毋］誅而賞，毋辠百姓而改其將。君如親率，（簡 27）必聚群有司而告之：'二三子勉之，過不在子在（簡 23 上）寡人，吾戰敵不順於天命，反師。將復戰，（簡 51 下）則禄爵有常，幾莫之當。'"莊公又問曰："復盤戰有道乎？"答曰："有。既戰復舍，號令於軍中（簡 50）曰：'繕甲利兵，明日將戰。'則斯（訾）宅（度）傷亡，盤（擊）就（蒐）行（簡 51 上）失車甲，命之毋行。明日將戰，使爲前行。諜人（簡 31）來告曰：'其將帥盡傷，車輦皆載，曰將早行。'乃（簡 32 上）□□蓐食，使爲前行。三行之後，苟見短兵，攴（簡 30）

在這里有三方面的問題需要説明。

第一，關於簡 46 上、簡 47、簡 63 上、簡 27 這四支簡的編連，陳劍文中已作了很好的解釋。至於簡 23 上與簡 51 下這兩支半簡當拼接爲一支整簡的問題，前文亦已交代。這兩點都無須贅説。需要説明的是將簡 23 上+簡 51 下這支整簡聯綴於簡 27 之後，從整體文義上看，前云"三軍大敗"之後"君乃自過以悦於萬民"，後云："君如親率，必聚群有司而告之：'二三子勉之，過不在子在寡人"前後均是圍繞君"自過"這一主題，語義十分通暢，顯然很合適。《司馬法·嚴位》："凡戰：勝則與衆分善；若將復戰，則重賞罰；若使不勝，取過在己。"《司馬法·天子之義》："大敗不誅，上下皆以不善在己。上苟以不善在己，必悔其過；下苟以不善在己，必遠其罪。上下分惡若此，讓之至也。"可參。

第二，筆者認爲簡 51 上與簡 31 當拼合爲一支整簡。

從拼接長度上看，據原書介紹，簡 51"由兩段綴合成完簡，中略殘，上、下端完整"。這段介紹有兩方面的問題。首先，簡 51 上下兩段的拼合就有問題，前文筆者已將簡 51 下與簡 23 上拼合爲一支整簡。其次，據筆者觀察，簡 51 上端其實是殘損了的，其簡首頂端不齊，留有明顯的茬口痕跡。再從其上端編繩位置來看，簡 51 上端編繩位置顯然要較其他各簡的上端編繩位置更靠上一些，其他各簡上端編繩距離頂端約 1.3 釐米左右，而簡 51 上上端編繩痕跡距離頂端僅有 0.9 釐米，亦説明其上端並不完整，至少殘損了大約 0.4 釐米。據黑白圖版，簡 51 上現長 24.8 釐米；據原書介紹，簡 31 長 22.5 釐米。故拼合後該簡的實際長度約爲 0.4+24.8+22.5＝47.7 釐米。這一數據與“完簡”之標準長度 47.5 釐米很接近。

從文義上看。《左傳・成公十六年》：“旦而戰。見星未已。子反命軍吏察夷傷，補卒乘，繕甲兵，展車馬，雞鳴而食，唯命是聽。晉人患之。苗賁皇徇曰：‘蒐乘、補卒、秣馬、利兵、脩陳、固列，蓐食、申禱，明日復戰！’乃逸楚囚。”這段話講的是晉楚鄢陵之戰時的情景，所描述的場景與簡文有相似之處，“繕甲兵”即簡文之“繕甲利兵”，“明日復戰”即簡文之“明日將戰”。筆者認爲《左傳》文中“察夷傷，補卒乘”以及“蒐乘、補卒”亦與簡文之“斯宅傷亡，盤就行失車甲”有關。據此，筆者認爲“斯宅傷亡，盤就行失車甲”當讀作“訾度傷亡，擊蒐行失車甲”。

先説“斯（訾）宅（度）傷亡”。典籍中斯可與此、訾二字相通，宅則可與度字相通[①]。而訾、度、察三字义近。《廣雅・釋詁一》：“量、泚、揆，度也。”王念孫《疏證》：“泚之言訾也。《列子・説符篇》釋文引賈逵《國語》注云：‘訾，量也。’”《禮記・少儀》：“毋訾衣服成器。”朱彬《訓纂》引江永曰：“訾，亦度也。”《楚辭・離騷》：“荃不揆余之中情兮。”朱熹《集注》：“揆，一作察。”《国语・晉语二》：“谋度而行。”韦昭《注》：“度，揆也。”可见，“訾度傷亡”亦即“察夷傷”，指揆度傷亡情况。

再説“盤（擊）就（蒐）行失車甲”。盤、擊俱从般声，则盤自可讀作擊，《集韻・戈韻》：“擊，斂聚也。”上古音就爲從母幽部字，蒐爲山母幽部字，古音十分接近，例可相通。上引《左傳》之“蒐乘、補卒”之“蒐”，楊伯峻《春秋左傳注》：“蒐，檢閱。劉文淇《疏證》引《爾雅・釋詁》云‘聚也’，亦通。”[②]按，據簡文，劉文淇的看法很可能是正確的。“擊蒐行

① 高亨：《古字通假會典》，濟南：齊魯書社，1989 年，第 476 頁，“斯字聲系”；第 895 頁，“度字聲系”。

② 楊伯峻：《春秋左傳注》，北京：中華書局，1981 年，第 889 頁。

失車甲”當指斂聚作戰過程中走失的車甲，亦大體相當於《左傳》之“蒐乘、補卒”。

第三，筆者認爲簡 32 上與簡 30 當拼合爲一支整簡。

從長度上看，據黑白圖版，簡 32 上現存長度爲 22.6 釐米，簡首編繩前殘去，參照其他簡簡首編繩前的長度一般是在 1.3 釐米左右，兩者相加約 23.9 釐米。據原書介紹，簡 30 長 22.2 釐米。23.9+22.2＝46.1 釐米。這一數據與“完簡”之標準長度 47.5 釐米尚差 1.4 釐米的距離。前文注釋已指出，簡 30 簡首“蓐”字前尚殘存半個字，作“□”。筆者認爲，此“□”字前還殘去一字，如將此殘字、“□”字上部以及此殘字與“□”字間的空白考慮進來，則正大體相當 1.4 釐米。從文義上看，簡 32 上+簡 30 所記内容與相鄰各簡所記内容亦銜接緊密，不存在大的障礙。

第三處：簡 60、簡 48+簡 46 下這兩支簡相連。拼接後的相關釋文可釋寫作（釋文用通行字）：

> ☐其志者寡矣。”莊公又問曰：“吾有所聞之：一（簡 59）出言三軍皆勸，一出言三軍皆往，有之乎？”答曰：“有。明慎以戒，如將弗克，毋冒以陷，必過前攻。（簡 60）不可不慎。不卒則不恒，不和則不輯，不謙畏（簡 48）［則］不勝。卒欲少以多。少則易□，□成則易（簡 46 下）

首先，筆者認爲簡 48 與簡 46 下當綴合爲一支整簡。從長度上看，據原書介紹，簡 48“長 24 釐米，下半殘缺，上端完整”；據黑白圖版，簡 46 下長 22.6 釐米。兩者相加爲 46.6 釐米。這一數據與“完簡”之標準長度 47.5 釐米尚差 0.9 釐米的距離，但這一距離正可在簡 46 下簡首“不勝”二字前補足一“則”字。從語句上看，“不卒則不恒，不和則不輯，不謙畏則不勝”亦句式整齊，十分連貫。從文義上看，《説苑・敬慎》：“吾聞之曰：德行廣大而守以恭者榮，土地博裕而守以儉者安，禄位尊盛而守以卑者貴，人衆兵强而守以畏者勝，聰明睿智而守以愚者益，博聞多記而守以淺者廣；此六守者，皆謙德也。”内中“人衆兵强而守以畏者勝”正可爲簡文“不謙畏則不勝”作一很好的注脚。

其次，筆者認爲簡 48 應當緊接簡 60 之下。簡 48 之“不可不慎。不卒則不恒，不和則不輯，不兼畏則不勝”正是針對其前簡 60“明慎以戒，如將弗克，毋冒以陷，必過前攻”這句話的進一步强化説明。

第四處：簡 28、簡 37 上+簡 49 這兩支簡相連。拼接後的相關釋文可釋寫作（釋文用通行字）：

> 又（有）智，舍又（有）能，則民宜（義）之。且臣聞之：卒有長，三軍有帥，邦有君，此三者所以戰。是故長（簡 28）民者毋図爵，毋御（？）軍，毋辟罪。用都教於邦（簡 37 上）□於民。”莊公曰：“此三者足以戰乎？”答曰：“戒。勝☐（簡 49）

首先，筆者認爲簡 37 上當與簡 49 拼合爲一支整簡。從長度上看，據黑白圖版，簡 37 上長 24.1 釐米；據原書介紹，簡 49 長 21.8 釐米。兩者相加爲 45.9 釐米。這一數據與“完簡”之標準長度之 47.5 釐米尚差 1.6 釐米，故筆者認爲簡 49 簡首當殘去了一字，再留出此殘字與其下“於”字間的空白，正大體相當於 1.6 釐米。文獻中見有“……於邦……於民”這種句式，《睡虎地秦簡・語書》：“古者，民各有鄉俗，其所利及好惡不同，或不便於民，害於邦。……而長邪避（僻）淫失（泆）之民，甚害於邦，不便於民。”可參。此外，《晏子春秋・内篇諫》：“吾君欲以樹木之故，殺妾父，孤妾身，此令行於民而法於國矣。”亦可參。

其次，筆者認爲簡 28 當與簡 37 上相接。從文義上看，“長民者”乃典籍習語，而且“毋図爵，毋御（？）軍，毋辟罪”顯然就是“長民者”才能做的事情。另外，簡 49“莊公曰：‘此三者足以戰乎？’亦顯然是針對簡 28 曹劌所云“此三者所以戰”的進一步詢問。

第五處：簡 65 上+簡 7 下、簡 8 上+簡 65 下這兩支簡相連。

關於第 7、8 兩簡，均是由上下兩段簡綴合而成，據原書介紹，第 7 簡拼合後的長度爲 46.3 釐米，第 8 簡拼合後的長度爲 47.5 釐米，原書整理者認爲綴合後都是“完簡”。這其實是有問題的。爲説明這一點，先將原釋文 7、8 兩簡有關文字引録於下：

> ‘君子𢔶（得）之遊（失）之，天命。’今異於而（尔）言。”散（曹）穢（沫）曰：“[□]不同矣。臣是古（故）不敢𠳵古（故）㑒（答），

> 肰（然）而古亦（簡7）又（有）大道焉。必共（恭）畬（儉）吕旱（得）之，而喬（驕）大（泰）吕遊（失）之。君言亡以異於臣之言。君弗𦘒（盡），臣䎽（聞）之曰：君（簡8）

其中第7簡的殘斷處位於"曹沫曰"之"曰"字之下；第8簡的殘斷處位於"君言亡以異於臣之言"之"言""亡"二字之間，且所謂"言"字實僅殘剩上部一橫畫，"亡"字亦上部殘損。

本文開頭已經講到，李鋭主張將簡7下、簡8上這兩支半段簡從原7、8兩簡中分離出來，這是十分正確的。

首先，筆者認爲原書中對第8簡的長度測量數據很值得懷疑。在小圖版中第8簡明顯要比其他的"完簡"長出不少，這一點陳劍也注意到了，在其文章的注［四三］指出第8簡"從小圖版可以看出，如將相接處的兩殘字補足，並留出兩殘字之間的空白，則整簡也將較相鄰諸簡長出不少"①。可見，如果小圖版是依照原簡實物按同一比例統一縮小的話，則第8簡之47.5釐米這一測量數據就必然有問題。更何況"如將相接處的兩殘字補足，並留出兩殘字之間的空白"之後，第8簡的實際長度實在是太長了。

其次，從文義上來看，筆者認爲簡7下、簡8上之"臣是故不敢以古答，然而古亦有大道焉。必恭儉以得之，而驕泰以失之"這句話關鍵在於一"古"字。如依原書之拼接，這句話就成爲曹沫針對魯莊公"今異於而言"的解釋，但問題在於魯莊公根本就未問及"古"，曹沫的回答顯得答非所問，可見文義上並不契合。

李鋭將簡7下、簡8上這兩支半段簡從原7、8兩簡中抽出，則簡7上、簡8下就可直接拼接爲一支整簡，釋文就可釋寫作（釋文用通行字）：

> 君子得之失之，天命。'今異於而言。"曹沫曰（簡7上）："亡以異於臣之言。君弗盡，臣聞之曰：君（簡8下）

這樣拼接的好處有兩個方面：從長度上看，據黑白照片，簡7上長24.25釐米，簡8下長23.05釐米，兩者相加爲47.3釐米，如再將簡8下簡首"亡"字補足，則長度與"完簡"之47.5釐米應當吻合。從文義上來看，毫無疑問

① 陳劍：《上博竹書〈曹沫之陳〉新編釋文（稿）》，簡帛研究網，2005年2月12日。

曹沫之“亡以異於臣之言”就正是針對魯莊公之“今異於而言”的最直接的回答，可見李鋭的這一看法是正確的。

但是，李鋭却將分離出來的簡 7 下、簡 8 上這兩支半段簡置於簡 3 和簡 41 之間，並認爲簡 7 下、簡 8 上之“然而古亦有大道焉，必恭儉以得之，而驕泰以失之”這句話“用來批評‘鍾大國小’，頗爲恰當”[①]。這其實是不妥當的。

筆者認爲，抽出來的簡 7 下、簡 8 上這兩支半段簡當置於簡 65 中間。關於簡 65，據原書整理者介紹，亦是“完簡”。就筆者觀察，這一認識其實是錯誤的。爲説明這一點，先將原釋文中簡 63—65 相關文字引録於下：

> ☐餚。䰟（鬼）神敭武，非所㠯善（教）民，唯君亓（其）智（知）之。此（簡 63 下）先王之至道。”臧（莊）公曰：“穫（沫），虐（吾）言氏（是）不（否），而毋或（惑）者（諸）少（小）道與（歟）？虐（吾）一谷（欲）䎽（聞）三弋（代）斎＝（之所）。”菽（曹）穫（沫）倉（答）曰：“臣䎽（聞）之：昔之明王之迟（起）（簡 64）於天下者，各㠯亓殜（世），㠯及亓身。今與古亦肰（然），亦隹（唯）䎽（聞）大重（禹）、康（湯）、傑（桀）、受（紂）矣。（簡 65）

首先，據原書圖版，可以很清楚看出簡 65 和其他很多簡一樣，也是中間斷爲兩截，上半截和下半截在拼接處的寬窄明顯不同。其次，上下兩截斷開位置正好就處於原釋文“今與古亦肰（然）”之“肰（然）”字上，而該字其實根本就不成字。關於此“肰（然）”字，陳劍指出“此字正當竹簡折斷處，筆畫有殘損。原釋爲‘肰（然）’，從所存上半筆畫看恐不可信”[②]。陳斯鵬認爲是“巽”字[③]，李鋭從之，云：“‘巽’從陳斯鵬隸定，疑讀爲‘均’，二字古通，参张儒、刘毓庆：《汉字通用声素研究》，838 页。”[④]按，該字釋“肰（然）”或“巽”均不可信，究其原因就是因爲竹簡拼接錯誤所致。

---

① 李鋭：《〈曹沫之陳〉釋文新編》，簡帛研究網，2005 年 2 月 25 日。

② 陳劍：《上博竹書〈曹沫之陳〉新編釋文（稿）》，簡帛研究網，2005 年 2 月 12 日。

③ 陳斯鵬：《上海博物館藏楚簡〈曹沫之陣〉釋文校理稿》，簡帛研究網，2005 年 2 月 20 日。

④ 李鋭：《〈曹沫之陳〉釋文新編》，簡帛研究網，2005 年 2 月 25 日。

現將簡 65 上半段與簡 7 下拼接爲一支整簡，簡 8 上與簡 65 下拼接爲一支整簡。釋文就可釋寫作（釋文用通行字）：

> ☐餘。鬼神𩔙武，非所以教民，唯君其知之。此（簡 63 下）先王之至道。”莊公曰：“沫，吾言是否，而毋惑諸小道歟？吾一欲聞三代之所。”曹沫答曰：“臣聞之：昔之明王之起（簡 64）於天下者，各以其世，以及其身。今與古亦間，（簡 65 上）不同矣。臣是故不敢以古答。然而古亦（簡 7 下）有大道焉，必恭儉以得之，而驕泰以失之。君其（簡 8 上）亦唯聞夫禹、湯、桀、紂矣。（簡 65 下）

這樣拼接的好處有三個方面。從拼接長度上來看，據黑白圖版，簡 65 上長 25 釐米，簡 7 下長 22.6 釐米，兩者相加爲 47.6 釐米。簡 8 上長 25.05 釐米，簡 65 下長 22.65 釐米，兩者相加爲 47.7 釐米。這兩個數據與“完簡”之標準長度 47.5 釐米基本吻合。從釋字上來看，原來所釋之“肰（然）”或“巺”其實是兩個字。其上半部分位於簡 65 上末端，字形有所殘損，作“”，字形與郭店楚簡《老子》甲簡 23“天地之間”之“間”作“”者十分吻合，故可釋爲“間”。典籍中“間”可訓爲遠、隔、別等。《淮南子・俶真》：“則醜美有間矣。”高誘《注》：“間，遠也。”《漢書・西域傳下》：“車師去渠犁千餘里，間以河山。”顔師古《注》：“間，隔也。”《禮記・内則》：“夫婦之禮，唯及七十，同藏無間。”孔穎達《疏》：“間，别也。”“間”字的這些訓釋置於簡文中均可通[①]。其下半部分位於簡 65 下簡首，僅存一撇一捺，正可與簡 8 上“君”下一字所從之一横畫組合爲“亓（其）”字。從文義上來看，重新拼接後，整段話語義連貫，十分順暢。可見簡 7 下、簡 8 上必當置於此處。

① 本文前面釋文部分初稿完成後，曾寄給陳劍審閱，陳劍指出該字從殘畫看，亦可能是“多”字，“今與古亦多不同矣”即“今與古亦多有不同矣”的意思。全文初稿完成後，又請李家浩審閱，李先生指出“今與古亦间不同矣”即“今與古亦间或不同矣”的意思。

三、《曹沫之陳》竹簡長度數據中存在的問題

衆所周知，竹簡長度是竹簡拼接編連工作中的一個必須要考慮的重要因素。在《上海博物館藏戰國楚竹書（一）》的“凡例”第八則中曾明確講到“爲了方便讀者，每簡注釋前附有黑白原大竹簡”[①]。與此同時，上博簡各篇的注釋中亦首先對每支簡的長度、完殘程度作了較爲詳細的説明，便於讀者對照旁邊的黑白原大照片進行研究。縱觀上博簡的其他篇章，可以説基本上都做到了這一點，這對於廣大從事楚簡研究工作的學者來説，無疑是提供了很大的便利，尤其是對竹簡的重新編連整理提供了重要條件。但筆者在研讀《曹沫之陳》時發現，不知何故，該篇在注釋中所公佈出來的竹簡長度數據與旁邊“黑白原大竹簡”的實際尺寸往往不統一，有些甚至出入很大。爲説明問題，現將原注釋中的竹簡長度數據與筆者據“黑白原大竹簡”的實際測量數據比較如表 1 所示。

表 1　上博簡《曹劌之陳》竹簡長度數據比較

單位：釐米

簡序	原注釋中之長度數據（單位：釐米）	原注釋中有關竹簡保存狀況的説明	黑白原大照片實際測量數據		
			上段	下段	總長
1	47.10	由兩段綴合成完簡，上、下端完整	24.30	23.00	47.30
2	46.60	由兩段綴合成完簡，上、下端完整	24.10	22.75	46.85
3	24.10	下半殘缺，上端完整	—	—	24.35
4	22.00	上半殘缺，下端完整	—	—	22.30
5	47.40	完簡，上、下端完整	—	—	47.20
6	46.80	由兩段綴合成完簡，上、下端完整	24.00	23.15	47.15
7	46.30	由兩段綴合成完簡，中略殘，上、下端完整	24.25	22.65	46.90
8	47.50	由兩段綴合成完簡，中略殘，上、下端完整	25.05	23.05	48.10
9	47.50	完簡，上、下端完整	—	—	47.50
10	47.50	完簡，上、下端完整	—	—	47.60
11	24.20	下半殘缺，上端完整	—	—	24.50
12	23.20	上半殘缺，下端完整	—	—	23.20
13	47.50	完簡，上、下端完整	—	—	47.40

① 馬承源主編：《上海博物館藏戰國楚竹書（一）》，上海：上海古籍出版社，2001 年。

續表

簡序	原注釋中之長度數據（單位：釐米）	原注釋中有關竹簡保存狀況的説明	黑白原大照片實際測量數據		
			上段	下段	總長
14	47.50	完簡，上、下端完整	—	—	47.30
15	22.30	上半殘缺，下端完整	—	—	23.30
16	24.00	下半殘缺，上端完整	—	—	25.25
17	46.70	由兩段綴合成完簡，中略殘，上、下端完整	24.15	22.80	46.95
18	47.50	完簡，上、下端完整	—	—	47.50
19	47.50	完簡，上、下端完整	—	—	47.50
20	47.50	完簡，上、下端完整	—	—	47.00
21	47.50	完簡，上、下端完整	—	—	47.25
22	47.00	完簡，上、下端完整	—	—	47.10
23	43.80	由兩段綴合成完簡，中略殘，上、下端亦殘	23.20	21.30	44.50
24	46.20	由兩段綴合成完簡，中略殘，上、下端完整	24.30	22.35	46.65
25	46.60	由兩段綴合成完簡，上、下端完整	25.15	23.80	48.95
26	24.00	下半殘缺，上端完整	—	—	25.20
27	20.80	上半殘缺，下端完整	—	—	21.00
28	47.40	完簡，上、下端完整	25.00	22.80	47.80
29	24.80	下半殘缺，上端完整	—	—	25.10
30	22.20	上半殘缺，下端完整	—	—	22.40
31	22.50	上半殘缺，下端完整	—	—	22.60
32	44.70	由兩段綴合成完簡，中略殘，上端略殘，下端完整	22.60	22.60	45.20
33	47.50	完簡，上、下端完整	—	—	47.50
34	46.60	由兩段綴合成完簡，中略殘	24.10	22.75	46.85
35	47.50	完簡，上、下端完整	—	—	47.50
36	47.50	完簡，上、下端完整	—	—	47.90
37	46.10	由兩段綴合成完簡，中略殘，上、下端完整	24.10	22.45	46.55
38	47.50	完簡，上、下端完整	—	—	47.70
39	47.50	完簡，上、下端完整	—	—	47.80
40	47.50	完簡，上、下端完整	—	—	47.70
41	20.20	上端略殘，下半殘缺	—	—	20.20
42	47.50	由兩段綴合成完簡，中略殘，上、下端完整	24.80	23.4	48.20
43	46.60	由兩段綴合成完簡，中略殘，上、下端完整	24.15	22.85	47.00
44	45.80	由兩段綴合成完簡，上端略殘，下端完整	23.30	23.00	46.30
45	43.00	由兩段綴合成完簡，上端完整，下端殘	24.50	20.90	44.40
46	46.80	由兩段綴合成完簡，上、下端完整	24.40	22.65	47.05

续表

簡序	原注釋中之長度數據（單位：釐米）	原注釋中有關竹簡保存狀況的説明	黑白原大照片實際測量數據		
			上段	下段	總長
47	22.20	上半殘缺，下端完整	—	—	22.50
48	24.00	下半殘缺，上端完整	—	—	25.20
49	21.80	上半殘缺，下端完整	—	—	22.85
50	46.80	完簡，上、下端完整	—	—	48.90
51	45.40	由兩段綴合成完簡，中略殘，上、下端完整	24.80	23.40	48.20
52	46.40	完簡，上端略殘，下端完整	—	—	48.20
53	46.90	由兩段綴合成完簡，上、下端完整	26.95	22.80	49.75
54	47.50	完簡，上、下端完整	—	—	49.40
55	47.50	由兩段綴合成完簡，上、下端完整	26.45	23.30	49.75
56	47.50	由兩段綴合成完簡，上、下端完整	25.65	22.40	48.05
57	25.30	上端完整，下半殘缺	—	—	25.60
58	24.20	上端完整，下半殘缺	—	—	24.40
59	21.80	上半殘缺，下端完整	—	—	22.00
60	23.80	由兩段綴合成完簡，上端殘缺，下端完整	23.05	21.65	44.70
61	25.50	上端完整，下半殘缺	—	—	26.70
62	21.90	上、下皆殘	—	—	22.25
63	45.20	由兩段綴合成完簡，上、下端完整	22.95	22.30	45.25
64	47.30	由兩段綴合成完簡，上、下端完整	24.95	22.50	47.45
65	47.50	完簡，上、下端完整	25.00	22.65	47.65

通過此表，我們很明顯可以發現以下三個方面的問題。

（1）注釋中的一處數據是錯誤的。簡 60，注釋標明其長度是 23.8 釐米，但又云“由兩段綴合成完簡，上端殘缺，下端完整”，可見這一數據顯然有誤。

（2）注釋中的數據與筆者實際測量數據存在明顯出入。兩種數據比較，完全相同者僅只有 7 處：簡 9、簡 12、簡 18、簡 19、簡 33、簡 35、簡 41；相差 0.5 釐米以内（含 0.5 釐米）者有 38 處：簡 1、簡 2、簡 3、簡 4、簡 5、簡 6、簡 10、簡 11、簡 13、簡 14、簡 17、簡 20、簡 21、簡 22、簡 24、簡 27、簡 28、簡 29、簡 30、簡 31、簡 32、簡 34、簡 36、簡 37、簡 38、簡 39、簡 40、簡 43、簡 44、簡 46、簡 47、簡 57、簡 58、簡 59、簡 62、簡 63、簡 64、簡 65；相差 0.5—1 釐米（含 1 釐米）者 6 處：簡 7、簡 8、簡 15、簡 23、

簡 42、簡 56；相差 1—1.5 釐米（含 1.5 釐米）者 6 處：簡 16、簡 26、簡 45、簡 48、簡 49、簡 61；相差 1.5—2 釐米（含 2 釐米）者 2 處：簡 52、簡 54；相差 2 釐米以上者 5 處：簡 25、簡 50、簡 51、簡 53、簡 55。

（3）注釋中的數據有些較筆者實際測量數據要長，如簡 5、簡 13、簡 14、簡 20、簡 21，其他則比筆者實際測量數據要短。

以上分析只能説明一個問題，要麽本篇黑白圖版未依照"凡例"第八則所規定的要求執行，要麽注釋中的數據很多都有問題。但這種實際存在的差距給重新拼合整理帶來了實質性的困難。尤其是在對待由殘簡所拼接成的整簡的問題上，上博簡注釋的做法是只標明拼接後的整簡長度，而不標明每段殘簡的具體長度，這給重新拼接整理增加了難度。所以，儘管筆者在上文中雖盡力參考了這兩方面的材料來説明問題，但實際情況恐怕並非那麽簡單。

竹簡的編連是一項基礎性的工作，而且又是一項技術性的工作，工作性質類似於甲骨綴合，但難度遠較甲骨綴合爲小。對於整理者來講，竹簡編連得好，可以給學術界提供很多便利。編連得不好，就會給研究工作帶來很多不必要的麻煩，多走很多彎路。近幾年，隨著郭店簡和上博簡的陸續公佈，有關竹簡的整理編連逐漸暴露出來很多問題，這是應該引起重視的。

清華簡《保訓》篇竹簡編連問題芻議

清華簡《保訓》篇圖版自《文物》2009年第6期首次公佈以來，研究者衆多，成果異常豐碩[①]。2010年，李學勤主編的《清華大學藏戰國竹簡（壹）》一書正式出版，是書在充分吸收以往研究成果的基礎上，對該篇内容進行了詳盡的注釋[②]。但是，縱觀以往研究成果，研究者均未對《保訓》篇的編連提出過任何異議。筆者此文，擬在《清華大學藏戰國竹簡（壹）》一書釋文注釋的基礎上，就《保訓》的編連問題談一點看法，同時就個别字句作一些新的解釋。不當之處，敬請方家指正。

爲論述方便，先將《清華大學藏戰國竹簡（壹）》一書中整理者的釋文引録如下：

> 惟王卒$_{=}$（五十）年，不瘳（豫），王念日之多鬲（歷），忎（恐）述（墜）保（寶）訓。戊子自演$_{=}$（靧水）。己丑昚（昧）（簡1）（爽）□□□□□□□□□□（王）若曰：“發，舩〈朕〉疾壴甚，忎（恐）不女（汝）及（簡2）訓！昔歬（前）人連（傳）保（寶），必受之以詷。今舩〈朕〉疾允痻（病），忎（恐）弗念（堪）夂（終）。女（汝）以箸（書）（簡3）受之。欽才（哉）！勿淫！昔鍪（舜）舊（久）复（作）尖$_{=}$（小人），親勸（耕）于鬲（歷）茅（丘），忎（恐）救（求）中。自詣（稽）氒（厥）志，（簡4）不諱（違）于庶萬眚（姓）之多欲。氒（厥）又（有）䖒（施）于上下遠埶（邇），廼（乃）易立（位）埶（設）詣（稽），測（簡5）侌（陰）昜（陽）之勿（物），咸川（順）不詳（逆）。鍪（舜）既旻（得）中，言不易實㝵（變）名，身兹備，

---

① 清華大學出土文獻研究與保護中心：《清華大學藏戰國竹簡〈保訓〉釋文》，《文物》2009年第6期。

② 李學勤主編：《清華大學藏戰國竹簡（壹）》，上海：上海文藝出版（集團）有限公司、中西書局，2010年。

隹（簡6）允，翼₌（翼翼）不解，甬（用）乍（作）三隆（降）之悳（德）。帝尧（堯）嘉之，甬（用）受（授）氒（厥）緒。於（嗚）虐（呼）！嚮（祗）之（簡7）才（哉）！昔㣲（微）叚（假）中于河，以逿（復）又₌易₌（有易，有易）伓（服）氒（厥）辠（罪），㣲（微）亡（無）譶（害），迺（乃）追（歸）中于河。（簡8）㣲（微）寺（志）弗忘，違（傳）貽（貽）孫₌（子孫），至于成康（湯），嚮（祗）備（服）不解，甬（用）受大命。於（嗚）虐（呼）！發，敬才（哉）！（簡9）䑣〈朕〉䎽（聞）兹不舊（久），命未有所次（延），今女（汝）嚮（祗）備（服）毋（毋）解。亓（其）又（有）所迪（由）矣，不（簡10）及尔（爾）身受大命。敬才（哉）！毋（毋）淫！日不足隹佰（宿）不羕（詳）。”（簡11）

筆者認爲，以上編連次序存在以下幾個方面的問題。

第一，整理者將簡2與簡3連讀，但是簡2有“䑣〈朕〉疾壴甚”語，而緊接著的簡3又有“今䑣〈朕〉疾允瘔（病）”語。兩句話語義相仿，似無理由在同一段文字中一再重複。

第二，簡2與簡3連讀後，兩簡連接處的文句爲“忎（恐）不女（汝）及訓”，整理者認爲“‘忎（恐）不女（汝）及訓’，‘汝’爲賓語，意即‘不及訓汝’”①。按照整理者的解釋，“訓”在此處用爲動詞，但是通觀全篇內容，“訓”字在此似還是指簡1“忎（恐）述（墜）保（寶）訓”之“保（寶）訓”爲宜，實用爲名詞（詳見下文）。

第三，整理者將簡3與簡4連讀，兩簡連接處的文句爲“女以箸（書）受之”。整理者認爲“箸”是楚文字“書”的專字，“簡文中意爲以簡册書寫記録”，但對“女以箸（書）受之”這句話未作整體解釋。依照其對“書”字的解釋，則蓋是認爲“女以箸（書）受之”即以簡册書寫記録並接受之。至於簡文之“之”指代什麽，整理者亦未作解釋。趙平安則將這段文字斷讀爲“今朕疾允病，恐弗念終汝以箸受之”，認爲“汝以箸受之”

① 清華大學出土文獻研究與保護中心：《清華大學藏戰國竹簡〈保訓〉釋文》，《文物》2009年第6期，第74頁。

就是你以書的形式接受它。這個它，承上文，指詷[1]。按，以上二説均將“箸”釋爲“書”，正確可從。但是，不論“女以箸（書）受之”之“之”指代什麼，既然太子發能夠“受之”，“之”都應該是一種已經成文或成形的現成文獻。因此，既没必要强調太子發要“以簡册書寫記録”，也没必要强調要“以書的形式”（因其本來就是書）。兩種解釋對簡文的具體理解都没多大幫助。

第四，整理者將簡 10 與簡 11 連讀，兩簡連接處的文句爲“今女（汝）帣（祇）備（服）母（毋）解。亓（其）又（有）所逌（由）矣，不及尔（爾）身受大命”。諸家對此均無異義。按，“亓（其）又（有）所逌（由）矣”之“亓（其）”字在句中的語法位置當用爲代詞，但此處之“亓（其）”字到底指代何物似無從著落。而且，“亓（其）又（有）所逌（由）矣”與簡文前後兩句話“今女（汝）帣（祇）備（服）母（毋）解”和“不及尔（爾）身受大命”之間缺乏必然的聯繫。另外，“不及尔（爾）身受大命”前似亦缺少了主語“朕”字。

針對以上問題，筆者認爲《保訓》的簡序有一處需要調整，即簡 3 應從簡 2 與簡 4 中間抽出，置於簡 10 與簡 11 之間。現將調整後的釋文釋寫如下（釋讀主要依照整理者釋文，除編連調整外，相關字句的斷句亦作了相應調整。釋文儘量用通行字）：

惟王弎₌（五十）年，不瘵（豫），王念日之多鬲（歷），忎（恐）述（墜）保（寶）訓。戊子，自演₌。己丑，昧（簡 1）（爽）□□□□□□□□□□（王）若曰：“發，朕疾亶（漸）甚[2]，忎（恐）不女（汝）及（簡 2）受（授）之。欽才（哉）！勿淫！昔鍪（舜）舊（久）复（作）尖₌（小人），親勸（耕）于鬲（歷）茅，忎（恐）救（求）中，自詣（稽）氒（厥）志，（簡 4）不諱（違）于庶萬眚（姓）之多欲。氒（厥）又（有）㢦（施）于上下遠埶（邇），迺（乃）易立（位）埶（設）詣（稽），測（簡 5）侌（陰）昜（陽）之勿（物），咸川（順）

① 趙平安：《關於〈保訓〉“中”的幾點意見》，復旦大學出土文獻與古文字研究中心網，2009 年 6 月 25 日。

② “亶（漸）”字從孟蓬生《〈保訓〉“疾亶甚”試解》（復旦大學出土文獻與古文字研究中心網，2009 年 7 月 10 日）讀。

> 不詳（逆）。鋻（舜）既得中，言不易實覍（變）名，身兹備（服）[①]，隹（惟）（簡6）允，翼₌（翼翼）不解（懈），甬（用）乍（作）三隆（降）之悳（德）。帝堯嘉之，甬（用）受（授）氒（厥）緒。於（嗚）虖（呼）！嚳（祗）之（簡7）才（哉）！昔岦（微）叚（假）中于河，以復（覆）又₌易₌（有易，有易）伓（服）氒（厥）辠（罪），岦（微）亡（無）害（害），廼（乃）追（歸）中于河。（簡8）岦（微）寺（志）弗忘，逋（傳）貽（貽）孫₌（子孫），至于成康（湯），嚳（祗）備（服）不解（懈），甬（用）受大命。於（嗚）虖（呼）！發，敬才（哉）！（簡9）朕駬（聞）'兹不舊（久）命，未有所次（誕）'。今女（汝）嚳（祗）備（服）母（毋）解（懈）。其又（有）所卣（由）矣，不（丕）（簡10）訓！昔前人逋（傳）保（寶），必受（授）之以詷（誦）[②]。今朕疾允病，忈（恐）弗念（堪）終，女（汝）以箸（書）（簡3）及尔（爾）身受大命。敬才（哉）！母（毋）淫！日不足隹（惟）宿不羕（詳）。"（簡11）

如此編連的好處，有以下幾個方面。

第一，重新編連後，簡3變爲倒數第二簡。這樣，簡2之"朕疾𡃞（漸）甚"與簡3之"今朕疾允病"這兩句話就不僅可以避免因相鄰過近而語義犯重的弊病，而且從整體文義的前後對應關係來看，還能起到前後呼應的作用。本篇簡4有"欽才（哉）！勿淫"語，而末簡簡11亦見有"敬才（哉）！母（毋）淫"語，此亦爲前後呼應之例。

第二，將簡3抽出後，簡2與簡4連讀，兩簡連接處的文句改變爲"忈（恐）不女（汝）及受（授）之"。"忈（恐）不女（汝）及受（授）之"即"忈（恐）不及受（授）之女（汝）"的倒裝句。"受"爲動詞，"之"指代簡1的"保（寶）訓"。類似句式見於典籍。《管子・牧民》："毋蔽汝惡，毋異汝度，賢者將不汝助。"《韓非子・外儲説左下》："主賢明，能聽汝；不明，將不汝聽。"《詩・小雅・小旻》："我龜

---

① "備（服）"字從李零《讀清華簡〈保訓〉釋文》（《中國文物報》，2009年8月21日）讀。

② "詷（誦）"字從整理者"或説"（李學勤主編：《清華大學藏戰國竹簡（壹）》，上海：上海文藝出版（集團）有限公司、中西書局，2010年，第144頁）讀。

既厭，不我告猶。”《詩·衛風·碩鼠》：“三歲貫女，莫我肯顧。”《孟子·梁惠王章句上》：“保民而王，莫之能禦也。”“朕疾壼（漸）甚，忎（恐）不女（汝）及受（授）之”蓋是説我的病越來越重，擔心來不及將保訓傳授給你。

第三，將簡3置於簡10與簡11中間並連讀，則簡10與簡3兩簡連接處的文句改變爲“今女（汝）鬋（祇）備（服）母（毋）解（懈）。其有所卣（由）矣，不（丕）訓”[①]，“鬋（祇）備（服）”，整理者訓爲“敬慎”。不確，典籍中“祇”常可訓作“敬”，但“服”字則未見有“慎”義。此處之“服”當訓爲“事”[②]。“解”，整理者未作解釋，當讀作“懈”。“祇服毋懈”即敬事而不懈怠。

“其有所卣（由）矣”之“其”，指代後面的“不（丕）訓”。“有所卣”之“卣”，整理者讀作“由”。可從。但訓爲“用”，則不確。“有所由”爲典籍習語，即來源有自，有根據之義。《大戴禮記·哀公問五義》：“所謂士者，雖不能盡道術，必有所由焉；雖不能盡善盡美，必有所處焉。”王聘珍《解詁》：“由，從也。”《大戴禮記·勸學》：“物類之從，必有所由。”王聘珍《解詁》：“由，自也。”均其例。

《説文》：“丕，大也。”《國語·周語上》：“檮杌次於丕山。”韋昭《注》：“丕，大。”“丕訓”一詞見於典籍，亦稱“大訓”。《尚書·君陳》：“王若曰：君陳……懋昭周公之訓，惟民其乂。……爾尚式時周公之猷訓。……王曰：君陳，爾惟弘周公丕訓，無依勢作威。”僞孔《傳》：“汝爲政當闡大周公之大訓。”《梁書·武帝本紀上》：“雖伊陟之保乂王家，姬公之有此丕訓，方之蔑如也。”《尚書·顧命》：“越七日癸酉……陳寶，赤刀、大訓、弘璧、琬琰，在西序；大玉、夷玉、天球、河圖，在東序。”僞孔《傳》：“大訓，虞書典謨。”

綜上所述，簡文“今女（汝）鬋（祇）備（服）母（毋）解（懈）。其有所卣（由）矣，不（丕）訓”是説現在你要敬事而不懈怠。大訓是來

① “不”與“丕”一字分化，可以相通。高亨：《古字通假會典》，濟南：齊魯書社，1989年，第429頁。

② 宗福邦、陳世鐃、蕭海波主編：《故訓匯纂》，北京：商務印書館，2003年，第1602頁，“祇”字條；第1056頁，“服”字條。

源有自，有根據的呀！

第四，將簡 3 與簡 11 連讀，兩簡連接處的文句改變爲“昔前人連（傳）保（寶），必受（授）之以詷（誦）。今朕疾允病，忎（恐）弗念（堪）終，女（汝）以箸（書）及尔（爾）身受大命”。文中之“箸（書）”當指前文之“保（寶）訓”或“丕訓”。《尚書》僞孔《序》云：“伏羲、神農、黄帝之書，謂之三墳，言大道也。少昊、顓頊、高辛、唐、虞之書，謂之五典，言常道也。至於夏、商、周之書，雖設教不倫，雅誥奥義，其歸一揆。是故歷代寶之，以爲大訓。”據僞孔《序》以及前引《尚書・顧命》僞孔《傳》所言，所謂“大訓”實指三皇五帝以至夏、商、周時期上古流傳之“書”，並“歷代寶之”。可見，簡 10 與簡 3 之“不（丕）訓”就是指簡 1 之“保（寶）訓”。而且，將簡文之“書”理解爲是指“保（寶）訓”或“不（丕）訓”亦合乎情理。

綜上所述，簡文“昔前人連（傳）保（寶），必受（授）之以詷（誦）。今朕疾允病，忎（恐）弗念（堪）終，女（汝）以箸（書）及尔（爾）身受大命”是説過去前人傳寶，必須要以誦的形式傳授，但我現在病得實在很重，恐怕不能完成（“誦”這項工作），所以需要你自己帶著寶訓去接受大命。

簡文重新編連後，兩簡連接處的文句均文從字順，並無不通難解之處，整篇簡文也更加連貫通暢，故筆者認爲應當是合適的。

需要説明的是，從清華簡第一册所公佈的照片圖版來看，《尹至》《尹誥》《耆夜》《金縢》《皇門》《祭公之顧命》《楚居》這七篇每簡的原簡背面均標注有原抄寫者關於竹簡編排次序的編號，而《保訓》和《程寤》這兩篇之簡背則未見竹簡次序的編號，這也爲我們重新編排《保訓》簡文留下了一定的可以進一步推考的空間和可能。

最後，筆者對簡 10 中“朕䎽兹不舊命未有所汖”這段文字作一點簡單解釋。整理者的釋文爲“鯢〈朕〉䎽（聞）兹不舊（久），命未有所汖（延）”。關於“命”字，整理者認爲“命，指文王之生命。或説命爲天命，指商王朝的天命”。陳偉則認爲“命”就是指商王朝的命運，並將

“命”字上讀，即“朕聞兹不舊（久）命，未有所次”[1]。關於“次”字，目前有兩種看法，整理者認爲“次”是“涎”之俗字，在簡文中讀作“延”，訓爲“長也”。李零則認爲“次”是“羨”字所從，疑讀“羨”，是多出、有餘之義。“命未有所羨”即没有餘命[2]。

從斷句上來講，陳偉將“命”字上讀，正確可從。“不久命”義即“命不再長久”。但無論將“命”解釋爲“文王之生命”，還是“商王朝的天命”，都難以合理地解釋整句話。筆者認爲，此處之“命”似當理解爲普通意義上的人的生命。

關於“次”字，整理者釋爲“涎”，亦正確可從，但在此似當讀作“誕”。涎、誕俱從延聲，自可相通。“誕”有誇誕、大言、欺詐等意。《説文》：“誕，詞誕也。”《漢書·郊祀志上》：“言神事，如迂誕。”顔師古《注》：“誕，大言也。”《大戴禮記·衛將軍文子》：“多聞而難誕也。”王聘珍《解詁》：“誕，欺詐也。”《資治通鑒·唐紀六十五》：“語言荒誕。”胡三省《注》：“誕，誇大也。”

綜上所述，“朕䎽（聞）‘兹不舊（久）命，未有所次（誕）’”是説我聽説生命不再久長，不會誇誕。“朕聞”後的句子當是文王所聽過的諺語或名言警句，其義蓋類似於後世俗語中的“人之將死，其言也善”。典籍中亦有相似的記載。《後漢書·周舉列傳》：“商疾篤，帝親臨幸，問以遺言。對曰：‘人之將死，其言也善。臣從事中郎周舉，清高忠正，可重任也。’由是拜舉諫議大夫。”簡文中文王引用諺語或名言警句對自己的話進行最後的鋪陳總結，表示自己大病將漸，不久於世，希望太子發能夠牢記在心。

① 陳偉：《〈保訓〉詞句解讀》，武漢大學簡帛網，2009年7月13日。

② 李零：《讀清華簡〈保訓〉釋文》，《中國文物報》，2009年8月21日。

《清華大學藏戰國竹簡（叁）》拾遺

《清華大學藏戰國竹簡（叁）》一書出版至今雖僅半年，但相關研究文章層出不窮，就筆者所見，已近百篇[①]。筆者此文，擬在諸家研究的基礎上，對簡文個别字詞的釋讀談點看法。不當之處，敬請方家批評指正。

一

《周公之琴舞》有一段文字，整理者釋文如下：

> 桼（咨）尒多子，笙（篤）亓（其）絸（諫）卲（劭），舍（余）彔（逯）思念，畏天之載，勿請福之侃（愆）。（簡 13）

關於“畏天之載”，整理者注［八〇］：“畏天之載，《大雅·文王》‘上天之載，無聲無臭’，毛傳：‘載，事。’”[②]黄甜甜認爲簡文之“載”應訓爲“行”[③]。黄傑亦認爲“載”“似亦可解爲行”[④]。胡敕瑞則認爲“載”當讀作“災”[⑤]。

按，典籍中未見“畏天之事”“畏天之行”“畏天之爲”或“畏天之災”之類的説法。《詩·周頌·我將》有“我其夙夜，畏天之威，于時保之”語。筆者認爲，簡文“畏天之載”與《我將》“畏天之威”語義相當。《詩·周頌·有客》：“既有淫威。”毛《傳》：“威，則。”《爾雅·釋言》：“威，則也。”《後漢書·李固傳》：“斗斟酌元氣。”李賢《注》：

---

① 清華大學出土文獻研究與保護中心編，李學勤主編：《清華大學藏戰國竹簡（叁）》，上海：中西書局，2012 年。

② 清華大學出土文獻研究與保護中心編，李學勤主編：《清華大學藏戰國竹簡（叁）》，上海：中西書局，2012 年，第 141 頁。

③ 黄甜甜：《〈周公之琴舞〉劄記三則》，Confucius2000 網，2013 年 1 月 5 日。

④ 黄傑：《再讀清華簡（叁）〈周公之琴舞〉筆記》，簡帛網，2013 年 1 月 14 日。

⑤ 胡敕瑞：《讀〈清華大學藏戰國竹簡（叁）〉劄記之四》，清華大學出土文獻研究與保護中心網，2013 年 1 月 7 日。

“《春秋保乾圖》曰：‘天皇於是斟元陳樞，以五易威。’宋均《注》曰：‘威，則也，法也。’”《大戴禮記·千乘》：“宗社先示威。”王聘珍《解詁》引《爾雅》：“威，則也。”《書·君奭上》：“有殷嗣天滅威。”孫星衍《今古文注疏》引《爾雅》：“威者，則也。”可見，“威”字古有“則”義，義同法則。所謂“畏天之威”，即畏天之法則。

簡文“畏天之載”之“載”字當讀作“則”。上古音“載”爲精母之部字，“則”爲精母職部字。兩字聲母雙聲，韻部對轉。古音十分密切，例可相通。楊樹達在考釋曾子△簠銘文中的“則永祜福”謂“余按古音則與載同，則永祜福即載永祜福也”①。按，此説可信。《禮記·禮運》：“知氣在上。”《孔子家語·問禮》在作則。在從才聲，載從𢦏聲，而𢦏亦從才聲。可見，“載”可讀作“則”。據此，“畏天之載（則）”與“畏天之威”同義。

二

《芮良夫毖》有兩段文字，整理者釋文如下：

> 𦾔（寤）敗（敗）改繇，（簡 2）龔（恭）天之畏（威），載聖（聽）民之繇。（簡 3）
>
> 母（毋）惏（婪）貪（貪）、救（猜）昆（惃）、圂（滿）溫（盈）、康戲而不智（知）𦾔（寤）告。（簡 4）

兩段文字中均見有“𦾔”字，整理者注［八］：“‘𦾔’即‘寤’。《周禮·春官·占夢》‘四曰寤夢’，陸德明《釋文》：‘本又作寤。’《周南·關雎》‘寤寐求之’，毛傳：‘寤，覺。’”②按，此説可信。這種用法的“寤”古代亦常寫作“悟”。《説文》：“寤，寐覺而有信曰寤。”段玉裁《注》：“古書多叚寤爲悟。”《孟子·孟子題辭》：“可以寤疑辯惑。”焦循《正義》：“寤與悟通。”《慧琳音義》卷一一“覺寤”《注》：“寤者，悟也。”《周禮·春官·占夢》：“四曰寤夢。”孫詒讓《正義》：

① 楊樹達：《積微居金文説》增訂本，北京：中華書局，1997 年，第 130 頁。

② 清華大學出土文獻研究與保護中心編，李學勤主編：《清華大學藏戰國竹簡（叁）》，上海：中西書局，2012 年，第 148 頁。

“徐鉉校本《説文》‘寤’字注引此作‘悟夢’。”

關於簡 4“蘉(寤)告”之“告”字，整理者未作解釋。黄傑認爲“或讀爲‘誥’”[①]。子居認爲“不知寤告”即不知覺悟於他人之所告[②]。按，簡文此“告”字似當讀作“覺”。上古音“告”與“覺”均爲見母覺部字，兩字雙聲叠韻，例可相通。《詩·大雅·抑》：“有覺德行。”《禮記·緇衣》引覺作梏。《淮南子·泰族》：“使民居處相司，有罪相覺，於以舉姦，非不掇也。”《群書治要》引覺作告。《後漢書·馬融傳》：“梏羽群。”李賢《注》：“案，字書梏從手，即古文攪字，謂攪擾也。”均其例。

《説文》：“覺，寤也。”“覺寤（或悟）”爲同義複詞。簡文“悟覺”義同“覺悟”，亦見於典籍。《孟子·萬章上》：“予，天民之先覺者也。”趙岐《注》：“我先悟覺者也。”《洛陽伽藍記·城西》：“兆悟覺，即自思量。”元稹《冬夜懷李侍御王太祝段丞》：“今聞馨香道，一以悟臭帑，悟覺誓不惑，永抱胎仙居。”簡文“不智（知）蘉（寤）告（覺）”即不知醒悟之義。

三

《芮良夫毖》有一段文字，整理者釋文如下：

> 啇（適）易兇心，覔（研）甃（甄）嘉惟，料和（簡 20）庶民，政命悳（德）型（刑）各又（有）棠（常）朿（次）。（簡 21）

整理者注［八二］：“《國語·周語上》‘乃料民於太原’，韋昭注：‘料，數也。’”[③]按，所謂“料”字，整理者摹文作“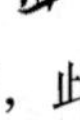”[④]。子居認爲“此字與清華簡《尹至》簡 5 的‘番’字古文爲同一字，此處當讀爲‘蕃’，訓

① 黄傑：《初讀清華簡（叁）〈芮良夫毖〉筆記》，簡帛網，2013 年 1 月 6 日。

② 子居：《清華簡〈芮良夫毖〉解析》，Confucius2000 網，2013 年 2 月 24 日。

③ 清華大學出土文獻研究與保護中心編，李學勤主編：《清華大學藏戰國竹簡（叁）》，上海：中西書局，2012 年，第 154 頁。

④ 清華大學出土文獻研究與保護中心編，李學勤主編：《清華大學藏戰國竹簡（叁）》，上海：中西書局，2012 年，第 228 頁。

爲息”[①]。按，清華簡《尹至》簡 5 之字原文作“”，與該字字形差異明顯，不當釋爲一字。筆者認爲，該字當分析爲從力米聲，隸定爲“粅”，所從力旁與米字右下一筆發生借筆關係。郭店簡《六德》“男女”之“男”作“”（簡 33）、“”（簡 39），上博簡第二册《容城氏》“以定男女之聲”之“男”字作“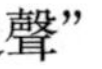”（簡 16），所從“力”旁均可資比較。

簡文之“粅”似當讀作“敉”。《説文》：“敉，撫也。从攴米聲。《周書》曰：‘亦未克敉公功。’讀若弭。侎，敉或从人。”《爾雅·釋言》：“敉，撫也。”《書·洛誥》：“亦未克敉公功。”孫星衍《尚書今古文注疏》引鄭康成曰：“敉，安也。”《玉篇·支部》：“敉，安也。撫也。”《廣韻·紙韻》：“敉，撫也。愛也。安也。”可見，“敉”字古有安撫之義。典籍中這種用法的“敉”字亦可用“彌”或“弭”字表示。《周禮·春官·小祝》：“彌烖兵。”鄭玄《注》：“彌，讀曰敉。敉，安也。”《周禮·春官·男巫》：“春招弭，以除疾病。”鄭玄《注》：“弭，讀爲敉。字之誤也。敉，安也，安凶禍也。”

《後漢紀·孝獻皇帝》：“袁紹使臧洪領青州，撫和民衆，盜賊奔走。”《晉書·庾翼傳》：“轉建威將軍、西陽太守，撫和百姓，甚得歡心。”此“撫和民衆”“撫和百姓”與簡文之“粅（敉）和庶民”可相參。《史記·田敬仲完世家》：“夫治國家，而弭人民者，無若乎五音者。”亦可參。

四

《赤鴼之集湯之屋》有一段文字，整理者釋文如下：

> 湯乃□之[②]。少（小）臣乃寐（眛）而帰（寢）（簡 5）於逄（路），見（視）而不能言。（簡 6）

---

① 子居：《清華簡〈芮良夫毖〉解析》，Confucius2000 網，2013 年 2 月 24 日。

② “之”上一字，原文有所殘損，作“”。王寧《讀清華簡三〈赤鵠之集湯之屋〉散札》（簡帛網，2013 年 1 月 16 日）釋讀爲“袢（祓）”。似可信。

關於“昧”字，整理者注［一四］讀作“眛”，訓爲“目不明”[①]。按，此説不確。簡文下句明言“見（視）而不能言”，既然能“見（視）”，説明小臣並非“目不明”。黄傑認爲“昧”當讀作“寐”，是睡著的意思，“視而不能言”，“即有視聽但不能説話，這只是夢中的一種狀態”[②]。此説恐亦不確，小臣既然能“見（視）”，顯然不應該是睡著的狀態，睡夢中人顯然更不可能“見（視）”的。

按，“昧”似當讀作“忽”。昧從未聲，忽從勿聲。上古音未、勿均爲明母物部字，雙聲叠韻，例可相通。典籍中從未聲之字與從勿聲之字亦有相通之例證。《老子·道經》第十四章：“其上不皦，其下不昧。繩繩不可名，復歸於無物。”馬王堆漢墓帛書本《老子》甲本昧作忽。《説文》：“昧，爽。旦明也。”段玉裁《注》：“昧與曶古多通用。”《説文》：“爽，明也。”段玉裁《注》：“昧之字，《三蒼》作曶。”《漢書·郊祀志上》：“十一月辛巳朔旦冬至，昒爽。”顔師古《注》：“昒爽，謂日尚冥，蓋未明之時也。”《漢書·司馬相如傳》：“昒爽闇昧得耀乎光明。”顔師古《注》：“昒爽，未明也。”王念孫《讀書雜志·史記第六·司馬相如列傳》：“《封禪書》‘昧爽’，《郊祀志》作‘昒爽’。”俞樾《群經平義·大戴禮記二·五帝德》“闇昏忽之意”按語：“古字昒忽通用。”可見，簡文之“昧”可讀作“忽”。

“忽”字古有恍惚、迷暗之義。《論語·子罕》：“忽焉在後。”何晏《集解》：“言恍惚不可爲形象。”《莊子·天地》：“忽然出，勃然動。”郭象《注》：“忽、勃，皆無心而應之貌。”成玄英《疏》：“忽，無心之貌。”《文選·阮瑀〈爲曹公作書與孫權〉》：“若忽至誠。”張銑《注》：“忽，迷。”《文選·陳琳〈檄吴將校部曲文〉》：“忽朝陽之安。”吕延濟《注》：“忽，暗也。”這種用法的“忽”後世一般用“惚”字表示。《禮記·祭義》：“夫何慌惚之有乎？”陸德明《釋文》：“惚，本又作忽。”《廣韻·没韻》：“惚，亦作忽。”“寢”之訓“卧”乃古

---

① 清華大學出土文獻研究與保護中心編，李學勤主編：《清華大學藏戰國竹簡（叁）》，上海：中西書局，2012年，第169頁。

② 黄傑：《初讀清華簡（叁）〈赤咎（從鳥）之集湯之屋〉筆記》，簡帛網，2013年1月10日。

之常訓[1]，簡文“少（小）臣乃㾾（忽）而帰（寢）於迻（路）”即小臣恍惚而卧於路。

《史記·太史公自序》：“二十而南游江、淮。上會稽，探禹穴。”張守節《正義》引《吴越春秋》：“禹乃東巡，登衡山，血白馬以祭。禹乃登山，仰天而笑，忽然而卧，夢見繡衣男子自稱玄夷蒼水使者，却倚覆釜之山。”[2]《論衡·道虚篇》：“曼都好道學仙……不知去幾何年月，不知以何爲過，忽然若卧，復下至此。”《文選·司馬相如〈長門賦〉》：“忽寢寐而夢想兮，魄若君之在旁。惕寤覺而無見兮，魂迋迋若有亡。”《抱樸子·内篇·雜應》：“或服葛花及秋芒麻勃刀圭方寸匕，忽然如欲卧，而聞人語之以所不决之事，吉凶立定也。”《全齊文·謝朓〈思歸賦〉》：“舟未濟而河廣，途方遥而馬疲，忽中寢而念厲，魂申旦而九移。”可見忽而寢卧乃人之常態。

五

《赤鵠之集湯之屋》有一段文字，整理者釋文如下：

> 亓（其）一白兔（簡14）不旻（得），是刣（始）爲埤（陴）丁者（諸）麈（屋），以䖒（御）白兔。（簡15）

整理者注［三〇］：“埤，疑讀爲‘陴’，《説文》：‘城上女牆。’丁，字形作‘ㄒ’，《大雅·雲漢》毛傳：‘當也。’‘以陴當諸屋’，意爲築小牆當屋，用以防阻。”[3]按，據簡文所記，“埤”之用途是針對“屋”，明顯與“城上女牆”無關，整理者的説法難以令人信服。

在正式討論“埤”字之前，需要對簡文中整理者釋爲“丁”的字再作一點簡單探討。所謂“丁”字，原形作“”。該字亦見於《芮良夫毖》簡6，原形作“”，相關文句整理者釋文如下：

---

① 宗福邦、陳世鏡、蕭海波主編：《故訓匯纂》，北京：商務印書館，2003年，第591頁。

② 今本《吴越春秋·越王無余外傳第六》所記與此略有出入，未見“忽然而卧”語。

③ 清華大學出土文獻研究與保護中心編，李學勤主編：《清華大學藏戰國竹簡（叁）》，上海：中西書局，2012年，第170頁。

> 卑（譬）之若（簡 5）童（重）載以行隋（嶞）險，莫之敄（扶）道（導），亓（其）由（猶）不邋（擸）丁（停）。（簡 6）

整理者注［二三］認爲“邋”通“擸”，引申表示收斂。“丁”讀“停”，訓止[①]。

按，所謂“邋”字，原形作“”。丁若山指出“有可能這個字上部就是‘真’的一種繁形，全字似即可徑釋爲見於上博簡《周易》簡 24、簡 25 等所見的從‘辵’從‘真’聲之字。在《芮良夫毖》簡文中，此字和上博簡《周易》之字一樣，當讀爲‘顛’”。“字應該讀爲‘覆’。‘顛覆’是古書成語”。“《赤鵠之集湯之屋》的也讀爲‘覆’，用爲覆蓋、覆蔽之義”[②]。侯乃峰釋“”“”爲“阜”，從丁若山讀作“覆”[③]。楊坤釋“”“”爲“也”字[④]。馬楠則將《芮良夫毖》之“”隸定爲“遺”，讀爲“潰”；將“”隸定爲“卬”，讀爲“成”，認爲簡文文義與《詩·小旻》“是用不潰于成”相近[⑤]。蔡偉、王連成和子居則仍從整理者意見，釋“”爲“邋”，釋“”爲“丁”。其中蔡偉讀“邋丁”爲“擸停”，解釋成折斷而停止[⑥]。王連成讀“丁”作爲“釘”，認爲《芮良夫毖》簡文的意思是“好像（車子）重載而行，發生險情，無法補救，其容器龍骨均以斷裂”。《赤鵠之集湯之屋》簡文的意思是“其中一隻白兔漏網，於是開始做加固件，固定於屋（牆）上，用以預防白兔的侵入”[⑦]。子居認爲“‘邋’當讀爲‘越’，‘丁’當讀爲‘顛’，‘邋丁’即‘顛越’”[⑧]。王寧亦從整理者意見釋“”爲“邋”，但認爲簡文“”“”就是“顛倒之‘倒’字，用一個倒寫的‘山’表示顛倒之義”，

① 清華大學出土文獻研究與保護中心編，李學勤主編：《清華大學藏戰國竹簡（叁）》，上海：中西書局，2012 年，第 150 頁。

② 丁若山：《讀清華三懸想一則》，簡帛網，2013 年 1 月 12 日。

③ 侯乃峰：《清華簡（三）所見“倒山形”之字構形臆説》，簡帛網，2013 年 1 月 14 日。

④ 楊坤：《跋清華竹書所見“也”字》，簡帛網，2013 年 1 月 15 日。

⑤ 馬楠：《〈芮良夫毖〉與文獻相類文句分析及補釋》，清華大學出土文獻研究與保護中心網，2013 年 3 月 25 日。

⑥ 蔡偉：《讀〈清華簡三·芮良夫毖〉隨筆一則》，轉引自丁若山：《讀清華三懸想一則》，簡帛網，2013 年 1 月 12 日。

⑦ 王連成：《〈清華簡（叁）〉“丁（釘）”字句解》，簡帛研究網，2013 年 2 月 22 日。

⑧ 子居：《清華簡〈芮良夫毖〉解析》，Confucius2000 網，2013 年 2 月 24 日。

“《芮良夫毖》中‘邋倒’就是‘拉倒’”。《赤鵠之集湯之屋》中的“倒諸屋”的“倒”“就是倒置之義”，“就是做了一個障倒置在屋旁，用這種方法來抵御白兔”[①]。

筆者認爲，以上諸説中當以丁若山的看法最爲可信。除其文中所論述的理由之外，筆者亦可爲其觀點增補一條佐證。《孔叢子·嘉言》有“譬若載無轄之車以臨千仞之谷，其不顛覆，亦難冀也”語，這段文字與簡文文義十分接近，而其中與簡文“”對應的字正是“顛覆”。因此，儘管目前對於“”“”字字形及其原始本義尚未確解，但“”“”之與“覆”字讀音相近或語義相關則幾乎是可以肯定的。

至於《赤鵠之集湯之屋》簡14之“埤”字，丁若山認爲當讀作“萆”或“蔽”，“指的是在屋上所加的、用以起抵御白兔作用的甲衣一類東西”[②]。侯乃峰認爲當讀爲“貔”，是“指放置在屋頂瓦上用於辟邪的陶質猛獸，也即所謂的‘貔貅’”[③]。王寧仍從整理者意見，讀作“障”[④]。

筆者認爲，簡文之此“埤”字當讀作“畢”。埤從卑聲，上古音“卑”爲幫母支部字，“畢”爲幫母脂部字。兩字雙聲，韻亦不遠，例可相通。《史記·吳太伯世家》：“子句卑立。”《吳越春秋》“句卑”作“句畢”。《儀禮·大射》：“反，搢撲，遂命釋獲者設中，以弓爲畢，北面。”武威漢簡《泰射》簡62“畢”作“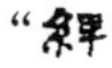”，從“卑”聲，即“綼”字。《詩·小雅·瞻彼洛矣》：“鞞琫有珌。”陸德明《釋文》：“鞞，字又作琕。”均其例。另外，典籍中從卑聲之字與從辟聲之字常可互通，其例甚多，兹不贅舉[⑤]。而從辟聲之字與從畢聲之字亦有相通之例。《周禮·秋官·大司寇》：“使其屬蹕。”鄭玄《注》：“故書蹕作避。”可見，簡文之“埤”當可讀作“畢”。

《説文》：“畢，田罔也。”《玉篇·華部》：“畢，掩兔也。”《詩·小雅·大東》：“有捄天畢。”毛《傳》：“畢，所以掩兔也。”

---

① 王寧：《〈清華簡（叁）〉的“倒”字臆解》，簡帛研究網，2013年1月18日。

② 丁若山：《讀清華三懸想一則》，簡帛網，2013年1月12日。

③ 侯乃峰：《清華簡（三）所見“倒山形”之字構形臆説》，簡帛網，2013年1月14日。

④ 王寧：《〈清華簡（叁）〉的“倒”字臆解》，簡帛研究網，2013年1月18日。

⑤ 高亨：《古字通假會典》，濟南：齊魯書社，1989年，第478—480頁；白於藍：《戰國秦漢簡帛古書通假字彙纂》，福州：福建人民出版社，2012年，第266—267頁。

《吕氏春秋·季春》："田獵畢弋。"高誘《注》："畢，掩網也。"《國語·齊語》："田狩畢弋。"韋昭《注》："畢，掩雉兔之網也。"《太玄·格》："畢格，禽鳥之貞。"范望《注》："畢，罔也。"《莊子·胠篋》："夫弓弩畢弋機變之知多。"陸德明《釋文》引李云："兔網曰畢。"《漢書·揚雄傳上》："其餘荷垂天之畢，張竟壄之罘。"顔師古《注》："畢，田罔也。"《墨子·非命中》："田獵畢弋。"孫詒讓《閒詁》引《國語·齊語》韋昭《注》："畢，掩雉兔之網也。"《大戴禮記·主言》："畢弋田獵之得。"王聘珍《解詁》："畢，田罔也。"這種用法的"畢"古代亦寫作"罼"。桂馥《説文解字義證》："畢，字或作罼。"朱駿聲《説文通訓定聲》："畢，字亦作罼。"《廣韻·質韻》："罼，兔罟。"可見，"畢（或罼）"爲古代專門用來捕獲雉兔的网子，用之"（覆）者（諸）屋，以戠（御）白兔"再合適不過。

清華簡《説命》三篇校釋

《清華大學藏戰國竹簡（叁）》一書中見有《説命》三篇，公佈至今，研究文章層出不窮。筆者此文，擬在諸家研究的基礎上，對簡文個别字詞的釋讀談點看法。不當之處，敬請方家批評指正。

一

《説命上》篇簡 1—簡 2 有一段話，整理者釋文如下：

> 隹（唯）[illegible]（般）王賜敓（説）於天，甬（庸）爲遳（失）宔（仲）叓（使）人，王命氒（厥）百攻（工）向，以貨旬（徇）求敓（説）於邑人。隹（惟）弜（弼）人旻（得）敓（説）于尃（傅）厰（巖）。①

這段文字講述的是商王武丁尋得傅説的過程，除“失仲”外，此事多見於歷史典籍。關於“甬”字，整理者注［二］：“甬，讀爲‘庸’，《荀子·解蔽》注：‘役也。’此言傅説爲失仲庸役之人。”關於“弜”字。整理者注［五］指出“上博簡《周易》咸卦有‘胬’字，今本作‘腓’”，引何琳儀説法釋“弜”爲“弼”，云：“《荀子·臣道》注：‘弼，所以輔正弓弩者也’。”又引唐蘭説法云“弼”即《儀禮·既夕禮》之“柲”，認爲“弼人當爲與製弓有關的職官”②。

按，《荀子·解蔽》篇未見有“庸”字，遍檢該篇楊倞《注》，亦未見有訓“庸”爲“役也”的情況。事實上，遍檢古注故訓，均未見有

---

① 清華大學出土文獻研究與保護中心編，李學勤主編：《清華大學藏戰國竹簡（叁）》，上海：中西書局，2012 年，第 122 頁。

② 清華大學出土文獻研究與保護中心編，李學勤主編：《清華大學藏戰國竹簡（叁）》，上海：中西書局，2012 年，第 122—123 頁。

訓“庸”爲“役也”的例證，未知整理者所注出自何處。儘管如此，筆者認爲讀“甬”爲“庸”仍然可從，但整理者訓“庸”爲“役也”則並不可取，該字於此當訓爲雇傭勞動之義。《慧琳音義》卷七九“庸晝”《注》引《考聲》訓“庸”爲“雇力受財也。”即其例。這種用法的“庸”字，後作“傭”。《説文・貝部》：“賃，庸也。”段玉裁《注》：“庸者，今之傭字……凡雇僦皆曰庸、曰賃。”《史記・陳涉世家》：“陳涉少時，嘗與人傭耕。”司馬貞《索隱》：“《廣雅》云：‘傭，役也。’按，謂役力而受雇直也。”《玄應音義》卷六“傭賃”《注》：“蔡邕《勸學》《注》云：‘傭，賣力也。’《莊子》：‘傭於人者。’孟氏曰：‘傭，役也。謂役力受直曰傭。”《慧琳音義》卷八九“傭書”《注》引顧野王云：“役力受直曰傭。”《字彙・人部》：“傭，雇役於人也。”均其例。

《墨子・尚賢下》：“昔者傅説居北海之洲，圜土之上，衣褐帶索，庸築於傅巖之城，武丁得而舉之，立爲三公，使之接天下之政，而治天下之民。”《墨子・尚賢中》：“傅説被褐帶索，庸築乎傅巖。”孫詒讓《墨子閒詁》引畢云：“庸，《史記索隱》引作‘傭’。”按，《墨子》此兩處“庸（傭）”字與簡文之“甬（傭）”字用法正可相參。東晉王嘉《拾遺記》：“傅説賃爲赭衣者，舂於深巖以自給。”《説文・貝部》：“賃，庸也。”《玉篇・人部》：“傭，傭賃也。”《資治通鑒・晉紀六》：“隨穀庸賃。”胡三省《注》：“賃，亦傭也。”《拾遺記》此“賃”字用法亦可與簡文之“甬（傭）”字相參。

關於“弜”字，整理者注［五］指出該字與上博簡《周易・咸卦》“胬”字上部所從相同，同時指出“胬”字是與今本《周易》之“腓”字對應，這是正確的[①]。但將該字釋爲“弼”，以及認爲“弼人當爲與製弓有關的職官”則仍有可商。

首先，從字形上看。大徐本《説文》：“（弼），輔也。重也。

①“弜”字原形作“”（簡2）。“胬”字凡二見，原形作“”（簡26）、“”（簡26）。

从弜㐁聲。，粥或如此。、，並古文粥。”[①]事實上，《説命下》篇簡 3 即有標準寫法的“粥”字作“”，同書《周公之琴舞》篇中“粥”字凡三見，亦均從弜從㐁，與《説文》小篆同形，而與“弢”字字形明顯有别[②]。整理者釋“弢”爲“粥”的主要字形依據是上引《説文》“粥”字古文之“”，認爲“弢”字左旁所從之“弓”爲“”字左旁所從之“弜”之省形。但這種看法其實是没有依據的。就目前古文字的實際情況來看，“粥”字十分常見，均從弜從㐁[③]。未見有將所從之“弜”省寫爲“弓”的情況。燮戒鼎銘文中見有“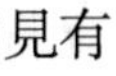”字，顯係《説文》古文“”字所本，所從“弜”旁亦未省作“弓”。除“粥”字外，楚簡文字中從“弜”聲之字凡四見，分别是郭店簡《老子》甲篇之“賈”（簡 36）和上博簡《周易·頤》之“䰜”（簡 24—簡 25，凡三見）[④]。和“粥”字一樣，此四例字形所從之“弜”旁亦均書寫完整，亦未見有直接省寫爲“弓”的情況。可見，在字形上將“弢”與“”等同並不可靠。

其次，就該字用法而言。“粥人”　詞不見於傳世文獻，説“粥人”是“與製弓有關的職官”，顯然没有任何典籍依據。

筆者認爲，既然“弢”字與上博簡《周易·咸卦》之“䏶”字上部所從相同，而“䏶”字則是與今本《周易·咸卦》之“腓”字對應，則“弢”字於此似當讀作“辠”。《説文》：“腓，脛腨也。从肉非聲。”《説文》：“罪，捕魚竹網。从网非。秦以罪爲辠字。”將“罪”分析爲從网非的會意字，但清代段玉裁《説文解字注》、王筠《説文句讀》和《説文釋例》以及朱駿聲《説文通訓定聲》均認爲“罪”字當分析爲從网非聲，

① 徐鍇《説文解字繫傳》認爲“粥”字非從“㐁”聲，指出：“㐁，舌也。非聲。舌柔而弜剛，以柔從剛，輔弼之意。”將“粥”分析爲從弜從㐁的會意字，亦不確。王國維《釋粥》(《觀堂集林》卷 6，《王國維遺書》第 1 册，上海：上海古籍出版社，1983 年，第 13 頁）指出“粥”字當分析爲從㐁弜聲，其説可信。

② 此三例字形分别作“”（簡 3）、“”（簡 11）、“”（簡 15）。

③ 董蓮池《新金文編》（北京：作家出版社，2011 年）第 1782 頁；李守奎《楚文字編》（上海：華東師範大學出版社，2003 年）第 715 頁。

④ 郭店簡之“賈”原形作“”（簡 36），是與今本《老子》之“費”字對應。上博簡之“䰜”字凡三見，字形分别作“”（簡 24）、“”（簡 24）、“”（簡 24），是與今本《周易》之“拂”字對應。

是形聲字[①]。《韓非子·初見秦》："非其士民不能死也。"《戰國策·秦策一·説秦王曰章》"非"作"罪"。段、王和朱的看法當屬可信。"腓""罪"均從"非"聲，則"弜"字當可讀作"罪"。"罪""辠"古通用[②]，則"弜"字亦當可讀作"辠"。《説文》："辠，犯法也。……秦以辠似皇字，改爲罪。"簡文"隹（惟）弜（辠）人旻（得）敚（説）于専（傅）厰（巖）"是講傅説是被辠人在傅巖找到的。

據典籍記載，傅説在正式入殷之前，其身份與"胥靡"有關。關於這一點，有三種説法，第一種也是比較流行的説法是傅説本身就是"胥靡"，如：

《吕氏春秋·求人》："傅説，殷之胥靡也。"

《史記·殷本紀》："於是乃使百工營求之野，得説於傅險中。是時説爲胥靡，築於傅險。"

《史記·屈原賈生列傳》："傅説胥靡兮，乃相武丁。"

《漢書·賈誼列傳》："傅説胥靡，乃相武丁。"

《帝王世紀》："夢天賜賢人，姓傅名説，乃使百工寫其像，求諸天下，見築者胥靡衣褐帶索，執役於虞、虢之閒，傅巖之野。"

《潛夫論·論榮》："傅説胥靡，而井伯虞虜也。"

《潛夫論·五德志》："乃使以夢像求之四方側陋，得傅説，方以胥靡築於傅巖。"

《文選·賈誼〈鵬鳥賦〉》："傅説胥靡兮，乃相武丁。"

第二種説傅説是代替"胥靡"而築於傅巖，如：

《尚書·説命上》："乃審厥象，俾以形旁求於天下。説築傅巖之野，惟肖。"僞孔《傳》："傅氏之巖，在虞、虢之界，通道所經，有澗水壞道，常使胥靡刑人築護此道。説賢而隱，代胥靡築之以供食。"孔穎達《正義》："傅説賢人，必身不犯罪，言其説爲胥靡，

① 丁福保：《説文解字詁林》，北京：中華書局，1988年，第7735—7737頁。季旭昇《説文新證》（福州：福建人民出版社，2010年，第640頁）亦從此説。

② 高亨：《古字通假會典》，濟南：齊魯書社，1989年，第576頁。

當是時代胥靡也。”

《後漢書·馬融傳》：“營傅説於胥靡，求伊尹於庖厨。”李賢《注》：“傅説代胥靡刑人築於傅巖之野，高宗夢得之。”

前引《墨子·尚賢》説傅説“庸（傭）築於傅巖之城”、“庸（傭）築乎傅巖”和《拾遺記》説“傅説賃爲赭衣者”及簡文説傅説“甬（傭）爲遳（失）审（仲）吏（使）人”，則是第三種説法，認爲傅説是受雇傭而勞役。

以上三種説法，到底哪一種符合實際，我們無法確定。但無論哪種説法，傅説曾與“胥靡”一起勞役，則是不争的事實。

關於“胥靡”，前引《吕氏春秋·求人》高誘《注》：“胥靡，刑罪之名也。”《史記·屈原賈生列傳》司馬貞《索隱》：“晉灼云：‘胥，相也。靡，隨也。古者相隨坐輕刑之名。’”《漢書·賈誼列傳》顔師古《注》：“張晏曰：‘胥靡，刑名也。傅説被刑，築於傅巖，武丁以爲己相。’師古曰：‘胥靡，相隨之刑也。’”此外，《荀子·儒效》：“鄉也，胥靡之人，俄而治天下之大器舉在此，豈不貧而富矣哉！”楊倞《注》：“胥靡，刑徒人也。胥，相；靡，繫也。謂鎖相聯相繫，《漢書》所謂鋃鐺者也。”《漢書·楚元王傳》：“二人諫，不聽，胥靡之，衣之赭衣，使杵臼雅舂於市。”顔師古《注》：“聯繫使相隨而服役之，故謂之胥靡，猶今之役囚徒以鎖聯綴耳。”《莊子·庚桑楚》：“胥靡登高而不懼，遺死生也。”成玄英《疏》：“胥靡，徒役之人也。”王先謙《集解》：“胥靡，役作之人。”據此，則“胥靡”既是一種刑罪之名，同時亦可指代刑徒勞役之人（本質上就是“辠人”），則簡文説傅説是由“辠人”（亦即“胥靡”）找到也就是情理中事。

二

《説命中》篇簡3—簡5有一段話，整理者釋文如下：

敬之哉（哉），攺（啓）乃心，日沃朕心。若藥，女（如）不眂（瞑）均（眩），邚（越）疾罔瘳。朕畜女（汝），隹（惟）乃𦚏（腹），非乃身。若天雫（旱），女（汝）复（作）淫（淫）雨。若圖〈圖〉（津）

水，女（汝）复（作）舟。[①]

這段文字講述的是傅説入殷之初商王武丁對傅説的告誡之語。關於“朕畜女（汝），隹（惟）乃஦（腹），非乃身”，整理者注［一四］：“腹，指腹心，《周南·兔罝》：‘公侯腹心。’”[②]按，此説恐非。“腹”字古僅指腹部，從未見有指“腹心”者。這從整理者所引《周南·兔罝》“公侯腹心”也可以看得很清楚。而且“身”字古亦有“腹”義。《易·艮》：“艮其身。”李鼎祚《集解》引虞翻曰：“身，腹也。”可見，“隹（惟）乃஦（腹），非乃身”讀起來亦頗爲不辭，很令人費解。

筆者認爲，該句當斷讀爲“朕畜女（汝），隹（惟）乃஦（腑）非（肺）乃身”。

這裏，“惟乃”之“惟”用作句首語氣詞，“乃”則用作副詞，相當於“於是”[③]。類似用法如：

《逸周書·武寤》：“王克配天，合于四海，惟乃永寧。”
《僞古文尚書·旅獒》：“允迪兹生，民保厥居，惟乃世王。”

“஦”從“复”聲。“腑”從“府”聲，“府”又從“付”聲。上古音“付”爲幫母侯部字，“复”爲並母覺部字，兩字聲母同爲脣音，韻部關係密切。典籍中從“复”聲之字常可與“孚”字相通[④]，而“孚”及從“孚”聲之字亦常可與“付”及從“付”聲之字相通[⑤]。除此之外，典籍中從“复”聲之字和從“付”聲之字亦均可與從“畐”聲之字和從“葡”聲之字相通[⑥]。可見，簡文之“஦”當可讀作“腑”。

“肺”從“市”聲。上古音“市”爲幫母月部字，“非”爲幫母微部

① 清華大學出土文獻研究與保護中心編，李學勤主編：《清華大學藏戰國竹簡（叁）》，上海：中西書局，2012 年，第 125 頁。

② 清華大學出土文獻研究與保護中心編，李學勤主編：《清華大學藏戰國竹簡（叁）》，上海：中西書局，2012 年，第 126 頁。

③ 參俞敏監修、謝紀鋒編纂《虚詞詁林》（哈爾濱：黑龍江人民出版社，1992 年，第 4—12、500—504 頁）所引王引之、楊樹達等各家説法。

④ 高亨：《古字通假會典》，濟南：齊魯書社，1989 年，第 767 頁；白於藍：《戰國秦漢簡帛古書通假字彙纂》，福州：福建人民出版社，2012 年，第 88、409、411 頁。

⑤ 高亨：《古字通假會典》，濟南：齊魯書社，1989 年，第 365—368、767 頁。

⑥ 高亨：《古字通假會典》，濟南：齊魯書社，1989 年，第 439—440 頁。

字，兩字聲母雙聲，韻部關係密切。《説文》："巿，艸木盛巿巿然。象形，八聲。凡巿之屬皆从巿。讀若輩。""輩"字即從"非"聲，這是從"非"聲之字可與從"巿"聲之字相通的直接例證。除此之外，典籍中亦見有從"非"聲之字和從"巿"聲之字均可與從"弗"聲之字相通的例證[①]。可見，簡文之"非"當可讀作"肺"。

"腑肺"即"肺腑"。"肺腑"一詞典籍習見，義近"心腹"，喻指帝王宗親或極親近之人。《史記·魏其武安侯列傳》："上初即位，富於春秋，蚡（田蚡）以肺腑爲京師相。"司馬貞《索隱》："腑音府，肺音廢。言如肝肺之相附。"張守節《正義》曰："顧野王云：'肺腑，腹心也。'案：説田蚡爲相，若人之肺，知陰陽逆順，又爲帝之腹心親戚也。"《三國志·蜀志·劉璋傳》："劉豫州，使君之肺腑，可與交通。"《晉書·苻堅載記上》："昔劉向以肺腑之親，尚能極言，况於臣乎！"《南齊書·謝朓傳》："遥光又遣親人劉渢密緻意於朓，欲以爲肺腑。"均其例。

簡文"腑肺乃身"爲名字意動用法。《史記·魏其武安侯列傳》："今我在也，而人皆藉吾弟！令我百歲後，皆魚肉之矣！"這裏的"魚肉"本爲名詞，活用爲意動詞，"之"指"吾弟"。"皆魚肉之"即都以吾弟爲（人之）魚肉之義。王安石《傷仲永》："邑人奇之，稍稍賓客其父。"這裏的"賓客"本爲名詞，活用爲意動詞。"賓客其父"義爲以其父爲（邑人之）賓客。簡文"腑肺乃身"用例與之相仿。"朕畜女（汝），隹（惟）乃䡩（腑）非（肺）乃身"大意是説我蓄養你，以你的身體作爲（我之）心腹。後文云"若天𩃬（旱），女（汝）乍（作）悭〈怪（淫）〉雨。若圞水，女（汝）乍（作）舟"正是商王武丁以比喻的方式講把傅説視作"腑肺"的具體表現。

關於"圞"字，原整理者以爲中間的"馬"當爲"鳶"之訛，將其讀爲"津"。孫合肥改釋爲"滿"，認爲此處的"滿"當與前面的"旱"相對應，應表水之"盈溢"之義[②]。侯乃峰認爲孫合肥釋"滿"可信，指出"在清華簡第三册中共出現三個這樣的字形，其他兩處皆用爲'滿'字，似乎不大可能獨獨此處這個字是誤寫的"，同時指出"此'滿'字似不可

① 高亨：《古字通假會典》，濟南：齊魯書社，1989年，第598—603頁。
② 孫合肥.《讀〈清華大學藏戰國竹簡（叁）〉劄記》，簡帛網，2013年1月9日。

能與‘旱’字存在什麼對應關係的，簡文當是一句話一層意思”，進而認爲“㴰”或當讀爲“漫”，訓爲“蹚過、渡越”。傳本“若濟巨川，用汝作舟楫”與“若漫水，汝作舟”對應，其中“漫”可對應“濟”，都含有“渡越”之義①。

按，孫合肥釋“𡇬”爲“㴰”，可信。但在文義的理解上，因有今本“若濟巨川，用汝作舟楫”與該句對應，當以侯乃峰的説法爲是，但其將“㴰”讀作“漫”則仍有未安，先秦兩漢文獻中未見有“漫”字有可訓爲“蹚過、渡越”的例子。筆者認爲，簡文之“𡇬（㴰）”當讀作“厲”。“厲”從“蠆”聲，“蠆”從“萬”聲②。“㴰”從“㒼”聲，上古音“萬”“㒼”俱爲明母元部字，例可相通。典籍中從“㒼”聲之字常可與從“曼”聲之字相通，而“曼”與“萬”亦有相通之例③。《荀子·正論》：“曼而饋。”楊倞《注》：“曼當爲萬。”即其例。典籍中從“免”聲之字亦可與從“㒼”聲之字相通。《吕氏春秋·重己》：“胃充則中大鞔。”高誘《注》：“鞔讀爲懣。”王力認爲勉、勱爲同源字④。“勉”從“免”聲，“勱”從“萬”聲。可見，簡文之“𡇬（㴰）”當可讀作“厲”。

典籍中“厲”字常可訓爲“渡”或“度”。《楚辭·遠遊》：“徐弭節而高厲。”洪興祖《補注》：“厲，渡也。”《史記·司馬相如列傳》：“横厲飛泉以正東。”張守節《正義》：“厲，渡也。”《孔子家語·致思》：“有一丈夫方將厲之。”王肅《注》：“厲，渡。”《漢書·陳湯傳》：“横厲烏孫。”顔師古《注》：“厲，度也。”這種用法的“厲”字，典籍中亦常用“濿”字來表示。《爾雅·釋水》：“深則厲。”陸德明《釋文》：“厲，本或作濿。”《楚辭·九思·疾世》：“濿滄海兮東遊。”洪興祖《補注》：“濿，與厲同。”《楚辭·九歎·離世》：“棹舟杭以横濿兮。”王逸《注》：“濿，渡也。由帶以上爲濿。……一注云：由膝以上爲厲。”洪興祖《補注》：“濿，履石渡水。

① 侯乃峰：《讀清華簡（三）〈説命〉脞録》，簡帛網，2013年1月16日。

②《説文》：“厲，旱石也。从厂，蠆省聲。𠪚，或不省。”《説文》：“蠆，毒蟲也。象形。，或从䖵。”鈕樹玉《説文解字校録》、王筠《説文句讀》均指出“蠆”字當分析爲從虫萬聲。可信。

③ 高亨：《古字通假會典》，濟南：齊魯書社，1989年，第226頁。

④ 王力：《同源字典》，北京：商務印書館，1982年，第410頁。

通作厲。”《詩·國風·匏有苦葉》：“匏有苦葉，濟有深涉。深則厲，淺則揭。”王先謙《詩三家義集疏》：“《魯》説曰：‘揭者，揭衣也。以衣涉水爲厲。繇膝以下爲揭，繇膝以上爲涉，繇帶以上爲厲。’《韓》説曰：‘至心曰厲。’三家亦作‘砅’，又作‘濿’。”

三

《説命下》篇簡3—簡4有一段話，整理者釋文如下：

> 王曰：“敚（説），罙（既）亦䛐（詣）乃備（服），勿易卑（俾）郕（越）。女（如）飛鶴（雀）罔畏覼（離），不隹（惟）鹰（鷹）唯（隼），乃弗悫（虞）民，氒（厥）其怂（禍）亦羅於罼罘。”①

這段文字講述的是傅説入殷之後商王武丁對傅説的告誡之語。關於“罙（既）亦䛐（詣）乃備（服）”，整理者注［一〇］：“罙，在卜辭、金文中相當典籍之‘暨’，在此讀爲‘既’。亦，句中助詞。詣，《漢書·楊王孫傳》注：‘至也。’”②黄傑據清華簡（叁）的用字習慣將“罙”讀“懷”，訓“來”。指出“‘至乃服’何意，仍不得其解”，進而將“䛐”讀作“視”。認爲“‘視乃服’即考察你的職事”。並將該句斷讀爲“王曰：‘説，懷！亦䛐乃備（服），勿易，俾越。’”③

按，黄傑讀“罙”爲“懷”可從，但訓作“來”則不確。若依其解，則“亦䛐（詣）乃備（服）”之“亦”字就没有著落。筆者認爲，簡文“罙（懷）”當與“亦䛐乃備（服）”作一句讀，“懷”是一個與“䛐”並列的詞彙。《詩·大雅·皇矣》：“予懷明德。”朱熹《集傳》：“懷，眷念也。”《後漢書·班彪傳附班固传》：“故下民號而上愬，上帝懷而降鑒。”李賢《注》：“懷，猶眷念也。”《廣雅·釋詁一》：“眷，憂也。”《左傳·昭公元年》：“吾代二子眷矣。”孔穎達《疏》引服虔曰：“眷，

① 清華大學出土文獻研究與保護中心編，李學勤主編：《清華大學藏戰國竹簡（叁）》，上海：中西書局，2012年，第128頁。

② 清華大學出土文獻研究與保護中心編，李學勤主編：《清華大學藏戰國竹簡（叁）》，上海：中西書局，2012年，第129頁。

③ 黄傑：《讀清華簡（叁）〈説命〉筆記》，簡帛網，2013年1月9日。

憂也。”簡文“罘（懷）亦䁬乃備（服）”之“懷”似即此義。《逸周書·嘗麥》：“爾弗敬恤爾執以屏助予一人集天之顯，亦爾子孫其能常憂恤乃事？”《説文》：“恤，憂也。”“憂恤”爲同義複詞。簡文之“罘（懷）亦䁬乃備（服）”之“罘（懷）”與此“憂恤乃事”之“憂恤”義近。

至於“䁬”字，整理者讀作“詣”訓爲“至”的看法的確不可取，誠如黄傑所言，“‘至乃服’何意，仍不得其解”。黄傑訓“服”爲“職事”，可從，但其讀“䁬”爲“視”的看法亦不可取。《説命》三篇中“視”字凡六見，似不當於此再寫作“䁬”而讀作“視”①。筆者認爲，“䁬”似當讀作“祇”。“䁬”從“脂”聲，“脂”又從“旨”聲。“祇”從“氏”聲。上古音“旨”爲章母脂部字，“氏”爲端母脂部字。兩字聲母同爲舌音，韻則同部，古音十分接近。《説文》：“坻，小渚也。……从土氏聲。……渚，坻或从水从耆。”“耆”從“旨”聲，“坻”從“氏”聲。這是“䁬”可讀作“祇”的直接例證。王引之《經義述聞·尚書上·今爾無指告》：“指告者，致告也。《盤庚》篇曰‘凡爾衆，其爲致告’。是也。《説苑》有《指武篇》，謂‘致武’也（《周語》曰‘於是乎致武’）。‘指’字或作‘厎’。襄九年《左傳》曰‘無所厎告’。是也（《爾雅》曰‘厎，致也’）。”亦其證。

“祇”字之訓爲“敬”爲典籍常訓。《説文》：“祇，敬也。”《爾雅·釋詁下》：“祇，敬也。”《楚辭·離騷》：“湯禹儼而祇敬兮。”王逸《注》：“祇，敬也。”

典籍中“祇事”“敬事”十分常見，兹列舉數例如下：

《漢書·宣帝紀》：“朕之不德，屢獲天福，祇事不怠。”

《晉書·樂志上》：“我其夙夜，祇事上靈。”

《禮記·内則》：“適子庶子，祇事宗子宗婦。”

《宋書·后妃列傳·文帝路淑媛》：“太宗盡心祇事，而太后撫愛亦篤。”

《宋書·江夷列傳》：“是以小心翼翼，可祇事於上帝。”

《梁書·沈約列傳》：“牽策行止，努力祇事。”

---

① 分别見於《説命》中篇簡 6（二見）、簡 7，《説命》下篇簡 3、簡 6（二見）。

《南史·到彦之列傳》：“忽有神光五采照於室内，由是祗事益恭。”

《逸周書·謚法》：“敬事尊上曰恭。”

《論語·學而》：“道千乘之國，敬事而信，節用而愛人，使民以時。”

《管子·輕重·山權數》：“藏三之一不足以傷民，而農夫敬事力作。”

古璽印文字中“敬事”吉語璽更是比比皆是[①]。“敬乃事”之類的説法亦見於典籍。

《宋書·禮志二》：“大夫君子，其各悉乃心，各敬乃事，嘉謀令圖。”

《全晉文》卷五二《御史中丞箴並序》：“嗟爾庶寮，各敬乃職！”

關於“勿易卑（俾）邚（越）”，整理者注［一一］：“易，改變。越，《書·盤庚》孔傳：‘墜也。’意即失墜。”[②]黄傑認爲“易”“可解爲輕慢”[③]，可從。這種用法的“易”字，後世多用“傷”字來表示。《説文》：“傷，輕也。”王筠《説文句讀》：“傷，經典多以易代傷。”《廣雅·釋詁三》：“傷，輕也。”《廣雅·釋詁三》：“慢，傷也。”王念孫《疏證》：“傷，古通作易。”《玄應音義》卷三“陵傷”《注》引《蒼頡篇》：“傷，慢也。”《廣韻·寘韻》：“傷，相輕慢也。”徐鍇《説文解字繫傳》：“傷，人所爲輕易也。”至於簡文之“邚”字，整理者讀作“越”，訓爲“失墜”，可從。

綜上所述，“罘（懷）亦舊（祗）乃備（服），勿易卑（俾）邚（越）”即憂恤且祇敬乃事，不要輕慢而導致失墜[④]。

---

① 故宫博物院編，羅福頤主編：《古璽彙編》，北京：文物出版社，1981年，第381—385頁。

② 清華大學出土文獻研究與保護中心編，李學勤主編：《清華大學藏戰國竹簡（叁）》，上海：中西書局，2012年，第129頁。

③ 黄傑：《讀清華簡（叁）〈説命〉筆記》，簡帛網，2013年1月9日。

④ 吴昌瑩《經詞衍釋》（北京：中華書局，1956年，第60—61頁）：“亦之訓‘且’，乃常語。又《詩》：‘不顯亦世。’不顯，‘顯’也。言顯且世世也。‘不聞亦式’、‘不諫亦入’，不，皆語助。言聞善且用，諫且納也。”

清華簡《芮良夫毖》6—8號簡校釋

清華簡第三册《芮良夫毖》篇簡6—簡8有一段話，整理者釋文如下：

> 敬孳（哉）君子！恪孳（哉）母（毋）巟（荒），畏天之隆（降）載（災），卹邦之不臧（臧）。母（毋）自縱（縱）于𨓈（逸）以囂（遨），不煮（圖）戁（難），㝸（變）改棠（常）絉（術），而亡（無）又（有）緖（紀）統（綱）。此惪（德）型（刑）不齊，夫民甬（用）𢝊（憂）惕（傷）。民之俴（賤）矣，而隹（惟）啻（帝）爲王。皮（彼）人不敬，不藍（鑒）于䪨（夏）商。①

筆者認爲，這段文字是有韻的，押陽部韻。根據韻文，應當重新斷讀爲：

> 敬孳（哉）君子！恪孳（哉）母（毋）巟（荒），畏天之隆（降）載（災），卹邦之不臧（臧）。母（毋）自縱（縱）于𨓈（逸），以囂（傲）不（丕）煮（圖），戁（悍）㝸（變）改棠（常），絉（疢）而亡（無）又（有）緖（紀）統（綱）。此惪（德）型（刑）不齊，夫民甬（用）𢝊（憂）惕（傷）。民之俴（殘）矣，而隹（惟）啻（謫）爲王：“皮（彼）人不敬，不藍（鑒）于䪨（夏）商。”②

簡文重新斷讀之後，上古音“巟（荒）”“臧（臧）”“棠（常）”“統（綱）”“惕（傷）”“王”“商”均爲陽部字。“煮（圖）”爲魚部字，上古音魚、陽對轉，亦可相叶。因此，從韻讀的角度來看，如此斷句比較合理。下面，試對相關字句稍作解釋。

簡文“以囂不煮（圖）”之“以囂”，整理者將之上讀，讀“囂”爲

① 清華大學出土文獻研究與保護中心編，李學勤主編：《清華大學藏戰國竹簡（叁）》，上海：中西書局，2012年，第145頁。

② “俴（殘）”字從魚游春水（網名）《清華簡三〈芮良夫毖〉初讀》（簡帛網之簡帛論壇，2013年1月5日）讀。

“遨”。注［二五］引《文選》李周翰《注》“遨，游”和“遨遊，戲也”爲訓，蓋是基於與前面之“𣟴（逸）”字語義相關來考慮的[①]。現既將“以囂”二字下讀，則“囂”與“𣟴（逸）”字就不存在語義方面的必然聯繫，“囂”似當讀作“傲”。“傲”字古有輕慢、不敬之義。《廣雅·釋詁三》：“傲，輕也。”《吕氏春秋·士容》：“傲小物而志屬於大。”高誘《注》：“傲，輕也。”《國語·晉語二》：“小國傲，大國襲焉曰誅。”韋昭《注》：“傲，慢也。”《爾雅·釋言》：“敖，傲也。”郭璞《注》：“傲，慢也。”《左傳·文公九年》：“冬，楚子越椒來聘，執幣傲。”杜預《注》：“傲，不敬。”《玄應音義》卷二“倨傲”《注》：“傲，不恭敬也。”《玄應音義》卷三“傲慢”《注》：“傲，謂不敬也。”“不煮（圖）”之“不”似當讀作“丕”。《說文》：“丕，大也。”《國語·周語上》：“檮杌次於丕山。”韋昭《注》：“丕，大。”“丕圖”即“大圖”。“大圖”一詞見於典籍。《魏書·盧玄列傳》：“今歲已云秋，高風漸舉，經算大圖，時事既至。”《全晉文·蜀·譙壯〈上李壽封事〉》：“陛下至心，本無大圖，而今久不變，天下之人，誰復分明知陛下本心者哉？”均其例。郭店楚簡《語叢二》簡 51 有“少不忍伐大𡰥”語，筆者曾指出“𡰥”字“原本可能就是‘圖畫’之‘圖’之專字。但其在簡文中是用作‘圖謀’之‘圖’”[②]。亦可參。典籍中“圖”與“謀”同義，常可互訓[③]。直至今天，“圖謀”一詞仍是常用詞彙。據此，“不（丕）煮（圖）”亦即“大謀”。“大謀”一詞典籍習見，玆不贅舉。綜上所述，簡文“以囂（傲）不（丕）煮（圖）”即輕慢或不敬大謀之義。典籍中見有“敬謀”一詞。《逸周書·銓法》：“敬謀、祗德、親同，三不遠也。”《荀子·議兵》：“敬謀無壙，敬事無壙，敬吏無壙，敬衆無壙，敬敵無壙，夫是之謂五無壙。”簡文“以囂（傲）不（丕）煮（圖）”與此“敬謀”語義相反。

簡文“戁覍（變）改祟（常）”之“戁”，整理者將之上讀，讀作“難”，

① 清華大學出土文獻研究與保護中心編，李學勤主編：《清華大學藏戰國竹簡（叁）》，上海：中西書局，2012 年，第 150 頁。

② 白於藍：《釋“𡰥”》，《中國文字研究》第 14 輯，鄭州：大象出版社，2011 年。

③ 宗福邦、陳世鐃、蕭海波主編：《故訓匯纂》，北京：商務印書館，2003 年，第 405、2134 頁。

未做進一步解釋。現將該字下讀，於此似當讀作“悍”。“戁”從“難”聲，“悍”從“旱”聲[①]。上古音旱爲匣母元部字，《説文》所謂從“難”聲之如漢、熯和灘諸字，均爲曉母元部字[②]。可見“戁”“悍”古音十分接近，例可相通。《廣韻·旱韻》：“焊，火乾也。熯，上同。”《類篇·火部》：“熯，乾也。或作焊。”《集韻·旱韻》：“暵，乾也。或作熯、焊。”這是異體的例子。《説文》：“漢，漾也。”朱駿聲《説文通訓定聲》“（漢）假借爲悍。《方言》：‘漢、赫，怒也。’”這是通假的例子。《文選·宋玉〈神女賦〉》“難”“蘭”“歡”“端”“歎”“干”等字叶韻，“悍”從“旱”聲，而“旱”則從“干”聲。這是叶韻的例子。可見“戁”可讀作“悍”。“悍”字古有强、急之義。《史記·河渠書》：“水湍悍，難以行平地。”裴駰《集解》引韋昭曰：“悍，强也。”《後漢書·馮衍傳》：“衍娶北地女任氏爲妻，悍忌。”李賢《注》：“悍，急也。”《集韻·潸韻》：“悍，急也。”至於“變”字，古有改常之義。《詩·豳風·七月》：“周公遭變故，陳后稷先公風化之所由。”孔穎達《疏》：“變者，改常之名。”《黄帝内經·素問·六節藏象論》：“氣之不襲，是謂非常，非常則變矣。”王冰《注》：“變，謂變易天常也。”《黄帝内經·素問·皮部論》：“其入於絡也，則絡脈盛色變。”王冰《注》：“變，謂易其常也。”至於“常”字。《國語·越語下》：“肆與大夫觴飲，無忘國常。”韋昭《注》：“常，舊法。”《荀子·賦》：“千歲必反，古之常也。”楊倞《注》：“常，亦古之常道。”綜上所述，簡文“戁（悍）覍（變）改祟（常）”應即悍然變易天常改動舊法之義。《申鑒·雜言下》：“君子所惡乎異者三，好生事也，好生奇也，好變常也。好生事則多端而動衆，好生奇則離道而惑俗，好變常則輕法而亂度。”《淮南子·詮言》：“倍道棄數，以求苟遇，變常易故，以知要遮，過則自非，中則以爲候，闇行繆改，終身不寤，此之謂狂。”《漢書·韓安國列傳》：

---

①《説文》：“戁，敬也。从心難聲。”《説文》：“悍，勇也。从心旱聲。”

②《説文》：“漢，漾也。東爲滄浪水。从水難省聲。”《説文》：“熯，乾皃。从火漢省聲。”《説文》：“灘，水濡而乾也。从水鷬聲。”《説文》無“茣”字，“難”作“鷬”，云：“鷬，鳥也。从鳥堇聲。”林義光《文源》：“歎、漢、熯等字，《説文》或以爲堇聲，或以爲難省聲，或以爲漢省聲，實皆難省聲。”季旭昇《説文新證》（福州：福建人民出版社，2010年，第312頁）指出“金文難字从隹，茣聲，楚文字或从堇聲。漢隸以下多从茣聲，而《説文》所承則爲从堇聲”。可信。

“臣聞利不十者不易業，功不百者不變常，是以古之人君謀事必就祖，發政占古語，重作事也。”《後漢書·胡廣列傳》：“今以一臣之言，剗戾舊章，便利未明，衆心不猒。矯枉變常，政之所重，而不訪臺司，不謀卿士。”可見，强急改常易法實非好事。

簡文“絉而亡（無）又（有）絽（紀）綂（綱）”之“絉”，整理者將之上讀，讀作“術”，注［二六］引《國語》韋昭《注》“術，道也”爲訓[1]。現在“常”字下斷句，押陽部韻，則“絉”似當讀作“狘”。《廣雅·釋詁四》：“狘，狂也。”《集韻·術韻》：“狘，《爾雅》：‘狂也。’”這種用法的“狘”字，字書中或寫作“怵”“怴”。《集韻·質韻》：“怵，《博雅》：‘狂也。’或作怴、狘。”[2]《廣韻·術韻》：“怴，狂也。”可見，“狘”字具有狂義，簡文“絉（狘）而亡（無）又（有）絽（紀）綂（綱）”即狂而没有紀綱之義。

簡文“民之俴（殘）矣，而隹（惟）啻（讁）爲王”之“俴”，整理者讀作“賤”而未作解釋。魚遊春水讀作“殘”，其説可從。典籍中見有“民殘”一詞。《左傳·昭公二十年》：“政寬則民慢，慢則糾之以猛。猛則民殘，殘則施之以寬。”《戰國策·齊策五》：“夫士死於外，民殘於内，而城郭露於境，則非王之樂也。”均其例[3]。至於“啻”字，整理者讀作“帝”。注［二八］云：“‘啻’通‘帝’。”[4]未作進一步解釋，應是將之理解爲“帝王”之“帝”。魚遊春水讀作“適”，謂“簡文通讀爲‘民之殘矣，而誰適爲王’，謂百姓殘滅凋敝散亡，誰能一個人稱王？下句説‘彼人不敬，不監于夏商’，夏商已失去民心而亡，所謂‘此日曷喪，與

---

① 清華大學出土文獻研究與保護中心編，李學勤主編：《清華大學藏戰國竹簡（叁）》，上海：中西書局，2012年，第150頁。

② “怴”當爲“怴”之訛字。《公羊傳·桓公五年》：“曷爲以二日卒之，怴也。”阮元《校勘記》：“唐石經諸本同，《釋文》作‘怴，呼述反’。按：怴當爲怴，字之訛也。《廣雅·釋詁二》：‘怴，怒也。’又《釋訓》：‘怴怴，亂也。’曹憲音‘呼述’，今亦誤作怴……《玉篇·心部》：‘怴，許律切。怒也。’《廣韻·六術》：‘怴，狂也。’皆從戊不誤。”

③ 文章草成後，蒙劉洪濤提醒，該“俴”字亦可讀作“散”，亦可通。典籍中“民散”一詞亦十分常見。劉先生尚有《〈方言〉“散，殺也”疏證》（待刊）一文，對“散”與從“戔”聲之字音近相通之例有詳盡疏證。

④ 清華大學出土文獻研究與保護中心編，李學勤主編：《清華大學藏戰國竹簡（叁）》，上海：中西書局，2012年，第150頁。

汝偕亡’，又曰‘獨夫紂’，皆指没有百姓之後，不能做真正的王了”[①]。按，該字於此似當讀作“讁”或“責”。“讁”從“啻”聲，“啻”字自可讀作“讁”[②]。《廣雅·釋詁一》：“讁，責也。”《國語·周語下》：“故國將無咎，其君在會，步言視聽，必皆無讁，則可以知德矣。”韋昭《注》：“讁，譴也。”《左傳·桓公十八年》：“齊侯通焉，公讁之。”杜預《注》：“讁，譴也。”《左傳·成公十七年》：“慶克久不出，而告夫人曰：‘國子讁我。’夫人怒。”杜預《注》：“讁，譴責也。”《後漢書·光武帝紀下》：“吾德薄致災，讁見日月，戰慄恐懼，夫何言哉！”李賢《注》：“讁，責也。”上博簡《競建内之》簡6：“甚才（哉）！虐（吾）不濿（勵），二三子不諦忞（怒）寡人，至於使日飤（食）。”[③]陳偉指出“帝、責，《説文》並爲‘朿’聲，或可通假。疑‘諦’讀爲‘責’。責怒爲嚴責之意”[④]。可從。總之，簡文“民之俴（殘）矣，而隹（惟）啻（讁或責）爲王”是講百姓殘傷，就會譴責其王[⑤]。簡文緊接著講“皮（彼）人不敬，不藍（鑒）于顕（夏）商”正是百姓譴責其王之語，指出其王不敬，不以夏商爲鑒。

最後，筆者對出土文獻中常見的“怵惕”一詞談一點自己的看法。上博簡第三册《彭祖》篇簡6見有“述惕之心不可長”語[⑥]，睡虎地秦簡《爲吏之道》簡33—37第二欄和北京大學藏秦簡《從政之經》均有“術愁之心不可長”語[⑦]，嶽麓書院藏秦簡《爲吏治官及黔首》簡1589正（七八正）第四欄亦見有“術狄之心不可長”語[⑧]。傳世文獻中，《説苑·談叢》亦

① 魚游春水（網名）：《清華簡三〈芮良夫毖〉初讀》，簡帛網之簡帛論壇，2013年1月5日。

②《説文》：“讁，罰也。从言啻聲。”

③ “甚”字從何有祖《上博五楚竹書〈競建内之〉劄記五則》（簡帛網，2006年2月18日）釋。“濿（勵）”字從唐洪志《上博（五）札记（两则）》（簡帛網，2006年3月8日）引筆者説法讀。

④ 陳偉：《〈競建内之〉〈鮑叔牙與隰朋之諫〉零識》，簡帛網，2006年2月22日。

⑤ “爲”字古可用作代詞，表示第三人稱，相當於“其”。裴學海：《古書虛字集釋》，《民國叢書》第5編46，上海：上海書店，1989年，第123頁。

⑥ 馬承源主編：《上海博物館藏戰國楚竹書（叁）》，上海：上海古籍出版社，2003年，第307頁。

⑦ 睡虎地秦墓竹簡整理小组：《睡虎地秦墓竹簡》，北京：文物出版社，1990年，第169頁。原整理者釋文爲“術（怵）愁（惕）之心，不可［不］長”，認爲“可”字下脱“不”字，不確。詳參白於藍：《睡虎地秦簡〈爲吏之道〉校讀劄記》，《江漢考古》2010年3期，第125頁。北大簡這條材料尚未公佈，但整理者作過介紹，見朱鳳瀚：《北大藏秦簡〈從政之經〉述要》，《文物》2012年第6期，第74頁。

⑧ 朱漢民、陳松長：《嶽麓書院藏秦簡（壹）》，上海：上海辭書出版社，2010年，第144頁。

有“愓愓之心不可長也”語。以上出土文獻中的“述愓”“術慭”和“術狄”，過去整理者均讀作“怵惕”。“怵惕”一詞傳世典籍習見，爲懼惕、驚懼之義。常懷懼惕之心原本是儒家所提倡的，上引諸簡文却認爲其“不可長”，的確很令人費解。誠如史傑鵬指出“‘怵惕’一詞常見於古籍，指的是内懷憂懼之心，這和儒家思想是一致的。……若能常懷憂懼之心，事事不敢馬虎，纔能建功立業”。“但簡文的意思却是‘怵惕之心不可長’，和儒家思想正好相反，這當然讓人迷惑”。因此，史文提出“‘怵易’也許並非古書上常説的‘怵惕’，而應該讀爲‘率易’，率易之心不可長，是指不要對任何事情産生輕慢之心”[①]。筆者認爲，儘管史文後面放棄了這一觀點，但這一看法其實很具啓發性。上引諸簡文之“述”和“術”似亦均當讀作“痳”，訓爲狂。至於“愓”“慭”和“狄”諸字，則均當如史文讀作“易”，訓爲輕慢[②]。秦以後典籍中常見有“狂易”一詞，本指狂易之病，亦可指疏狂輕率。《漢書·五行志中》：“人君行已，體貌不恭，怠慢驕蹇，則不能敬萬事，失在狂易，故其咎狂也。”《南齊書·杜京産列傳》：“言語狂易，時謂之‘謫仙’，不知所終。”均其例。簡文之“痳易”當與此“狂易”同義。“狂易”之心顯然不值得提倡，因此上引諸簡文説其“不可長”。筆者推測，“痳易”與“怵惕”這兩個詞彙雖詞義不同，但讀音完全相同，由於通假關係，寫法亦可完全一致，容易造成混淆，故後世變“痳易”爲“狂易”，以便區分。

---

① 史傑鵬：《嶽麓書院藏秦簡〈爲吏治官及黔首〉的幾個訓釋問題》，《簡帛》第 10 輯，上海：上海古籍出版社，2015 年，第 95 頁。

② 這種用法的“易”字，後世多用“傷”字來表示。《説文》：“傷，輕也。”王筠《説文句讀》：“傷，經典多以易代傷。”《廣雅·釋詁三》：“傷，輕也。”《廣雅·釋詁三》：“慢，傷也。”王念孫《疏證》：“傷，古通作易。”《玄應音義》卷 3“陵傷”《注》引《蒼頡篇》：“傷，慢也。”《廣韻·寘韻》：“傷，相輕慢也。”徐鍇《説文解字繫傳》：“傷，人所爲輕易也。”

讀秦漢簡帛劄記

一

睡虎地秦簡《秦律十八種·田律》篇中有一段文字，整理者釋文如下：

> 不夏月，毋敢夜草爲灰，取生荔、麛𢇇（卵）鷇，毋□□□□□□毒魚鱉，置穽罔（網），到七月而縱之。（簡 4—簡 5）[①]

關於“𢇇”字，原形作“”，當釋爲“𢇇”。《説文》：“𢇇，織絹从糸貫杼也。从絲省丱聲。”徐鉉《注》：“臣鉉等曰：丱，古磺字。”按，徐鉉等之所以認爲“丱”爲“古磺字”，是因爲“磺”字《説文》古文作“丱”，與“丱”字形相近[②]。但清代學者鈕樹玉、段玉裁、王筠和朱駿聲等多認爲《説文》“磺”下古文“丱”，原本就是“卵”字。至於“𢇇”字下部所從，亦爲“卵”字，用作聲符[③]。

出土的戰國楚簡文字材料中，“卵”字作“”（上博簡二《子羔》簡 11）、“”（上博簡四《逸詩·交交鳴鶩》簡 3）、“”（上博簡四《交交鳴鶩》簡 4），秦漢簡帛文字材料中，“卵”字或作“”（睡虎地秦簡《日書》乙種簡 185）、“”（馬王堆漢墓帛書《五十二病方》105 行）、“”（馬王堆漢墓帛書《養生方》35 行），與《説文》“磺”下古文“丱”字形全同。可見，將“磺”下古文“丱”釋爲“卵”的確很有字形依據。

典籍中卵與從𢇇聲之字音近可通。《説文》：“關，以木横持門户也。从門𢇇聲。”《禮記·内則》：“卵醬實蓼。”鄭玄《注》：“卵，

---

① 睡虎地秦墓竹簡整理小組：《睡虎地秦墓竹簡》，北京：文物出版社，1990 年，第 20 頁。

②《説文》：“磺，銅鐵朴石也。从石黄聲。讀若穬。丱，古文磺。《周禮》有‘丱人’。”

③ 丁福保：《説文解字詁林》，北京：中華書局，1988 年，第 9327 — 9335 頁，“磺”字條；第 12842 — 12843 頁“𢇇”字條。

讀爲鯤。鯤，魚子。或作𤕌也。”上博簡四《逸詩·交交鳴鶩》有“閼卵悔司，皆上皆下”語，“閼卵”當讀爲“間關”①。此是卵與從䜌聲之字音近可通之明證。又，典籍中卵與關均可與從官聲、從䜌聲之字相通②，亦可證。這些是通假的例子。龍崗秦簡中有“關”字作“”（簡 37），內從“卵”聲。這是異體的例子。以上均説明卵字之用作䜌字聲符，亦十分合適。可見，鈕樹玉、段玉裁等清人所論言之有理。

現在來看“”字。此字下部所從與上引諸“卵”字形同，顯然亦是“卵”字。至於其上部所從，當即“䜌”字，故整理者隸定作“䜌卵”正確可從。與“䜌”字比較，區别僅在於“䜌卵”字上部從“䜌”，而“䜌”字上部從“絲省”。裘錫圭曾經指出，“䜌”本是一個從言𢇍聲的形聲字，而“𢇍”即“聯”之本字。同時指出大量從“䜌”聲的字，在戰國文字中往往寫作從“𢇍”聲，而且“䜌”字原本也是一個從言“𢇍”聲的形聲字③。

上古音“卵”“䜌”俱爲來母元部字，兩字雙聲疊韻。據此，我們有理由認爲“䜌卵”當即《説文》“䜌”之異構，只不過是將“䜌”字上部所從之“絲省”改變爲與“䜌”讀音相同的“䜌”而已，使之變成一個雙聲字。也可能“䜌”字上部所從原本就是“𢇍”聲或“䜌”聲，之後才在《説文》小篆中訛變爲從“絲省”。古璽印文字中“聯”字作“”④，秦文字中作“”⑤。此二例“聯”字原本均從“𢇍”聲，而《説文》小篆中字形作“”，右旁訛變爲從絲；前引裘錫圭文中亦指出，“䜌”字原本從言𢇍聲，而在《説文》小篆中亦訛變爲從言從絲，應該是屬於平行演化的例證。

這裏，還有一個問題有待解決，即“𢇍”字何以在後世就消失了呢？前引裘錫圭文中指出戰國時代文字材料當中存在“𢇍”“絲”二字不分的現象，故筆者推測，正是由於此二字形近易混，故《説文》小篆才將“𢇍”

① 季旭升主編、袁國華協編：《〈上海博物館藏戰國楚竹書（四）〉讀本》，台北：萬卷樓圖書股份有限公司，2007 年，第 38 頁。

② 高亨：《古字通假會典》，濟南：齊魯書社，1989 年，第 196 頁，“卝字聲系”“卵字聲系”；第 186—187 頁“官字聲系”。

③ 裘錫圭：《戰國璽印文字考釋（三篇）》，《古文字研究》第 10 輯，北京：中華書局，1983 年，第 78 頁。

④ 羅福頤：《古璽彙編》，北京：中華書局，1981 年，第 233 頁，2389 號璽印。

⑤ 許雄志：《秦印文字彙編》，鄭州：河南美術出版社，2001 年，第 231 頁。

改造成一個從絲省卯聲的形聲字“𢇍”。《説文》説“關”字“从門𢇍聲”。睡虎地秦簡《爲吏之道》有“關”字作“𨶹”（簡9），内部所從之“絲”，顯然亦即“𢇁”之訛變，起注音作用①。這爲我們認爲“𢇍”是由“𢇁”演變而來，提供了一定程度上的字形支撐。

二

睡虎地秦簡《秦律十八種·司空》篇中見有“攻閒”一詞，出現在如下文句當中：

> 不攻閒車，車空（控）失（趺），大車軲（轂）紋（盭）；及不芥（介）車，車蕃（藩）蓋强折列（裂），其主車牛者及吏、官長皆有罪。（簡126—簡127）
>
> 一脂、攻閒大車一輛（兩），用膠一兩、脂二錘。攻閒其扁（辨）解，以數分膠以之。爲車不勞（佻）稱議脂之。（簡130）

又見有單獨的“攻”字，用法與“攻閒”相似，其用例如下：

> 官長及吏以公車牛稟其月食及公牛乘馬之稟，可殹（也）。官有金錢者自爲買脂、膠，毋（無）金錢者乃月爲言脂、膠，期踐（足）。爲鐵攻（工），以攻公大車。（簡128—簡129）

整理者於上引第一例文句下注釋云：“攻，《小爾雅·廣詁》：‘治也。’閒，《廣雅·釋詁》：‘代也。’攻閒，意爲修繕。”②

按，整理者訓攻爲治，可從。《詩·小雅·車攻》：“我車既攻。”毛《傳》：“攻，堅也。”馬瑞辰《毛詩傳箋通釋》：“《爾雅》：‘攻，善也。’善讀如繕。《小爾雅》：‘攻，治也。’《三倉》：‘繕，治也。’並與堅同義。攻通功，《齊語》‘辨其功苦’，韋《注》：‘功，牢也。

① 睡虎地秦簡中“關”字或作“𨶹”（《秦律十八種》簡97）、“𨶹”（《爲吏之道》簡32），王貴元《漢墓帛書字形辨析三則》（《中國語文》1996年第4期，第293頁）對此類現象做過分析，指出“帛書字形下部一横和左右兩撇混而不分，或做一横，或作左右兩撇。原爲一横者，可寫作左右兩撇，原爲左右兩撇者亦可寫爲一横”。睡虎地秦簡“關”字所從“絲”旁下部變爲横畫，與此當屬同類現象。

② 睡虎地秦墓竹簡整理小組：《睡虎地秦墓竹簡》，北京：文物出版社，1990年，第49頁。

苦，脆也。’攻又通工，《石鼓文》：‘我車既工。’”可爲整理者的訓解作一補充。

關於“閒”字，整理者訓爲代則不可取。筆者認爲，當讀作“完”。上古音“閒”爲見母元部字，“完”爲匣母元部字。兩字聲母同爲喉音，韻則叠韻，古音十分接近。

典籍中“完”字具有完整和堅固兩種義項。《説文》：“完，全也。”《漢書·高帝紀上》：“即室家完。”顔師古《注》：“完，全也。”《文選·陳琳〈爲袁紹檄豫州〉》：“修完補輯。”吕延濟《注》：“完，全也。”《周禮·天官·獸人》：“共其死獸生獸。”鄭玄《注》：“共其完者。”孫詒讓《正義》：“完，謂不肆解者。”《荀子·王制》：“尚完利。”楊倞《注》：“完，堅也。”《大戴禮記·勸學》：“巢非不完也。”王聘珍《解詁》：“完，固也。”

敦煌懸泉月令詔條中有一段文字，整理者釋文爲“［完隄］防，謹雍［塞］……謂完堅隄……”[①]，後面“謂完堅隄……”是對前面“［完隄］防”的進一步解釋，正是用“完堅”來解釋“完”字[②]。可見“完”即完整而堅固之義。敦煌懸泉月令詔條中還有一段文字，整理者釋文爲：“戒門閭，脩（修）鍵閉，慎管籥，固封印，備邊竸（境），完要塞，謹關梁，塞蹊徑。”注釋云：“要塞理宜牢固，故云完。”[③]按，整理者單純用“牢固”來解釋“完”字，不是十分妥當，此“完”當兼具完整之義。“完要塞”即令要塞完整而堅固。

“攻完”一詞見於典籍。《荀子·議兵篇》：“械用兵革攻完便利者强，械用兵革窳楛不便利者弱。”楊倞《注》：“窳，器病也，音庾。楛，濫惡，謂不堅固也。”《説文解字繫傳》：“窳，缺也。”可見“窳楛”即殘缺不堅固之義。上引《荀子》正是將“攻完”與“窳楛”相對爲文，説明“攻完”應即完整而堅固。當然，就詞性上講，前引睡虎地秦簡簡文

① 中國文物研究所、甘肅省文物考古研究所：《敦煌懸泉月令詔條》，北京：中華書局，2001年，第25頁。

② “防”字前二字原本殘損，整理者補“完隄”二字，應該是可信的，這是因爲兼具完整和堅固二義的恐怕也只能是“完”字。

③ 中國文物研究所、甘肅省文物考古研究所：《敦煌懸泉月令詔條》，北京：中華書局，2001年，第29—30頁。

中的“攻閒（完）”一詞與《荀子》此“攻完”有所不同，當用作動詞。

三

馬王堆漢墓帛書《老子》甲乙本《德經》中有兩段文字，整理者釋文如下：

> 甲本：人之生也柔弱，其死也𦮃仞賢（堅）强。（行83—84）
> 乙本：人之生也柔弱，其死也䯀信堅强。（行213下—214上）①

關於甲本《德經》之“其死也𦮃仞賢（堅）强”，整理者於注［五八］注釋云：

> 通行本作“其死也堅强”，無“𦮃仞”二字。𦮃，乙本作䯀，義爲硬。仞讀爲肕。慧琳《一切經音義》卷五九：“堅韌，今作肕，同，而振反。《通俗文》‘柔堅曰肕’，《管子》曰‘筋肕而骨强’是也。”《玉篇·肉部》：“肕，堅肉也。”《篆隸萬象名義·肉部》：“肕，脯堅。”皆指乾肉言，與此處義尤近。

關於乙本《德經》之“䯀信”，整理者注［三六］注釋云：

> “䯀信”二字通行本無。䯀從骨，恒聲。字書不見，疑其義與骾近。信，甲本作仞，蓋音近通假。《管子·内業》言人“筋信而骨强”，義與此近。

由上引注釋可知，關於“𦮃”與“䯀”，整理者於甲本《德經》注釋下認爲“義爲硬”，又於乙本《德經》注釋下認爲“疑其義與骾近”。按，骾並無硬義。《説文》：“骾，食骨留咽中也。”可見，整理者前後注釋的解釋並不統一。高明認爲帛書《老子》此處之“𦮃”與“䯀”並當讀作“筋”②。按，“𦮃”“䯀”俱從“恒”聲，上古音“恒”爲匣母蒸部字，“筋”爲見母文部字，兩字聲母雖近，但韻部相隔過遠，難以互通。

---

① 國家文物局古文獻研究室：《馬王堆漢墓帛書（壹）》，北京：文物出版社，1980年，第6、93頁。
② 高明：《帛書老子校注》，北京：中華書局，1996年，第198頁。

筆者認爲，帛書《老子》此處之“苣”與“骶”，似並當讀作“骸”。上古音“骸”爲匣母之部字，與“恆”雙聲，韻則陰陽對轉，古音十分接近，例可相通。

《説文》：“骸，脛骨也。”段玉裁《注》：“骸，引伸爲凡人骨之偁。”《廣雅·釋器》：“骸，骨也。”《公羊傳·宣公十五年》：“易子而食之，析骸而炊之。”何休《注》：“骸，人骨也。”《玄應音義》卷七“尸骸”《注》：“骸，骨之總名。”《慧琳音義》卷二九“骸骨”《注》引《玉篇》：“身體諸骨總名爲骸。”帛書乙本此字作“骶”，從骨表義，亦説明此字當與骨有關。前引整理者於甲本《德經》注［五八］下引《玉篇·肉部》指出“肕”是指堅肉。骸指骨，肕指肉，正相對應。

《抱樸子·内篇·仙藥》：“服之百日，肌骨堅强。”“肌”亦指肉。此“肌骨堅强”與帛文之“骸肕堅强”正可相參。《論衡·定賢》：“身被疾痛而口無一辭者，亦肌肉骨節堅强之故也。”亦可參。

四

馬王堆漢墓帛書古醫書《十問·黃帝問於大成曰》篇中有一段文字，整理者釋文如下：

民何失而䨲色鹿〈麄〉貍〈狸（黎）〉黑而蒼？（行8）①

關於“䨲”字，原形作“”。整理者隸定爲“䨲”，未作解釋。周一謀和蕭左桃、馬繼興以及陳松長等均隸定爲“䨲”，釋作“顔”②。

按，釋“顔”可信。“顔色”一詞典籍習見，不煩贅舉。但以上諸家對該字的字形分析均有誤。該字上部所從並非“頁”字，下部所從亦非“隹”字，而應當分析爲從百産聲，隸定作“𩑋”，即“顔”字異構。帛書中“顔”字很常見，一般作如下諸形：

① 馬王堆漢墓帛書整理小組：《馬王堆漢墓帛書［肆］》，北京：文物出版社，1985年，第145頁。

② 周一謀、蕭左桃：《馬王堆醫書考注》，天津：天津科學技術出版社，1988年，第369頁；馬繼興：《馬王堆古醫書考釋》，長沙：湖南科學技術出版社，1992年，第879頁；陳松長：《馬王堆簡帛文字編》，北京：文物出版社，2001年，第371頁。

（《足臂十一脈灸經》行 2）　（《陰陽十一脈灸經》行 5）

（《五行》行 315）　（《要》行 10）

就字形來講，以上諸例均當分析爲從頁産聲，可隸定作“⿸産頁”。《説文》：“顔，眉目之間也。从頁彦聲。”《説文》：“産，生也。从生彦省聲。”可見，顔、産俱從彦聲，故“顔”可從産聲作。

與上引諸形比較，“”字下部所從顯然就是“産”字，上部所從則與“頁”字上部所從相同，當即“百”字。《説文》：“百，頭也。”《説文》：“首，百同。古文百也。”《説文》：“頁，頭也。”漢字中百、首和頁在用作形聲字的表義偏旁時可互换，故“⿱百産”亦當釋爲“顔”①。

編按：《禮記·深衣》：“完且弗費。”鄭玄《注》：“可苦衣而易有也。”孔穎達《疏》：“以其完牢，乃可於苦事衣著，故庶人服之以完牢固也。”孔《疏》正是用“完牢固”來解釋“完”字，亦可爲筆者前文關於“完”字的解釋作一注脚。

---

① 劉釗：《古文字構形學》，福州：福建人民出版社，2006 年，第 337 頁。

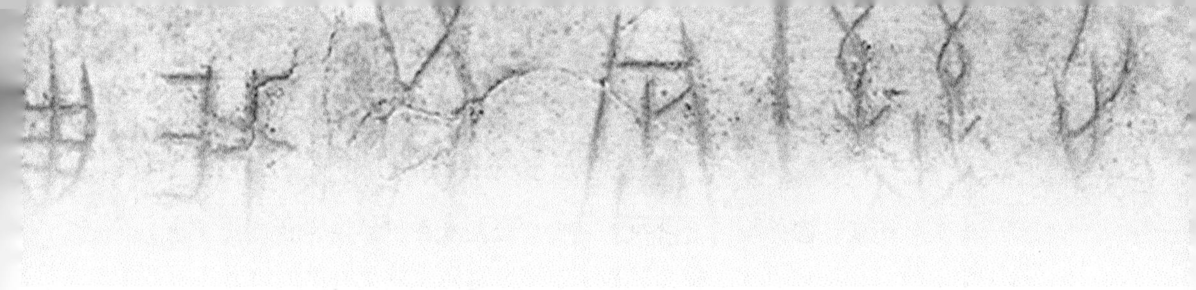

《戰國縱横家書》“頳”字考

1973年，長沙馬王堆三漢墓中出土了大批帛書，《戰國縱横家書》便是其中一種，其中《麛皮對邯鄲君章》所記“邯鄲之難”時事在其他歷史典籍中均記載得不很詳細，對舊有文獻具有補缺訂誤之功，故此章内容便顯得尤爲可貴[1]。但是，由於帛書整理者對此章中“頳”字的釋讀有問題，致使有些地方晦澀難懂，無法通讀。爲論述方便起見，兹將該章原文抄録於下：

> ［·］□□□□［邯］鄲□□□□□□□□□未將令（命）也。工（江）君奚洫曰：“子之來也，其將請師耶？彼將□□□重此□，如北兼邯鄲，南必□□□□□□□□□城必危，楚國必弱，然則吾將悉興以救邯［鄲］，吾非敢以爲邯鄲賜也，吾將以救吾□□。”［麛］皮曰：“主君若有賜，興□兵以救敝邑，則使臣赤（亦）敢請其日以復於□君乎？”工（江）君奚洫曰：“大（太）緩救邯鄲，邯鄲□□□鄲。進兵於楚，非國之利也，子擇其日歸而已矣，師今從子之後。”麈（麛）皮歸，復令（命）於邯鄲君曰：“□□□□□和於魏，楚兵不足侍（恃）也。”邯鄲君曰：“子使，未將令（命）也。人許子兵甚俞，何爲而不足侍（恃）［也］？”麈（麛）皮曰：“臣之□□［不足］侍（恃）者以其俞也。彼其應臣甚辨，大似有理。彼非卒（猝）然之應也。彼笥（伺）齊□□□□□□守其□□□利矣。□□□兵之日不肯告臣。頳然進其左耳而後其右耳，台乎其所後者，必其心與□□□□□俞許［我］兵，我必列（裂）地以和於魏，魏必不敝，得地於趙，非楚之利也。故俞許我兵者，所勁吾國，吾國勁而魏氏敝，［楚］人然

[1] 《戰國縱横家書》的單行本於1976年由文物出版社出版發行，書中除釋文外還附有注釋。此後，文物出版社又於1983年出版了《馬王堆漢墓帛書（叁）》，收入了《戰國縱横家書》的全部帛書圖版照片和《戰國縱横家書釋文注釋》，釋文和注釋的内容同上述單行本無别，只是把簡化字改成了繁體字。

後舉兵兼承吾國之敝。主君何爲亡邯鄲以敝魏氏，而兼爲楚人禽（擒）戋（哉）。故籔（數）和爲可矣。”邯鄲君榣（搖）於楚人之許己兵而不肯和。三年，邯鄲偯。楚人然後舉兵，兼爲正乎兩國。若由是觀之，楚國之口雖□□，其實未也。故□□應。且曾聞其音以知其心。夫頳然見於左耳，靡（靡）皮已計之矣。

本章中“頳然”一詞凡兩見（見文中畫綫部分）。《戰國縱横家書》原注釋［一〇］云：“頳然，未詳。一説，頳疑爲奊的別體，音頁。《廣韻·十六屑》‘奊，頭邪。’因爲歪了頭，所以左耳在前，右耳在後。”按，此注釋語焉不詳，很令人費解。其中釋爲“奊”的一説，更是没有道理。首先，漢簡中有標準寫法的“奊”字，作“”（《倉頡篇》三），與帛書此字寫法迥異。其次，如果真是“歪了頭”，也應是一耳在上，一耳在下，而不應該是一耳在前，一耳在後，更何况這種解釋根本無法使文義暢通。細審原簡圖版照片，所謂“頳”字原本作“”“”。此字右旁從“頁”没有問題，其左旁所從實爲“赤”字。漢代文字中“赤”很常見，有作“”（《天文雜占》二·六）、“”（《相馬經》一六下）。此外，“赧”字作“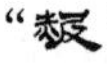”《流沙簡·小學》一一）、“赫”字作“”（《春秋事語》一五），赤字及赤旁均與上舉之字左旁形近。唯上舉之字左旁下部所從之“火”形較爲特殊，漢代帛書中“然”字有作“”（《老子》甲一二五）、“”（《老子》甲後二二二）者，其所從之“火”旁可參照。另外，漢代簡帛中“御”字有作“”（《孫子兵法》一〇四）、“”（《老子》甲後四一六），中間亦從“赤”。上古音御爲魚部字，赤爲鐸部字，魚、鐸對轉。“御”字中間變爲“赤”，當屬變形音化。由此可見，上舉之字當釋爲“赬”。“赬”字見於字書，義爲赤色。《玉篇·頁部》：“赬，赤也。本作赬。”《廣韻·十四清》：“赬，赤色。俗作赬。”《説文》：“䞓，赤色也。从赤巠聲。《詩》曰：‘魴魚䞓尾。’赬，䞓或从貞。赪，或从丁。”《詩·周南·汝墳》：“魴魚赬尾。”毛《傳》：“赬，赤也。魚勞則尾赤。”陸德明《釋文》：“赬，《説文》作䞓。”

“赬然”一詞見於後世典籍，義爲因羞愧而臉紅之貌，如宋王讜《唐語林・補遺二》：“李（李藩）再入相，對憲宗曰：‘臣路逢中人送節與吴少陽，不勝憤憤。’聖顔赧然。”又蘇曼珠《天涯紅淚記》第一章：“女赧然良久，嚶然而呻曰：‘吾稟老父之命，未能遽答先生，幸先生容之。’”但這兩種文獻均時代較晚，與帛書之時代相隔過遠。從這方面來考慮，筆者以爲帛書中“赧然”之“然”據其文義當讀爲“赧”。

上古音“然”爲日紐元部字，“赧”爲泥紐元部字。兩字叠韻，聲紐亦十分接近。有些學者指出上古音日紐當歸入泥紐[①]。典籍中然、赧二字亦有相通之例證。《史記・周本紀》：“子赧王延立。”司馬貞《索隱》：“《尚書中候》以赧爲然，鄭玄云：‘然讀曰赧。’”

“赧”字之本義是指因羞慚而臉紅之貌。《説文》：“赧，面慚赤也。”《方言》：“赧，愧也。秦晉之間凡愧而見上謂之赧。”《孟子・滕文公下》：“觀其色赧赧然。”趙岐《注》：“面赤心不正之貌也。”《後漢書・延篤傳》：“從此而殁，下見先君遠祖，可不慚赧。”李賢《注》：“色媿曰赧。”此外，《韓詩外傳》卷一〇：“孟嘗君赧然，汗出至踵。”《孔子家語・屈節解》：“季孫聞之，赧然而愧曰：‘地若可入，吾豈忍見宓子哉！’”《三國志・陳思王植傳》：“形影相弔，五情愧赧。”“赧”字亦均爲羞慚臉紅之義。

帛書“赧然（赧）進其左耳而後其右耳”。《爾雅・釋詁下》：“薦，臻也。”郭璞《注》：“薦，進也。臻，至也。”郝懿行《義疏》：“進、至義相成。”故本句意爲赤慚之色先至其左耳，而後又至其右耳。這句話是皮向邯鄲君描述其與江君奚洫（楚宣王時楚相昭奚恤）談話時江君奚洫面部表情所出現的細微變化。若從本章的整體文義來考察，江君奚洫向皮所承諾的楚國將隨後出兵救趙的事完全是口是心非、當面欺騙，故而在其講話時耳部出現赤慚之色也是可以理解的，正所謂“面赤心不正之貌”。文中之所以要强調先左耳後右耳，蓋是要有意突出皮觀察得細緻入微的緣故，以此來體現江君奚洫有欺詐的嫌疑，其承諾是不可信的。據《戰國策・楚策一》“邯鄲之難昭奚恤謂楚王章”記載，“邯鄲之難”時，

① 章太炎：《古音娘日二紐歸泥説》，轉引自汪壽明：《歷代漢語音韻學文選》，上海：上海古籍出版社，1986年，第175頁。

趙曾向楚求助，楚王徵求群臣的意見，昭奚恤主張“不如無救趙而以强魏，魏强，其割趙必深矣”。這與本章的記載也是相吻合的。

“夫赬然（赧）見於左耳，麈（麛）皮已計之矣”。這句話是説當赤慚之色出現在（昭奚恤）左耳之時，麛皮已經知道是怎麼回事了。也就是説麛皮其實早已看穿了昭奚恤欺詐心理。《韓詩外傳》卷四：“目者，心之符也。言者，行之指也。夫知者之於人也，未嘗求知而後能知者也。觀容貌，察氣志，定取舍，而人情畢矣。”麛皮正可謂是這樣的“知者”。

銀雀山漢簡校釋

近讀《銀雀山漢墓竹簡［壹］》[①]，發現该書在注釋方面存在一些注釋未確和該注未注的問題，故不揣譾陋，草成此文，愿就正於學界同仁。

一

《孫子兵法·黄帝伐赤帝》篇簡 176—簡 177 有一段話，整理者釋文如下：

> 武王之伐紂，至於薮遂，戰牧之野，右陰，順術，［倍術，大威］有之。

簡文之“薮遂”，整理者未作解釋。按，《説苑·權謀》：“武王伐紂，晨舉脂燭，過隧斬岸，過水折舟，過谷發梁，過山焚萊，示民無返志也。至於有戎之隧，大風折旆。”對比可知，簡文之“薮遂”與《説苑·權謀》之“有戎之隧”關係應當十分密切。

上博簡《容成氏》有地名“戎述（遂）”，記有該地名的簡文如下：

> 女（如）是而不可，肰（然）句（後）從而攻之，陞（升）自戎述（遂），内（入）自北門[②]，立於中□。桀（桀）乃逃之鬲（歷）山是（氏），湯或（又）從而攻之，降自鳴攸（條）之述（遂），以伐高神之門。（簡 39—簡 40）

這段簡文記述的是商湯伐夏桀之史事。許全勝指出簡文之“戎述（遂）”即

① 銀雀山漢墓竹簡整理小組：《銀雀山漢墓竹簡［壹］》，北京：文物出版社，1985 年。

② 今本《竹書紀年》：“二十年，伊尹歸於商及汝鳩、汝方，會於北門。”王国维《疏證》：“《尚書序》：‘伊尹去亳適夏，既醜有夏，復歸於亳。入自北門，乃遇汝鳩、汝方，作《汝鳩》、《汝方》。’”簡文之“北門”應即今本《竹書紀年》和《尚書序》之“北門”。

《尚書·湯誓》序“伊尹相湯伐桀，升自陑遂，與桀戰於鳴條之野，作《湯誓》”之“陑遂”，亦即《史記·殷本紀》“桀敗於有娀之虛，桀奔於鳴條，夏師敗績”之“有娀之虛”[①]。馬保春也有類似觀點[②]。此説可信。前引《説苑》之“有戎之隧”與此“戎述（遂）”顯然亦爲一地。

典籍中還見有地名“聆隧”，该地名亦與夏朝之滅亡有關。《國語·周語上》：“昔夏之興也，融降於崇山；其亡也，回禄信於聆隧。”韋昭《注》：“聆隧，地名也。”聆隧，《左傳》莊公三十二年、昭公十八年孔疏、《後漢書·楊賜傳》李注引作“黔隧”，《説文》耳部引作“聆遂”，《説苑·辯物》作“亭隧”[③]。按，聆從今聲。菳從欽聲，欽則從金聲。傳世文獻中從今聲之字與從金聲之字常可互通[④]，出土楚簡中亦常見互通之例[⑤]。可見聆、菳古音很近，例可相通。上古音聆爲群母侵部字，戎爲日母冬部字。從韻母上看，二字冬侵合韻。從聲母上看，戎爲舌音，聆爲喉音，看似有一定距離。但與聆同從今聲的念、貪等字聲母亦爲舌音。前引“聆隧”在《説苑·辯物》中作“亭隧”，亭字聲母亦爲舌音。典籍中戎與從今聲之字均可與從壬聲之字相通，《儀禮·聘禮》：“賜饔，唯羹飪。”鄭玄《注》：“古文羹爲羔，飪作腍。”《爾雅·釋言》：“饙、餾，稔也。”陸德明《釋文》：“稔，字又作餁。”《詩·大雅·生民》：“蓺之荏菽。”《周禮·天官·大宰》賈《疏》引荏作戎。可見聆與戎亦當可通。

聆、菳和戎三字在字音方面的密切關係，再結合前引簡文“菳遂”與《説苑·權謀》“有戎之隧”之間的密切聯繫以及“聆隧”與“戎述（遂）”等地名均與夏朝滅亡有關的情况進行綜合考慮，則“聆隧”“菳遂”“戎述（遂）”“有戎之隧”“陑遂”和“有娀之虛”很可能並指一地。《史記·殷本紀》：“殷契，母曰簡狄，有娀氏之女，爲帝嚳次妃。”裴駰《集解》：

① 許全勝：《〈容成氏〉篇釋地》，《上博館藏戰國楚竹書研究續編》，上海：上海書店出版社，2004年，第372頁。

② 馬保春：《由楚簡〈容成氏〉看湯伐桀的幾個地理問題》，《中國歷史文物》2004年第5期，第39頁。

③ 許全勝：《〈容成氏〉篇釋地》，《上博館藏戰國楚竹書研究續編》，上海：上海書店出版社，2004年，第372頁。

④ 高亨：《古字通假會典》，濟南：齊魯書社，1989年，第231—233頁。

⑤ 白於藍：《簡牘帛書通假字字典》，福州：福建人民出版社，2008年，第356、358頁。

“《淮南子》曰：‘有娀在不周之北。’”張守節《正義》：“按：《記》云：‘桀敗於有娀之墟’，有娀當在蒲州也。”

二

《孫臏兵法·八陣》篇簡336正—簡337有一段話，整理者釋文如下：

> 孫子曰：知（智），不足將兵，自侍（恃）也。勇，不足將兵，自廣也。不知道，數戰，不足將兵，幸也。夫安萬乘國，廣萬乘王，全萬乘之民命者，唯知道。

簡文“廣萬乘王”之“廣”，整理者未作解釋。張震澤《孫臏兵法校理》：“廣借爲光。《水經·濟水注》：‘齊人言廣，音與光同。’廣謂發揚光大。”①

按，張説未確。此“廣”字當讀作“匡”。上古音廣、匡均爲喉音陽部字，例可相通。匡從𡳿聲，楚簡中𡳿與廣常可互通。《老子》乙：“𡳿悳（德）女（如）不足。”今本和帛書乙本𡳿作廣。《孔子詩論》：“《灘（漢）𡳿（廣）》之智、《鵲棣（巢）》之歸。”《孔子詩論》：“《灘（漢）𡳿（廣）》之智，則智（知）不可得也。”《容成氏》：“以𤅊於溪浴（谷），淒（濟）於𡳿（廣）川。”均其例。可見廣可讀作匡。

《詩·小雅·六月》：“王于出征，以匡王國。”鄭玄《箋》：“匡，正也。”《論語·憲問》：“管仲相桓公，霸諸侯，一匡天下。”何晏《集解》引馬融曰：“匡，正也。”《左傳·襄公十四年》：“善則賞之，過則匡之，患則救之，失則革之。”杜預《注》：“匡，正也。”《漢書·文帝紀》：“以匡朕之不逮。”顔師古《注》：“匡，正也。”《漢書·武五子傳》：“志在匡君安社稷也。”顔師古《注》：“匡，正也。正其失也。”簡文之“廣（匡）”字應即此義。

簡文“安萬乘國”與“廣萬乘王”對言，“安……匡……”或“匡……安……”這樣的句式在典籍中十分常見。《左傳·哀公十六年》：“王孫若

① 張震澤：《孫臏兵法校理》，北京：中華書局，1984年，第66頁。

安靖楚國，匡正王室，而後庇焉，啓之願也。”《漢書·霍光金日磾傳》：“遂匡國家，安社稷。”《後漢紀·孝章皇帝紀下》：“上當匡正綱紀，下當安利元元。”《周書·文帝紀下》：“思所以上匡人主，下安百姓。”以此例之，將簡文之“廣”讀爲“匡”亦當不誤。

上引簡文中還見有“自廣”一詞，整理者亦未作解釋。張震澤《孫臏兵法校理》：“廣，疑爲獷之借。獷，猛也，粗獷也。”按，張説似仍未確，此“廣”字似仍當讀作“匡”。“自匡”一詞見於典籍。《太玄·格》：“次七：格其珍類，龜緺厲。測曰：格其珍類，無以自匡也。”司馬光《集注》：“君子以善類自正，故能保其福禄……小人拒善類而不受者也。”

三

《晏子·〈内篇諫上〉第二十二》篇簡545有一段話，整理者釋文如下：

> ……者之言曰：“師過大（泰）山而不用事，故大（泰）山之神怒。”今吾欲使人誅祝史。

整理者注釋［一一］：“‘今吾欲使人誅祝史’，明本作‘今使人召祝史祠之’。”簡文之“誅”字，整理者未作進一步解釋。按，似應讀作“屬”。上古音誅爲端母侯部字，屬爲禪母屋部字，兩字聲母同爲舌音，韻則陰入對轉，古音十分接近。屬從蜀聲，誅從朱聲，典籍中從蜀聲之字與從朱聲之字可通，《詩·曹風·候人》：“不濡其咮。”《玉篇·口部》引咮作噣。

“屬”字古有託付、委託等義。《吕氏春秋·貴公》：“寡人將誰屬國？”高誘《注》：“屬，託也。”《國語·越語》：“請委管籥屬國家。”韋昭《注》：“屬，付也。”《漢書·張良傳》：“而漢王之將獨韓信可屬大事，當一面。”顔師古《注》：“屬，委也。”《漢書·霍光傳》：“察群臣唯光任大重，可屬社稷。”顔師古《注》：“屬，委也。”《漢書·王莽傳上》：“屬予以天下兆民。”顔師古《注》：“屬，委付也。”

綜上所述，簡文“今吾欲使人誅祝史”意思是説現在我打算派人委託祝史（處理此事）。

四

《六韜·文師》篇簡633—簡634有一段話，整理者釋文如下：

> 吕尚坐［□□］漁。文王勞而問［□□］："子樂漁乎？"吕尚曰："吾……細人樂得其事。今吾虞……□何胃（謂）虞［□□］佁（似）？"

整理者注釋［九］："今吾虞……宋本作'今吾漁甚有似也，殆非樂之也'。從竹簡缺字地位看，簡本似無下句。'虞''漁'古音相近，'虞'疑當讀爲'漁'。但簡本上下文皆有'漁'字，唯此句及下一句用'虞'字，似以此二'虞'字爲思虞之'虞'，而不以爲'漁'之借字。"

按，明劉寅《武經七書直解》本《六韜·文師》篇這段文字寫作：

> 卒見太公坐茅以漁。文王勞而問之曰："子樂漁也？"太公曰："君子樂得其志，小人樂得其事。今吾漁甚有似也。"文王曰："何謂其有似也？"

於"今吾漁甚有似也"下亦無"殆非樂之也"，與簡本合。

上引簡文中"虞"字二見，整理者提出兩種解釋，一種據宋本讀作"漁"，另一種訓爲"思虞"之"虞"。本篇中"漁"字凡四見，除上引簡文之二例外，還見於簡634—簡635之"夫漁有三權。等以權□□以禁官。夫漁求得"。此四例"漁"字均用作釣魚之義，而未寫作"虞"。以此例之，第一種解釋肯定是有問題的。整理者也已經注意到了這一點，故在第二種解釋中提出"似以此二'虞'字爲思虞之'虞'，而不以爲'漁'之借字"。按，第二種解釋亦不可信。"思虞"之"虞"在文獻中是憂慮、憂患之義，與上下文義不合。

筆者認爲，此二"虞"字均當讀作"娱"。典籍中虞、娱二字常可互通[①]。同簡《六韜·三疑》篇簡704有"□之以味，虞［之］以樂，□之以□……親，必使遠民"語，整理者即讀"虞"爲"娱"[②]。可從。《説文》：

---

① 高亨：《古字通假會典》，濟南：齊魯書社，1989年，第853頁。

② 銀雀山漢墓竹簡整理小組：《銀雀山漢墓竹簡［壹］》，北京：文物出版社，1985年，第118頁。

“娱，樂也。”《詩·鄭風·出其東門》：“縞衣茹茹，聊可與娱。”毛《傳》：“娱，樂也。”簡文“今吾虞（娱）……”雖然後半段文字殘缺，但大體意思應該還是清楚的。參照宋本和明劉寅《武經七書直解》本，結合簡本用字，可將缺字補足爲“今吾虞（娱）［甚有佁（似）也］”，意思是説現在我之“樂”（即“子樂漁也”之“樂”）與“君子樂得其志，小人樂得其事”之“樂”很是相似，簡文“何胃（謂）虞（娱）□□佁（似）”是文王的問話，可將缺字補足爲“何胃（謂）虞（娱）［甚有］佁（似）”，意思是説如何解釋“樂”很是相似。從文義上看，後世文本之“今吾漁甚有似也”和“何謂其有似也”均不如簡本直接明瞭。

五

《守法守令等十三篇·市法》篇簡875—簡876有一段話，整理者釋文如下：

> 王者无市，朝（霸）者不成肆，中國利市，小國恃市。市者，百化（貨）之威，用之量也。中國能［利］市者强，小國能利市者安。市利則貨行，貨行則民□，民□則諸侯財物至，諸侯財物至則小國富，小國富則中國……

简文之“威”字，整理者注釋［二］：“威，疑當讀爲‘隈’，‘百貨之隈’猶言‘百貨之淵’。”

按，所注未確。李學勤認爲：“‘威’疑讀爲‘彙’。所謂市爲用之量，和《乘馬》（引者按，即《管子·乘馬》）所云‘市者，貨之準也’。意義相同。”[①]李先生將上段文字與《管子·乘馬》篇相關内容聯繫起來考察，很具啓發性，但其讀“威”爲“彙”以及“所謂市爲用之量”和《乘馬》“市者，貨之準也”意義相同的看法並不可取。《管子·乘馬》篇中“市者，貨之準也”凡二見，爲説明問題，現將相關文句分别引録如下：

① 李學勤：《銀雀山簡“市法”講疏》，《秦漢簡牘論文集》，蘭州：甘肅人民出版社，1989年，第71頁；李學勤：《“市法”講疏》，《簡帛佚籍與學術史》，南昌：江西教育出版社，2001年，第366頁。

地者，政之本也。朝者，義之理也。市者，貨之準也。黄金者，用之量也。諸侯之地，千乘之國者，器之制也。五者其理可知也，爲之有道。

市者，貨之準也。是故百貨賤，則百利不得。百利不得，則百事治。百事治，則百用節矣……故曰：市者可以知治亂，可以知多寡，而不能爲多寡，爲之有道。

對比可知，簡文“市者，百化（貨）之威，用之量也”顯然是與《乘馬》之“市者，貨之準也。黄金者，用之量也”相當，但簡文在“用之量也”前脱了“黄金者”三字。可見，真正與《乘馬》“市者，貨之準也”意義相同的是簡文“市者，百化（貨）之威”，而非“用之量也”。

《尉繚子·武議》篇中亦有如下一段文字：

夫市也者，百貨之官也。市賤賣貴，以限士人。人食粟一斗，馬食菽三斗，人有饑色，馬有瘠形，何也？市有所出，而官無主也。夫提天下之節制，而無百貨之官，無謂其能戰也。

“百貨之官”之“官”，以往將之解釋爲官舍[①]。李解民已經注意到了“夫市也者，百貨之官也”與本簡“市者，百化（貨）之威”兩者之間存在密切關係，但他認爲“官”或可通“管”，训为“管理”[②]。

簡文“市者，百化（貨）之威”、《乘馬》“市者，貨之準也”以及《武議》“夫市也者，百貨之官也”顯然是同一句話，要對這句話有一個合理的解釋，必須對“準”“官”和“威”三字加以通盤考慮。

首先，從語法結構上考察。筆者認爲《管子·乘馬》“地者，政之本也。朝者，義之理也”與“市者，貨之準也。黄金者，用之量也”雖同爲一段文字，看似爲並列句式，但語法結構其實並不相同。“政之本”之“本”與“義之理”之“理”均用作名詞，而“貨之準”之“準”與“用之量”之“量”其實是用作動詞。《乘馬》“市者，貨之準也”，房玄齡

① 劉春生：《尉繚子全譯》，貴陽：貴州人民出版社，1993年，第50頁；李解民：《尉繚子譯注》，石家莊：河北人民出版社，1992年，第63頁。

② 銀雀山漢墓竹簡整理小組：《銀雀山漢墓竹簡［壹］》，北京：文物出版社，1985年。

《注》曰“市所以準貨之輕重”。房《注》中之“準”顯然就是動詞。特別是“黄金者，用之量也”之“量”，若當作名詞則很難講通，但若當作動詞，依照房《注》就可理解爲黄金所以度量財用之多少，則文從字順。這牽涉到古漢語中“之”字的一種特殊用法。古漢語中“之”字常可用於賓語前置句的動詞之前，用於標明前置賓語，爲句中助詞，無實在意義[①]。《韓非子·外儲説左下》：“如子之言，我且賢之用，能之使，勞之論，我何以報子。”即其例。故所謂“貨之準也”實即“準貨也”之義，亦即“準貨之輕重”。“用之量也”實即“量用也”之義，亦即量財用之多少。

其次，從用法上考察。古代有一種測平的器具名爲“準”。《管子·水地》：“準也者，五量之宗也。”《韓非子·有度》：“故繩直而枉木斲，準夷而高科削。”《漢書·律曆志上》：“準者，所以揆平取正也。繩者，上下端直，經緯四通也。”引申之準亦有平義。《説文》：“準，平也。”段玉裁《注》：“凡平均皆謂之準。”《禮記·祭義》：“推而放諸東海而準。”鄭玄《注》：“準，猶平也。”筆者認爲“貨之準也”之“準”正用此義，“準貨之輕重”即平貨之輕重。

《尉繚子·武議》之“官”，當讀作“權”。權從雚聲，古從雚聲之字與從官聲之字常可互通[②]。權即稱錘。《廣雅·釋器》：“錘謂之權。”《禮記·月令》：“正權概。”鄭玄《注》：“稱錘曰權。”權之功用是稱輕重，引申之亦有平義。《荀子·不苟》：“而兼權之。”楊倞《注》：“權，所以平輕重者。”《後漢書·朱景朱王杜馬劉傅堅馬傳》：“即以事相權。”李賢《注》：“權，謂平其輕重。”《國語·齊語》：“權節其用。”韋昭《注》：“權，平也，視其平沈之均也。”《周禮·考工記·弓人》：“九和之弓，角與幹權。”鄭玄《注》：“權，平也。”可見，準、權同義。《漢書·食貨志下》：“於是乎量資幣，權輕重，以救民。”顏師古《注》：“應劭曰：‘資，財也。量資幣多少有無，平其輕重也。’”筆者認爲，此“量資幣，權輕重”正與“用之量也”（即量財用之多少）、“貨之準也”（即準貨之輕重）相當。

---

① 楊樹達：《詞詮》，北京：中華書局，1954年，第185頁。

② 高亨：《古字通假會典》，濟南：齊魯書社，1989年，第164—165頁。

簡文之“威”，當讀作“均”。《説文》：“莙，井藻也。从艸君聲。讀作威。”王筠《釋例》：“王莽之威斗，蓋即熨斗之異名，而吾鄉諺語呼爲運斗，則與君協矣……‘威’下引《漢律》‘威姑’，即《爾雅·釋親》之‘君姑’。”典籍中從君聲之字與從軍聲之字常可互通[1]，而古文字中軍字多從勻聲[2]。可見威亦當可讀作均。《周禮·地官·小司徒》：“乃均土地以稽其人民而周知其數。”鄭玄《注》：“均，平也。”《論語·季氏》：“不患寡而患不均。”何晏《集解》：“患政理之不均平。”《廣韻·準韻》：“準，均也。”

綜上所述，準、官（權）和威（均）三字雖用字不同，字義則是一致的。

準、准可通。《管子·國蓄篇》：“視物之輕重而御之以准，故貴賤可調而君得其利。”此“視物之輕重而御之以准”顯然與上引房《注》之“準貨之輕重”關係密切。馬非百《管子輕重篇新詮》曰：“准者平准也。‘御之以准，故貴賤可調而君得其利’，即《揆度篇》所謂‘故守四方之高下，國無游賈，貴賤相當。此謂國衡。以數相守，則利歸於君矣’之意。衡亦平准也。”[3]平準是古代政府平抑物價的措施。《史記·平準書》：“大農之諸官盡籠天下之貨物，貴即賣之，賤則買之。如此，富商大賈無所牟大利，則反本，而萬物不得騰踊，故抑天下物，名曰‘平準’。”如此看來，準、官（權）和威（均）三字雖訓爲平，而實指平準。“市者，貨之準也”其實體現的是管子在經濟領域的平準思想，平準即平抑物價，以達到穩定經濟、穩定統治的目的。故《乘馬》原文在“市者，貨之準也”之後緊接著説“是故百貨賤，則百利不得。百利不得，則百事治。百事治，則百用節矣”。

六

《守法守令等十三篇·王法》篇簡902—簡905有一段話，整理者釋文如下：

歲十月，卒歲之食具，无余食人七石九斗者，親死不得含。十月冬

① 高亨：《古字通假會典》，濟南：齊魯書社，1989年，第113—115頁。
② 何琳儀：《戰國古文字典》，北京：中華書局，1998年，第1320頁。
③ 馬非百：《管子輕重篇新詮》，北京：中華書局，1979年，第249頁。

> 衣畢具，无余布人卌尺、余帛人十尺者，親死不得爲帍（幠）。中□之木把梤（棊）以上，室中不盈百枚者，親死不得爲郭（槨）。无井者，親死不得浴。无堂者，親死不得肂（殔）。

簡文之“帍”字，整理者注釋［八］：“《廣雅·釋器》：‘帍，幞也。’此文‘帍’字似當讀爲‘幠’（‘亡’、‘無’二字古通用），指覆尸所用之衾被。《儀禮·士喪禮》：‘幠用斂衾’，鄭注：‘幠，覆也。’”

按，所注未確。簡文中“親死不得含”“親死不得爲帍”“親死不得爲郭（槨）”“親死不得浴”和“親死不得肂（殔）”是針對各家庭當年經濟狀況的不同，而對各家庭在死者喪葬方面所提出的特殊要求。其中，“含”“浴”“肂（殔）”三字俱用作動詞，故前面不加“爲”字[①]。而“帍”與“郭（槨）”則用作名詞，故前面加有“爲”字。《儀禮·士喪禮》鄭注之“幠”是當覆蓋講，顯然也是動詞。若依整理者的解釋，簡文“親死不得爲帍”應寫作“親死不得帍（幠）”或“親死不得爲衾”方爲合理。

筆者認爲，“帍”當讀作“荒”。《禮記·喪大記》：“飾棺。君龍帷，三池，振容，黼荒。……大夫畫帷，二池，不振容，畫荒。……士布帷，布荒。”鄭玄《注》：“飾棺者，以華道路及壙中，不欲衆惡其親也。荒，蒙也。在旁曰帷，在上曰荒。皆所以衣柳也。士布帷、布荒者，白布也。君、大夫加文章焉。”《周禮·天官·縫人》：“喪，縫棺飾焉。”鄭玄《注》：“孝子既啓，見棺猶見親之身。既載，飾而以行，遂以葬。若存時居於帷幕而加文繡。”孫詒讓《正義》：“云‘既載，飾而以行’者，此明棺飾即葬行時柩車所飾柳翣等。”《周禮·天官·縫人》：“衣翣柳之材。”鄭玄《注》：“必先纏衣其木，乃以張飾也。柳之言聚，諸飾之所聚。”孫詒讓《正義》：“凡覆柩車者，上曰柳，下曰牆。柳衣謂之荒，牆衣謂之帷。”《釋名·釋喪制》：“輿棺之車曰輀……其蓋曰柳。柳，聚也，衆飾所聚，亦其形僂也；亦曰鼈甲，似鼈甲然也。其旁曰牆，似屋牆也。”據此可知，“荒”其實是柩車上的一種棺飾名稱。柩車棺飾分上下兩部分，上部蓋狀部

---

① 整理者（銀雀山漢墓竹簡整理小組：《銀雀山漢墓竹簡［壹］》，北京：文物出版社，1985年，第144頁）注釋［7］：“含，同‘唅’。古人死後，將珠、玉、貝等物置於其口中稱爲唅。”注釋［10］：“肂，讀爲‘殔’。古人死後靈柩暫殯於家中稱爲殔。”

分是柳，下部類似屋牆部分是牆。蒙在柳上的布稱作荒，蒙在牆上的布稱作帷。簡文“親死不得爲巿（荒）”即亲人死后不得制作荒這種棺飾。

這種用法的“荒”字在文獻中亦作“㡆”。《説文》：“㡆，設色之工，治絲練者。从巾㠩聲。一曰㡆，隔。讀若荒。”段玉裁《注》：“隔之義，謂網其上而蓋之。”《玉篇·巾部》：“㡆，幪也。”《廣韻·唐韻》：“㡆，蒙掩。”或作“幌”。《文選·陸機〈挽歌詩〉》：“龍幌被廣柳。”李善《注》：“幌與荒同，古字通。”《集韻·唐韻》：“㡆，或從荒。”簡文“巿”字從巾亡聲，亦可看作是棺飾之“荒”之異構。

七

《守法守令等十三篇·王法》篇簡915—簡916有一段話，整理者釋文如下：

> 上操三者，民外无□□，内无慼欲也。杀之則死，生之則生，欲使之則使，在上□□能審此三者，柏（霸）王之道也。

簡文之“慼欲”，整理者未作解釋。按，應讀作“慼（或戚）容”。慼从戚声，自可相通。欲、容二字亦音近可通[①]。“慼（或戚）容”一詞典籍習見，指憂傷之容色。如：

> 《左傳·昭公十一年》：“國不恤喪，不忌君也。君無慼容，不顧親也。”
>
> 《禮記·雜記下》：“敬爲上，哀次之，瘠爲下。顔色稱其情，戚容稱其服。”
>
> 《禮記·雜記下》：“弔死而問疾，顔色戚容，必有以異於人也。”
>
> 《三國志·蜀書·蔣琬傳》：“琬出類拔萃，處群僚之右，既無戚容，又無喜色。”
>
> 《晉書·熊遠列傳》：“陛下憂勞於上，而群官未同戚容於下。”

① 高亨：《古字通假會典》，濟南：齊魯書社，1989年，第10—11頁。

《抱樸子外篇·吴失》："進無悦色，退無慼容者，固有伏死乎甕牖。"

簡文"内無慼（或戚）容"是説在國内没有憂傷之容色。

八

《守法守令等十三篇·兵令》篇簡965—簡966有一段話，整理者釋文如下：

出卒軙（陳）兵，固有恒令，行伍之疏數，固有恒法，先……適之恒令，非追北衲邑，先後□□……之恒令，前失後斬。

簡文之"衲"字，整理者注釋[一八]："簡文'衲'字疑當讀爲'襲'。'衲'從'内'聲，'内'、'入'二字古通，'入'與'襲'古音相近。"

按，本篇文字與傳本《尉繚子》之《兵令篇》相合[①]。今本《尉繚子·兵令》"衲"作"襲"，故整理者讀"衲"爲"襲"。上古音入爲日母緝部字，襲爲邪母緝部字。兩字疊韻，但聲母相隔。典籍中亦未見二字相通之證。筆者認爲，"衲"直接讀作"入"即可。"襲"字之訓爲入乃典籍常訓。《國語·晉語二》："大國道，小國襲焉，曰服。小國傲，大國襲焉，曰誅。"韋昭《注》："襲，入也。"《淮南子·覽冥》："虎豹襲穴而不敢咆。"高誘《注》："襲，入。"《淮南子·精神》："是故憂患不能入也，而邪氣不能襲。"高誘《注》："襲猶因也，亦入。"《莊子·大宗師》："堪坏得之，以襲崐崘。"成玄英《疏》："襲，入也。"可見，襲、入二字字義相通。

《鹽鐵論·刑德》："至於攻城入邑，損府庫之金，盗宗廟之器。"《論衡·答佞篇》："攻城襲邑，剽劫虜掠。""攻城入邑"與"攻城襲邑"意義相同，可證本簡之"追北衲（入）邑"與傳本《尉繚子》之"追北襲邑"亦當同義。

---

① 銀雀山漢墓竹簡整理小組：《銀雀山漢墓竹簡［壹］》，北京：文物出版社，1985年，第150頁。

編按：“荒帷”在考古墓葬中已有發現。參山西省考古研究所、運城市文物工作站、絳縣文化局：《山西絳縣衡水西周墓地》(《考古》2006 年第 7 期)；山西省考古研究所、運城市文物工作站、絳縣文化局：《山西絳縣横水西周墓發掘簡報》(《文物》2006 年第 8 期)。

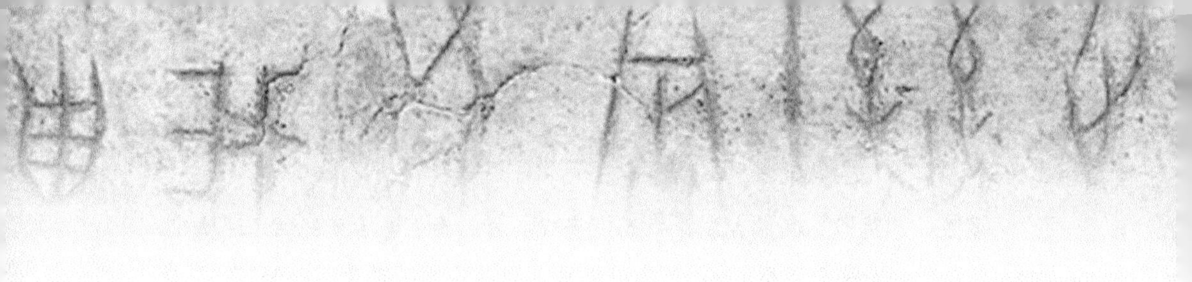

銀雀山漢簡（貳）校讀六記

近讀《銀雀山漢墓竹簡［貳］》，發現該書在注釋方面存在一些注釋未確和該注未注的問題，故不揣譾陋，草成此文，願就正於學界同仁[①]。

一

《論政論兵之類・爲國之過》篇簡 1056—簡 1057 有一段話，整理者釋文如下：

> 所有□物見者病，匿者利，則損於田疇，損於畜長，損於樹蓺（藝），損於蓄積，損於器□。五者曲損，則國貧，有大事不可以持久，其吏便以爲重利。

關於“曲”字，整理者注釋［一〇］訓爲“皆也”[②]。按，“曲”字之訓爲“皆”，典籍無證。簡文此“曲”字似當讀作“俱”。上古音“俱”爲群母侯部字，“曲”爲溪母屋部字。兩字聲母同爲喉音，韻部陰入對轉。古音十分接近，例可相通。

典籍中“曲”可與“局”及從“局”聲之字相通。朱駿聲《説文通訓定聲》：“（曲）假借又爲局。《方言》五：‘所以行棊謂之局，或謂之曲道。’《廣雅・釋器》：‘曲道，梮也。’”又云：“（局）假借爲曲。《説文》：‘局，促也。’《詩・正月》：‘不敢不局。’《傳》：‘曲也。’《小爾雅・廣詁》：‘局，近也。’《大戴・四代》：‘局以觀功。’”這是通假的例子。《釋名・釋言語》：“曲，局也，相近局也。”這是聲訓的例子。“俱”從“具”聲，典籍中從“具”聲之字亦可與從

---

① 銀雀山漢墓竹簡整理小組：《銀雀山漢墓竹簡［貳］》，北京：文物出版社，2010 年。

② “曲”字原文作“⿱曲土”，字見《説文》。季旭昇《説文新證》下册（臺北：藝文印書館，2004 年，第 209 頁）認爲“曲”“⿱曲土”古本一字，《説文》誤分爲二。似可從。

“局”聲之字相通。《集韻·燭韻》：“梮，《説文》‘舉食者’。或作‘梮’。”《説文》：“梮，舉食者。”段玉裁《注》：“梮、梮二字同。”《説文》：“挶，戟持也。从手局聲。”朱駿聲《説文通訓定聲》：“（挶）假借爲梮。《周語》：‘徛而畚挶。’《注》：‘舁土之器。’”可見，簡文之“曲”當可讀作“俱”。

“俱”字之訓“皆”，乃典籍常訓。《玉篇·人部》：“俱，皆也。”《吕氏春秋·蕩兵》：“與始有民俱。”高誘《注》：“俱，皆。”《大戴禮記·曾子天圓》：“俱則雷。”王聘珍《解詁》：“俱，皆也。”均其證。《孟子·盡心上》：“父母俱存。”范仲淹《嶽陽樓記》：“政通人和，百廢俱興。”亦其例。簡文“五者曲（俱）損，則國貧”，是説上文“田疇”“畜長”“樹蓺（藝）”“蓄積”和“器□”這五者皆損，則國家會貧窮。

二

《論政論兵之類·爲國之過》篇簡 1072—簡 1073 有一段話，整理者釋文如下：

> 十四，爲國之過：欲有國之長久也，而不務其所以取尊安於民。萬民之有君而共尊之安之也，求得治焉也。夫君萬民而以貇畜之，故其……

“貇畜”之“貇”字，吴九龍讀作“墾”[①]，楊安讀作“狠”[②]。吴九龍編纂《銀雀山漢簡釋文》簡 2455 又有如下一段話：

> ……□而以貇畜民不可恃國職不可恃……

亦見有“貇畜”一詞，吴九龍亦讀“貇”爲“墾”[③]。

按，“貇”字不見於《説文》。《集韻·魂韻》：“貇，齧也。減也。

① 吴九龍：《銀雀山漢簡釋文》，北京：文物出版社，1985 年，第 72 頁。
② 楊安：《〈銀雀山漢墓竹簡·佚書叢殘〉集釋》，長春：吉林大學碩士學位論文，2013 年，第 50 頁。
③ 吴九龍：《銀雀山漢簡釋文》，北京：文物出版社，1985 年，第 134 頁。

或作豤。”可見“豤”“狠”同字。簡文此“豤”字似當讀作“圂”。《説文》：“狠，齧也。从豕艮聲。”上古音“艮”爲見母文部字，“圂”爲匣母文部字。兩字聲母同爲喉音，韻則叠韻。古音十分接近，例可相通。

典籍中從“艮”聲之字可與從“昆”聲之字相通。《周禮·春官·典同》：“高聲硍。”鄭玄《注》：“故書硍或作硍。”《周禮·考工記·輪人》：“欲其眼也。”《説文·車部》引眼作輥。即其例。典籍中從“圂”聲之字亦可與從“昆”聲之字相通。《法言·脩身》：“人之性也，善惡混。”李軌《注》：“混，雜也。”《楚辭·九思·傷時》：“時混混兮澆饡。”舊《注》：“混，濁也。”朱駿聲《説文通訓定聲》認爲以上二例之“混”字皆假借爲“溷”。《易·噬嗑》：“剛柔分動而明。”王弼《注》：“不溷乃明。”陸德明《釋文》：“溷，濁也。雜也。亂也。”《爾雅·釋水》：“所渠並千七百，一川色黄。”郭璞《注》：“衆水溷淆。”陸德明《釋文》：“溷，謂雜亂。”《漢書·五行志中之上》：“亂服共坐，溷肴亡別。”顔師古《注》：“溷肴，謂雜亂也。”《説文》：“溷，水濁皃。”《廣雅·釋詁三》：“溷，濁也。”《漢書·賈誼傳》：“謂隨、夷溷兮，謂跖、蹻廉。”顔師古《注》：“溷，濁也。”《漢書·諸葛豐傳》：“邪穢濁溷之氣。”顔師古《注》：“溷，亦濁也。”《玉篇·水部》：“溷，濁也。”《急就篇》卷四：“依溷污染貪者辱。”王應麟《補注》：“溷，濁也。”可見，“溷”字古確有“雜”“濁”之義，朱駿聲的看法當屬有據。又，王引之《經義述聞·春秋名字解詁·宋樂溷字子明》：“溷當讀爲焜，溷與焜同聲，故借溷爲焜。昭三年《左傳》：‘焜耀寡人之望。’服虔《注》曰：‘焜，明也。’故名焜字明。”《玄應音義》卷一二“梱煮”《注》：“梱，古文鯤同。”可見，簡文此“豤”字當可讀作“圂”。

“圂”古可指猪狗之類的牲畜，這種用法的“圂”字亦可寫作“豢”。《禮記·少儀》：“君子不食圂腴，小子走而不趨。”鄭玄《注》：“《周禮》‘圂’作‘豢’，謂犬豕之屬食米穀者也。”孔穎達《疏》：“圂，猪犬也；腴，猪犬腸也。”陸德明《釋文》：“圂與豢同。”《禮記·月令》：“乃命宰祝，循行犧牲。視全具，案芻豢。”鄭玄《注》：“養牛羊曰芻，犬豕曰豢。”孔穎達《疏》：“食草曰芻，食穀曰豢。”《左傳·襄公三十年》：“衆給而已。”杜預《注》：“衆臣祭以芻豢爲足。”陸德明《釋文》：

“犬豕曰豢。”《莊子·齊物論》：“民食芻豢。”陸德明《釋文》：“牛羊曰芻，犬豕曰豢。以所食得名也。”《吕氏春秋·季冬》：“供寢廟之芻豢。”高誘《注》：“犬豕曰豢。”

《孟子·盡心》：“食而弗愛，豕交之也；愛而不敬，獸畜之也。”趙岐《注》：“人之交接，但食之而不愛，若養豕也。愛而不敬，若人畜禽獸，但愛而不能敬也。”《史記·平津侯主父列傳》：“上及虞、夏、殷、周，固弗程督，禽獸畜之，不屬爲人。”《漢書·匈奴列傳下》：“是故聖王禽獸畜之，不與約誓，不就攻伐。”上引兩段簡文之“豭（圂）畜”猶上引典籍之“獸畜”“禽獸畜”。簡文“夫君萬民而以豭（圂）畜之”是講統治萬民却將萬民像猪狗一樣畜養。簡文“……□而以豭（圂）畜民不可恃國職不可恃……”似當斷讀爲“……□而以豭（圂）畜民，不可恃國職，不可恃……”。“國職”一詞見於典籍。《國語·魯語下》：“諸侯朝修天子之業命，晝考其國職，夕省其典刑。”《宋書·建平宣簡王宏》：“建平國職，高他國一階。”《梁書·文學傳下·劉峻》：“時竟陵王子良博招學士，峻因人求爲子良國職。”因缺字太多，整段簡文的文義待考。

三

《論政論兵之類·起師》篇簡 1173—簡 1175 有一段話，整理者釋文如下：

> 冬則主人策會，脩（修）戍要塞，移水并險，竭戟而守爼（阻），謀士達於上，游士出交，起吏動勸，合交結親，定其内慮，合其外交，則爲客者危矣。

關於“竭戟而守爼（阻）”之“竭”字，整理者未作解釋。按，“竭戟”一詞典籍未見。從典籍中通常的用字習慣來講，“竭”當讀作“荷”。上古音“竭”爲羣母月部字，“荷”爲匣母歌部字。兩字聲母同爲喉音，韻部陰入對轉，古音十分接近，例可相通。“竭”從“曷”聲，“荷”從“何”聲，典籍中“曷”與“何”常可相通。《書·湯誓》：“時日曷喪。”《史記·殷本紀》作“是日何時喪”。《公羊傳·隱公二年》：“然則曷稱？稱諸父兄師友。”《通典·禮十九》引曷作何。《孟子·梁惠王下》：“吾王不遊吾何以休，吾王不豫吾何以助。”《晏子春秋·内篇·問下》何並作曷。《晏子春秋·内篇·雜下》：“縛者曷爲者也？”《説苑·奉使》曷作何。皆其例。可見，“竭”當可讀作“荷”。

“荷”字古有負擔之義。《左傳·昭公七年》：“其子弗克負荷。”杜預《注》：“荷，擔也。”《論語·憲問》：“有荷蕢而過孔氏之門者。”朱熹《集注》：“荷，擔也。”《小爾雅·廣言》：“荷，擔也。”《慧琳音義》卷一〇“荷負”《注》引《字書》：“荷，擔負也。”《公羊傳·宣公六年》：“有人荷畚自閨而出者。”何休《注》：“荷，負也。”

“荷戟”一詞典籍常見，如：

> 《史記·秦始皇本紀》：“秦小邑并大城，守險塞而軍，高壘毋戰，閉關據阨，荷戟而守之。”
>
> 《史記·魏其武安侯列傳》：“身荷戟馳入不測之吴軍，身被數十創。”
>
> 《後漢書·邳彤列傳》：“一夫荷戟大呼，則千里之將無不捐城遁逃，虜伏請降。”
>
> 《晉書·羊祜列傳》：“皆言一夫荷戟，千人莫當。”
>
> 《晉書·陸機列傳》：“而時有袨服荷戟，立乎廟門之下。”
>
> 《晉書·張載列傳》：“一人荷戟，萬夫趦趄。”

典籍中“荷戟”一詞如此常見，而“竭戟”一詞却僅見於銀雀山漢簡，亦説明“竭戟”讀作“荷戟”比較合適。尤其是上引《史記·秦始皇本紀》有“荷戟而守之”語，與簡文“竭（荷）戟而守胆（阻）”語句十分接近，正可相參。

《説文》：“荷，芙蕖葉。从艸何聲。”“荷”字從艸表義，其本義爲荷花之葉。據此，“荷”字之用作負擔之義當非其本義。朱珔《説文假借義證》：“古擔負字作‘何’，今作‘荷’，讀上聲。《易·噬嗑》‘何校’《釋文》：‘何，本作荷。’《論語》‘荷蕢’《釋文》：‘荷，本作何。’是‘荷’爲‘何’之假借。”按，此説可信。“何”字古確有負擔之義。《廣雅·釋詁三》：“何，擔也。”《詩·商頌·玄鳥》：“百禄是何。”鄭玄

《箋》：“謂當擔負天之多福。”《玄應音義》卷六“何負”《注》：“何，擔也。”《易·噬嗑》：“何校滅耳。”孔穎達《疏》：“何，謂擔何。”焦循《章句》：“何讀若荷，負也。”《太玄·干》：“何戟解解。”司馬光《集注》：“何，擔也。”皆其證。《説文》：“何，儋也。”段玉裁《説文解字注》：“何俗作荷，猶佗之俗作駝。儋之俗作擔也。《商頌》‘百禄是何’、‘何天之休’、‘何天之龍’，《傳》曰：‘何，任也。’《箋》云：‘謂擔負。’《周易》：‘何天之衢。’虞翻曰：‘何，當也。’‘何校滅耳’。王肅云：‘何，荷擔也。’……凡經典作荷者，皆後人所竄改。”

甲骨文“何”字作“”“”“”“”“”等形①，正像人擔負戈類兵器之形，爲從人荷戈之會意字②。後世“何”字主要是用作疑問代詞，表示“爲何”“如何”“何以”等義，其負擔之義遂由“荷”字來承擔。也可以説，“荷”字之負擔義實爲“何”字之假借義。

前面，筆者之所以强調“從典籍中通常的用字習慣來講”銀雀山漢簡“竭戟而守𣪠（阻）”之“竭”字“當讀作‘荷’”，這是因爲“竭”字本身就具有“負舉”“負載”之義。《説文》：“竭，負舉也。从立曷聲。”段玉裁《注》：“凡手不能舉者，負而舉之。”《説文解字繫傳》：“竭，負而立也。”《禮記·禮運》：“五行之動，迭相竭也。”鄭玄《注》：“竭，猶負載也。”皆其例。“竭”字從立表義，前文已云“曷”與“何”讀音相近，常可相通，因此我們似可將“竭”字視爲“何”字負擔之義的後起形聲字。因此，從字面意思上講，銀雀山漢簡“竭戟而守𣪠（阻）”文義亦通，“竭戟”與“荷戟”同義。

綜上所述，筆者認爲，漢字中原本是用“何”字來表示負擔之義的，但後世“何”字主要是用作疑問代詞，其本義很少使用，故表示負擔之義的“何”字遂被“荷”字所取代。但是，畢竟“荷”字之本義是表示“芙蕖葉”，用作負擔義是“何”字之假借義，所以又另造了一個表示負擔之義的“竭”字。當然，在實際使用過程中，“竭”字亦很少用作表示負擔之義，負擔之義仍是由“荷”字所承擔。

① 劉釗、洪颺、張新俊編纂：《新甲骨文編》，福州：福建人民出版社，2009年，第458—459頁。

② 參于省吾主編、姚孝遂按語編纂《甲骨文字詁林》（北京：中華書局，1996年，第104—107頁）引唐蘭、郭沫若、孫海波以及姚孝遂按語的説法。

四

《論政論兵之類·將德》篇簡 1204—簡 1205 有一段話，整理者釋文如下：

……不失，將軍之知（智）也。不陘（輕）寡，不渤（劫）於適（敵），慎終若始，將軍之敬也。叔（弔）死問傷，食饑餂，與□……

關於“餂”字，整理者指出：“‘餂’，疑當讀爲‘飢’，飢也。二字古音相近。”楊安認爲整理者的看法可備一説，並引《説文》《玉篇》及睡虎地秦簡相關詞句對“飢”字加以解釋①。

“餂”字不見於字書，“饑飢”一詞亦不見於典籍。筆者認爲，從字形上看，“餂”字當分析爲從食吉聲，似當釋爲“饐”。《説文》：“饐，飯傷溼也。从食壹聲。”《説文》：“壹，專壹也。从壺吉聲。”典籍另見“餶”字，爲“噎”或“饐”字異體。《楚辭·九思·逢尤》：“仰長歎兮氣餶結。”洪興祖《補注》：“餶，與噎同。”《玉篇·食部》：“餶，或噎字，食不下也。”《集韻·屑韻》：“噎，或作餶。”《漢書·賈山傳》：“祝餶在前，祝鯁在後。”顔師古《注》：“餶，古饐字，謂食不下也。”饐、餶所從聲符亦均從吉聲。可見，“餂”當可釋爲“饐”字。

簡文之“餂（饐）”似當讀爲“渴”。上古音“吉”爲見母質部字，“壹”爲影母質部字，“曷”爲匣母月部字，三字聲母同爲喉音，韻部質部與月部關係十分密切②。《集韻·薛韻》：“揭，舉也。或作担、拮。”《集韻·祭韻》：“餲，《説文》‘飭餲也’……或作饐。”這是異體的例子。《晏子春秋·内篇·雜上》：“譬之猶臨難而遽鑄兵，噎而遽掘井，雖速亦無及已。”《説苑·雜言》噎作渴。這是通假的例子。可見，“餂（饐）”當可讀爲“渴”。

《管子·五輔》：“衣凍寒、食飢渴、匡貧寠、賑罷露、資乏絶，此謂

① 楊安：《〈銀雀山漢墓竹簡·佚書叢殘〉集釋》，長春：吉林大學碩士學位論文，2013 年，第 111 頁。

② 李玉：《秦漢簡牘帛書音韻研究》，北京：當代中國出版社，1994 年，第 112—113 頁；沈培：《説郭店楚簡中的“肆”》，《語言》第 2 卷，北京：首都師範大學出版社，2001 年，第 318 頁。

賑其窮。”與簡文正可相參。本簡《論政論兵之類·善者》篇簡 1161—簡 1162 有“善者能使適（敵）卷甲趨遠，倍道兼行，卷（倦）病而不得息，飢渴而不得食，以此薄適（敵），戰必不勝矣”語，亦可參。

五

《論政論兵之類·十問》篇簡 1576 有一段話，整理者釋文如下：

> 攻其所必救，使離其固，以揆其慮，施伏設爰，毄（擊）其移庶。此毄（擊）葆（保）固之道也。

關於“以揆其慮，施伏設爰”，整理者注［二九］：“《淮南子·兵略》‘審錯規慮，設蔚施伏’，又云‘設規慮，施蔚伏’可參考。”爲論述方便，現將整理者所引《兵略》兩段文字的相關字句引録如下：

> 善用間諜，審錯規慮，設蔚施伏，隱匿其形，出於不意，敵人之兵無所適備，此謂知權。
>
> 設規慮，施蔚伏，見用水火，出珍恠，鼓譟軍，所以營其耳也。

《兵略》之“設蔚施伏”，高誘《注》“蔚，草木藩盛曰蔚”[①]。王念孫認爲：“‘設蔚施伏’，當作‘設施蔚伏’。高《注》：‘草木盛曰蔚。’伏兵於其中，故曰蔚伏，可言‘設蔚伏’，不可言‘設蔚’也。且‘審錯規慮’、‘設施蔚伏’相對爲文，若作‘設蔚施伏’，則與上句不對。下文云‘設規慮，施蔚伏’，是其明證矣。”[②]

現據《十問》之“施伏設爰”，知王氏改《兵略》之“設蔚施伏”爲“設施蔚伏”顯然有誤。另外，可以看出王氏受高《注》“草木盛曰蔚”的影響，故而認爲“伏兵於其中，故曰蔚伏，可言‘設蔚伏’，不可言‘設蔚’也”。其實，高《注》以“草木藩盛曰蔚”來解釋《兵略》“設蔚施伏”之“蔚”，很可能是有問題的。

---

① 何寧《淮南子集釋》（北京：中華書局，1998 年，第 1074 頁）：“古殘卷、道藏本、中立本、景宋本皆無‘藩’字。《太平御覽》二百七十一引同。”下文王念孫《讀書雜志》所引即無“藩”字。

② 王念孫：《讀書雜志·淮南子内篇第十五》，南京：江蘇古籍出版社，1985 年，第 902 頁。

典籍中“規”“慮”二字均有“謀”義。《淮南子·主術》：“是故心知規而師傅諭導。”高誘《注》：“規，謀也。”《後漢書·趙憙傳》：“思爲久長規。”李賢《注》：“規，謀也。”《戰國策·齊策六》：“齊無天下之規。”鮑彪《注》：“規，猶謀也。”《資治通鑒·漢紀四十》：“規固二榆。”胡三省《注》：“規，圖也，謀也。”《説文》：“慮，謀思也。”《廣雅·釋詁四》：“慮，謀也。”《詩·小雅·雨無正》：“弗慮弗圖。”鄭玄《箋》：“慮、圖，皆謀也 。”《周禮·秋官·朝士》：“則令邦國都家縣鄙慮刑貶。”鄭玄《注》：“慮，謀也。”《吕氏春秋·安死》：“爲無窮者之慮。”高誘《注》：“慮，謀也。”《吕氏春秋·不廣》：“管子之慮近之矣。”高誘《注》：“慮，謀也。”可見“規”“慮”同義，“規慮”當屬同義複詞。除前文所引之外，“規慮”一詞還在《淮南子》的其他文句中出現過。《淮南子·兵略》：“不可巧詐也，不可規慮也。”《淮南子·人間》：“凡人之舉事，莫不先以其知規慮揣度，而後敢以定謀。”均其例。《三國志·陸遜傳》：“陸遜意思深長，才堪負重，觀其規慮，終可大任。”亦其例。

至於“伏”字，古有隱藏、藏匿之義。《廣雅·釋詁四》：“伏，藏也。”《吕氏春秋·孟夏紀》：“無伏於都。”高誘《注》：“伏，藏。”《國語·晉語八》：“物莫伏於蠱。”韋昭《注》：“伏，藏也。”《廣韻·屋韻》：“伏，匿藏也。”《國語·晉語二》：“將伏也。”韋昭《注》：“伏，隱也。”《戰國策·趙策四》：“伏事。”鮑彪《注》：“伏，猶隱也。”《廣韻·屋韻》：“伏，隱也。”《玉篇·人部》：“伏，匿也。”《資治通鑒·宋紀》：“斷其走伏。”胡三省《注》：“伏，匿也。”《十問》及《兵略》之“伏”應爲伏兵、埋伏之義，這種義項當由隱藏、藏匿之義引伸而來。

前引王氏指出《兵略》之“‘審錯規慮’、‘設施蔚伏’相對爲文”，又引《兵略》下文之“設規慮，施蔚伏”爲證。按，雖然王氏改“設蔚施伏”爲“設施蔚伏”不確，但其文指出兩者“相對爲文”則正確可從。上文指出“規”“慮”同義，“規慮”一詞爲同義複詞。據此，“蔚”“伏”二字亦當同義或近義。因此，高《注》以“草木蕃盛曰蔚”來解釋《兵略》“設蔚施伏”之“蔚”，顯然值得商榷。

由《十問》與《兵略》相關文字對比可知，《十問》之“伏”和“爰”與《兵略》之“伏”和“蔚”存在對應關係。張震澤認爲“伏”指埋伏，《十問》之“爰”爲“援”之省，指援軍。《兵略》之“蔚”是指障蔽物①。沈祖春亦認爲“伏”指埋伏，而且指出“施”“設”義同，故“伏”“爰”亦當義同或義近，但是他繼而認爲“爰”當讀爲“諼”，義爲欺詐、欺騙。設置“埋伏”和實施“欺詐”意義相近。《兵略》“設蔚施伏”之“蔚”讀爲“罻”，訓作捕鳥網或捕魚網，又可泛指“網”，進而可虛指“埋伏”，因爲“埋伏”即是張開一張“網”，等待敵人的到來。因此，“蔚”與“伏”義同②。按，“欺詐”“網”與“埋伏”這些詞彙的詞義明顯不同，沈氏之説太過牽强，難以令人認同，但他指出“伏”“爰”亦當義同或義近，則是正確的。

筆者認爲，要想對《兵略》之“蔚”和《十問》之“爰”作出合理的解釋，必須要從字音和字義兩方面加以綜合考慮。就字音而言，上古音“蔚”爲影母物部字，“爰”爲匣母元部字，兩字聲母同爲喉音，韻亦很近。因此，所求之字當以與此二字讀音相近者爲是。就字義而言，所求之字亦當以具有隱藏、藏匿之義者爲是。循音義以推求，此二字似均當讀作“藴”。

從字音上看，上古音“藴”爲影母文部字，讀音與“蔚”“爰”均很近。“藴”從“緼”聲，“緼”從“昷”聲。“蔚”從“尉”聲。典籍中從“昷”聲之字與從“尉”聲之字音近可通。《詩·小雅·車舝》：“以慰我心。”陸德明《釋文》：“《韓詩》作‘以愠我心。’”即其例。典籍中從“昷”聲之字與“鬱”字亦音近可通。《詩·大雅·雲漢》：“藴隆蟲蟲。”陸德明《釋文》：“《韓詩》作鬱。”《詩·秦風·晨風》：“鬱彼北林。”王先謙《詩三家義集疏》：“齊‘鬱’作‘温’。”而從“尉”聲之字與“鬱”亦音近可通。《後漢書·仲長統傳》：“彼之蔚蔚，皆匈詈腹詛。”李賢《注》：“蔚與鬱，古字通。”至於“爰”字，亦可與從“昷”聲之字相通。《方言》卷六：“爰，恚也。”朱駿聲《説文通訓定聲》認爲

① 張震澤：《孫臏兵法校理》，北京：中華書局，1984年，第153頁。

② 沈祖春：《〈銀雀山漢墓竹簡（貳）〉校補》，“甘肅省第二屆簡牘學國際學術研討會”論文，蘭州：甘肅省文物局，2011年。

此“爰”字假借爲“愠”。《詩·大雅·緜》：“肆不殄厥愠。”毛《傳》：“愠，恚也。”《玉篇·心部》：“愠，恚也。”朱駿聲的看法當屬有據。可見，《兵略》之“蔚”和《十問》之“爰”均可讀作“薀”。

從字義上看，“薀”字古亦有“藏”義。《後漢書·班固傳》：“薀孔佐之弘陳雲爾。”李賢《注》：“薀，藏也。”《後漢書·周榮傳》：“薀匵古今。”李賢《注》：“薀，藏也。”《文選·謝靈運〈登江中孤嶼〉》：“薀真誰爲傳。”李善《注》引馬融《論語》注曰：“薀，藏也。”《文選·王子淵〈四子講德論〉》：“故美玉薀於碔砆。”李善《注》引馬融《論語》注曰：“薀，藏也。”即其例。這種用法的“薀”字，典籍中或寫作“韞”“緼”。《論語·子罕》：“韞匵而藏諸。”何晏《集解》引馬融曰：“韞，藏也。”《漢書·叙傳上》：“緐氏之璧韞於荆石。”顔師古《注》：“韞，亦藏也。”《集韻·隱韻》：“韞，藏也。”《易·繫辭上》：“乾坤其易之緼邪。”李鼎祚《集解》引虞翻《注》：“緼，藏也。”《大戴禮記·保傅》：“則太師緼瑟而稱不習。”王聘珍《解詁》：“緼，藏也。”均其例。可見，“薀”“伏”同義，均可訓爲“藏”。“薀伏”一詞亦見於典籍。《魏書·爾朱榮列傳》：“薀伏風煙，抱（包）含日月，總奇正以成術，兼文武而爲資。”此“薀伏”亦當是同義複詞，與《兵略》之“規慮”一詞正可相對。《十問》“施伏設爰（薀）”、《兵略》“設蔚（薀）施伏”之“伏”與“薀”均是動詞用作名詞，指伏兵、埋伏。動詞用作名詞的例子典籍很常見，無需贅述。

《吴越春秋·勾踐陰謀外傳》：“琴氏乃横弓著臂，施機設樞，加之以力，然後諸侯可服。”晉摯虞《庖犧讚》：“設卦分象，開物紀類；施罟設網，人用不匱。”[①]典籍中“樞”可訓作“機”[②]，“罟”亦可訓作“網”[③]。“施機設樞”“施罟設網”與《十問》“施伏設爰（薀）”、《兵略》“設蔚（薀）施伏”用例相同，可參考。

---

① 徐堅等著《初學記·帝王部·總叙帝王》（北京：中華書局，1962年，第215頁）引。

②《釋名·釋形體》：“樞，機也。”《玄應音義》卷4“門樞”《注》：“樞，機制動轉之主也。”

③《説文》：“罟，网也。”《易·繫辭下》：“作結繩而爲網罟。”陸德明《釋文》引馬、姚云：“罟，猶网也。”《詩·小雅·小明》：“畏此罪罟。”毛《傳》：“罟，網也。”《國語·魯語上》：“里革斷其罟而棄之。”韋昭《注》：“罟，網也。”

關於《兵略》之“審錯規慮，設蔚施伏”。前文指出王念孫改“設蔚施伏”爲“設施蔚伏”不確，但其文認爲“審錯規慮”與“設蔚施伏”兩者應該“相對爲文”仍正確可從，這是因爲《兵略》下文還有“設規慮，施蔚伏”語，可以相互參證。但嚴格來講，“設蔚施伏”仍難以與“審錯規慮”完全對應。“設蔚施伏”既然有《十問》之“施伏設爰”可互參而沒有問題，則問題可能是出在“審錯規慮”上。筆者推測，“審錯規慮”很可能原本應當是“審規錯慮”，這樣就可以與“設蔚施伏”完全對應起來了。

六

《其他·定心固氣》篇簡 2137—簡 2139 有一段話，整理者釋文如下：

> 脩（修）獨內夤（奮），終身不拳（倦）。隱居而不失其志，踐軒到戈，制萬乘之衆而不易其氣。天能忘（亡）其刑（形），不能稅（奪）其志。

關於“踐軒到戈”之“到”，整理者未作解釋。林志鵬認爲：“簡文‘到’疑讀爲‘蹈’，二字韻母幽、宵旁轉，聲母端、定旁紐，音近可通。‘蹈’與‘踐’互文見義，皆有履、行之義，‘踐軒蹈戈’指勇赴沙場，故下云‘制萬乘之衆而不易其氣’，制訓爲折。”[①]

按，林說未確。“蹈戈”一詞典籍未見，且將“踐軒蹈戈”解釋爲“勇赴沙場”亦頗爲牽強。典籍中類似詞彙如“赴湯蹈火”“臨危赴難”“衝鋒陷陣”等均爲聯合詞組，湯、火、危、難、鋒和陣均指險地。簡文“踐軒到戈”之“戈”或可喻指險地，而“軒”指車，顯然難以與險地聯繫在一起。

筆者認爲，“踐軒到戈”似當讀作“踐軒操戈”。“操”從“喿”聲，“到”從“刀”聲。上古音“喿”爲心母宵部字，“刀”爲端母宵部字。兩字疊韻。聲母一爲齒音，一爲舌音，亦可疏通。典籍中從“喿”聲之字

① 林志鵬：《銀雀山漢墓竹書〈定心固氣〉探論》，“簡帛資料文哲研讀會成果發表暨全國簡帛資料研討會”論文，臺北：臺灣師範大學，2010 年。

常可與從“肖”聲之字相通，其例甚多，兹不贅引[①]。而從“肖”聲之字亦有與從“刀”聲之字相通之例。《史記·司馬相如列傳》：“招摇乎襄羊。”《漢書·司馬相如傳》《文選·司馬相如〈上林賦〉》招作消。又，典籍中從“刀”聲之字亦常可與從“兆”聲之字相通[②]，其例亦甚多，無需贅引。而從“兆”聲之字亦可與“喿”字相通。《説文》：“銚，温器也。一曰田器。从金兆聲。”段玉裁《注》：“銚，《釋器》、《方言》皆作斛。《釋器》曰：‘斛謂之疀。’郭云：‘即古鍫臿字。’《方言》曰：‘臿，燕之東北朝鮮洌水之間謂之斛，趙魏之間謂之喿。’銚、斛、喿三字同，即今鍫字也。”《説文》：“喿，鳥羣鳴也。”朱駿聲《説文通訓定聲》：“假借爲銚。《方言》五：‘臿，趙魏之間謂之喿。’《注》：‘亦作鍫。’《廣雅·釋詁三》：‘喿，臿也。’”以上是通假的例子。《説文》：“燥，乾也。”朱駿聲《説文通訓定聲》：“字亦作灱。《廣雅·釋詁二》：‘灱，乾也。’”這是異體的例子。《釋名·釋姿容》：“操，鈔也。”“鈔”從“少”聲，上古音“少”爲書母字，亦爲舌音。這是聲訓的例子。《詩·月出》“照”“燎”“懆”三字葉韻，《詩·抑》“昭”“樂”“懆”“教”“虐”“耄”等字葉韻。這是葉韻的例子。綜上所述，“到戈”當可讀作“操戈”。

“操戈”一詞典籍習見，義同執戈。《山海經·大荒西經》：“有人無首，操戈盾立，名曰夏耕之尸。”《列子·周穆王》：“華子既悟，迺大怒，黜妻罰子，操戈逐儒生。”《博物志·異聞》：“武王伐紂，至盟津渡河，大風波。武王操戈秉麾麾之，風波立霽。”《搜神記》卷一六：“亭長龔壽，操戈持戟，來至車旁。”《宋書·謝晦列傳》：“城内東將，數日之内，操戈相待。”《南齊書·丘巨源列傳》：“罰則操筆大禍而操戈無害，論以賞科，則武人超越而文人埋没。”均其例。《楚辭·九歌·國殤》：“操吳戈兮被犀甲，車錯轂兮短兵接。”《史記·商君列傳》：“行於國中，不從車乘，不操干戈。”亦可參。典籍中還見有“操戟”一詞，如《晏子春秋·内篇雜上·景公夜從晏子飲晏子稱

① 高亨：《古字通假會典》，濟南：齊魯書社，1989年，第800—801頁。
② 高亨：《古字通假會典》，濟南：齊魯書社，1989年，第810、812頁。

不敢與第十二》：“穰苴介冑操戟立於門曰。”仍可參。

筆者認爲，簡文“隱居而不失其志，踐軒到（操）戈，制萬乘之衆而不易其氣”是從隱居與出仕兩個角度來展開論述，“隱居而不失其志”是説窮居鄉野之時不會喪失其志向，“踐軒到（操）戈，制萬乘之衆而不易其氣”字面意思是履車執戈，裁制萬乘之衆而氣息不變，顯然是與出仕有關。

阜陽漢簡《春秋事語》校讀二記

韓自强所著《阜陽漢簡〈周易〉研究》一書中附有對“《春秋事語》章題及相關竹簡”的研究，公佈了相關簡牘的照片和摹本，並配有釋文和注釋①。筆者此文，擬就整理者在釋文、注釋以及竹簡編排次序等方面談兩則自己的看法，願就正於學術界同仁。

一

二號木牘《春秋事語》總共記有四十個章題，其中第十六章的章題是“簡子攻衛之附郭”。整理者認爲本章“在《説苑》裏找不到相同的章題。《説苑·奉使》二十章有‘趙簡子將襲衛，使史黯往視之’。《吕氏春秋·召類篇》和《淮南子·主術訓》皆引用過此事。但章題大都是以文章的首句爲題。‘攻衛之附郭’與‘將襲衛’一是正在進攻，一是打算襲衛，時間、地點不同，本章可能是失傳的佚文章題”②。

按，整理者指出“章題大都是以文章的首句爲題”，顯然是正確的。但因在《説苑》等書中未找到相同的章題和相關內容，從而認爲“本章可能是失傳的佚文章題”，則不確。《吕氏春秋·貴直》篇有如下一段文字：

> 趙簡子攻衛附郭，自將兵。及戰，且遠立，又居於犀蔽屏櫓之下，鼓之而士不起，簡子投桴而歎曰：“嗚呼！士之遬弊一若此乎？”行人燭過免冑横戈而進曰：“亦有君不能耳，士何弊之有？”簡子艴然作色曰：“寡人之無使，而身自將是衆也，子親謂寡人之無能，有説則可，無説則死。”對曰：“昔吾先君獻公即位五年，兼國十九，用此士也。惠公即位二年，淫色暴慢，身好玉女，秦人襲我，遜去絳七十，用此士

① 韓自强：《阜陽漢簡〈周易〉研究》，上海：上海古籍出版社，2004 年。

② 韓自强：《阜陽漢簡〈周易〉研究》，上海：上海古籍出版社，2004 年，第 187 頁。

> 也。文公即位二年，底之以勇，故三年而士盡果敢；城濮之戰，五敗荆人；圍衛取曹，拔石社；定天子之位，成尊名於天下；用此士也。亦有君不能耳，士何弊之有？”簡子乃去犀蔽屏櫓而立於矢石之所及，一鼓而士畢乘之。簡子曰：“與吾得革車千乘也，不如聞行人燭過之一言。”行人燭過可謂能諫其君矣，戰鬥之上，枹鼓方用，賞不加厚，罰不加重，一言而士皆樂爲其上死。

此外，《韓非子・難二》篇亦記有大體相同的内容，但首句是“趙簡子圍衛之郛郭”。“趙簡子攻衛附郭”“趙簡子圍衛之郛郭”與木牘第十六章之章題“簡子攻衛之附郭”顯然相合，而“章題大都是以文章的首句爲題”，可見第十六章的章題就是《吕氏春秋・貴直》和《韓非子・難二》所載内容之章題，並非“失傳的佚文章題”。

二

竹簡《春秋事語》總計二十五章，其中最後一章的内容分别記在六枚殘簡上，整理者釋文排序如下：

> 晉公子重耳亡之曹₌無禮焉（簡 91）
>
> 凌負羅之妻胃凌負羅（簡 92）
>
> 皆賢人也若以相夫子必反晉₌國₌必伐曹（簡 93）
>
> 凌負羅遺之餐加璧焉（簡 94）
>
> 其璧及重耳反晉國興軍伐曹（簡 95）
>
> 負羅曰君無禮於[晉]公子吾觀（簡 96）①

整理者據首句將該章章題定爲“晉公子重耳亡之曹₌無禮”，指出本章内容見於《國語・晉語四》，這是正確的。但整理者在注釋中據《國語・晉語四》“吾觀晉公子賢人也，其從者皆國相也，以相一人，必得晉國。得晉國而討無禮，曹其首誅也”，認爲簡 93“皆賢人也若以相夫子必反晉₌國₌必伐曹”前面殘缺了“吾觀晉公子”五字，並將該句斷讀爲“[吾][觀][晉][公][子]

① 韓自强：《阜陽漢簡〈周易〉研究》，上海：上海古籍出版社，2004 年，第 183、204 頁。

皆賢人也，若以相夫子，必反晉國，反晉國必伐曹”。這是有問題的。

首先，整理者將《國語・晉語四》之“吾觀晉公子賢人也”與簡 93“皆賢人也”兩句話等同看待，故而在“皆賢人也”前補“吾觀晉公子”。但“吾觀晉公子皆賢人也”這句話其實並不符合語法邏輯。因爲此處之“晉公子”僅指“重耳”一人，而簡文既有“皆”字，則説明前面不可能是“晉公子”一人。因此，所補之字是有問題的。前引《國語・晉語四》在“吾觀晉公子賢人也”後面説“其從者皆國相也”，跟隨晉公子重耳出亡之“從者”並非一人，故可在“國相也”前加有“皆”字。

其次，“若以相夫子，必反晉國”的斷句不確，當斷句爲“若以相，夫子必反晉國”。關於這一點，前人已有論述①。

再次，據竹簡照片和整理者的摹本，“反晉國”之“反”字下未見重文符號“＝”，前引整理者釋文中“反晉國”之“反”字下亦未寫重文符號，可見注釋中“反晉國必伐曹”之“反”字當删除。

除以上注釋中存在的問題外，整理者對竹簡的編排次序恐亦不確。關於曹君無禮於晉公子重耳的故事，典籍多有記載，其中以《淮南子・道應》中的一段文字與簡文最爲接近。爲論述方便，現將《淮南子・道應》的相關文句引録如下：

> 晉公子重耳出亡，過曹，無禮焉。釐負羈之妻謂釐負羈曰：“君無禮於晉公子。吾觀其從者，皆賢人也，若以相，夫子反晉國，必伐曹。子何不先加德焉！”釐負羈遺之壺餕，而加璧焉。重耳受其餕而反其璧。及其反國，起師伐曹，剋之，令三軍無入釐負羈之里。

根據《淮南子・道應》這段文字，筆者認爲前引六條簡文的正確排序應當是：簡 91—簡 96—簡 93—簡 92—簡 94—簡 95。現依此次序寫出釋文，並補出缺字（外加□）：

> 晉公子重耳亡，之曹＝（曹。曹）無禮焉。淩負羅之妻胃（簡 91）淩負羅曰：“君無禮於晉公子。吾觀其從者，（簡 96）皆賢人也，若以

① 楊伯峻：《春秋左傳注》，北京：中華書局，1990 年，第 407 頁；徐元誥：《國語集解》，北京：中華書局，2002 年，第 327 頁。

> 相，夫子必反晉=國=（晉國。晉國）必伐曹。”（簡93）淩負羅之妻胃（謂）淩負羅曰：“子何不先加德焉！”（簡92）淩負羅遺之飧，加璧焉。重耳受其飧而反（簡94）其璧。及重耳反晉國，興軍伐曹。（簡95）

這裏有兩點需先作説明。第一，簡文之“淩負羅”在《左傳》《國語》等書中作“僖負羈”，而在《韓非子》《史記》及上引《淮南子》等書中作“釐負羈”。淩、僖和釐上古音十分接近，故此三字當屬通假關係。羅、羈二字字形相近，故簡文之“羅”很可能是“羈”之誤字。第二，簡文之“飧”，原形作“”，整理者在前引釋文中釋爲“餐”，不確。“飧”字《説文》小篆作“”，字形可參。《左傳・僖公二十三年》和《國語・晉語四》中亦皆作“飧”。《孟子・滕文公上》：“饔飧而治。”焦循《正義》：“飧、餕古通用。”《廣雅・釋器》：“熟食謂之餕饔。”王念孫《疏證》：“餕，讀若飧。”可見簡文之“飧”字與《淮南子・道應》相對應之“餕”字相通。

簡文重新編排後，與《淮南子・道應》所記内容十分吻合，所不同者僅是簡文中“淩負羅之妻胃（謂）淩負羅曰”出現了兩次。而且，缺字據《淮南子・道應》補足後，前五枚簡正好每枚上面都是16—17個字，亦説明如此排序當屬不誤。至於最後的簡95，據《淮南子・道應》所記内容推測，下部當殘缺掉4—5字，而其後應仍缺失一枚簡。

前文所指出的整理者在注釋方面出現的問題，究其原因，很可能正是與對竹簡的編排次序錯誤有關。

《王杖十簡》“本二年”“山東復”考

1959年秋，甘肅省武威縣磨咀子第十八號墓中出土木簡十枚，記有兩條詔書和一則案例，内容涉及漢代高年授王杖以及養老之事，史學界稱其爲《王杖十簡》。該批木簡爲研究漢代養老、尊老制度提供了十分重要的實物資料。筆者此文，擬就簡文中的“本二年”和“山東復”作一點簡單考證。不當之處，敬請方家批評指正。

一、本二年

爲論述方便，先將簡文抄録如下：

制　詔丞相、御史：高皇帝以來至本二年，勝（朕）甚哀老小。高年受王杖，上有鳩，使百姓望見之，（簡3）比於節。有敢妄罵詈毆之者，比逆不道。得出入官府郎（廊）第、行馳道旁道。市賣，復毋所與，（簡4）如山東復。有旁人養謹者常養扶持，復除之。明在蘭臺石室之中。王杖不鮮明，（簡5）得更繕治之。河平元年，汝南西陵縣昌里先年七十受王杖，𩒹部游徼吴賞使從者（簡6）毆擊先，用訴，地太守上𤅊。廷尉報：罪名（簡7）明白，賞當棄市。（簡8）

制　詔御史曰：年七十受王杖者比六百石，入官廷不趨，犯罪耐以上，毋二尺告劾。有敢徵召侵辱（簡1）者，比大逆不道。建始二年九月甲辰下。（簡2）

蘭臺令第卅三，御史令第卌三，尚書令滅受在金。（簡10）

孝平皇帝元始五年幼伯生，永平十五年受王杖。（簡9）①

---

① 簡文編號爲原整理者考古研究所編輯室《武威磨咀子漢墓出土王杖十簡釋文》（《考古》1960年第9期，第29頁）中的編號，簡文編排次序采用崔永東《〈王杖十簡〉與〈王杖詔書令册〉法律思想研究——兼及“不道”罪考辨》（《法學研究》1999年第2期，第129頁）的看法。

關於以上兩條詔書和一則案例之年代，第二條詔書之“建始二年”即漢成帝建始二年（前31年），案例之“河平元年”即漢成帝河平元年（前28年）。此兩處因均有明確記年，故關於其具體年代，學術界並無異議。但是，第一條詔書的年代並不明確，僅記有“高皇帝以來至本二年”，未見明確記年，學術界僅能對所記之“本二年”加以推測，考古研究所編輯室認爲是在漢成帝建始二年（前31年）[①]，陳直、郭沫若認爲是在漢成帝河平二年（前27年）[②]，陳夢家認爲是在漢哀帝建平二年（前5年）[③]。

1981年，武威縣文物管理委員會在進行文物調查時，又徵集到一份在磨咀子漢墓出土的《王杖詔書令》，這是繼《王杖十簡》以後的又一次王杖簡册的重大發現。《王杖詔書令》共計木簡二十六枚，内中有如下一段文字：

> 高皇帝以來至本始二年，朕甚哀憐耆老。高年賜王杖，上有鳩，使百姓望見之，比於節。吏民有敢罵詈毆辱者，逆不道；得出入官府節〈郎（廊）〉第，行馳道中；列肆賈市，毋租，比山東復。

比較可知，以上這段文字與《王杖十簡》第一條詔書的文字略有出入，但内容大體相當。文字方面的差異，最重要的一點即《王杖十簡》之“本二年”於《王杖詔書令》中作“本始二年”，“本始”爲漢宣帝之年號，學術界據此一致認爲“本始二年”即漢宣帝本始二年（前72年），而《王杖十簡》之“本二年”當爲“本始二年”之誤，即《王杖十簡》中漏寫了“始”字[④]。到目前爲止，學術界並無異議。

筆者認爲，將上引兩處簡文之“本二年”和“本始二年”定爲漢宣帝本

① 考古研究所編輯室：《武威磨咀子漢墓出土王杖十簡釋文》，《考古》1960年第9期，第29頁。

② 陳直：《甘肅武威磨咀子漢墓出土王杖十簡通考》，《考古》1961年第3期，第160頁；郭沫若：《武威“王杖十簡”商兑》，《考古學報》1965年第2期，第1頁。

③ 中國科學院考古研究所、甘肅省博物館：《武威漢簡》，北京：文物出版社，1964年，第144頁。

④ 武威縣博物館：《武威新出土王杖詔令册》，《漢簡研究文集》，蘭州：甘肅人民出版社，1984年，第34頁；崔永東：《〈王杖十簡〉與〈王杖詔書令册〉法律思想研究——兼及“不道”罪考辨》，《法學研究》1999年第2期，第131頁；臧知非：《“王杖詔書”與漢代養老制度》，《史林》2002年第2期，第35頁；郝樹聲：《武威“王杖”簡新考》，《簡牘學研究》第4輯，蘭州：甘肅人民出版社，2004年，第134頁；魏燕利：《漢代“王杖制”新探》，《許昌學院學報》2005年第1期，第79頁；朱紅林：《漢代“七十賜杖”制度及相關問題考辨——張家山漢簡〈傅律〉初探》，《東南文化》2006年第4期，第61頁；郭浩：《漢代王杖制度若干問題考辨》，《史學集刊》2008年第3期，第94頁；李明曉：《武威漢簡〈王杖十簡〉與〈王杖詔書令册〉注釋》，簡帛研究網，2010年5月28日。

始二年（前72年）仍有可商，理由有以下三點：

首先，就材料學來講，孤證不立。僅據《王杖詔書令》之“本始二年”即認爲《王杖十簡》之“本二年”有誤，有失草率。因爲我們既不能排除《王杖詔書令》“本始二年”之“始”爲衍文的可能，亦不能排除在特定的語境下“本二年”與“本始二年”原本就語義相當的可能。

其次，查檢相關史料，亦找不出漢宣帝在本始二年（前72年）及相鄰數年下達過任何針對養老問題的詔令，甚至找不到有關養老問題的任何記述。

再次，若此詔書確爲漢宣帝本始二年（前72年）所下，則“高皇帝以來至本（或本始）二年，勝（朕）甚哀老小”這句話就顯得十分奇特。據史籍記載，漢高祖劉邦於前195年過世，而漢宣帝劉詢則出生於前91年，兩人相距一百多年。可見漢宣帝並未親歷漢高祖劉邦時事，因此詔書中采取這樣的表述就顯得不合常理。這就如同新中國出生的人説自己清朝以來到現在如何如何一樣，顯然不合語言邏輯。前面提到考古研究所編輯室認爲“本二年”是在漢成帝建始二年（前31年），陳直和郭沫若認爲是在漢成帝河平二年（前27年），陳夢家認爲是在漢哀帝建平二年（前5年）。按，漢成帝與漢哀帝距離漢高祖劉邦的時代更遠，自然更不可信。换句話説，由“高皇帝以來至本（或本始）二年，勝（朕）甚哀老小”可知，此詔書下達之人必爲親歷過漢高祖時事之人。

筆者認爲，上引兩處簡文之“本二年”和“本始二年”實指漢文帝二年（前178年）。理由有以下兩點：

首先，漢文帝劉恒爲“高祖中子”，於高祖十一年（前196年）春“立爲代王，都中都”①。其本人曾親歷過高祖劉邦時事，故在其詔書中出現“高皇帝以來至本二年，勝（朕）甚哀老小”之類的語句本不足爲怪。

其次，漢文帝向來體恤民情，重視養老。而且尤爲重要的是，據《漢書·文帝紀》記載，漢文帝在元年（前179年）三月曾下達過專針對養老問題的詔令：

① 《史記·孝文本紀》，北京：中華書局，1959年。

> 詔曰：“方春和時，草木群生之物皆有以自樂，而吾百姓鰥寡孤獨窮困之人或阽於死亡，而莫之省憂。爲民父母將何如？其議所以振貸之。”又曰：“老者非帛不暖，非肉不飽。今歲首，不時使人存問長老，又無布帛酒肉之賜，將何以佐天下子孫孝養其親？今聞吏稟當受鬻者，或以陳粟，豈稱養老之意哉！具爲令。”有司請令縣道，年八十已上，賜米人月一石，肉二十斤，酒五斗。其九十已上，又賜帛人二疋，絮三斤。賜物及當稟鬻米者，長吏閱視，丞若尉致。不滿九十，嗇夫、令史致。二千石遣都吏循行，不稱者督之。刑者及有罪耐以上，不用此令。

據上引《漢書·文帝紀》所記，漢文帝在所下詔令中不僅對養老問題十分重視，對當時官吏在奉養老人方面所存在的不足和弊端加以斥責，而且還“具爲令”，使養老形成條例制度，令各級官吏加以具體落實[①]。從這一點上來看，將《王杖十簡》詔書之“本二年”看做是漢文帝二年（前 178 年）也是十分合適的，漢文帝完全有可能在第二年即下達該詔書，並在全國範圍内施行。

關於《王杖十簡》之“高皇帝以來至本二年”這句話，陳夢家認爲“係指高祖以至今帝即位二年”[②]，這一看法應當是可信的。《王杖詔書令》“本始二年”之“始”字。筆者認爲可有兩種解釋。第一種解釋即“始”爲誤增之衍文，即此漢文帝二年（前 178 年）所下之詔書，後代抄手已經不明其確切年代，而“本始”又爲漢宣帝之年號，故誤增“始”字。據前引《王杖十簡》簡文，杖主幼伯是於東漢明帝永平十五年（72 年）受王杖，此時距離漢文帝二年（前 178 年）已有 250 年之久。《王杖詔書令》與《王杖十簡》同出一墓地，二者抄寫時間應當不會相距太遠，故不排除“本始二年”之“始”字爲後代誤增之可能[③]。第二種解釋是“本始二年”之“始”似可讀作“嗣”。“始”從“台”聲，典籍中台及從台聲之字與嗣字常可互通。《後漢書·班固傳》：“有於德不台淵穆之讓。”李賢《注》引《音義》曰：“台，讀曰嗣。”《集韻·志韻》：“嗣，古作台。”《詩·鄭風·子衿》：“子寧不嗣音。”陸德明《釋文》：“嗣，《韓詩》作詒。詒，寄也。”《史

① 顔師古《注》：“使其備爲條制。”
② 中國科學院考古研究所、甘肅省博物館：《武威漢簡》，北京：文物出版社，1964 年，第 144 頁。
③ 李均明、何雙全：《散見簡牘合輯》，北京：文物出版社，1990 年，第 15 頁。

記·五帝本紀》："舜讓於德不懌。"司馬貞《索引》："古文作'不嗣'，今文作'不怡'。怡即懌也。"可見"始"當可讀作"嗣"。《説文》："嗣，諸侯嗣國也。"《爾雅·釋詁上》："嗣，繼也。"《國語·鄭語》："武其嗣乎？"韋昭《注》："嗣，繼也。"《荀子·哀公》："若天之嗣。"楊倞《注》："嗣，繼也。"故"本始（嗣）二年"似可理解爲本人繼位二年，與"本二年"語義相仿。

與《王杖十簡》比較，《王杖詔書令》書寫草率，錯誤較多。例如，《王杖十簡》"得出入官府郎（廊）第"之"郎"字，於《王杖詔書令》中寫作"節"。研究者指出"節"當爲"郎"之誤字，讀作"廊"[①]。再如，《王杖十簡》有"建始二年九月甲辰下"語，而《王杖詔書令》有"建始元年九月甲辰下"語，研究者指出"據二十史朔閏表，成帝建始元年九月辛酉朔，無甲辰日，疑'甲辰'或爲誤寫，或'元年'爲'二年'誤，同王杖十簡"[②]。另外，《王杖詔書令》之"吏民有敢罵詈毆辱者，逆不道"，對比《王杖十簡》之"有敢妄罵詈毆之者，比逆不道"，可知《王杖詔書令》漏寫了"比"字，似乎也漏寫了"之"字。以上諸例可以看出，《王杖詔書令》抄寫問題較多，故前面的兩種解釋似以第一種的可能性較大。

綜上所述，《王杖十簡》之"本二年"以及《王杖詔書令》之"本始二年"均當指漢文帝二年（前 178 年），亦即前引第一條詔書的具體下達之年。

二、山東復

關於《王杖十簡》之"市賣，復毋所與，如山東復。有旁人養謹者常養扶持，復除之"這段話，過去學者多有解説。禮堂認爲"復毋所與"即免除賦税。"市賣復毋所與"是聽民出賣此項復除優待權。"如山東復有旁人養謹者，常養扶持復除之"，這是説在山東有一種辦法，旁人扶養老人得到復除，買者可以和它相同，但買者必須常扶養才可得到復除，否則便亦無效[③]。

---

① 郝樹聲：《武威"王杖"簡新考》，《簡牘學研究》第 4 輯，蘭州：甘肅人民出版社，2004 年，第 140 頁。

② 武威縣博物館：《武威新出土王杖詔令册》，《漢簡研究文集》，蘭州：甘肅人民出版社，1984 年，第 43 頁。

③ 禮堂：《王杖十簡補釋》，《考古》1961 年第 5 期，第 259 頁。

陳夢家認爲"市賣復毋所與"謂"復毋所與"之特權可以出賣轉讓於他人也。"復毋所與"與"復除"乃指賦役、繇役之豁免。此詔准許"復毋所與"特權可以市賣，但需遵守一定條件。此條件即"如山東"云云所述。蓋在山東地區曾有一種特殊律令，凡非親屬（即旁人）而能養謹老人者，得享復除之權……華山以東地區多水旱災，或因此而有變通之特例，即非直系子孫而供養受鬻法之老人者，亦得復除之[①]。郭沫若認爲"市賣復毋所與"是指"復毋所與"的特權也可以"市賣"，這是自漢武帝以來所開創出的斂錢的道路之一[②]。陳直將"市賣"上讀，與"行馳道旁"連爲一句，認爲"行馳道旁市賣"是指凡授王杖者，准許在馳道旁道行路，並准許有所買賣。"復毋所與"即復謂復其身，一家皆免除算賦也。與讀爲豫，謂終身不豫徭役之事也。爲兩漢時公牘中之術語。"如山東復有旁人養謹者，常養扶持，復除之"之"旁人"是指繼承子，非親生子而言，能孝養老人者，亦免除繇役之事。西漢人之山東，指華山以東地帶，範圍極爲廣泛[③]。

《漢書·高帝紀上》："蜀漢民給軍事勞苦，復勿租稅二歲。"顔師古《注》："復者，除其賦役也。"《後漢書·光武帝紀》："詔復濟陽二年徭役。"李賢《注》引《前書音義》："復謂除其賦役也。"上引諸家對"復""復除"及"復毋所與"的解釋都是正確的。但是，由於斷句上存在問題，兼之材料所限，以上諸家對整段文字的説解均存在不同程度的失當之處，或將"市賣"與"復毋所與"連讀，解釋爲"復毋所與"之特權可出讓轉賣他人；或將"市賣"上讀，與"行馳道旁"連讀，解釋爲准許在馳道旁道行路，並准許有所買賣。均有失允當。至於對"山東復"的説解，因斷句有誤，基本上都是在牽强附會。前引有學者認爲"西漢人之山東，指華山以東地帶"，亦不十分準確。錢大昕《十駕齋養新録·山東》："然漢時亦有稱齊魯爲山東者，如《酷吏傳》：'御史大夫宏曰：臣居山東爲小吏時，甯成爲濟南都尉。'《儒林傳》：'伏生教齊魯之間，學者由此頗能言《尚書》，

---

① 中國科學院考古研究所、甘肅省博物館：《武威漢簡》，北京：文物出版社，1964年，第145—146頁。

② 郭沫若：《武威"王杖十簡"商兑》，《考古學報》1965年第2期，第2頁。

③ 陳直：《甘肅武威磨咀子漢墓出土王杖十簡通考》，《考古》1961年第3期，第161頁。

山東大師亡不涉《尚書》以教。’則齊魯之號‘山東’，非無因矣。”[①]可見，漢時亦稱古齊魯之地爲“山東”。另外，華山以東地域遼闊，相當於大半個中國，在如此廣闊的地域推行某項政策，却失載於史册，而且何以此項政令單在華山以東施行，華山以西却未見推行，令人十分費解。

《王杖詔書令》發現以後，學術界意識到與《王杖十簡》“市賣，復毋所與，如山東復”對應的文字在《王杖詔書令》作“列肆賈市，毋租，比山東復”。同時，《王杖詔書令》中還有如下一段文字：

> 制　詔御史：年七十以上，人所尊敬也。非首、殺傷人，毋告劾也，毋所坐。年八十以上，生日久乎？［男子］年六十以上，毋子男爲鯤（鰥）；女子年六十以上，毋子男爲寡。賈市，毋租，比山東復。復人有養謹者扶持。明著令。蘭臺令第卌二。

内中亦有“賈市，毋租，比山東復”。通過對三段文字比較研究，武威縣博物館將《王杖十簡》的這段文字斷句爲“市賣，復毋所與，如山東復”。顯然是正確的。但是在對“山東復”的解釋上，武威縣博物館認爲“比山東復”者，指市買不收租税，如“山東”之免除賦役一樣從事[②]。對“山東”的具體含義未作解釋。崔永東仍從舊説，將“山東”解釋爲“華山以東地區”，將“市賣，復毋所與，如山東復”翻譯爲若做生意，免征商品税，就如同對待入關的“山東”（華山以東地區）人一樣[③]。臧知非將“市賣，復毋所與，如山東復”翻譯爲經商不征市税，像當年追隨漢高祖打天下又定居於關中的關東吏民那樣終身免除賦役。並認爲這兒的“比山東復”的山東是一個特殊的人群，即隨劉邦入關反秦打天下定居關中的山東吏民……簡文“比山東復”即比照這些入蜀漢關中之山東士卒，免除賦役[④]。按，崔、臧二位的説法並不可取。將“山東復”之“山東”解釋爲跟隨劉邦入關的“山東”人，

---

① 錢大昕：《十駕齋養新録》，《嘉定錢大昕全集》第7册，南京：江蘇古籍出版社，1997年，第289頁。

② 武威縣博物館：《武威新出土王杖詔令册》，《漢簡研究文集》，蘭州：甘肅人民出版社，1984年，第39頁。

③ 崔永東：《〈王杖十簡〉與〈王杖詔書令册〉法律思想研究——兼及“不道”罪考辨》，《法學研究》1999年第2期，第132頁。

④ 臧知非：《“王杖詔書”與漢代養老制度》，《史林》2002年第2期，第37页。

有增字解經之嫌。

《史記·高祖本紀》記載，漢高祖於十二年（前 195 年）冬擊敗黥布之後，過沛，謂沛父兄曰：“遊子悲故鄉。吾雖都關中，萬歲後吾魂魄猶樂思沛。且朕自沛公以誅暴逆，遂有天下，其以沛爲朕湯沐邑。復其民，世世無有所與。”以致“沛父兄諸母故人日樂飲極歡，道舊故爲笑樂”。十餘日之後，並將豐之賦役一同免除。《史記·高祖本紀》：“沛父兄皆頓首曰：‘沛幸得復，豐未得，唯陛下哀憐之。’高祖曰：‘豐吾所生長，極不忘耳。吾特爲其以雍齒故反我爲魏。’沛父兄固請，乃並復豐，比沛。”郝樹聲認爲“漢代的山東指華山或崤山以東的廣大地區，而簡文中的山東主要指劉邦的家鄉豐、沛一帶……所謂‘比山東復’者，謂王杖者可比照劉邦當年對家鄉的免除其徭役賦税”[①]。但此説似乎在學術界並未形成大的影響，故時至今日，仍有不少學者堅持崔、臧二位先生的説法[②]。

筆者認爲，郝樹聲的看法可信。“山東復”應是當時一件人所共知的大事，所以才會在詔書中屢有出現，並且被作爲養老政策制定時的一種重要參照，同時在各級地方官吏施行過程中也不會引起不必要的誤解。《論衡·辨祟》：“高祖始起，豐、沛俱復。”與《史記·高祖本紀》所記當爲一事。簡文所謂“山東復”即指此事，即漢高祖劉邦於十二年（前 195 年）免除山東豐、沛之地的賦役。

《後漢書·光武帝紀》：“（建武）六年春正月丙辰，改舂陵鄉爲章陵縣。世世復傜役，比豐、沛，無有所豫。”[③]《後漢書·孝桓帝紀》：“（永康元年）復博陵、河間二郡，比豐、沛。”《後漢書·孝靈帝紀》：“（光和六年二月）復長陵縣，比豐、沛。”以上諸文與《王杖十簡》之“市賣，復毋所與，如山東復”以及《王杖詔書令》“列肆賈市，毋租，比山東復”“賈市，毋租，比山東復”正可參照，唯將簡文之“山東”换爲“豐、沛”

① 郝樹聲：《武威“王杖”簡新考》，《簡牘學研究》第 4 輯，蘭州：甘肅人民出版社，2004 年，第 136 頁。

② 劉華：《秦漢社會保障問題研究》，南昌：江西師範大學碩士學位論文，2005 年，第 22 頁；尹怡朋：《秦漢養老政策研究》，濟南：山東師範大學碩士學位論文，2006 年，第 26 頁；李明曉：《武威漢簡〈王杖十簡〉與〈王杖詔書令册〉注釋》，簡帛研究網，2010 年 5 月 28 日；吕文静：《論兩漢時期的尊老養老傳統》，濟南：山東師範大學碩士學位論文，2012 年，第 31 頁。

③ 李賢《注》：“高祖（豐）沛〔豐〕邑人，故代代復，今比之也。”

而已。此亦可爲“山東復”就是指免除豐、沛賦役添一佐證。漢高祖劉邦免除豐、沛之地賦役爲天下人所共知，影響深遠，故會爲漢文帝二年（前 178 年）對“高年受王杖”者免除租賦時所比較，亦爲光武帝等東漢諸帝免除章陵等縣賦役時所參照。

綜上所述，簡文“市賣，復毋所與，如山東復”是説（“高年受王杖”之人）經商不收租税，就如同免除豐、沛賦役一様。

釋　“𦘔”

曾侯乙墓竹簡中“畫”字十分常見，作“”“”形，均用作彩繪紋飾之義。另見一字作“”“”形，用法與“畫”字十分相似，整理者隸作“𠜾”，云：“此字原文作𠜾，從‘刀’從‘𦘔’。‘𦘔’與簡文‘畫’字所從‘𦘔’旁相同。”[①]可以看出，整理者只是指出該字上部所從之“𦘔”與“畫”字上部所從相同，至於“𦘔”是否就是“畫”字或“畫”字之省形，整理者未作説明。但在後來出現的幾種古文字工具書中，均將“𠜾”釋爲“劃”[②]。其中《楚文字編》指出該字“從畫省”，《戰國古文字典》則説是“劃之省文”。由於體例所限，以上諸工具書多數未對該字的用法作具體説明，唯《戰國古文字典》指出該字“讀畫”。

從用法上看，曾侯乙墓竹簡中“畫”字則共出現36例，其中“畫䋄”9例（簡1正、簡7、簡13、簡16、簡18、簡22、簡36、簡38、簡105），“畫𡢃（旇）”16例（簡15、簡17、簡27、簡30、簡34、簡37、簡40、簡54、簡69、簡83、簡84、簡88、簡91、簡97、簡103、簡104），“畫𧺆（轅）”2例（簡4、簡7），“畫㡉”1例（簡31），“畫甲”7例（簡124、簡126、簡127、簡128、簡131、簡137、簡138），“畫韠（幃）”1例（簡137）。“𠜾”字共出現16例，其中“𠜾䋄”4例（簡25、簡26、簡32、簡39），“𠜾㡉”9例（簡6、簡18、簡58、簡67、簡71、簡73、

① 裘錫圭、李家浩：《曾侯乙墓竹簡釋文與考釋》，湖北省博物館：《曾侯乙墓》，北京：文物出版社，1989年，第510頁，注［57］。

② 滕壬生：《楚系簡帛文字編》，武漢：湖北教育出版社，1995年，第352頁；何琳儀：《戰國古文字典》，北京：中華書局，1998年，第737頁；湯餘惠主編：《戰國文字編》，福州：福建人民出版社，2001年，第276頁；李守奎：《楚文字編》，上海：華東師範大學出版社，2003年，第269頁。最近出版的陳偉等著《楚地出土戰國簡册［十四種］》（北京：經濟科學出版社，2009年，第351頁）亦從《楚文字編》將該字釋爲“劃”。

簡 88、簡 96、簡 104），“㚔韌（筃）”2 例（簡 60—簡 61、簡 70）①，“㚔笞（席）”1 例（簡 116）。

比較可知，“㚔”與“畫”在用法上有相同者，即均可用在“絬”字前。但也存在明顯區別，即在“肙”“韌（筃）”和“笞（席）”等字前只用“㚔”字，從未見“畫”字。而在“䦵（鞁）”“趄（轅）”“䡇”“甲”和“韗（幃）”等字前只用“畫”字，從未見“㚔”字。筆者認爲，以上這種現象説明“㚔”與“畫”應該是字義相近或相關的兩個字，而不應當成一字來看待。前引曾侯乙墓竹簡的整理者之所以未將“㚔”釋爲“劃”，讀作“畫”，蓋亦已注意到了這種現象的存在。

“⿱”字最早見於甲骨文，用作人名或地名，作“”“”形②，或省寫作“”③。另見從水之“”“”，蓋爲水名④。金文中亦見“⿱”字，作“”“”等形，字形與甲骨文一脈相承⑤。金文中“畫”字常見的形體作“”“”⑥。從字形上看，“畫”字的確從“⿱”，故王國維説“⿱”“疑古畫字。象錯畫之形”⑦。此説得到多數學者的贊同⑧。上文所述諸工具書中之所以將曾侯乙墓竹簡之“㚔”釋爲“劃”，當本於此説。

如果對金文之具體用例進行考察，就會發現同曾侯乙墓竹簡一樣，金文中“⿱”與“畫”之用法亦並不相同。“畫”字所見之用例有“畫轉”“畫輴”“畫内（枘）”“畫靳”“畫毌”“畫呻（紳）”等，均用作彩繪紋飾之義，與前引曾侯乙墓竹簡之“畫”用法相同⑨。而“⿱”字在金文中則相

① “韌（筃）”字從白於藍《曾侯乙墓竹簡考釋（四篇）》(《中國文字》新 30 期，臺北：藝文印書館，2005 年，第 193 頁）釋。

② 孫海波：《甲骨文編》，北京：中華書局，1965 年，第 128 頁；劉釗、洪颺、張新俊：《新甲骨文編》，福州：福建人民出版社，2009 年，第 178 頁。

③ 金祥恒：《説卜辭中之子畫》，《中國文字》第 42 册，臺北：藝文印書館，1971 年，第 4627 頁。

④ 孫海波：《甲骨文編》，北京：中華書局，1965 年，第 441 頁；劉釗、洪颺、張新俊：《新甲骨文編》，福州：福建人民出版社，2009 年，第 609 頁。

⑤ 容庚：《金文編》，北京：中華書局，1985 年，第 202 頁。

⑥ 容庚：《金文編》，北京：中華書局，1985 年，第 203 頁。

⑦ 王國維：《戩壽堂所藏殷墟文字考釋》，上海：上海倉聖明智大學，1917 年石印本，第 24 頁。

⑧ 參古文字詁林編纂委員會《古文字詁林》第 3 册（上海：上海教育出版社，2004 年，第 506—511 頁）“⿱”字條下所列商承祚、饒宗頤、金祥恒等人的説法；張亞初：《〈殷周金文集成〉引得》，北京：中華書局，2001 年，第 1306 頁；郭沫若《兩周金文辭大系圖録考釋》（北京：科學出版社，1958 年，第 81、140 頁）、《卜辭通纂》（北京：科學出版社，1983 年，第 425 頁）釋此字爲“規”，缺乏字形依據，不可信。

⑨ 張亞初：《〈殷周金文集成〉引得》，北京：中華書局，2001 年，第 1305 頁。

對較爲少見，出現在以下文句當中：

（1）子𦘔。（子𦘔簋）

（2）𪈦生穠（蔑）爯曆。用作季日乙，子=（子子）孫=（孫孫）永保用。𦘔。（爯簋）[①]

（3）父癸，𦘔，𪈦。（𦘔𪈦父癸爵）

（4）望肇帥型皇考，虔夙夜出入王命，不敢不㒸不𦘔。（師望鼎）

（5）哀才（哉）！今日〈旻〉天疾畏（威），降喪，德不克𦘔，古（故）亡（無）承于先王。（師訇簋）[②]

（6）雩乃𢑞（輔）政事，毋敢不𦘔不井；雩乃訊庶又㕝，毋敢不中不井。（四十三年逑鼎）

以上前三例均用作人名或族名，爲名詞，後三例則用作動詞或形容詞。比較可知，“𦘔”與“畫”在金文中無一例用法相同，尤其是在四十三年逑鼎中，亦見有“畫轉畫輴”，“畫”與“𦘔”同見一器而寫法用法均不相同。以上現象表明，金文中“畫”與“𦘔”亦並非一字，而且二者讀音亦當不近，所以不能同音互代。換句話説，即“畫”字上部所從之“𦘔”並非“畫”字之聲符。

戰國文字中，除上引曾侯乙墓竹簡中之“畫”字外，古璽印文字之“畫”字均作“”形[③]，銅器上官豆之“畫”字作“”形。縱觀“𦘔”字和“𦘔”旁的字形演變，最大的變化即在於所從“聿”旁下部與“”旁上部連爲一體而變爲“文”字。古文字演變中“變形音化”現象十分常見[④]。筆者認爲，“𦘔”字下部所變之“文”可能正是“變形音化”，起注音作用。循字音以推求，“𦘔”當釋爲花紋之“文（紋）”，而甲骨金文中“𦘔”字和

① 銘文之“𦘔”字，張亞初《〈殷周金文集成〉引得》（北京：中華書局，2001年，第67頁）當作族名而置於銘文最後。可從。張日昇（周法高主編：《金文詁林》，香港：香港中文大學，1974年，第1809頁）從前注［10］所引郭沫若説將“𦘔”字釋爲“規”，讀作器名“鬹”。按，釋“鬹”與器形不合，且金文中未再見“𦘔”字有用作器名者。

② 楊樹達《積微居金文説》（北京：中國科學院，1952年，第77頁）認爲“日”爲“旻”之誤字。可從。

③ 羅福頤：《古璽文編》，北京：文物出版社，1981年，第69頁。

④ 劉釗：《古文字構形學》，福州：福建人民出版社，2006年，第109—117頁。

“婁”旁下部所從之“”“”正是花紋之“文（紋）”之象形初文。《説文》：“文，錯畫也，象交文。”段《注》：“錯，當作逪。逪畫者，这逪之畫也。……像兩紋交互也。紋者，文之俗字。”前引王國維説“象錯畫之形”，與《説文》對“文”字解釋完全密合。甲骨金文中常見之“文”字作“”“”等形，“象一個正面直立的人”①。此種寫法的“文”字與花紋之“文（紋）”字之來源可能並不相同。

《戰國策·齊策四·齊人有馮諼者章》：“文車二駟。”鮑彪《注》：“文，彩繪也。”《文選·曹植〈七啓〉》：“爾乃御文軒。”李善《注》：“文，畫飾也。”前引曾侯乙墓竹簡“婁䋢”“婁扂”“婁鞁（茵）”和“婁笞（席）”之“婁”當用作“文”，指彩繪紋飾。《禮記·月令》：“文繡有恒。”鄭《注》：“文，謂畫也。”可見，文與畫字義相通。《周禮·考工記·畫繢》：“畫繢之事，雜五色。”《釋名·釋書契》：“畫，繪也。以五色繪物象也。”《玉篇·書部》：“畫，形也。繪也。雜五色綵也。”《周禮·考工記·畫繢》：“青與赤謂之文。”《周禮·天官·典絲》：“共其絲纊組文之物。”鄭《注》：“青與赤謂之文。”《荀子·非相》：“美於黼黻文章。”楊倞《注》：“青與赤謂之文。”《易·系辭上》：“遂成天下之文。”孔穎達《正義》：“若青赤相雜，故稱文也。”由此可見，文與畫雖字義相近，可以相通，但“文”是專指青赤相錯之彩繪紋飾，而“畫”則是指五色相雜之彩繪紋飾，二者在字義上還是有所不同。這就解釋了上文所述曾侯乙墓竹簡中“婁”與“畫”用法有别這一問題。

前引師望鼎之“不敢不䒑不婁”，筆者認爲當讀作“不敢不勱（或勉）不悉（或敃）”。關於“䒑”字，從八丏聲，亦見於史牆盤和郭店簡《唐虞之道》簡 27，此外郭店簡《語叢一》簡 35 另見“訁䒑”字。《唐虞之道》之“䒑”，裘錫圭讀作“萬”②。《語叢一》之“訁䒑”，劉釗師讀作“慢”③，均可信從。文獻中從萬、曼和免聲之字可互通④。“䒑”“訁䒑”既可通

① 陳夢家：《釋“國”“文”》，《西南聯合大學師範學院國文月刊》第 11 期，轉引自《古文字詁林》第 8 册，上海：上海教育出版社，2004 年，第 69 頁。

② 荊門市博物館：《郭店楚墓竹簡》，北京：文物出版社，1998 年，第 160 頁，注釋［33］“裘按”。

③ 劉釗：《郭店楚簡校釋》，福州：福建人民出版社，2003 年，第 189 頁。

④ 高亨：《古字通假會典》，濟南：齊魯書社，1989 年，第 155、156、227 頁；白於藍：《簡牘帛書通假字字典》，福州：福建人民出版社，2008 年，第 304 頁。

“萬”和“慢”，則“勽”自亦可讀作“勱”或“勉”。《説文》：“勱，勉力也。《周書》曰：‘用勱相我邦家。’讀若萬。从力萬聲。”《一切經音義》卷二八“勱勵”《注》：“古文勱，今作勉，同。靡辯反。勱彊也，謂自勱彊也。下力制反，相勱勵也，勉力爲勵。”王力認爲勉、勱爲同源字[①]。史牆盤之“勽”出現在“㴱（淵）哲康王，勽尹啻（億）彊（疆）”之文句中，筆者認爲亦當讀作“勱（或勉）”。《説文》：“尹，治也。”《書·立政》：“用勱相我國家。”僞孔《傳》：“用勉治我國家。”孔穎達《正義》：“使勉力治我國家。”可見，“勽（勱或勉）尹”猶《書·立政》之“勱相”。

“忞”從“文”聲，則“叀”字自可讀作“忞”。《説文》：“忞，彊也。从心文聲。《周書》曰：‘在受德忞。’讀若旻。”段《注》：“《立政》文，今《尚書》作暋。”《玉篇·心部》：“忞，自勉强也。”《廣雅·釋詁上》：“文，勉也。”王念孫《疏證》：“文，讀爲忞。”《説文》：“敃，彊也。”《爾雅·釋詁上》：“暋，彊也。”《玉篇·攴部》：“敃，勉也。暋，同敃。”《説文》：“勉，彊也。”可見，忞、敃與勉同義。

古書見有“黽勉”（或作“僶俛”“閔免”和“暋勉”等）一詞，義同彊勉、盡力[②]。《詩·邶風·谷風》：“黽勉同心。”陸德明《釋文》：“黽勉，猶勉勉也。”《新書·勸學》：“然則舜僶俛而加志。”閻振益、鍾夏《新書校注》：“此謂奮勉。”[③]《漢書·谷永傳》：“閔免遁樂，晝夜在路。”顔師古《注》：“閔免猶黽勉。”《文選·陸機〈文賦〉》：“在有無而僶俛。”李善《注》：“僶俛，猶勉彊也。”以上“黽”“僶”“閔”和“暋”等字，俱當讀作“忞（或敃）”，訓爲彊。銘文“不勱（或勉）不忞（或敃）”與“黽（忞）勉”語義相反。

四十三年逑鼎之“毋敢不叀不井”似當讀作“毋敢不忞（或敃）不井（勁）”。該句之下句是“雩乃訊庶又𤕌，毋敢不中不井”。“井”字二

① 王力：《同源字典》，北京：商務印書館，1982年，第410頁。

② 馬瑞辰：《毛詩傳箋通釋》，北京：中華書局，1989年，第130頁；朱啓鳳：《辭通》，長春：長春古籍書店，1991年，第1407頁。

③ 閻振益、鍾夏：《新書校注》，北京：中華書局，2000年，第298頁。

見，用法似當有所區别。“不中不井”之“井”，學術界一般讀作“型”。故筆者認爲“不叏不井”之“井”似當讀作“勁”。典籍中從井聲之字與從巠聲之字常可相通①。《説文》：“勁，彊也。”《戰國策·秦策一·楚攻魏張儀謂秦王章》：“不如與魏以勁之。”高誘《注》：“勁，彊也。”據此，“不㤅（或敃）不井（勁）”與師望鼎之“不勱（或勉）不㤅（或敃）”同義。

“敢不勉”“不敢不勉”爲典籍習語。《左傳·哀公十一年》：“吾既言之矣，敢不勉乎？”《左傳·襄公二十一年》：“子爲善，誰敢不勉？”《論語·子罕》：“出則事公卿，入則事父兄，喪事不敢不勉。”《禮記·中庸》：“有所不足，不敢不勉。有餘，不敢盡。”《後漢紀·光武皇帝紀卷第五》：“臣雖不敏，不敢不勉。”筆者認爲，師望鼎之“不敢不勱（或勉）不㤅（或敃）”和四十三年逑鼎之“毋敢不㤅（或敃）不井（勁）”猶典籍之“不敢不勉”。

師訇簋“德不克叏，古（故）亡（無）承于先王”之“叏”，亦當讀作㤅（或敃），訓爲彊。關於“”字，郭沫若釋爲“首”，云：“首謂元首，首德謂君德也。”②此説頗爲牽强，“首德”之謂“君德”，於典無證。故陳夢家云“德前一字，郭釋首，不確”③。按，師訇簋原器流失，今僅有摹本流傳。從字形上看，“”確與“首”字近似。戰國文字中“寡”字從頁作“”（中山王方壺）、“”（郭店簡《尊德義》簡15）、“”（郭店簡《魯穆公問子思》簡4）。頁、首古本一字。疑“”即“寡”字之誤摹。“寡德”一詞典籍習見。《左傳·宣公十一年》：“詩曰：‘文王既勤止’。文王猶勤，况寡德乎。”《國語·晉語一》：“今晉寡德而安俘女，又增其寵，雖當三季之王，不亦可乎？”《國語·晉語六》：“夫王者成其德，而遠人以其方賄歸之，故無憂。今我寡德而求王者之功，故多憂。”據此，“寡德不克叏（㤅或敃）”蓋是説自己德寡而不能自勉，所以下句是“古（故）亡（無）承于先王”。

信陽二號墓楚簡中有字作“”，該字目前有多種釋法，或釋爲

① 高亨：《古字通假會典》，濟南：齊魯書社，1989年，第50頁。
② 郭沫若：《兩周金文辭大系圖録考釋》，北京：科學出版社，1958年，第140頁。
③ 陳夢家：《西周銅器斷代》，北京：中華書局，2004年，第309頁。

"緣"[1]，或釋爲"彖"[2]；或釋爲"帬"[3]；或將之與前引曾侯乙墓竹簡之"𦅻"視爲一字，並釋爲"劃"[4]。按，《説文》云"彖"與"帬"俱從"彑"。楚文字中"彑"字和"彑"旁疊出繁見，未見一例有與""字相同或近似者，可見釋"彖"或"帬"均不確[5]。金文中有字作""（十三年瘐壺），此字於上博簡《子羔》篇作""[6]。該字從目從叏，可隸作"𥄎"。"𥄎"字由""演變爲""與"𦅻"字由""演變爲""如出一轍。可見就字形而言，""與曾侯乙墓竹簡之"𦅻"字確爲一字。信陽簡此字出現在以下辭例當中：

（1）二囩（圓）監（鑒），屯青黄之𦅻。（簡2—簡01）
（2）枳條，桼（漆）𦅻，金玏。（簡2—簡018）
（3）枳條，桼（漆）𦅻。（簡2—簡018）
（4）□土螻，桼（漆）青黄之𦅻。（簡2—簡03）
（5）□脛二十［又］五，屯［桼（漆）］𦅻。（簡2—簡026）
（6）一□□□，［桼（漆）青］黄之𦅻。（簡2—簡028）[7]

以上諸"𦅻"字，李家浩釋爲"彖"，讀作"腞"[8]。按，筆者雖不贊同將"𦅻"字釋爲"彖"，但李先生根據上下文義推導出"這些'彖'都是指器物上繪畫的紋飾"則確爲卓識。筆者以爲以上諸"𦅻"仍用作"文"。典籍中"文"與"青黄"常可連言，如李先生在其文中即舉有如下兩例。《莊

---

① 劉雨：《信陽楚簡釋文與考釋》，《信陽楚墓》，北京：文物出版社，1986年，第128頁。

② 湯餘惠：《戰國銘文選》，長春：吉林大學出版社，1993年，第138頁；滕壬生：《楚系簡帛文字編》，武漢：湖北教育出版社，1995年，第743頁；李守奎：《楚文字編》，上海：華東師範大學出版社，2003年，第565頁；李家浩：《信陽楚簡"樂人之器"研究》，《簡帛研究》第3輯，南寧：廣西教育出版社，1998年，第6頁。

③ 湯餘惠主編：《戰國文字編》，福州：福建人民出版社，2001年，第645頁。

④ 何琳儀：《戰國古文字典》，北京：中華書局，1998年，第737頁。陳偉等著《楚地出土戰國簡册［十四種］》（北京：經濟科學出版社，2009年，第382頁）亦從《戰國古文字典》將該字釋爲"劃"。

⑤ 李守奎：《楚文字編》，上海：華東師範大學出版社，2003年，第643—646頁。

⑥ 金文中"畫"字或作""（宅簋）、""（伯晨鼎），與常見之""""形比較，亦省去了中間"象錯畫之形"的部件，可見""字之省去中間"象錯畫之形"的部件亦不足爲奇。

⑦ 以上釋文依據陳偉等著《楚地出土戰國簡册［十四種］》（北京：經濟科學出版社，2009年，第382—384頁）校改。

⑧ 李家浩：《信陽楚簡"樂人之器"研究》，《簡帛研究》第3輯，南寧：廣西教育出版社，1998年，第6頁。

子·天地》："百年之木，破爲犧尊，青黄而文之，其斷在溝中。"《淮南子·齊俗》："譬若芻狗土龍之始成，文以青黄，絹以綺繡，纏以朱絲。""青黄而文之""文以青黄"與簡文之"桼（漆）青黄之⿱文口（文）"語義相仿，可參。

前文指出"文"是指青赤相錯之彩繪紋飾，上引簡 2— 018 中"桼（漆）⿱文口（文）"之"⿱文口（文）"蓋即用作此義。"青赤"蓋"文"字用作彩繪紋飾時之常規含義，故在簡文中無需寫明"青赤"二字。簡 2—01 等其他簡文之所以突出交代"青黄"二字，蓋"青黄"非"文"字用作彩繪紋飾時之常規含義，故需要在簡文中特意寫明。

信陽二號墓竹簡中還見""（簡 2—02）字，從糸從⿱文口，可隸作"⿰糸⿱文口"[①]。該字出現在"一兩（緉）⿰糸⿱文口鞻（鞻）屨（屨）"的文句當中[②]。典籍中"文"亦可指繒繡之類的絲織品。《書·禹貢》："厥篚織文。"孔穎達《正義》："文者是綾錦之别名。"《楚辭·招魂》："被文服纖。"王逸《注》："文，謂綺繡也。"《漢書·貨殖傳》："文采千匹。"顔師古《注》："文，文繒也。"簡文之"⿰糸⿱文口"，蓋即用作此義，因其是指絲織品，故字從糸表義。"一兩（緉）⿰糸⿱文口（文）鞻（鞻）屨（屨）"蓋即一雙由繒繡之類的絲織品製作而成的鞻屨。

前引十三年瘨壺之"⿱文書"字，出現在"賜瘨⿱文書⿱文衣、牙（邪）僰（幅）、赤舄"之文句中[③]。"⿱文書"用在"⿱文衣"字之前，蓋亦用作"文"。"⿱文衣"字從衣表義，當與衣服有關。《韓非子·外儲説左上第三十二》："昔秦伯嫁其女於晉公子，令晉爲之飾裝，從文衣之媵七十人。"《史記·孔子世家》："於是選齊國中女子好者八十人，皆衣文衣而舞《康樂》，文馬三十駟，遺魯君。"可參。

---

① 劉雨《信陽楚簡釋文與考釋》(《信陽楚墓》，北京：文物出版社，1986 年，第 128 頁)、湯餘惠《戰國銘文選》(長春：吉林大學出版社，1993 年，第 138 頁)、滕壬生《楚系簡帛文字編》(武漢：湖北教育出版社，1995 年，第 917 頁)、李守奎《楚文字編》(上海：華東師範大學出版社，2003 年，第 734 頁) 釋爲"緣"。何琳儀《戰國古文字典》(北京：中華書局，1998 年，第 738 頁) 釋爲"繡"。

② "兩"當讀作"緉"。《説文》："緉，屨兩枚也。""鞻（鞻）"字從湯餘惠《戰國銘文選》(長春：吉林大學出版社，1993 年，第 139 頁)、何琳儀《信陽楚簡選釋》(《文物研究》第 8 期，合肥：黄山書社，1993 年，第 172 頁) 釋讀。

③ "牙（邪）僰（幅）"從陳劍《西周金文"牙僰"小考》(《語言》第 4 卷，北京：首都師範大學出版社，2003 年，第 188 頁) 釋讀。

《子羔》篇之“𦘔”字二見，相關文句如下：

> ☐也，觀於伊而得之，𦘔厽（叄）（簡 11 上）忎（年）而𦘔於伓（背）而生=（生，生）而能言，是墒（禹）也。禼（契）之母，又（有）乃（娀）是（氏）之女（簡 10）也，游於央（瑶）台之上，又（有）鷃（燕）監（銜）卵而階（錯）者（諸）其前，取而軟（吞）之，𦘔（簡 11 下）三忎（年）而𦘔於雁（膺），生乃呼曰。（中文大學藏簡）[①]

這段文字講述的是禹與契之出生的傳説故事。《春秋繁露·三代改制質文》中關於禹與契之出生，説“至禹生發於背”，“契先〈生〉發於胸”。上古音“文”爲明母文部字，“發”爲幫母月部字。二字聲母同爲唇音，韻亦很近，故該篇之“𦘔”似均當依《春秋繁露》讀作“發”[②]。

最後，筆者對“畫”和“𤘩”字之構形談一點自己的看法。《説文》：“畫，界也。象田四界，聿所以畫之。”按，此非“畫”字構形本義，從“田”之“畫”始見戰國，金文中畫字下部從“周”。關於“周”字，有學者指出即古“彫”字[③]。據此，“畫”字似當分析爲是一個從周（彫）從𦘔（文）的會意字。至於“𤘩”字，下部從“刀”。蓋花紋有繪畫和雕琢之别，“𤘩”字似即雕琢之“文”之專字，但其在曾侯乙墓竹簡和信陽楚簡中仍用作繪畫之“文”。

---

① 竹簡之編連參陳劍《上博簡〈子羔〉、〈從政〉篇的竹簡拼合與編連問題小議》,《文物》2003 年第 5 期，第 56 頁。

②《古文四聲韻》卷 1 引《貝丘長碑》和《古史記》“蚊”字作“[illegible]”“[illegible]”，從䖵母聲。上古音母、剖均是唇音之部字，故也不排除“𦘔”讀“剖”的可能。

③ 朱芳圃:《殷周文字釋叢》卷下，北京：中華書局，1962 年，第 137 頁；孫常叙:《則、法度量則、則誓二事試解》,《古文字研究》第 7 輯，北京：中華書局，1982 年，第 7 頁。

釋 “𢦚”

古文字中有一字，在甲骨文和金文中十分常見。本文擬在諸家研究的基礎上，結合最新出土材料，對該字的構形和用法進行全面探討，愿就正於學術界同仁。

一、甲骨文中該字的基本構形及相關辭例

該字在甲骨文中主要有以下三種寫法：

A1  （《合集》8631 等） A2  （《合集》3481 等）

A3  （《合集》150 反等）

從字形上看，A1 形作人跽而抱戈之形，戈形在雙手之上方；A2 形作人跽而雙手持戈之形；A3 形作人跽而單手持戈之形。這三種在字形上可以算作一類，只是寫法繁簡有所不同，可隸定爲“𢦚”，我們統稱之爲 A 形字。

A 形字在甲骨文中的相關辭例如下：

（1） 壬申卜，王：禦弜于祖乙。
甲戌卜，貞：弜弗其𢦏敄。乙酉 A3。
☐乙酉 A3。
甲戌卜，貞：弜𢦏敄。
☐𢦏敄。乙酉 A3。
丙子卜：用。（《甲骨拼合集》258=《合補》1991+《合集》

4326+《合集》18032+《合集》7015）①

（2）□□[卜]，[王]貞：余勿乎□章敖。[乙]酉既 A3。（合集 7018）②

（3）[乙]亥卜，王貞：☐乙酉 A3。（《合集》18031）

（4）貞：基方不其 A1。

貞：基方[其]A1。（《合集》8445）

（5）貞：犭卑其 A1☐。（《合集》8631）

（6）[丙]戌卜：方其 A2③。（《合集》8660）

（7）丙子卜，㱿[貞]：☐方 A1。（《合集》8661）

（8）其 A1 戈一、斧九，又☐（《合集》29783）

（9）[王][占]曰：其 A1。（《合集》17730）

（10）乙酉卜：王其又 A1 ㄐ于河，王受又₌（有祐）④。

☐A1 ㄐ于河三牢，王受又[₌]（有祐）⑤。（《契合集》170+《合集》30967）

（11）女 A2 弗𡧊王。（《合集》2153 正）

（12）貞：A2 以㞢取。

貞：A2 弗其以㞢取。（《合集》3481）

---

① 该版卜辭前後經齊航福（《國博所藏甲骨新綴一例》，中國社會科學院歷史研究所先秦史研究室網，http：//www.xianqin.org/blog/archives/1875.html，[2008-1-24]）、何會（《龜腹甲新綴第八則》，中國社會科學院歷史研究所先秦史研究室網，http：//www.xianqin.org/blog/archives/1914.html，[2010-5-9]）和黄天樹（《甲骨拼合集》，北京：學苑出版社，2010 年，第 282、475、476 頁）研究綴合而成。需要説明的是，原各家均將“甲戌”釋爲“戊戌”，這是有問題的。細審原拓，《合補》1991 之“戊”當釋爲“甲”。而且更爲重要的是，通過六條卜辭的時間比對，“甲戌”是在“乙酉”之前 11 日，時間次序没有問題。“戊戌”則在“乙酉”之後 13 日，時間次序存在問題。從時間次序上來講，“壬申”最前，分别在“甲戌”前 2 日，在“丙子”前 4 日，在“乙酉”前 13 日。也就是説該版卜辭所占卜的是從“壬申”至“乙酉”13 日之内的事情。

② 在過去所有的甲骨文辭條工具書中，均將該辭之“A3”字録於“敖”字之後。〔日〕廣瀨薰雄《説俞玉戈銘文中的“才林田俞㚸”句》（《出土文獻與古文字研究》第 6 輯，上海：上海古籍出版社，2015 年，第 443 頁）一文中將“A3”字録於“既”字下。細審拓片，“A3”字刻於“敖”“既”兩字的下方中間，考慮到該辭與上引第（1）、（3）兩例卜辭在内容上的密切關係，所卜當爲一事，廣瀨薰雄所録可從。

③ 該版甲骨文中“A2”字右側殘損，僅剩左邊“丮”旁。

④ 該兩條卜辭之釋文據劉影在林宏明《契合集》170 的基礎上綴合《合集》30967 所寫。林宏明：《契合集》，臺北：萬卷樓圖書公司，2013 年，第 173 頁。劉影：《甲骨新綴第 172—175》之第 173 組，中國社會科學院歷史研究所先秦史研究室網，http：//www.xianqin.org/blog/archives/3424.html，[2013-12-03]。

⑤ 該辭 A1 字上殘，據殘存字形和上辭辭例，應當亦是“A1”。

（13）王𡆥曰：隹其匄史，隹其𡴘□A3。（《合集》150反）
（14）〼A1猷。
〼A1猷。（《合集》33079）

上引諸例，可以看出A形字主要是用作動詞。其中第（1）至（3）例中A均出現在“乙酉”或“乙酉既”之後，動詞A的主語應該是方國敖；第（4）至（7）例中A出現在方國名之後，動詞的主語應是基、犣和方等方國；第（8）至（9）例中A出現在“其”字之後，動詞的主語不明，但顯然不是王。第（10）例之A形字可能是用作祭祀動詞[①]。第（11）、（12）兩例之A形字是用作名词。第（13）、（14）兩例尚難以判明其詞性。

二、甲骨文中該字的其他構形及辭例分析

甲骨文中還有以下三種形體，亦有學者認爲與上面A形字是一字，並將之與A形字聯繫起來加以考察。這三種形體分別如下：

B （《合集》20558等）

C （《英藏》1291等）

D （《合集》20070等）

此三形在甲骨文中比较罕見，據筆者統計總計出現9例。其中B形字3例，C形字4例，D形字2例。此三形中，B形字爲兩手捧倒戈之形。據筆者所見，最早是金祥恒在《續甲骨文編》中將該形字與上文A形字當成一字，共同歸在“䋣”字頭下[②]。嚴一萍與島邦男則將該形字釋爲

① 〔日〕廣瀨薰雄：《説俞玉戈銘文中的“才林田俞䋣”句》，《出土文獻與古文字研究》第6輯，上海：上海古籍出版社，2015年，第443頁。

② 金祥恒：《續甲骨文編》第2册（作者自印，1959年，第13—14頁）“䋣”字頭下第3例編號爲2874（引者按，即《小屯·殷墟文字甲編》2874，亦即《合集》35308）者即是，但摹形不夠準確，略有訛變。

"戒"[1]；伍仕謙亦將該形字與A形字當成一字，從徐中舒觀點（詳見下文）釋爲"獻"[2]；黄天樹通過辭例比較，指出該形與A形同字，亦釋爲"戒"[3]。C形字從女從戈，可隸定作"㚤"。嚴一萍最早指出該形與A形同字[4]。D形爲人跽而雙手舉戈形（戈形横置），伍仕謙與廣瀨薰雄認爲該形與A形同字[5]。以上三形的相關辭例如下：

B形字辭例：

（15）☐戈敉，征☐B。

☐乙酉B。（《合集》20558）

（16）乙巳卜：不B，敉。（《合集》35308）

C形字辭例：

（17）貞：☐王C祖□戚，燎三小宰，卯三大□。（《英藏》1291=《合集》40510）

（18）☐C用☐戚☐（《前》6.26.7）

（19）帚C☐

帚C☐（《合集》2788）

D形字辭例：

（20）癸卯卜，王曰：朱其D。貞：余弓乎（呼）征（延）畓。由曰：吉。其乎（呼）畓。（《合集》20070）

（21）癸卯[卜]，王曰：朱其D。[貞]：余乎（呼）征（延），不。九月。

---

① 嚴一萍：《釋戒》，《中國文字》第16册，劍橋：哈佛燕京學社資助出版，1965年，總1853頁。〔日〕島邦男：《殷墟卜辭綜類》，東京：汲古書院，1971年，第348頁。劉釗主編《新甲骨文編》增訂本（福州：海峽出版發行集團、福建人民出版社，2014年）亦將《合集》20558之B形字釋爲"戒"，置於"戒"字條下（第143頁），但將《合集》35308之B形字置於"附録"0381號（第940頁）下。

② 伍仕謙：《甲骨文考釋六則》，《古文字研究論文集》，成都：四川人民出版社，1982年，第82頁。

③ 黄天樹：《殷墟王卜辭的分類與斷代》，臺北：文津出版社，1991年，第39頁。

④ 嚴一萍：《續釋戒》，《中國文字》第17册，劍橋：哈佛燕京學社資助出版，1965年，總1922頁。但嚴氏其實是誤將前引第（12）例《合集》3481（《小屯·殷墟文字乙編》二五六七＋三四五二）之兩例A2形字中的一例當成了C形字，從而得出"一从卂一从女，見於同版一事之對貞，其爲一字可斷言"這一結論。

⑤ 伍仕謙：《甲骨文考釋六則》，《古文字研究論文集》，成都：四川人民出版社，1982年；〔日〕廣瀨薰雄：《説俞玉戈銘文中"才林田俞㚤"句》，《出土文獻與古文字研究》第6輯，上海：上海古籍出版社，2015年，第443頁。

（《合集》21386）①

上引諸辭，除第（19）例用作婦名外，其餘亦均用作動詞。通過辭例比對，結合現有相關研究成果，可以看出以下三方面的問題：

首先，A形的（1）、（2）、（3）例與B形的（15）、（16）例的辭例都是與征伐“敊”有關，而且（1）、（2）、（3）見“乙酉A”，（15）則見“乙酉B”。可見，兩者所卜應爲同事②。據此，A與B的確當是一字，前引金祥恒、伍仕謙和黄天樹的看法的確有據。但是，將B形字釋爲“戒”則不確。該形在形體上確與甲骨文“戒”字近似，但“戒”爲手捧正戈之形，兩字會意方式有所不同，應當不是一字。人之戒備，手持倒戈，戈頭向下，難以想象。而且，從用法上來看，B形字與甲骨文中標準寫法的“戒”字（戈頭朝上者）亦無任何相同或類似之處③。

其次，至於C形，陳劍通過辭例比較，指出前引（17）、（18）兩例中C形字的用法與歷組卜辭中“爯”字的用法有相同者，而前引第（8）例中A1形字的用法與花園莊東地甲骨之“爯”字用法亦有相同者，從而論證指出C形與A形“很可能當爲同一字”④。其結論可信。

再次，A形（4）、（5）、（6）、（7）四例的辭例有“基方不其A”“基方其A”“獔其A”和“方其A”“方A”，其中“基方”“獔”和“方”都是方國名，而D形（20）、（21）例的辭例有“朱其D”，“朱”亦爲方國名稱，兩者辭例相仿。從字形上看，A與D均從人從戈（變化僅在於A形爲人跽而抱或持戈形，戈形豎置。D形則爲人跽而雙手舉戈形，戈形横置）。從這兩方面考慮，A與D似亦是一字，伍仕謙和廣瀨薰雄的看法並非無據。

---

① 該辭“朱”字下殘，通過與上第20條《合集》20070之辭例比較，知該字亦當爲“朱”字。

② 齊航福《國博所藏甲骨新綴一例》（中國社會科學院歷史研究所先秦史研究室網，http://www.xianqin.org/blog/archives/1875.html，[2008-1-24]）在綴合《合集》7015和《合集》18032這兩片甲骨時，已指出《合集》7015和《合集》18032綴合後與《天理》171（引者按，即《合補》1991）、《合集》7018、《合集》18031以及《合集》20558所卜應爲同事，是十分正確的。

③〔日〕島邦男：《殷墟卜辭綜類》，東京：汲古書院，1971年；姚孝遂主編：《殷墟甲骨刻辭類纂》，北京：中華書局，1989年，第937頁。

④ 陳劍：《説殷墟甲骨文中的“玉戚”》，《“中央研究院”歷史語言研究所集刊》，2007年，第407頁。

由此看來，上引 A、B、C、D 四形雖寫法有異，但的確可能是一字。廣瀨薰雄曾對以上六種甲骨文形體做過全面的字體考察。據其研究，A 形是出現在黄天樹《殷墟王卜辭的分類與斷代》一書所劃分的𠂤賓間類、𠂤歷間類、賓組一類和無名類當中。C 形出現在賓組二類（典賓類），D 形出現在𠂤組小字類，B 形出現在㞢類[①]。根據黄天樹的組類劃分，D、B 兩形在時代上比其他諸形要早。從字形上看，A 形當承 D 形演變而來，B、C 兩形應是兩種異寫。其中，A 形持續時間最長，一直延續到時間相對靠後的無名類。

據上引 21 例之辭例，我們可以知道該字在甲骨文中出現次数不少，已經不能算作是一個生僻字，而且根據其具體用例，可以推知其多數是用作動詞。但是由於甲骨文文辭簡奧難懂，因此單純依靠上引甲骨文辭例仍很難確知該字的具體含義。

三、金文中該字的構形、辭例及學術界對該字的研究

該字在金文中延續甲骨文中 A 形的寫法，又可再細分爲以下三形：

A4 （孝卣等器） A5 （𬱃𢦏方鼎等器）

A6 （史墻盤等器）

從字形上看，A4 形作人跽而抱戈之形，戈形在手形上方，與甲骨文 A1 形字形最爲接近；A6 形作戈形與丮形並列之形。A5 形則可看作是 A4、A6 兩形的中間過渡形態。其中，A4 主要是在孝卣、二祀𠨘其卣、小子夫父己尊等商器及𡨦史𢦏甗、征作父辛角、𢦏父丁簋等西周早期器物中出現，A5 形主要是在𬱃𢦏方鼎、𬱃𢦏甗、𬱃𢦏進壺、𡨦𢦏卣等西周早期器物中出現，A6 形則是在西周中期之史墻盤、段簋和縣改簋等器中出現的[②]。很顯然，A4 形字時代最早，象形程度因此也最高，A5 形字象形程度次之，A6 形字

① 〔日〕廣瀨薰雄：《説俞玉戈銘文中“才林田俞𢦏”句》（《出土文獻與古文字研究》第 6 輯，上海：上海古籍出版社，2015 年，第 443 頁）原文中未將 A2 形分出，蓋將之歸入 A1、A3 兩形。

② 董蓮池：《新金文編》，北京：作家出版社，2011 年，第 318—319 頁。

的象形程度最低。這説明該字字形在金文中經歷了一個由 A4 到 A5 再到 A6 的演變過程。

從用法上看，A 形字在金文中主要是用作人名或族名，與甲骨文不同，但也有如下諸例值得重視：

（22）歸A5進乍（作）父辛彝。（歸𢦏進壺）

（23）方 A5 各自乍（作）齊麗（？）鼎。（方𢦏各鼎）

（24）易（錫）女（汝）婦：爵、A6 之戈、周（琱）玉、黄。（縣改簋）

（25）王以侯内（入）于寢，侯易（賜）玄周（雕）戈。雩王在㡿，巳夕，侯易（賜）者（諸）A4 臣二百家，齎（資）用王乘車馬、金勒、冂（冋）衣、市（韍）、舄。（麥方尊）

（26）曰王大乙，才（在）林田（甸）俞 A4。（俞玉戈）

（27）丙辰，王令䢼其兄（貺）䙴于夆田，賓（賓）貝五朋。才（在）正月，遘于匕（妣）丙彡（肜）日大乙奭。隹（唯）王二祀，既 A4 于上帝。（二祀䢼其卣）

（28）上帝、司（后）稷亢保，受（授）天子綰令、厚福、豐年，方䜌（蠻）亡不 A6 視。（史墻盤）

下面來看該字的釋法。過去，由於 A 形字比較常見，所以關於該字的釋讀，主要是圍繞 A 形字展開。從學術界對該字的研究過程上來講，可以分爲前後兩個時段，而史墻盤的出土公佈正是這兩個時段的分水嶺。

在史墻盤出土公佈之前，最初吴大澂、林義光和馬叙倫等曾將 A 形字釋爲“伐”[①]。但這一釋法顯然不確，因爲甲骨文和金文中都見有標準寫法的“伐”字，與 A 形字在字形和用法兩方面都截然不同。從字形上看，A 形字均作從人跽而抱或持戈形，可隸定爲“𢦏”，而“𢦏”字見於《説文》，《説文》：“𢦏，擊踝也。从丮从戈。讀若踝。”“𢦏”字小篆字形作“”，與 A 形字字形相近，尤其是與 A6 形字形基本相同。因此，丁佛言、劉心源、方濬益、李孝

① 吴大澂：《愙齋集古録》第 21 册，上海：涵芬樓 1930 年影印本，第 18 頁；林義光：《文源》卷 6，上海：中西書局，2012 年，第 253 頁；馬叙倫：《讀金石刻詞》，北京：中華書局，1962 年，第 171 頁。

定和嚴一萍等均將A形字釋爲《說文》之“𡚸”字①。此外，甲骨文中的C形字從女從戈，可隸定爲“㚤”，而“㚤”字又見於《廣雅》。《廣雅·釋詁三》：“㚤，投也。”王念孫《疏證》：“㚤字音義未詳，曹憲音内，有‘本作𨚗，未詳。弋音’七字。考字書、韻書皆無㚤、𨚗二字。”但朱駿聲《說文通訓定聲》於“𡚸”字下注：“字亦作㚤，作戜。《廣雅·釋詁三》‘㚤，投也’，又‘戜，擊也’，又作𨚗”。這似乎爲將甲骨文之A形字釋爲《說文》之“𡚸”又添一平行演變的佐證。但是，仍有學者對這一觀點持懷疑態度，如屈萬里云：“《說文》字云擊踝也，以此義說甲骨金文均未安。”②

史墻盤公佈之後，學術界圍繞盤銘“方䜌（蠻）亡不A6視”之A字展開新的探討，並由此形成三種完全不同的意見。

第一種意見認爲A形字就是《說文》之“𡚸”字。目前來看，唯劉士莪、尹盛平是以“𡚸”和“㚤”之字義來解讀史墻盤銘。他們認爲“𡚸”也作“㚤”，訓爲投，並將盤銘之“方䜌（蠻）亡不A6視”翻譯成“四方異族君長無不前來投見”③。其餘多數學者均以《說文》“𡚸”之注音“讀若踝”爲出發點來進行解讀，如戴家祥讀盤銘和上引麥方尊之“𡚸”爲“婐”和“果”，訓爲“侍”④。于省吾讀盤銘之“𡚸”爲“踝”，訓爲“踵”⑤；于豪亮讀盤銘之“𡚸”爲“獻”⑥；馬承源讀盤銘之“𡚸”爲“謁”，同時讀上引二祀𠨘其卣之“𡚸”爲“祼”⑦；洪家義讀盤銘之“𡚸”爲“夥”，訓爲“絡繹不絶”⑧；唐志凱認爲《說文》之“𡚸”即“祼”之本字，訓盤

① 丁佛言的觀點引録自屈萬里《殷墟文字甲編考釋》（臺北：“中央研究院”歷史語言研究所，1961年，第417頁），其云：“先師丁先生佛言釋𡚸，蓋以其字與《說文》之𡚸同也。”劉心源：《奇觚室吉金文述》卷4，清光緒二十八年（1902年）自寫刻本，第7頁；方濬益：《綴遺齋彝器考釋》卷26，上海：商務印書館，1935年，第25頁；李孝定：《甲骨文字集釋》，臺北：“中央研究院”歷史語言研究所，1965年，第885頁；嚴一萍：《續釋戒》，《中國文字》第17册，劍橋：哈佛燕京學社資助出版，1965年。

② 屈萬里：《殷墟文字甲編考釋》，臺北：“中央研究院”歷史語言研究所，1961年，第417頁。

③ 劉士莪、尹盛平：《微氏家族青銅器群研究》，尹盛平主編：《西周微氏家族青銅器群研究》，北京：文物出版社，1992年，第52頁。

④ 戴家祥：《牆盤銘文通釋》，《上海師範大學學報》（哲學社會科學版）1979年第2期，第60頁；戴家祥：《金文大字典》，上海：學林出版社，1999年，第2576—2578頁。

⑤ 于省吾：《墻盤銘文十二解》，《古文字研究》第5輯，北京：中華書局，1981年，第1頁。

⑥ 于豪亮：《牆盤銘文考釋》，《古文字研究》第7輯，北京：中華書局，1982年，第87頁。

⑦ 馬承源：《商周青銅器銘文選》第3卷，北京：文物出版社，1988年，第8、156頁。

⑧ 洪家義：《墻盤銘文考釋》，尹盛平主編：《西周微氏家族青銅器群研究》，北京：文物出版社，1992年，第357頁。

銘之“𢦏”爲“投降臣服”，同時訓上引縣改簋之“𢦏”爲“獻”[①]；陳漢平認爲《説文》之“𢦏”即“敤”之本字，讀盤銘之“𢦏”爲“扣”[②]。此外，李學勤讀上引俞玉戈之“𢦏”爲“果”，亦訓爲“侍”[③]。

第二種意見並不認可A形字就是《説文》之“𢦏”字，並提出新的釋法。例如，唐蘭認爲：“𢦏字《説文》讀若踝。今按字從丮，象人跪而揚兩手，應與玐𤰈等字並讀爲揚。”[④]裘錫圭認爲：“《説文》：‘𢦏，擊踝也……讀若踝’。用在這裏解釋不通。古文字從‘丮’、從‘𠬞’（廾）往往無別，疑‘𢦏’也可作‘戒’字用，在此似可讀爲‘悈’。《爾雅·釋言》：‘悈，急也’。‘悈見’就是急來朝見。”[⑤]劉楚堂亦將之釋爲“戒”字[⑥]。

第三種意見雖認可A形字與《説文》之“𢦏”同字，但認爲《説文》對“𢦏”字的解釋本身就有問題。例如，徐中舒云：“𢦏，甲骨文、金文皆作跽而雙手舉戈上獻之形，當爲獻之本字。古代席地而坐，坐即跽。跽而雙手上舉其戈以獻，其爲戰敗而繳械投降之義，至爲明顯。……此字形誤已久，許氏作《説文》時已不識此字。……乃據誤形爲説，音義並誤。”又云：“‘方緣（蠻）亡不獻見’，言穆王巡行天下，各方蠻族，無不以其珍寶來獻見。𢦏本爲會意字，戈在丮形之上，才能會繳械投降之意。”[⑦]此説影響很大，其觀點或部分或全部得到很多學者的認同[⑧]。近年來，王進

① 唐志凱：《釋“𢦏”》，《求是學刊》1981年第4期，第32頁。

② 陳漢平：《金文編訂補》，北京：中國社會科學出版社，1993年，第32、353頁。

③ 李學勤：《論美澳收藏的幾件商周文物》，《文物》1979年第12期，第72頁。

④ 唐蘭：《略論西周微史家族窖藏銅器群的重要意義——陝西扶風新出墻盤銘文解釋》，《文物》1978年第3期，第19頁。

⑤ 裘錫圭：《史墻盤銘文解釋》，《文物》1978年第3期，第25頁。

⑥ 劉楚堂：《墻盤新釋》，《殷都學刊》1985年第2期，第20頁。

⑦ 徐中舒：《西周墻盤銘文箋釋》，《考古學報》1978年第2期，第143頁。

⑧ 伍仕謙：《甲骨文考釋六則》，《古文字研究論文集》，成都：四川人民出版社，1982年；劉宗漢：《説“𢦏見”——“𢦏”類字研究之一》，《古文字研究》第19輯，北京：中華書局，1992年，第544頁；麻愛民：《墻盤補釋》，《考古與文物》2003年第6期，第80頁；〔日〕廣瀨薰雄：《説俞玉戈銘文中的“才林田俞𢦏”句》，《出土文獻與古文字研究》第6輯，上海：上海古籍出版社，2015年，第443頁。前引唐志凱《釋“𢦏”》（《求是學刊》1981年第4期，第32頁）雖認爲《説文》之“𢦏”即“祼”之本字，但同時也認爲“‘𢦏’字有投降臣服之意應當是没有問題的”，“‘𢦏’是獻兵器表示臣服，因此引申開來，就有獻意”。劉士莪、尹盛平：《微氏家族青銅器群研究》（尹盛平主編：《西周微氏家族青銅器群研究》，北京：文物出版社，1992年）亦認爲“此字金文皆作跪而雙手舉戈繳械投降之形”。

鋒則在徐中舒觀點的基礎上，認爲《説文》之“𢦒”具有“貢”義，云：“我們可以模仿《説文》釋字的方式，將𢦒字訓釋爲‘𢦒，貢也。从丮、戈聲’。”並以此爲依據對上引甲骨金文諸字之辭例加以解釋[①]。

需要説明的是，史墻盤銘“方緿（蠻）亡不A6視”之“視”字，原形作“”，過去均將之釋爲“見”。1998年郭店楚簡公佈之後，學術界才知道該字當釋爲“視”。過去主張將“𢦒”讀爲或釋爲“獻”的一個重要依據，就是傳世典籍中見有“來獻來見”和“獻見”這樣的詞句[②]。現既已知道該字是“視”字，則這一依據就失去了依憑。至於史墻盤中“視”字的用法，裘錫圭在系統分析西周金文中“視”字用法的時候曾有精彩的論述，現引録如下：

> 應侯鐘之“△工”是應侯之名，不知是否即取義於見於上引周原卜甲的“視工”。其他各例所説之事，都跟周王朝與蠻夷之邦間的關係有關。《周禮·春官·大宗伯》：“時聘曰問，殷覜曰視。”同書《秋官·大行人》：“王之所以撫邦國諸侯者，歲徧存，三歲徧覜，五歲徧省……。”《説文·八下·見部》：“諸侯三年大相聘曰覜。覜，視也。”段注：“鄭（引者按：指鄭玄《周禮注》）説殷覜，不用三年大聘之説。許則以《周禮》之覜即三年大聘。故《大行人》曰：‘王之所以撫邦國諸侯者，歲徧存，三歲徧覜，五歲徧省。’省與覜同。間歲而舉，所謂三年大聘。下於上，上於下，皆得曰覜，故曰相。許説與《周禮》不相違也。”又説：“《小行人》曰：‘存、覜、省、聘、問，臣之禮也。’按：五者皆得訓視。”上引牆盤等器銘中的“視”，應即“殷覜曰視”的“視”，其義與覜、省、聘、問等相近。“下於上，上於下，皆得曰覜。”故駒父盨蓋銘中既有“駒父視南淮夷”之文，又有南淮夷“逆視我”之文。[③]

---

① 王進鋒：《𢦒字、𢦒國與𢦒臣》，《湖南大學學報》（社會科學版）2014年第2期，第94頁。

② 于豪亮：《牆盤銘文考釋》，《古文字研究》第7輯，北京：中華書局，1982年，第87頁；劉宗漢：《説“𢦒見”——“𢦒”類字研究之一》，《古文字研究》第19輯，北京：中華書局，1992年，第544頁；麻愛民：《墻盤補釋》，《考古與文物》2003年第6期，第8頁。

③ 裘錫圭：《甲骨文中的見與視》，《甲骨文發現一百周年學術研討會論文集》，臺北：文史哲出版社，1999年，第1頁。

四、清華簡《封許之命》與史墻盤銘中該字的可能讀法

2015 年，《清華大學藏戰國竹簡》第五册出版，該册《封許之命》篇中有一句話，整理者釋文如下：

> 命女（汝）侯于鄦（許）。女（汝）隹（惟）臧（臧）耆尔猷，虔（虔）血（恤）王豪（家），柬（簡）脖（乂）亖（四）方不𢦔，以堇（勤）余一人（一人）。（簡 5）

整理者注［二二］："簡，《爾雅·釋詁》：'大也。'脖（或作'朔'），金文多用爲'薛'，而以'辥'、'嶭'讀爲'乂'，此處'脖'即讀'乂'，《爾雅·釋詁》：'治也。'𢦔，《説文》讀若'踝'，此處讀爲'果'，《孟子·盡心下》趙注：'侍也。'史墻盤（《集成》10175）：'方蠻無不𢦔見。'侍見有朝見之意。"①

簡文之"𢦔"字，原形作""，左旁從戈，右旁所從爲楚簡文字中"丮"旁的常規寫法②。該字字形顯然是承上述甲骨金文中的 A 形字發展演變而來。這一用例的出現十分重要，因爲它是自史墻盤公佈以來，爲該字之釋讀所提供的又一重要綫索。以該字之用例，去檢討前引以往各家之觀點，几乎無一允當。

前引裘錫圭在論述"視"字用法的時候，提到金文中除應侯鐘之外，"其他各例所説之事，都跟周王朝與蠻夷之邦間的關係有關"，這是十分重要的論斷。在傳世典籍中，與史墻盤和《封許之命》之該字用例相仿的語句中經常會出現一個字，這個字就是"賓服"之"賓"字，如：

> 《尚書·多士》："今朕作大邑於茲洛，予惟四方罔攸賓。"
> 僞古文《尚書·旅獒》："明王慎德，四夷咸賓。"
> 《國語·楚語上》："蠻夷戎狄，其不賓也久矣。"
> 《管子·小匡》："故東夷、西戎、南蠻、北狄，中國諸侯，莫不賓服。"

---

① 李學勤主編：《清華大學藏戰國竹簡（伍）》，上海：中西書局，2015 年，第 118、120 頁。

② 滕壬生：《楚系簡帛文字編》增訂本，武漢：湖北教育出版社，2008 年，第 261 頁。

《墨子·非攻中》："九夷之國，莫不賓服。"

《墨子·非攻下》："王既已克殷，成帝之來，分主諸神，祀紂先王，通維四夷，而天下莫不賓。"

《墨子·節用中》："古者堯治天下，南撫交阯，北降幽都，東西至日所出入，莫不賓服。"

《韓非子·十過》："臣聞昔者堯有天下，飯於土簋，飲於土鉶，其地南至交趾，北至幽都，東西至日月之所出入者，莫不賓服。"

《大戴禮記·五帝德》："四海之内，舟車所至，莫不賓服。"

《孔子家語·王言解》："是以蠻夷諸夏，雖衣冠不同，言語不合，莫不來賓。"

《淮南子·原道》："施之以德，海外賓伏，四夷納職。"

《中鑒·時事》："孝武皇帝以四夷未賓，寇賊奸宄，初置武功，賞官以寵戰士。"

《竹書紀年》："后相即位二年，征黄夷。七年，于夷來賓。後少康即位，方夷來賓。"①

《竹書紀年》："后發即位元年，諸夷賓于王門，諸夷入舞。"②

《史記·五帝本紀》："於是軒轅乃習用干戈，以征不享，諸侯咸來賓從。"

《史記·劉敬叔孫通列傳》："不屯一卒，不戰一士，八夷大國之民莫不賓服。"

《史記·孫子吴起列傳》："守西河而秦兵不敢東鄉，韓趙賓從，子孰與起？"

《漢書·食貨志上》："匈奴稱藩，百蠻賓服。"

《漢書·公孫弘傳》："是時，漢興六十餘載，海内艾安，府庫充實，而四夷未賓，制度多闕。"

《後漢書·西羌傳》："及文王爲西伯，西有昆夷之患，北有獫狁之難，遂攘戎狄而戍之，莫不賓服。"

---

① 《後漢書·東夷傳》李賢《注》引，北京：中華書局，1965年。

② 《後漢書·東夷傳》李賢《注》引，《北堂書鈔》卷82禮儀部二和《太平御覽》卷780四夷部亦引《紀年》記有此事，文字略有出入。

《前漢紀·孝元皇帝》："蠻夷率服，稽首來賓。"

《後漢紀·孝桓皇帝》："匈奴、莎車、烏孫、鮮卑諸國，常不賓附者，聞膺威名，莫不畏服。"

《三國志·吴書·周瑜魯肅吕蒙傳》："蠢爾蠻荆，莫不賓服。"

《三國志·蜀書·霍王向张杨费傳》："時，永昌郡夷獠恃險不賓，數爲寇害。"

《晉書·樂志上》："重華隆帝道，戎蠻或不賓。"

《晉書·陶璜傳》："夷獠勁悍，歷世不賓。"

《宋書·樂書》："荆門限巫山，高峻與雲連。蠻夷阻其險，歷世懷不賓。"

《宋書·符瑞志下》："金勝，國平盜賊，四夷賓服則出。"

《梁書·楊宫則傳》："公則東下，湘部諸郡多未賓從。"

《陳書·南康愍王曇朗傳》："時四方州郡並多未賓，京都虛弱。"

在出土先秦文獻中，亦有相同用例，如：

上博簡第二册《容成氏》簡5："四海（海）之外宾（賓），四海（海）之内貞。"

上博簡第九册《舜王天下》簡26："舜王天下，三現（苗）不賓。"

"賓"字之訓爲"服"，爲典籍常訓[①]。上引諸文中的"賓"字即用作此義。若將史墻盤和《封許之命》之該字替换爲"賓"字，則史墻盤"方緣（蠻）亡不賓視"即各方國蠻族無不賓服覭視。《封許之命》"柬（簡）脖（乂）亖（四）方不賓"，整理者訓"簡"爲"大"，可從。訓"乂"爲"治"，則似不確。"乂""艾"古通，有懲創之義。《禮記·表記》："則民有所懲。"鄭玄《注》："懲，謂創艾。"《漢書·淮陽憲王劉欽傳》："懲艾霍氏欲害皇太子。"顔師古《注》："艾，讀曰乂。乂，創也。"《漢書·馮奉世傳》："羌虜破散創艾。"顔師古《注》："創艾，謂懲懼也。"《集韻·㕓韻》："乂，創乂，懲也。或作忞，通作艾。"

① 宗福邦、陳世鐃、蕭海波主編：《故訓匯纂》，北京：商務印書館，2003年，第2188頁。

據此，簡文“柬（簡）胯（乂）亖（四）方不賓”爲定語後置句式，即大懲四方之不賓服者。逑盤銘文有“天子其萬年無疆，耆黄耉，保奠周邦，諫（簡）辥（乂）四方”，與此語義相仿。以“賓”字解之，兩句話均文從字順，並無不通難解之處。

五、甲骨金文中該字相關用例的可能性解釋

下面，我們依次將甲骨金文中的該字替换爲“賓”，看看是否合適。

前文講過，該字在甲骨文中主要是用作動詞。其中，在 A 形字之第（1）至（7）例、B 形字之第（15）、（16）例以及 D 形字之第（20）、（21）例中，該字均是出現在方國名稱之後，蓋即貞問某方國是否賓服。第（9）例 A 形字出現在“其”字之後，蓋亦是貞問某人或某方是否賓服。

甲骨文第（8）例“其 A1 戈一、斧九”似即某人賓贈一戈九斧。“賓”字古亦有“賓贈”之義。《國語·楚語下》：“公貨足以賓獻。”韋昭《注》：“賓，饗贈也。獻，貢也。”上博簡一《孔子詩論》簡 27：“虗（吾）奚舍之？賓贈氏（是）巳。”亦其例。金文中“賓”字相同用例十分常見，如二祀𠨘其卣銘“亏（賓）貝五朋”；小臣守簋銘“賓馬兩、金十鈞”；𠭯簋銘“師黄賓𠭯章（璋）一、馬兩，吴姬賓帛束”；史頌鼎和史頌簋銘“穌（蘇）賓章（璋）、馬四匹、吉金”；大簋銘“嬰賓豖章（璋）、帛束”“大賓豖訊（介）章（璋）、馬兩，賓嬰訊（介）章（璋）、帛束”；吴虎鼎銘“賓善夫豐生章（璋）、馬匹，賓𤔲工雍毅章（璋）、馬匹，賓内𤔲土寺桒璧。爰書尹友守史，迺賓史桒韋兩”等。

甲骨文第（10）例“王其又 A1𠃑于河”“☐A1𠃑于河三牢”。《太平御覽》卷八二引《竹書紀年》：“后芒即位元年，以玄珪賓於河。”①《太平御覽》八五引《竹書紀年》：“夷王二年，蜀人、吕人來獻瓊，賓於河，用介珪。”②這種用法的“賓”字值得注意，第（10）例之“A”蓋即《紀

① 《北堂書鈔》卷 89 禮儀部十、《初學記》卷 13 禮部上祭祀第二亦引《紀年》記有此事，文字略有出入。

② 《北堂書鈔》卷 31 政術部五亦引《紀年》記有此事，文字略有出入。

年》“賓於河”之“賓”[①]。

甲骨文第（17）例“貞〼王C祖□戚，燎三小宰，卯三大□”和第（18）例“〼C用〼戚〼”。《尚書·洛誥》：“王賓，殺禋，咸格。王入太室祼。”甲骨文中亦常見“王賓祖某（或妣某）”的占卜記録，第（17）例“王C”或即《尚書·洛誥》和甲骨文之“王賓”[②]。

金文第（22）、（23）兩例中“𨙵A5進”和“方A5各”，李學勤通過與甲骨金文中“亖侯虎”“攸侯喜”“而伯亀”“𦨶衛戛”和“攸衛牧”等稱謂加以對比考察，指出此兩例中的“A”字在銘文中是均用作爵或職名，“𨙵”“方”是地名，“進”“各”是人名[③]。其説可從，但“𨙵”“方”也可能是氏[④]。金文中寡史䍙甗之“寡史䍙”與此同例，只不過這裏的“寡”爲地名或氏，“史”爲職名，“䍙”則用爲人名。典籍中“賓”亦可用作職官名。《尚書·洪範》：“八政：一曰食，二曰貨，三曰祀，四曰司空，五曰司徒，六曰司寇，七曰賓，八曰師。”孔穎達《正義》引鄭玄曰：“賓，掌諸侯朝覲之官，《周禮》大行人是也。”又引王肅曰：“賓，掌賓客之官也。”[⑤]孫星衍《尚書今古文注疏》：“云‘賓，掌諸侯朝覲之官’者，《周禮·大行人》‘掌大賓之禮及大客之儀，以親諸侯。春朝諸侯而圖天下之事，秋覲以比邦國之功’是也。”

金文第（24）例縣改簋“易（錫）女（汝）婦：爵、A6之戈、周（琱）玉、黃[illegible]”。此“A之戈”之“A”似當用作地名，即“A”地所產之戈。

---

① （清）雷學淇《竹書紀年義證》（臺北：藝文印書館，1977年）卷9釋“以玄珪賓於河”爲“以玄圭沉祭”。方詩銘、王修齡《古本竹書紀年輯證》（上海：上海古籍出版社，1981年，第11頁）有詳述，可參看。

② 郭沫若（《卜辭通纂》，北京：科學出版社，1983年，第244頁）、孫海波（《卜辭文字小記》，《考古學社社刊》第3期，北平：燕京大學考古學社，1935年，第67頁）、屈萬里（《殷墟文字甲編考釋》，臺北：“中央研究院”歷史語言研究所，1961年，第4頁）和周國正（《卜辭兩種祭祀動詞的語法特徵及有關句子的語法分析》，《古文字學論集（初編）》，香港：香港中文大學中國文化研究所吳多泰中國語文研究中心編集，1983年，第270頁）等均認爲甲骨文“王賓”之“賓”即“儐導”“迎接”之義，爲學術界主流觀點。

③ 李學勤：《殷商至周初的䍙與䍙臣》，《殷都學刊》2008年第3期，第13頁。

④ 金文中“氏”有這種用例，參張淑一《先秦姓氏制度考索》（福州：福建人民出版社，2008年），第118頁。

⑤ 《史記·宋微子世家》亦引有《尚書·洪範》此文，裴駰《集解》亦引鄭玄曰“賓”爲“掌諸侯朝覲之官”。

金文第（25）例麥方尊“侯易（賜）玄周（雕）戈”“侯易（賜）者（諸）A4臣二百家”。“侯”均爲接受賞賜者，其中的“A臣二百家”即賓服之臣兩百家。

金文第（26）例俞玉戈銘“曰王大乙，才（在）林田（甸）俞A4”。裘錫圭指出“‘在林田’就是駐在林這個地方的‘田’”[①]。李學勤指出“俞”是人名，“A”是動詞[②]。廣瀨薰雄考察過“”字用例，指出該字“無疑是祭祀動詞”，“其祭祀對象大都是王室先人”[③]。這些都是十分重要的意見。《漢書·嚴助傳》：“故古者封內甸服。”顏師古《注》：“封內，謂封圻千里之內也。甸服，主治王田以供祭祀也。”可見，作爲“才（在）林”之“田（甸）”的“俞”很可能是出席並參與了此次“王大乙”的祭祀活動。典籍中“賓”常有“賓導”“迎接”之義。《尚書·堯典》：“賓於四門，四門穆穆。”僞孔《傳》：“諸侯來朝者，舜賓迎之。”《尚書·堯典》：“寅賓出日。”僞孔《傳》：“賓，導。”《禮記·月令》：“天子乃鮮羔開冰，先薦寢廟。”鄭玄《注》引《春秋傳》：“朝之禄位，賓食喪祭，於是乎用之。”孔穎達《正義》：“賓謂接迎賓客，食謂尋常飲食，喪謂死喪，祭謂祭祀。”《穆天子傳》卷六：“邢侯謁哭于廟。太子先哭而入，西向即位。内史賓侯，北向而立。”郭璞《注》“賓”曰“儐相”。《廣韻·真韻》：“賓，迎也。”這種用法的“賓”亦常可用“儐”字表示。《説文》：“儐，導也。”《玉篇·人部》：“儐，出接賓曰儐。”《廣韻·震韻》：“儐，儐相也。”《文選·楊雄〈甘泉賦〉》：“儐暗藹兮降清壇。”李善《注》引鄭玄曰：“接賓曰儐。”銘文“才（在）林”之“田（甸）”的“俞”蓋在商王“王大乙”的祭祀活動中充當了賓相的職務，因此特將此事刻於戈銘，以示紀念。

金文第（27）例二祀𠨘其卣銘“既A4于上帝”。甲骨文中從未見有“王

---

① 裘錫圭：《甲骨卜辭所見的‘田’‘牧’‘衛’等職官研究——兼論‘侯’‘甸’‘男’等幾種諸侯的起源》，《文史》第19輯，北京：中華書局，1983年，第1頁。

② 李學勤：《殷商至周初的𡚸與𡚸臣》，《殷都學刊》2008年第3期，第13頁。

③〔日〕廣瀨薰雄：《出土文獻與古文字研究》第6輯，上海：上海古籍出版社，2015年，第443頁。

賓于帝”的記載，此處之“A”字似當讀作“徧”[①]。上古音賓、徧均爲幫母真部字，兩字雙聲叠韻。典籍中亦見有從“賓”聲之字與從“扁”聲之字相通之例。《詩·小雅·巷伯》：“緝緝翩翩。”《玉篇·糸部》引《韓詩》翩作繽。即其例。典籍中從“扁”聲之字與“頻”字音近可通。《易·巽》：“九三，頻巽，吝。”《易·復》：“六三，頻復，厲，无咎。”此兩處之“頻”字在馬王堆帛書本《周易》中均作“編”。而典籍中“賓”及從“賓”聲之字與“頻”及從“頻”聲之字亦常可相通[②]。其例甚多，兹不贅舉。可見“賓”可以讀作“徧”。

《尚書·堯典》：“肆類于上帝，禋于六宗，望于山川，徧于群神。”僞孔《傳》：“群神謂丘陵、墳衍、古之聖賢，皆祭之。”孔穎達《正義》：“《祭法》云：‘有天下者祭百神。’徧祭群神是天子事也。”《詩·周頌·時邁》孔穎達《正義》引鄭玄《注》曰“徧以尊卑次秩祭之”，“群神，丘陵墳衍之屬”。《禮記·曲禮下》：“天子祭天地，祭四方，祭山川，祭五祀，歲徧。諸侯方祀，祭山川，祭五祀，歲徧。大夫祭五祀，歲徧。士祭其先。”孔穎達《正義》：“‘歲徧’者，謂五方之帝、迎氣、雩祀、明堂及郊，雖有重者，諸神摠遍，故云歲遍。”銘文“A 于上帝”與《尚書·堯典》“徧于群神”用例相仿，而據《禮記·曲禮下》孔穎達《正義》，“五方之帝”則是“歲徧”的一種祭祀對象。

古代“五方之帝”亦稱“上帝”“五帝”或“帝”。《周禮·春官·大宗伯》：“國有大故，則旅上帝及四望。”鄭玄《注》：“上帝，五帝也。”賈公彦《疏》：“案《禮器》云‘祀帝於郊，而風雨寒暑時’，風雨寒暑，非一帝之所能爲。……故知是五帝也。”《國語·周語中》：“昔我先王之有天下也，規方千里以爲甸服，以供上帝山川百神之祀。”韋昭《注》：“上帝，天神五帝也。山川，五岳河海也。百神，丘陵墳衍之神也。”《楚辭·九章·惜誦》：“令五帝以折中兮。”王逸《注》：“五

① 這裏的“王”是指時王。二祀𠨘其卣銘中“A4 于上帝”這一行爲的執行者，顯然也是時王。《合集》1402 正見有“咸賓于帝”“咸不賓于帝”“大甲賓于帝”“大甲不賓于帝”“下乙賓于帝”和“下乙不賓于帝”諸辭，同版還見有“大甲賓于咸”“大甲不賓于咸”“下乙賓于咸”和“下乙不賓于咸”諸辭。“咸”“大甲”和“小乙”均爲已故先人或先王，與時王不可等同。而就目前所見甲骨文材料而言，也就是已故先人或先王方可“賓于帝”，從未見有時王“賓于帝”的任何記録。

② 高亨：《古字通假會典》，濟南：齊魯書社，1989 年，第 106—107 頁。

帝，謂五方神也。”《楚辭·九歎·遠逝》：“指列宿以白情兮，訴五帝以置詞。”王逸《注》：“告訴五方之帝，令受我詞而聽之也。”《楚辭·九歌·雲中君》：“龍駕兮帝服，聊翱游兮周章。”王逸《注》：“帝，謂五方之帝也。”《周禮·春官·小宗伯》：“兆五帝於四郊，四望四類亦如之。”孫詒讓《正義》：“此兆五帝於四郊，謂於王城外近郊五十里之内，設兆位也。……五帝四郊之兆，每帝各於當方之郊。”甲骨文常見有“方帝”一詞，陳夢家指出：“它和後世的‘方祀’、‘望祀’相當，即各以其方向祭祀四方之帝，《小宗伯》所謂‘兆五帝於四郊’。”[1]

《詩·魯頌·閟宮》：“皇皇后帝，皇祖后稷，享以騂犧。”鄭玄《箋》：“皇皇后帝，謂天也。成王以周公功大，命魯郊祭天，亦配之以君祖后稷，其牲用赤牛純色，與天子同也。”孔穎達《正義》：“《論語》曰：‘皇皇后帝。’《注》云：‘帝謂太微五帝。’此亦云‘皇皇后帝’，直言謂天者，以《論語》説舜受終于文祖，宜揔祭五帝。魯不得徧祭五帝，故直言謂天，謂祭周所感生蒼帝也。”銘文“A 于上帝”猶如孔穎達《正義》“魯不得徧祭五帝”之“徧祭五帝”，即徧祭五方之帝。

六、該字構形和使用情況的最終推斷

綜上所述，將該字釋爲“賓”，上引甲骨金文以及楚簡之辭例均可講通，這讓我們有理由懷疑，其實該字很可能就是“賓服”之“賓”字，與《説文》之“𢦔”的確不是一字。《説文》之“𢦔”是一個從丮戈聲的形聲字，而該字從其甲骨金文的早期構形來看，明顯是一個從人跽而抱或持戈的會意字。前引徐中舒指出該字字形爲“跽而雙手上舉其戈以獻，其爲戰敗而繳械投降之義”，此説得到多位學者的認同。其實，“跽而雙手上舉其戈以獻”同樣可以用來會“賓服”之義，“繳械投降”從某種意義上來講也就是“賓服”。

《説文》：“賓，所敬也。从貝寅聲。”甲骨文中“賓”字作“”

① 陳夢家：《殷墟卜辭綜述》，北京：中華書局，1988 年，第 578 頁。商承祚《殷契佚存考釋》（南京：金陵大學中國文化研究所，1933 年，第 9 頁）亦有類似説法，郭沫若《甲骨文字研究·釋祖妣》（北京：科學出版社，1982 年，第 44 頁）引羅振玉云“疑即五方帝之祀”，但未注明羅氏所云之出處。

（《合集》1401）、“”（《合集》23651）、“”（《合集》3168）、“”（《合補》60 正甲）、“”（《合集》15171 正）等形。王國維指出：“上从屋，下从人、从止，象人至屋下，其義爲賓。……金文及小篆易从止爲从貝者，乃後起之字。古者賓客至，必有物以贈之。其贈之之事謂之賓，故其字从貝。其義即禮經之‘儐’字也。”①“賓贈”“賓相”等義與“賓服”之義本不相因，因此該字可能就是爲“賓服”之義所造的專字，與“賓贈”“賓相”之“賓”來源並不相同。後世借“賓贈”“賓相”之“賓”爲“賓服”之“A”，遂使“賓”行而“A”字廢。兼之《説文》又有訓爲“擊踝”之“𡚱”，使問題變得更加複雜化了。

需要説明的是，前文論及甲骨文第（8）例之“A”用爲“賓贈”之義，金文第（26）例用作“賓相”之義。這是比較明確的“A”用作“賓贈”“賓相”之“賓”的例子。而“賓”字之用爲“賓服”之義者，於出土古文字材料中，則僅見於前引上博簡《容成氏》和《舜王天下》中的兩例，在更早期的甲骨金文中則從未見到這種用例。這説明“A”與“賓”儘管互有通假，但畢竟還是十分罕見，亦可由此證明“A”與“賓”原本就是字形來源有别且字義不同的兩個字，在用法上仍是各自承擔著自身的主要字義。

另外，在目前所見戰國古文字材料中，“A”字僅在前引清華簡《封許之命》中出現唯一一例，用作“賓服”之義，而前引上博簡《容成氏》和《舜王天下》則已經出現兩例“賓”字用作“賓服”之義的例子。這種現象表明，戰國時代“A”字的使用量正在急劇減少，正在逐漸被“賓”字所取代。估計“A”字此後很快就不再使用了，因爲畢竟我們看到在《説文》中已經出現了另一個字形與之相仿而字義却是“擊踝”的“𡚱”字。爲了避免與《説文》之“𡚱”字混淆，“A”字從此被“賓”字所取代也是必然的事情。

本篇引書簡稱：

《合集》　郭沫若主編、胡厚宣總編輯：《甲骨文合集》，北京：中華書局，1978 年以後分册出版。

① 王國維：《觀堂集林·與林浩卿博士論洛誥書》，《王國維遺書》第 1 册，上海：上海古籍出版社，1983 年，第 13 頁。

《合補》 彭邦炯、謝濟、馬季凡：《甲骨文合集補編》，北京：語文出版社，1999年。

《英藏》 李學勤、齊文心、艾蘭：《英國所藏甲骨集》，北京：中華書局，1985年。

《前》 羅振玉：《殷墟書契前編》，珂珞版1912年影印本。

釋“坴彡”

郭店簡《語叢二》簡50—簡51有兩句話，整理者釋文如下：

> 母（毋）遊（失）虐（吾）坴彡，此坴彡得矣。（簡50）
> 少不忍伐大坴彡。（簡51）

簡文“坴彡”字三見，原形作“□”“□”“□”。關於此字之釋讀，目前有三種意見：

第一種意見是整理者所引裘錫圭的看法。他説“此字疑是‘埶’之簡寫，在此讀爲‘勢’”，並將51號簡文讀爲“小不忍，敗大勢”[①]。之後有多位學者支持這一意見[②]。

第二種意見是湯餘惠和吴良寶提出的。他們在贊同裘錫圭釋“坴彡”爲“埶”的基礎上，將“伐”讀作“廢”、“埶”讀作“節”。認爲“大節”猶言大事、大體，並將51號簡文翻譯成“小事不能容忍，就會壞了大事”，同時指出《古文四聲韻》引《林罕集》“未”字古文有作“□”“□”形者，疑即“坴彡”形變體。以“埶”爲“未”，應是音近通假[③]。

第三種意見是李家浩提出的。李先生指出《古文四聲韻》引《林罕集》之古文“未”與“坴彡”確實同字，故“坴彡”當釋爲“未”。但“坴彡”字左旁應是“埶”的簡寫，並以之爲聲符。此“未”字在簡文中當讀爲“謀”。同時認爲簡文之“伐”字當訓爲“敗”[④]。筆者過去亦贊同李先生觀

---

① 荊門市博物館：《郭店楚墓竹簡》，北京：文物出版社，1998年，第206頁。

② 李零：《郭店楚簡校讀記》，北京：北京大學出版社，2002年，第170頁；劉釗：《郭店楚簡校釋》，福州：福建人民出版社，2005年，第207頁。

③ 湯餘惠、吴良寶：《郭店楚簡文字拾零（四篇）》，《簡帛研究2001》，桂林：廣西師範大學出版社，2001年，第199頁。

④ 李家浩：《關於郭店楚墓竹簡〈語叢二〉51號簡文的釋讀》，《新出楚簡國際學術研討會會議論文集（郭店·其他簡卷）》，武漢：武漢大學，2006年6月，第84頁。

點，將“坴”釋讀爲“未（謀）”[①]。

按，以上三種意見，前兩種都認爲“坴”當釋爲“埶”，只是讀法有所不同。第三種認爲“坴”當釋爲“未”，讀作“謀”。就字形分析而言，以上三説均將“坴”與“埶”字聯繫起來考察，的確很具説服力。南越王墓車馹虎節銘文有字作“𩢕”，可隸定作“駐”，李家浩認爲該字右旁即“埶”字省形，應釋爲“馹”[②]。此字亦見於上博簡《簡大王泊旱》簡 16，辭例是“癹（發）駐迲（跖）四₌疆₌（四疆，四疆）皆簹（熟）”，釋“駐”爲“馹”，文從字順[③]。可證李先生的意見是完全正確的。“駐”字右旁與“坴”字左旁顯然同形，可見將“坴”與“埶”字聯繫起來考察，在字形上的確很有依據。

從文義上考察，不少學者指出簡 51“少不忍伐大坴”與《論語·衛靈公》的“小不忍則亂大謀”有關[④]。這一觀點顯然是正確的。簡文“坴”與《論語·衛靈公》之“謀”字對應，但不論是將“坴”讀作“勢”還是“節”，在字義上都與“謀”字無關，故上文所述前兩種意見應該是有問題的。至於第三種意見，李家浩注意到要在字形可靠的基礎上，必須還得在字義上將“坴”字與“謀”字加以溝通。這一思路無疑是正確的。但是，上古音“未”屬明母物部，“謀”屬明母之部。二字雖然雙聲，韻部却相隔過遠。而且，文獻中亦很難找到二字相通的直接證據。因此釋“坴”爲“未”，讀作“謀”，仍不是十分理想。

現在看來，儘管將“坴”與“埶”字聯繫起來考察，在字形上很有依據，但却在文義的解讀上都面臨難解的困難。因此，筆者認爲要想作出合理

---

① 白於藍：《簡牘帛書通假字字典》，福州：福建人民出版社，2008 年，第 221 頁。此書在引録李家浩觀點的出處時有誤，誤引爲“《仰天湖楚簡剩義》（“中國簡帛學國際論壇 2006”論文，武漢：武漢大學簡帛研究中心，2006 年 11 月）”，應予以訂正。

② 李家浩：《南越王墓車馹虎節銘文考釋》，《容庚先生百年誕辰紀念文集（古文字研究專號）》，廣州：廣東人民出版社，1998 年，第 666 頁。

③ 季旭升：《上博四零拾》，簡帛研究網，2005 年 2 月 15 日；陳劍：《上博竹書〈昭王與龔之脽〉和〈柬大王泊旱〉讀後記》，簡帛研究網，2005 年 2 月 15 日；孟蓬生：《上博竹書（四）閒詁》，簡帛研究網，2005 年 2 月 15 日；劉樂賢：《讀上博（四）劄記》，簡帛研究網，2005 年 2 月 15 日。

④ 廖名春：《郭店楚簡儒家著作考》，《孔子研究》1998 年第 3 期，第 69 頁；劉釗：《郭店楚簡校釋》，福州：福建人民出版社，2005 年；李家浩：《關於郭店楚墓竹簡〈語叢二〉51 號簡文的釋讀》，《新出楚簡國際學術研討會會議論文集（郭店·其他簡卷）》，武漢：武漢大學，2006 年 6 月。

的解釋，恐怕還得重新回到字形分析的工作上來。“⿰坴彡”字左旁所從，除“埶”字之省形與之相同外，其實在古文字中還有一字與之相同，並且應當予以充分考慮。

《説文》“社”字古文作“⿰示⿱木土”。中山王譽大鼎銘文中“社稷”一詞四見，其中“社”字均作“⿰示⿱木土”形。上博簡《鬼神之明》簡 2 背“岐社”之“社”作“⿰示⿱木土”。以上三例“社”字古文，可隸定爲“⿰示⿱木土”，其右旁與“⿰坴彡”字左旁亦完全同形[①]。此外，中山王譽圓壺有“茅（苗）搜𤝔（畋）獵，于皮（彼）新杢（土）”語，其中“杢（土）”字作“杢”[②]。與“杢”字比較，“⿰坴彡”字只是多了右側兩撇。據此，“⿰坴彡”似亦可理解爲是一個與“社”或“土”字音近的字。

這裏，有兩點還需先作説明。首先，大徐本《説文》：“社，地主也。从示土。《春秋傳》曰：共工之子句龍爲社神。《周禮》：二十五家爲社，各樹其土所宜之木。”其認爲“社”是會意字。小徐本《説文》認爲“社”是“從示土聲”，是形聲字。清代學者對此莫衷一是，段玉裁、桂馥、田吴照等支持大徐説法，徐灝、王玉樹、鈕樹玉、王念孫等則力主小徐觀點，王筠、朱駿聲以及宋保等則認爲“社”當分析爲從示從土，土亦聲，是會意兼形聲字[③]。上古音社爲禪母魚部字，土爲透母魚部字。兩字聲母同爲舌音，韻則叠韻。儘管目前對“社”字構形分析尚存在分歧，但社、土二字音近可通則是不争的事實。

其次，關於《説文》“社”字古文“⿰示⿱木土”，右上從木。很多學者將之與《説文》所引《周禮》“二十五家爲社，各樹其土所宜之木”這句話聯繫在一起。例如，徐鍇《繫傳》：“樹所宜之木，故从木。又，木者，木主也。”段玉裁《説文解字注》亦云“从木者，各樹其土所宜木也”。朱駿聲《説文通訓定聲》亦主此説。關沮秦簡中“田社”“里社”之“社”字更有省作“袜”（簡 301 壹、簡 302 壹）者，可見“社”字的確可從“木”旁表義[④]。

---

① 《古文四聲韻》卷 3 引《古孝經》“社”字古文作“[illegible]”、引《古老子》作“[illegible]”；《汗簡》“杜”字古文作“[illegible]”（應是借“社”爲“杜”）。亦可參。

② “杢（土）”字從徐中舒、伍仕謙《中山三器釋文及宫堂圖説明》（《中國史研究》1979 年第 4 期，第 85 頁）釋。

③ 丁福保：《説文解字詁林》第 2 册，北京：中華書局，1988 年，第 86 頁。

④ 湖北省荆州市周梁玉橋博物館：《關沮秦漢墓簡牘》，北京：中華書局，2001 年。

若此，則前引中山王嚳圓壺之“”字似亦即“社”字異構，唯省去了表義偏旁“示”旁而已。其在銘文當中乃是借“社”爲“土”。

下面討論“⿰杢彡”字在郭店簡文中的用法。筆者以爲當讀爲“圖”。上古音“圖”爲定母魚部字，字音與社、土十分接近。典籍中從土聲之字與從者聲之字常可互通。其例甚多，兹不贅舉[①]。而楚簡文字中“圖謀”之“圖”字常用“憯”“圈”這兩種形體表示[②]。“憯”“圈”即均從者聲。“⿰杢彡”既與“社”“土”讀音相近，則自可讀作“圖”。

“圖”之訓爲“謀”，乃典籍常訓[③]。《詩·小雅·常棣》：“是究是圖。”毛《傳》：“圖，謀。”《儀禮·聘禮》：“君與卿圖事。”鄭玄《注》：“圖，謀也。”《國語·晉語二》：“寇知其釁而歸圖焉。”韋昭《注》：“圖，謀也。”即其例。《論語·衛靈公》：“君子謀道不謀食。”皇侃《疏》：“謀，圖也。”《漢書·王莽傳中》：“辰星司謀。”顏師古《注》引應劭曰：“謀，圖也。”可見圖、謀同義，可互訓。直至今天，“圖謀”一詞仍是常用詞彙。因此，簡 51“少（小）不忍伐大⿰杢彡（圖）”與《論語·衛靈公》的“小不忍則亂大謀”之語義完全相當。至於簡 50 之“⿰杢彡”，據文義似亦當用作“圖”，訓作“謀”。

前文指出，與“杢”比較，“⿰杢彡”只是多了右側兩撇。關於此兩撇，李家浩認爲即“彡”字省寫[④]。此說可信。《説文》：“彡，毛飾畫文也。”漢字中與彩繪圖飾有關的字多從“彡”旁表義。例如，《説文》所見之修、彰、雕、彭、㣎、彩、彣、彤等均其例。“圖”字有畫義。《廣雅·釋詁四》：“圖，畫也。”《史記·司馬相如列傳》：“衆物居之，不可勝圖。”裴駰《集解》引郭璞曰：“圖，畫也。”《玉篇·囗部》：“圖，畫形也。”據此，“⿰杢彡”字似可分析爲是一個從彡杢聲的形聲字，原本可能就是“圖畫”之“圖”之專字。但其在簡文中是用作“圖謀”之“圖”。

古文字材料中“圖”字十分常見。最早見於金文，作“”（宜侯夨

① 高亨：《古字通假會典》，濟南：齊魯書社，1989 年，第 890 頁。

② 白於藍：《簡牘帛書通假字字典》，福州：福建人民出版社，2008 年，第 94 頁；李守奎：《上海博物館藏戰國楚竹書（一 — 五）文字編》，北京：作家出版社，2007 年，第 329、500 頁。

③ 宗福邦、陳世鐃、蕭海波主編：《故訓匯纂》，北京：商務印書館，2003 年，第 405 頁。

④ 李家浩：《關於郭店楚墓竹簡〈語叢二〉51 號簡文的釋讀》，《新出楚簡國際學術研討會會議論文集（郭店·其他簡卷）》，武漢：武漢大學，2006 年 6 月。

簋）、“”（善夫山鼎）等形[①]。《説文》“圖”字小篆作“”，寫法與金文一脉相承。大徐本《説文》：“圖，畫計難也。从囗从啚。啚，難意也。”就字形分析而言，許慎認爲“圖”“从囗从啚”，是會意字，應該是正確的。但許慎認爲所從之“啚”會“難意也”之意，則不確。徐灝《説文解字注箋》即指出：“啚即都鄙之鄙，版圖故畫都啚也。從囗啚者，環其都啚而圖之也。”之後有多位學者進而指出這種寫法的“圖”實即“地圖”之“圖”的本字[②]。此説可信。

前文指出，楚簡文字中“圖謀”之“圖”字常用“⿰忄者”“⿴囗者”這兩種形體表示。關於“⿰忄者”字，從心者聲，很可能就是“圖謀”之“圖”字之專字[③]。“圖謀”乃人之心理活動，故字從心表義[④]。中山王譻兆域圖有“”字，學術界一般隸定爲“⿱圖心”，讀作“圖”[⑤]。該字出現在“又（有）事（使）者（諸）官⿱圖心（圖）之”的語句中。從字形上講，該字亦當是“圖謀”之“圖”之專字，但從用法上講，則似爲“地圖”之“圖”的動詞用法，表示繪製地圖。

至於“⿴囗者”字，則應是“地圖”之“圖”字異構，唯將原來“从囗从啚”的會意字轉變爲“从囗者聲”形聲字[⑥]。該字出現在上博簡《魯邦大旱》簡 1 中，原文是：“魯邦大旱，哀公胃（謂）孔₌（孔子）：‘子不爲我⿴囗者（圖）之？’”簡文應是借“地圖”之“圖”爲“圖謀”之“圖”。

綜上所述，“圖”“⿴囗者”本是“地圖”之“圖”，“⿰忄者”“⿱圖心”則是“圖謀”之“圖”，而“杢”則是“圖畫”之“圖”，在字形和字義上本來都是有區别的。秦統一文字後，“圖”行而其他諸形俱廢。

最後，筆者就《古文四聲韻》所引《林罕集》之“未”字古文“”

① 容庚：《金文編》，北京：中華書局，1985 年，第 425 頁。

② 楊樹達：《積微居小學述林》，北京：中華書局，1983 年，第 56 頁；林義光：《文源》，《金文文獻集成》第 17 册，北京：綫裝書局，2005 年，第 543 頁；董蓮池：《説文解字考正》，北京：作家出版社，2005 年，第 248 頁。

③ 李守奎（《上海博物館藏戰國楚竹書（一 — 五）文字編》，北京：作家出版社，2007 年）觀點。

④ 《字彙補·心部》：“⿰忄者，懶惰也。”此“⿰忄者”字應是爲“懶惰也”之義所造後起形聲字，與楚簡之“⿰忄者”屬異字同形，並非一字。

⑤ 河北省文物管理處：《河北平山縣戰國時期中山國墓葬發掘簡報》，《文物》1979 年第 1 期，第 1 頁。朱德熙、裘錫圭：《平山中山王墓銅器銘文的初步研究》，《文物》1979 年第 1 期，第 42 頁。

⑥ 《汗簡》引《尚書》“圖”字古文作“”，亦“从囗者聲”，與楚簡此字同形。

"𢒼"簡單談一點自己不成熟的看法。關於此二形，就字形而言，的確與郭店簡此"𢒼"字形近，有可能確是一字。上博簡《柬大王泊旱》篇有"王向日而立，王滄至𦁤（帶）"語。其中"滄"字，陳劍認爲用爲"寒"，讀作"汗"[1]。此説至確。楚簡中"滄"常可同義换讀爲"寒"，馮勝君對此有專門討論[2]。故此處之"滄"是同義换讀爲"寒"，又通假爲"汗"。《廣雅·釋詁四》："圖，畫也。"《文選·左思〈魏都賦〉》："有虞作繪。"李善《注》引鄭玄《論語注》："繪，畫也。"可見"圖""繪"同義，具備同義换讀的條件和可能。繪從會聲，會、未音近可通，李家浩對此有相關論述[3]。據此，筆者推測"𢒼""𢒼"亦可能是"𢒼（圖）"同義换讀爲"繪"，又通假爲"未"。

---

① 陳劍：《上博竹書〈昭王與龔之脽〉和〈柬大王泊旱〉讀後記》，簡帛研究網，2005年2月15日。

② 馮勝君：《論郭店簡〈唐虞之道〉、〈忠信之道〉、〈語叢〉一 — 三以及上博簡〈緇衣〉爲具有齊系文字特點的抄本》附録《郭店、上博以及今本〈緇衣〉對比研究》，北京大學博士後工作報告，2004年7月，第236—238頁。

③ 李家浩：《信陽楚簡"澮"字及從"关"之字》，《中國語言學報》第1期，1982年，第189頁。

釋“⿱⺈⿱彐灬”

《清華大學藏戰國竹簡》第三册《周公之琴舞》篇簡 3 有一段文字，整理者釋文如下：

> 訖（適）我個（夙）夜不免（逸），敬（儆）之，日臺（就）月脜（將），孥（教）亓（其）光明。弼（弼）寺（持）亓（其）又（有）肩，䁙（示）告畬（余）㬎（顯）悳（德）之行。

整理者在該篇前面的“説明”中指出這段文字是與今本《詩·周頌·敬之》對應[①]。爲論述方便，現將今本《詩·周頌·敬之》之相關文句引録如下：

> 維予小子，不聰敬止。日就月將，學有緝熙于光明。佛時仔肩，示我顯德行。

整理者所釋之“免”字，原形作“”，整理者注釋［一五］：“免，疑爲‘逸’之省形。夙夜不逸，義同下文‘夙夜不解’。”[②]李鋭對整理者的看法提出異議，指出“簡 3‘不免’一詞較爲突兀，整理者讀爲‘不逸’……然不僅逸省爲免罕見，且‘訖（適）我夙夜不逸，敬之’似不成詩句，與《敬之》不相應”。進而認爲“戰國文字中免、象常相混訛，疑此處免當爲象，象古音邪紐陽部，《敬之》中相應的‘聰’古音爲清紐東部，東陽合韻，簡文可以讀爲‘訖（適）我夙夜，不聰敬之’”[③]。

清華簡第三册《赤鵠之集湯之屋》中“免”字凡六見，作如下諸形：

---

① 清華大學出土文獻研究與保護中心編，李學勤主編：《清華大學藏戰國竹簡（叁）》，上海：中西書局，2012 年，第 132 頁。

② 清華大學出土文獻研究與保護中心編，李學勤主編：《清華大學藏戰國竹簡（叁）》，上海：中西書局，2012 年，第 135—136 頁。

③ 李鋭：《讀清華簡 3 劄記（三）》，confucius2000 網，2013 年 1 月 14 日。

（簡 7） （簡 11） （簡 13）

（簡 14） （簡 14） （簡 15）

楚簡中從“兔”之“逸”字十分常見。以清華簡第三册爲例，“逸”字凡三見，作如下諸形：

（《周公之琴舞》簡 7） （《周公之琴舞》簡 8）

（《芮良夫毖》簡 7）

比較可知，“兔”字和“兔”旁上部與“”字上部寫法的確相同，但下部寫法明顯有别。可見從字形上看，釋“”爲“兔”的確不確。

前引李鋭據今本《詩·周頌·敬之》“不聰敬止”，指出簡文之“”字是與今本之“聰”字對應，這是正確的。李鋭據今本進行斷句，亦正確可從。但就字形而言，李鋭將該字釋爲“象”亦不可取。郭店楚簡《老子》中“象”字凡兩見，作：

（《老子》乙篇簡 12） （《老子》丙篇簡 4）

楚簡中從“象”之“豫”字亦十分常見。以清華簡爲例，第二册《繫年》中“豫”字凡四見，作如下諸形：

（簡 42） （簡 45） （簡 52） （簡 117）

比較可知，“象”字和“象”旁與“”字上下均存在明顯差異。李天虹曾對楚簡文字中的“兔”“象”二字做過細緻的字形分析，指出楚文字中“兔的上半作或，象的上半作或或”[①]。其説可信。通過比較，可以看出“”字上部顯然是與“兔”字上部相同，而與“象”字上部明顯有别。新近公佈的清華簡第四册《筮法·爻象》篇中有四例整理者釋爲“象”的字，作如下諸形：

① 李天虹：《釋“䲣”、“䲧”》，《古文字研究》第 24 輯，北京：中華書局，2002 年。

（簡 52） （簡 54） （簡 56） （簡 58）

客觀來講，此四例與楚簡文字中常見的“象”字和“象”旁寫法不同，是否就是“象”字仍有進一步商討的餘地。誠如整理者所釋，此四例確爲“象”字，但其在字形上仍與“”字存在明顯差異，即其下部象征尾巴的一筆均一致向右外撇，與“”字下部一筆向左内斂不同。總之，釋“”爲“象”亦難以令人信服。

就字形而言，“”字下部所從與楚簡文字中“馬”字或“馬”旁下部所從比較近似[①]。因此爲方便論述，可將該字暫隸定爲“𫠣”。筆者認爲，要想對“𫠣”字做出合理的解釋，必須要從字形和字音兩方面加以綜合考慮。就字形而言，“𫠣”雖並非“兔”字，但因其上部與“兔”字上部象徵兔頭的部分的確同形，因此該字應是表示一種與“兔”有關的動物爲是。就字音而言，該字既與今本《詩·周頌·敬之》之“聰”字對應，則其讀音亦當是與“聰”字相同或相近者爲是。循形音以推求，該字當釋爲“㲋”。

從字音上看，“聰”從“悤”聲，上古音“聰”“悤”俱爲清母東部字，“㲋”爲從母侵部字[②]。兩字聲母同爲齒音，韻部上古音東、冬、侵三部關係密切[③]。典籍中從“悤”聲之字與從“㲋”聲之字亦有相通之例。《周禮·地官·廛人》：“掌斂市絘布、總布、質布、罰布、廛布。”鄭玄《注》引杜子春云：“總當爲儳。”段玉裁《周禮漢讀考》：“杜蓋謂爲聲之誤，二字雙聲也。”《周禮·地官·肆長》：“斂其總布，掌其戒禁。”鄭玄《注》引杜子春云：“總當爲儳。”《周禮·地官·載師》：“凡宅不毛者，有里布。”鄭司農《注》引上《周禮·地官·廛人》：“掌斂市次布、儳布、質布、罰布、廛布。”“總布”正作“儳布”。“聰”

① 李守奎：《楚文字編》，上海：華東師範大學出版社，2003 年，第 568—574 頁。

② 清代以來，部分音韻學家將“㲋”歸入談部。按，當歸侵部，參陳復華、何九盈《古韻通曉》（北京：中國社會科學出版社，1987 年），第 383 頁。傳世及出土文獻中“㲋”聲字常可與侵部“晉”聲字相通（詳見後文），亦其明證。

③ 于省吾《釋㠯、吕兼論古韻部東冬的分合》（《甲骨文字釋林》，北京：中華書局，1979 年，第 463—471 頁）；曾憲通《從“䖵”符之音讀再論古韻部東冬的分合》（《第三屆國際中國古文字學研討會論文集》，香港：香港中文大學中國文化研究所編集，1997 年，第 741 頁）；沈培《上博簡〈緇衣〉篇“𢎪”字解》（《華學》第 6 輯，北京：紫禁城出版社，2003 年，第 68 頁）；顔世鉉《楚簡“流”、“讒”字補釋》，謝維揚、朱淵清主編：《新出土文獻與古代文明研究》，上海：上海大學出版社，2004 年，第 151 頁。

“總”俱從“悤”聲，這是“聰”與“㲋”音近可通的直接例證。除此之外，典籍中亦存在從“悤”聲之字與從“㲋”之字輾轉旁通的例證。例如，典籍中從“悤”聲之字與“叢”字音近可通，《易·坎》：“寘于叢棘。”馬王堆漢墓帛書本《周易》“叢”作“總”。“叢”字亦可與“宗”字相通。《莊子·齊物論》：“昔者堯問於舜曰：‘我欲伐宗膾胥敖。’”《莊子·人間世》：“昔者堯攻叢枝胥敖。”而從“宗”聲之字亦可與從“㲋”聲之字相通。《左傳·昭公三年》：“讒鼎之銘。”孔穎達《正義》引服虔云：“‘讒鼎’，《明堂位》所云‘崇鼎’是也。”即其例。又如，今本《緇衣》“從容有常”之“從”字，在郭店楚簡和上博楚簡《緇衣》篇中分别作“”（簡16）、“”（簡9）。今本《周易·豫卦》九四爻辭“朋盍簪”的“簪”字，馬王堆帛書本與之對應之字作“讒”，而該字在上博簡《周易》中作“”（簡14）。很多學者指出“”“”所從聲符與“”就是一字，這説明從“㲋”聲之字與“從”字音近可通[①]。而典籍中從“從”聲之字亦可與從“悤”聲之字相通。《禮記·檀弓上》：“喪事欲其縱縱爾。”鄭玄《注》：“縱讀如揔領之揔。”《急就篇》卷三：“承塵户㡓絛繢總。”顔師古《注》：“總，字或作縱。音義皆同。”總之，從讀音上看，“聰”與“㲋”的確音近可通。

從字形上看，《説文》：“（㲋），狡兔也，兔之駿者。从㲋、兔。”段玉裁《説文解字注》：“狡者，少壯之意；駿者，良才者也。”《玉篇·㲋部》：“㲋，駿兔也。”《詩·小雅·巧言》：“躍躍㲋兔。”陸德明《釋文》：“㲋，狡兔也。”孔穎達《正義》引《蒼頡解詁》：“㲋，大兔也。”由此可見，“㲋”確爲一種兔，這一點與“㲋”字上部與“兔”字上部象征兔頭部分的寫法相同亦相合。

需要説明的是，《説文》對“㲋”字的字形分析其實是有問題的，這是因爲我們很難用“六書”當中的任何一種“造字方法”來分析該字字形。表面上看，依照《説文》的解釋，“㲋”字似乎可以看作是從㲋兔的會意字，但其實無理可循。《説文》：“㲋，獸也。似兔，青色而大，象形。

① 陳劍：《釋“琮”及相關諸字》，《甲骨金文考釋論集》，北京：綫裝書局，2007年，第273—316頁。

頭與兔同，足與鹿同。”《説文》：“兔，獸名。象踞後其尾形。兔頭與㲋頭同。”可見，㲋與兔爲兩種不同的動物，而㲋又是一種類似兔但比兔大的動物。如何可以用㲋與兔這兩種動物來會意出一個具有“狡兔”“駿兔”或“大兔”之義的“㕙”字呢？就漢字目前現有的構形理論來講，恐怕無論何種解釋都是很難令人滿意的。誠如馬叙倫所言：“㲋兔異物，自不得並㲋兔而爲狡兔之名。”[①]

成書於元代的《韻會》引《説文》：“㕙，狡兔也，从兔㲋聲。”在“㲋”字後增加了“聲”字，將“㕙”看作是一個“從兔㲋聲”的形聲字。馬叙倫認爲當以《韻會》所引有“聲”字者爲是，但《韻會》所引有誤，“㕙”字並非從“㲋”得聲，而是從“兔”得聲[②]。按，上古音“㲋”爲透母鐸部字，“兔”爲透母魚部字。就字音而言，“㲋”“兔”與從母侵部之“㕙”字聲韻遠隔，“㕙”實難以從“㲋”或“兔”得聲，故《韻會》的説法爲清代《説文》注家所不取，馬叙倫的觀點亦不可信。而且，若依《韻會》説法，“㕙”既從“㲋”聲，則從字形上看“㕙”與“㲋”實可以看作是一字之異，即“㕙”字是在“㲋”上追加表義偏旁“兔”而形成的一個形聲字，《説文》也就没必要將“㕙”與“㲋”這兩個字義亦相關的字分作二字。馬氏觀點亦然。從這一點來講，《韻會》與馬氏觀點亦均不可取，而且典籍中亦未見到有從“㕙”聲之字與從“㲋”或“兔”聲之字的相通例證。

筆者認爲，就字形而言，清華簡文之“⿰”字很可能就是“㕙”字之原始象形本字。《説文》小篆“㕙”字上部所從之“㲋”其實很可能正是“⿰”字之訛形，而其下部所從之“兔”則是追加之表義偏旁。漢字中類似的情況十分常見，如“它”字甲骨文作“”（《甲骨文合集》10065），金文作“”（師遽方匜），原本用來表示蛇，後來追加表義偏旁“虫”而形成“蛇”字。“萬”字甲骨文作“”（《甲骨文合集》9812），金文作“”（免盤），原本用來表示蝎子之類的毒蟲，後來又追加表義偏旁“虫”旁而形成“蠆”字。“云”字甲骨文作“”（《甲骨文合集》

① 馬叙倫：《説文解字六書疏證》卷19，北京：科學出版社，1957年，第51頁。

② 馬叙倫：《説文解字六書疏證》卷19，北京：科學出版社，1957年。

13396）、“”（《甲骨文合集》13398），原本象雲氣之形，後來追加表義偏旁“雨”而形成“雲”字。類似的例子很多，不煩贅舉。總之，“毚”字之演變過程很可能是：㲋——毚——毚。《説文》小篆“毚”字上部已經詑變爲從“龟”，致使該字構形不明，而且字形變得無法分析解釋。

出土秦漢簡帛文字中，“毚”字作如下諸形：

（睡虎地秦簡《法律答問》簡 12）
（馬王堆漢墓竹簡《養生方》簡 77）
（馬王堆漢墓帛書《春秋事語·晉獻公欲得隋會章》行 33）
（馬王堆漢墓帛書《十六經·成法》行 121）
（馬王堆漢墓帛書《相馬經》行 59）
（銀雀山漢簡《六韜·發啓》簡 687）

可以看出，原《説文》小篆“毚”字上部所從之“龟”已進一步詑變爲“免”或僅剩兔頭之形，下部所從之“兔”亦進一步詑變爲“免”。字形變得更加難以分析和解釋。關於秦漢文字中“兔”“免”二字的相互詑混現象，劉釗師作過詳細論述，可參看[①]。

綜上所述，將“㲋”釋爲“毚”，在字音和字形兩方面都可以講得通。

下面來看該字的用法。關於今本《詩·周頌·敬之》之“不聰（聰）敬止”，鄭玄《箋》：“不聰達於敬之之意。”孔穎達《正義》：“言不聰達者，敬雖由己，隨事而生，事有不知，無所施敬，言不聰達其意也。”馬瑞辰《毛詩傳箋通釋》：“《廣雅》：‘聰，聽也。’‘不’爲語詞。‘不聰敬止’謂聽而警戒也，正承上‘敬之敬之’而言。《箋》謂‘不聰達於敬之之意’，失之。”筆者認爲，以上諸説均迂曲難懂。現既已知今本《詩·周頌·敬之》之“聰”是與清華簡文之“㲋（毚）”字對應，則“聰”與“㲋（毚）”似均當讀作“僭”。

“僭”從“朁”聲。上古音“朁”亦爲從母侵部字，與“毚”雙聲叠韻。典籍中從“毚”聲之字與從“朁”聲之字常可互通。《易·豫·九四》：“勿疑朋盍簪。”馬王堆漢墓帛書本《周易》“簪”作“讒”。《詩·小

① 劉釗：《古文字構形學》，福州：福建人民出版社，2006 年，第 218 頁。

雅·巷伯》："取彼譖人。"《後漢書·馬援傳》引"譖"作"讒"。《荀子·哀公》："君子固讒人乎！"《韓詩外傳》卷二"讒"作"譖"。《史記·陳丞相世家》："无畏吕嬃之讒也。"《漢書·陳平傳》"讒"作"譖"，均其例。

"僭"字古有差、忒之義。《廣雅·釋詁四》："僭，差也。"《書·湯誥》："天命弗僭。"僞孔《傳》："僭，差。"陸德明《釋文》："僭，忒也。"《太玄·周》："何德之僭否。"范望《注》："僭，差也。"《後漢書·楊震傳》："僭恒陽若。"李賢《注》："僭，差也。"

"不僭"一詞多見於先秦典籍，尤其在《詩經》中多次出現，義同"不差"，即不要或不會有差錯之義。《詩·大雅·抑》："不僭不賊，鮮不爲則。"毛《傳》："僭，差也。"《詩·小雅·鼓鐘》："以雅以南，以籥不僭。"孔穎達《正義》："又以爲雅樂之萬舞，以爲南樂之夷舞，以爲羽籥之翟舞，此三者皆不僭差。"《詩·商頌·殷武》："不僭不濫，不敢怠遑。"馬瑞辰《毛詩傳箋通釋》："僭之本義爲以下儗上，引伸之爲過差。"《書·大誥》："天命不僭，卜陳惟若兹。"僞孔《傳》："天命不僭差。"《書·咸有一德》："惟吉凶不僭，在人。"僞孔《傳》："行善則吉，行惡則凶，是不差。"《左傳·襄公二十六年》："賞不僭而刑不濫。"孔穎達《正義》："僭謂僭差。"《左傳·僖公九年》："不僭不賊，鮮不爲則。"杜預《注》："僭，過差也。"《左傳·哀公五年》："不僭不濫，不敢怠皇。"杜預《注》："僭，差也。"筆者認爲，今本《詩·周頌·敬之》之"不聰"以及清華簡文之"不㒼（毚）"均即此義。

綜上所述，將清華簡文之"㒼"釋爲"毚"，在形、音、義三方面均可得到比較合理的解釋。從字形上看，釋"㒼"爲"毚"不僅具有相對穩妥的字形依據，而且《説文》關於"毚"字的構形分析問題亦可據以得到比較合理的解釋。從字音上看，"毚"字不僅可以與今本《詩·周頌·敬之》之"聰"字挂鉤，還可以與"僭"字取得聯繫。從字義上看，將今本《詩·周頌·敬之》之"不聰"讀作"不僭"，亦使過去難以讀通的"不聰"一詞可以得到比較合理的解讀。

説　“綏”

一

新近出版的《飛諾藏金（春秋戰國篇）》一書中公佈有“𨩍佶秘冒”（圖 1），該器分成上下兩段，圓筒形，圓頂，頂上有鈕，素面無紋。上下兩段通高 21.7 釐米，口徑 2.4 釐米。上段刻有兩行六字銘文，整理者的釋文爲“𨩍佶自之達□”①。原書中除了器物器形照片外，還配有銘文部分的彩色放大照片圖版和摹本（圖 2、圖 3），可供研究比對。同書中還公佈有另外一件“大陰秘冒”（圖 4），上刻“大陰上庫”四字銘文②。兩件器物器形相仿，很可能用途相同。

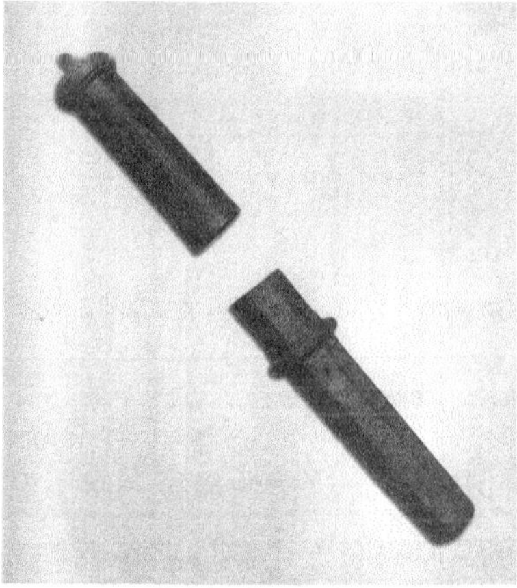

圖 1　“佶𨩍秘冒”图

圖 2　“佶𨩍秘冒”局部图

資料來源：宛鵬飛：《飛諾藏金（春秋戰國篇）》，鄭州：中州古籍出版社，2012 年，第 28 頁

---

① 宛鵬飛：《飛諾藏金（春秋戰國篇）》，鄭州：中州古籍出版社，2012 年，第 28—31 頁。
② 宛鵬飛：《飛諾藏金（春秋戰國篇）》，鄭州：中州古籍出版社，2012 年，第 76—79 頁。

圖 3 “倍新柲冒”摹本图

資料來源：宛鵬飛：《飛諸藏金（春秋戰國篇）》，鄭州：中州古籍出版社，2012 年，第 28 頁

圖 4 “大陰柲冒”图

資料來源：宛鵬飛：《飛諸藏金（春秋戰國篇）》，鄭州：中州古籍出版社，2012 年，第 76 頁

由整理者對“新倍柲冒”的釋文可以看出，銘文的最後一字，整理者以“□”號代替，是當作不識字來處理的。原書摹本中將該字摹爲“”。不準確。細審該器銘文的照片圖版，當摹作“”。該字從木從𢀖，可隸定爲“桱”。銘文第三字原形作“”，整理者釋爲“自”。按，該字亦見於“新造矛”[①]，字形作“”，與常見的“自”字字形不類，待考。

銘文内容爲我們提供了兩方面的信息。首先，這件器物隸屬於

① 鐘柏生、陳昭容、黄銘崇等編：《新收殷周青銅器銘文暨器影彙編》，臺北：藝文印書館，2006 年，第 951 頁。

"新俈"。其次，這件器物自名爲"逨桯"。關於"新俈"，整理者已經指出，"新俈"也見於"新俈矛"（《新收殷周青銅器銘文暨器影彙編》1373）、包山楚簡等，即"新造"，楚國機構名。《戰國策·楚策一》"威王問於莫敖子華"章有"新造"一職。這是正確的。按，"新造"亦見於"郙之新造戈"[①]。至於"逨桯"，由於整理者未能將"桯"字釋出，所以也就未能給出相應的解釋。

關於"桯"字，過去亦見於包山楚簡牘的遣册和郭店楚簡的《窮達以時》篇，字形分別如下：

> （包山楚簡簡 270）[②]　　（包山木牘牘 1）
> （郭店楚簡《窮達以時》簡 7）

以上諸字，與上引"新俈秘冒"之""顯係一字。

郭店簡之"桯"字，出現在如下文句當中：

> 白（百）里迌（轉）选（鬻）五羊，爲敀（伯）斁（牧）牛，擇（釋）板桯而爲𠰻卿，堣（遇）秦穆。（《窮達以時》簡 7）[③]

筆者曾就這段文字中的"板桯"一詞談過一些看法，認爲"桯"字當分析爲從木坓聲，而"坓"字則當分析爲從土夊聲。《玉篇·夊部》："夊，行遲皃。《詩》云：'雄狐夊夊。'今作綏。"此引《詩》見於今本《詩·齊風·南山》。筆者根據板與鞭、綏與箠古音相近可以相通，將"板桯"讀作"鞭箠"[④]。劉剛認同這一觀點，並在此基礎上，對楚銅貝和郷陵君

---

① 中國社會科學院考古研究所編《殷周金文集成》（第 17 册，北京：中華書局，1992 年，第 213 頁）11042 號著録有"郙之新都戈"，戈銘四字，整理者釋文爲"郙之新都"。周世榮《湖南出土戰國以前青銅器銘文考》（《古文字研究》第 10 輯，北京：中華書局，1983 年，第 243 頁）釋文爲"邦之新都"。張亞初《〈殷周金文集成〉引得》（北京：中華書局，2001 年，第 166、892 頁）釋文爲"郙之新郜（造）"。按，張説可從。所謂"都"字，原形作""，可隸定爲"郜"，讀作"造"。

② 該字右上所從在原簡照片圖版中不是很清晰，新近李守奎、賈連翔、馬楠編著出版的《包山楚墓文字全編》（上海：上海古籍出版社，2012 年，第 217 頁）中將該字摹爲""形，同時指出"竹簡上有黴斑，字形可能與上文（引者按，即牘 1 之""）相同"。按，該字當摹作""，所從之"夊"與下部之"土"發生借筆關係。

③ "选"字從白於藍《簡牘帛書通假字字典》（福州：福建人民出版社，2008 年，第 175 頁）隸定。

④ 白於藍：《郭店楚墓竹簡考釋（四篇）》，《簡帛研究 2001》，桂林：廣西師範大學出版社，2001 年，第 192 頁。

器的“圣朱”以及相關問題作過很好的探討[①]。

包山楚簡牘之“楃”字分别出現在下面這兩段文字當中：

（1）一輮（乘）正車：……亓（其）上載：絑（朱）署（旌），一百僑（條）四十僑（條）翠（翠）旹=（之首）。䉒（旄）中干[②]，絑（朱）縞七署〈翏（就）〉。車戟（戟），甗（侵）羽一翏（就）；亓（其）帚（旆），術五翏（就）。䍐（襩），三翏（就）。一楃，冒䉒（旄）之百（首）。（簡271、簡276、簡269、簡270）[③]

（2）一軬正車：……亓（其）上軙（載）：絑（朱）署（旌），百條（條）罕=（四十）攸（條）翠（翠）貴=（之首）。䉒（旄）中干，絑（朱）縞七署〈翏（就）〉。車戟（戟），甗（侵）習（羽）一翏（就）；亓（其）帚（旆），術五翏（就）。䍐（襩），三翏（就）。一楃，緣（蒙）毣（旄）頁（首）。（牘1）

這兩段文字内容基本相同，都是關於車上裝備物品的記録。李家浩通過與包山二號楚墓出土器物的比對，最初認爲牘文所記物品可能並未隨葬[④]。陳偉則認爲兩段文字所記原本就是同一輛車上的器物[⑤]。此説後來亦得到李家浩的認

① 劉剛：《楚銅貝“圣朱”的釋讀及相關問題》，《中國古文字研究會第十九屆年會散發論文合集》，上海：復旦大學，2012年10月，第115頁。

② “中干”之“干”，李家浩《包山楚簡研究（五篇）》（第二屆國際中國古文字學研討會論文，香港，1993年）、《包山楚簡中的旌旆及其他》（《著名中年語言學家自選集·李家浩卷》，合肥：安徽教育出版社，2002年，第258頁）讀作“罕”，指旌旗。“中干”一詞亦見於望山二號楚墓竹簡簡13，湖北省文物考古研究所、北京大學中文系《望山楚簡》（北京：中華書局，1995年，第121頁）認爲當與《詩·墉風·干旄》毛《傳》“注旄於干首”之“干”同義。按，“中干”似當讀作“橦竿”。徐鍇《説文解字繫傳》：“橦，亦謂旌旗之干也。”《玉篇·木部》：“橦，竿也。或作幢。”《後漢書·馬融傳》：“揭鳴鳶之修橦。”李賢《注》：“橦者，旗之竿也。”“中（橦）干（竿）”似爲同義複詞，指旌旗的旗杆。

③ 該簡文原《包山二號楚墓簡牘釋文與考釋》（湖北省荆沙鐵路考古隊：《包山楚簡》，北京：文物出版社，1991年，第16—67頁）的編連有誤，李家浩、陳偉二位先生都有相關論述，今據以改正。另外，釋文中大部分字的釋讀亦據李家浩的意見作了相應改動。詳參前引李家浩文（《包山楚簡研究（五篇）》，第二屆國際中國古文字學研討會論文，香港，1993年）、《包山楚簡中的旌旆及其他》（《著名中年語言學家自選集·李家浩卷》，合肥：安徽教育出版社，2002年，第258頁））及陳偉《包山楚簡初探》（武漢：武漢大學出版社，1996年，第187頁）。

④ 李家浩：《包山楚簡研究（五篇）》，第二屆國際中國古文字學研討會論文，香港，1993年；《包山楚簡中的旌旆及其他》，《著名中年語言學家自選集·李家浩卷》，合肥：安徽教育出版社，2002年。

⑤ 陳偉：《包山楚簡初探》，武漢：武漢大學出版社，1996年，第190—192頁。

同[①]。按，陳説可信。除了上引兩段文字外，包山楚簡中還有一段文字與上引兩段文字内容相關：

（3）一輮（乘）韓=（韋車）：……亓（其）上載：籫（僉）習（旌），毫（毫）百（首）。二戟（戟），戩（侵）二碧（就）；二帚（旆），皆術九碧（就）。二戣（穳），皆戩（侵）二碧（就）。（簡273）

李家浩曾對上引三段簡牘文字中的相關字詞作過精彩的考證，指出上引三段文字所記載的隨葬物都與古時車上所載之旌旗類物品有關，簡文之“絑（朱）習（旌）”“籫（僉）習（旌）”“中干”以及“戟（戟）”均用爲旌旗[②]。李先生所論翔實有據，但唯獨未對簡 270 及牘 1 最後一句之“桱”字作過解釋。

在李先生研究的基礎上，筆者曾推測包山簡牘文字之“桱”字當讀作“綏”，古代“綏”亦可指旌旗的一種，這種用法的“綏”可通作“緌”[③]。之後，劉信芳根據與曾侯乙墓竹簡相關文句的比對，認爲“桱”即“杸”字[④]。劉國勝在筆者研究的基礎上，將“桱”讀爲“旞”[⑤]，劉剛則在劉信芳研究的基礎上讀“桱”爲“祋”，訓爲“殳”[⑥]。以上四種説法大體上可以分成兩類。第一類是筆者和劉國勝的看法，將“桱”直接解釋成旌旗一類的物品；第二類是劉信芳和劉剛的看法，將“桱”解釋成殳一類的兵器，用爲旗杆。

筆者認爲，以上兩類説法，當以第一類説法爲優。在第二類説法中，劉信芳的説法是不可取的，劉剛已經指出“‘杸’、‘圣’古音遠隔，直

① 李家浩：《包山遣册考釋（四篇）》，《古籍整理研究學刊》2003 年第 5 期，第 6 頁。

② 李家浩：《包山楚簡研究（五篇）》，第二屆國際中國古文字學研討會論文，香港，1993 年；《包山楚簡中的旌旆及其他》，《著名中年語言學家自選集 · 李家浩卷》，合肥：安徽教育出版社，2002 年。

③ 白於藍：《郭店楚墓竹簡考釋（四篇）》，《簡帛研究 2001》，桂林：廣西師範大學出版社，2001 年，第 192 頁。

④ 劉信芳：《包山楚簡解詁》，臺北：藝文印書館，2003 年，第 310 頁；劉信芳：《楚系簡帛釋例》，合肥：安徽大學出版社，2011 年，第 157 頁。

⑤ 劉國勝：《楚喪葬簡牘集釋》，武漢：武漢大學博士學位論文，2003 年，第 70 頁；劉國勝：《楚喪葬簡牘集釋》，北京：科學出版社，2011 年，第 59 頁。

⑥ 劉剛：《楚銅貝“圣朱”的釋讀及相關問題》，《中國古文字研究會第十九屆年會散發論文合集》，上海：復旦大學，2012 年 10 月，第 115 頁。

接認爲‘梌’即‘殳’字是不可行的”[①]。至於劉剛的看法，亦有商討的餘地。首先，就字音來講，儘管將“梌”讀作“祋”在讀音上没有多大問題，但是事實上“綏”字字音與“梌”更爲接近，通假關係更有前引《玉篇·夊部》：“夊，行遲皃。《詩》云：‘雄狐夊夊。’今作綏”的直接例證。其次，從出土楚系文字的用字習慣來看，用作兵器的“殳”一般都用“杸”字表示，而且十分常見[②]。曾侯乙墓竹簡中“杸”字共出現 16 例，無一例外。而“祋”即使在傳世典籍當中都是一個生僻字，同時也是一個生僻的詞彙。何以在包山簡牘文字當中會捨棄一個常見常用的“杸”却用生僻的“祋”來表示“殳”呢？這是很令人費解的。

《禮記·明堂位》：“有虞氏之旂，夏后氏之綏，殷之大白，周之大赤。”鄭玄《注》：“四者，旌旗之屬也。綏當爲緌……有虞氏當言緌，夏后氏當言旂，此蓋錯誤也。緌，謂注旄牛尾於杠首，所謂大麾。”《禮記·明堂位》：“有虞氏之綏。”鄭玄《注》：“綏亦旌旗之緌也。”《禮記·王制》：“天子殺則下大綏，諸侯殺則下小綏。”鄭玄《注》：“綏當爲緌。緌，有虞氏之旌旗也。”《周禮·天官·夏采》：“夏采掌大喪以冕服復於太祖，以乘車建綏復於四郊。”鄭玄《注》：“綏者，當作緌，字之誤也。緌以旄牛尾爲之，綴於橦上，所謂注旄於干首者。”《釋名·釋兵》：“緌，有虞氏之旌也，注旄竿首，其形桑纚然也。”《集韻·脂韻》：“緌，一曰注髦於干首，或作綏。”由此可知，綏乃旌旗之屬，此與包山簡牘兩段文字之整體文義是相合的。包山簡牘文字中將“梌”和“絑（朱）旌（旌）”“中干”以及“車戟（戟）”等旌旗類器物記在一處，説明它們的功用相同。另外，“綏”之特徵是注旄於干首，則與包山簡牘之“一梌，冒毛（旄）之百（首）”和“一梌，緣（蒙）毛（旄）頁（首）”相當。《周禮·天官·夏采》明言“以乘車建綏”，亦與包山簡牘之“梌”爲車上所載之物相合。因此，筆者認爲將“梌”讀作“綏”應

---

① 劉剛：《楚銅貝“圣朱”的釋讀及相關問題》，《中國古文字研究會第十九屆年會散發論文合集》，上海：復旦大學，2012 年 10 月，第 115 頁。

② 《説文》：“殳，以杸殊人也。《禮》：殳以積竹八觚，長丈二尺，建於兵車，車旅賁以先驅。从又几聲。凡殳之屬皆从殳。”《説文》：“杸，軍中士所持殳也。从木从殳。《司馬法》曰：執羽從杸。”朱駿聲《説文通訓定聲》：“杸，當爲殳之或體。”《急就篇》卷 3：“鐵錘檛杖棁柲杸。”顔師古《注》：“杸、殳，古今字也。”

當是合理的。

前引第一類説法中，劉國勝認爲“桯”當讀作“旞”，這種觀點與筆者的看法其實並不矛盾。從字音上看，上古音綏爲心母微部字，旞邪母物部字。兩字聲母同爲齒音，韻則陰入對轉，音近可通。《説文》：“旞，導車所以載，全羽以爲允。允，進也。从㫃遂聲。旜，旞或从遺。”《周禮·天官·夏采》：“以乘車建綏復於四郊。”鄭玄《注》：“故書綏爲禮，杜子春云：‘當爲綏。’”可見，旞與綏均可與從與遺聲之字相通。從字義上看，《周禮·春官·司常》：“全羽爲旞，析羽爲旌。”鄭玄《注》：“全羽、析羽，皆五采，系之於旞旌之上，所謂注旄於干首也。”孫詒讓《正義》：“《夏采》之綏，即此經之旞。”可見，綏與旞同義，均可指注旄於干首之旌旗。

下面，筆者來討論“新佸秘冒”中的“逵桯”。“逵”字見於《説文》，有引導之義。《説文》：“逵，先道也。”《玉篇·辵部》：“逵，引也。”《廣韻·質韻》：“逵，先導。”這種用法的“逵”字後世一般用“率”字表示。《書·舜典》：“蠻夷逵犕。”江聲《集注音疏》：“逵，俗通作率。”《文選·曹植〈責躬詩〉》：“元兇是率。”李善《注》引《儀禮》曰：“率，導也。”《孟子·滕文公上》：“是率天下而路也。”焦循《正義》：“率即導也。”《玄應音義》卷一四“相率”《注》引《儀禮》鄭玄《注》：“率，導引之也。”《左傳·哀公八年》：“若使子率，子必辭。”孔穎達《正義》：“率，謂在軍前引道，率領先行，非爲軍之將帥也。”至於“逵桯”之“桯”，筆者認爲仍當讀作“綏”，指旌旗。所謂“逵（率）桯（綏）”，就是率領先行引導之綏。《説文》：“旞，導車所以載。”據此，“逵（率）桯（綏）”似乎也可以理解爲導車所載之綏。

二

包山二號楚墓出土的長兵器有杖、戟、矛、殳、戈五種，但就其實際用途來講，可分爲兩類。第一類是擊殺性兵器，這類器物總計 12 件，有杖（2:436）、梭形矛（2:416）、劍形矛（2:386）、無箍殳（2:403）、戈（2:222、

2:276 等八件）。長度從 95 釐米到 190 釐米不等，最長的一件是棱形矛（2:416），長度爲 189.5 釐米。第二類是用作旗杆。就考古發掘情況來看，所有用作旗杆的器物均出自包山二號楚墓的南室。這類器物總計 14 件，長度一般在 3 米以上，有三件戟（2:228、2:229、2:278。除 278 號戟位於第三層外，其他的都位於第一層）、三件小刺矛（2:231、2:232、2:234）、六件寬葉矛（2:223、2:235 等）、兩件有箍殳（2:225、2:290。其中 225 號殳柲外髹紅漆，290 號殳柲外髹紅漆，繪黑彩），這類器物中最長的是兩件小刺矛（2:232、2:234），長達 417.2 釐米。最短的是一件有箍殳（2:290），該器中部殘，殘存長度仍達 280 釐米①。這類器物顯然不是用作擊殺性兵器，而當如李家浩所説，是當作旗杆來使用的。另有一件竹竿，由三根瘦長竹竿組成，長度分别在 318—314 釐米，應該也是當作旗杆來使用的②。包山簡牘文字所載的有關旌旗類物品，當與以上 15 件出土實物有關。

李家浩認爲，225 號紅漆殳和 290 號黑彩殳就是上引包山簡 269 所記的“朱旌”的旗杆和簡 273“僉旌”的旗杆，224 號竹竿是簡 269 所記的“中干”，278 號戟就是簡 269 所記的“車戟”，228 號、229 號戟就是簡 273 所記的“二戟”，231 號和 232 號小刺矛即簡 273 所記的“二戟（穳）”，234 號小刺矛即簡 269 所記的“戟（穳）”③。筆者認爲，在當時材料有限的情況下，李先生的考證是十分精彩的。即便是目前隨著“新倍秘冒”的公佈，我們有理由對 225 號紅漆殳和 290 號黑彩殳這兩件器物是否用作包山簡 269 所記的“朱旌”和簡 273“僉旌”的旗杆提出質疑，但他對“菁（旌）”“習（就）”“帣（旆）”“戕（戟）”“笔（旄）”和“戟（穳）”等相關文字的釋讀以及相關内容的考證仍十分可信，因爲不僅這些簡文所記器物的名稱與出土實物吻合，而且簡文所記數量與出土實物的數量亦相當一致。

關於 225 號（圖 5）和 290 號（圖 6）這兩件有箍殳，據考古報告介紹，

① 湖北省荆沙鐵路考古隊：《包山楚墓》，北京：文物出版社，1991 年，第 202—208 頁。

② 李家浩：《包山楚簡研究（五篇）》，第二届國際中國古文字學研討會論文，香港，1993 年；《包山楚簡中的旌旆及其他》，《著名中年語言學家自選集 · 李家浩卷》，合肥：安徽教育出版社，2002 年。

③ 李家浩：《包山楚簡研究（五篇）》，第二届國際中國古文字學研討會論文，香港，1993 年；《包山楚簡中的旌旆及其他》，《著名中年語言學家自選集 · 李家浩卷》，合肥：安徽教育出版社，2002 年。

都爲銅質帽、鐏，積竹長柲，有箍。其中 225 號首端套一圓筒形銅帽，上端飾凸棱一周，頂端凸出一圓鈕，鈕上殘留有絲帶，結死結。尾端套八棱形鐏，其上飾凸棱一周。通長 319.2 釐米、帽長 8 釐米、鐏長 6.8 釐米。290 號中部殘，形制與 225 號相同①。通過器形比對，不難發現 225 號、290 號兩件有箍殳的銅帽和銅鐏與新出的“新偖柲冒”和“大险柲冒”在器形上的一致性。“新偖柲冒”自名爲“逵（率）棥（綏）”，包山楚簡牘文字又明確記載了隨葬物品中有“棥（綏）”，説明包山二號楚墓所出土的兩件有箍殳，應該也是當作“棥（綏）”的旗杆來用的，而與簡 269 的“朱旌”和簡 273 的“驂旌”無關。

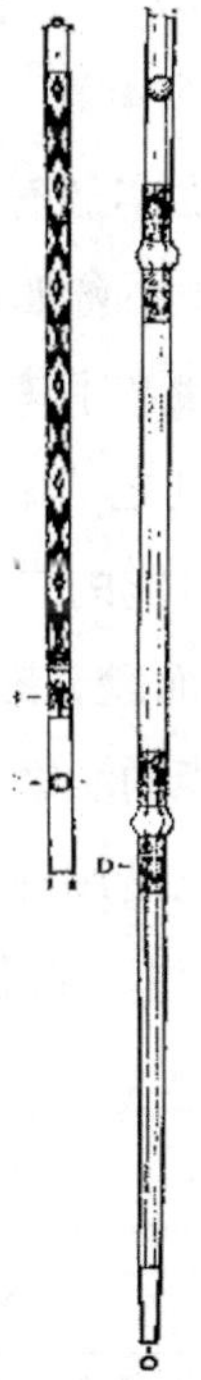

圖 5　225 號有箍殳　　圖 6　290 號有箍殳

資料來源：湖北省荆州鐵路考古隊《包山楚墓》：北京，文物出版社，1991 年，第 207 頁

但是，這裏仍然存在一個問題。前面講到，陳偉指出簡 271、簡 276、簡 269、簡 270 與牘 1 所記本是同一輛車上的器物。也就是説，簡牘文字所

① 湖北省荆沙鐵路考古隊：《包山楚墓》，北京：文物出版社，1991 年，第 206 頁。

記之“桯（綏）”其實只有一件，而在出土實物中却明顯有兩件有箍殳，這種現象需要解釋。筆者認爲，這是由於包山楚簡簡文本身的完整性似乎還存在一定問題，導致目前我們尚無法將出土實物與簡文所記器物加以一一對應。尤其是簡 274 所記之“一轢（乘）樯（短）檄（轂）”和簡 275“一轢（乘）羊車”①，這兩支簡簡首部分均有文字，竹簡中上部以下全部空白，未見文字，所記内容似乎均不完整。前面談到，包山簡牘文字所載的有關旌旗類物品是與包山二號楚墓南室出土的 15 件實物有關。但據前引三條簡牘文字，有“絑（朱）署（旌）”1 件、“讙（龤）署（旌）”1 件、“中干”1 件、“我（戟）”3 件、“戟（穳）”3 件、“桯（綏）”1 件，這些器物相加總計只有 10 件，這一數字與出土實物之 15 件尚有 5 件的差距。這也似乎暗示了簡 274 之“一轢（乘）樯（短）檄（轂）”和簡 275“一轢（乘）羊車”後面本該有更詳細的記録，可惜竹簡的抄寫者很可能並未抄録完整，否則差距不會如此之大。

另外，既然包山簡牘文字中的“桯（綏）”是與出土實物中的兩件有箍殳有關，那麽簡文所見之“朱旌”和“龤旌”應是與哪兩件出土實物相當呢？筆者認爲，最有可能的是那 6 件寬葉矛中的其中 2 件。如前所講，這 6 件寬葉矛就其長度而論，顯然也是當作旗杆來使用的，但是至今未在包山簡牘文字中找到對應的記録，這種現象顯然不太正常。當然，6 件寬葉矛中的剩下 4 件，可能也是用在簡 274 之“一轢（乘）樯（短）檄（轂）”和簡 275“一轢（乘）羊車”之上，可惜正如同另外一件有箍殳一樣，在簡文中並未體現出來。

① “樯（短）檄（轂）”從白於藍《曾侯乙墓竹簡考釋（四篇）》（《中國文字》新 30 期，臺北：藝文印書館，2005 年，第 193 頁）讀。關於“羊車”，竹簡整理者（劉剛：《楚銅貝“朱”的釋讀及相關問題》，《中國古文字研究會第十九届年會散發論文合集》，上海：復旦大學，2012 年 10 月，第 398 頁）注［655］：“羊，讀如祥。祥車，喪車。《禮記・曲禮》：‘祥車曠左’，《注》：‘葬之乘車也’。”陳偉《包山楚簡初探》（武漢：武漢大學出版社，1996 年，第 186 頁）從之。按，包山簡中所見之車除“羊車”之外，還見有“軒”（簡 267）、“正車”（簡 271）、“韋車”（簡 273）、“樯（短）檄（轂）”（簡 275），這些車亦均爲隨葬之車，而仍稱其本名。這些車在下葬之前應該已經根據各自的形制或用途而擁有固定的名稱，故所謂“羊車”似乎也不應該以“喪車”解之。古代“羊車”亦可指一種裝飾精美的車。《釋名・釋車》：“羊車。羊，祥也。祥，善也。善飾之車。”《隋書・禮儀志五》：“（羊車）其制如軺車，金寶飾，紫錦幰，朱絲網。”

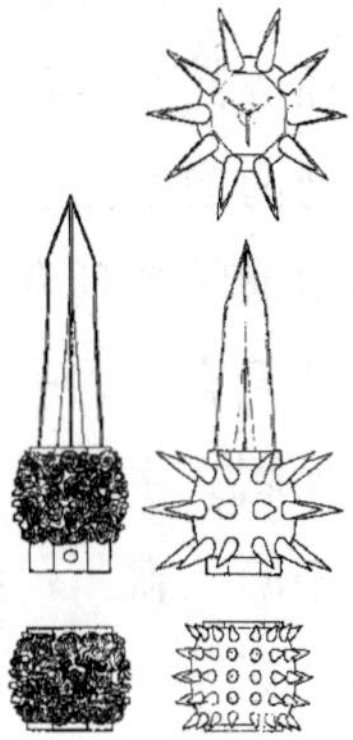

圖 7　Ⅰ式殳 N.155 和Ⅱ式殳 N.153　圖 8　晉杸　圖 9　殳頭

資料來源：湖北省博物館：《曾侯乙墓》，北京：文物出版社，第 292—293 頁

曾侯乙墓的出土材料爲我們瞭解“殳”這一古老兵器的具體形制提供了實物證據。曾侯乙墓共出土了 7 件殳，其中有 3 件上面都鑄制篆書“曾侯郕之用殳”（圖 7）。據這 7 件出土實物，我們現在知道此墓出土的殳是一種殳頭爲三棱矛形的兵器（圖 8）。這類殳在曾侯乙墓竹簡中均寫作“杸”。另外，根據曾侯乙墓竹簡和出土實物的對應關係，我們現在知道在曾侯乙墓出土實物中還有一種在簡文中被稱作“晉杸”的器物（圖 9），共出土 14 件（N.292—N.305），其形制爲一長杆，兩端裝銅套，銅套無刃。其中有代表性的 N. 292 通長 3.21 米，上部銅帽（連鈕）長 7.6 釐米，下部

銅鐏長 11.4 釐米[①]。這種器物與包山楚墓出土有籦殳的器形十分類似。

曾侯乙墓考古報告以及竹簡的整理者都已經指出，古代的殳分爲無刃和有刃兩種。《詩・衛風・伯兮》："伯也執殳。"毛《傳》："殳長丈二而無刃。"這是無刃之殳。夏侯湛《獵兔賦》："擬以鋭殳，規以良弓"（《夏侯常侍集》）。"鋭殳"當是有刃之殳。《北堂書鈔》卷一二四引《吴都賦》"干鹵殳鋋"，《注》曰："殳、鋋，皆矛也。"可知有刃之殳與矛相類。曾侯乙墓竹簡中的"杸"即有刃的殳，亦即《獵兔賦》所説的"鋭殳"，而"晉杸"則跟古書中所説的無刃殳相近[②]。"從簡文看，墓中的'杸'和'晉杸'都是起旆旗之杆的作用的"[③]。結合包山楚墓的有籦殳以及"䢅㑺柲冒"的器形情况推斷，古代的"綏"應當只是在無刃殳上製作而成，而不會在有刃殳上製作。

河南汲縣出土有水陸攻戰紋鑒，在紋鑒畫像中，有旗的圖像[④]。曾侯乙墓竹簡的整理者研究指出，紋鑒畫像中的旗杆分爲兩種，"一種首部有戈矛或只有矛，另一種首部無戈矛"[⑤]。筆者認爲，與包山楚墓的出土實物及簡牘文字進行對比，紋鑒畫像中那種首部有戈矛的應當就是包山簡牘文字中的"戟"，首部只有矛的就是"朱旌"或"㒓旌"，首部無戈矛的就是"綏"。

下面，筆者對曾侯乙墓當中的"晉杸"再作一點簡單探討。《考工記・廬人》："凡爲殳，五分其長，以其一爲之被而圍之。參分其圍，去一以爲晉圍。五分其晉圍，去一以爲首圍。凡爲酋矛，參分其長，二在前、一在後而圍之。五分其圍，去一以爲晉圍；參分其晉圍，去一以爲刺圍。"這段文字講述的是"殳"與"酋矛"的製作及其基本形制。曾侯乙墓竹簡的整理者認爲"'晉杸'之'晉'大概不是國名，疑與上引《考工記》文

① 湖北省博物館《曾侯乙墓》（北京：文物出版社，1989 年，第 295 頁）將銅套的上下顛倒了，認爲帶鈕的部件爲鐓。

② 湖北省博物館：《曾侯乙墓》，北京：文物出版社，1989 年，第 295 頁；裘錫圭、李家浩：《曾侯乙墓竹簡釋文與考釋》，湖北省博物館：《曾侯乙墓》，北京：文物出版社，1989 年，第 505 頁，注 [31] 。

③ 裘錫圭、李家浩：《曾侯乙墓竹簡釋文與考釋》，湖北省博物館：《曾侯乙墓》，北京：文物出版社，1989 年。

④ 郭寶均：《山彪鎮與琉璃閣》，北京：科學出版社，1959 年，第 20—22 頁。

⑤ 裘錫圭、李家浩：《曾侯乙墓竹簡釋文與考釋》，湖北省博物館：《曾侯乙墓》，北京：文物出版社，1989 年。

的‘晉’字義近”[①]。這可能是一種誤解。《考工記·廬人》中的“晉圍”分别是與“殳”之“首圍”和“酋矛”之“刺圍”相對。鄭玄《注》引鄭司農云：“晉謂矛戟下銅鐏也，刺謂矛刃胷也。”又云：“首，殳上鐏也。”從出土實物看，“晉杸”之下部銅鐏未見有何特别之處。説“晉杸”之“晉”與其下部銅鐏有關，比較費解。曾侯乙墓竹簡中屢見“一鄰（秦）弓”（簡3等，凡23例），包山楚簡遣册中還見有“一奠（鄭）弓”（簡260）。以此推斷，“晉杸”爲北方晉國或晉地形制的“殳”，可能性應該會較大一些。

就目前的考古出土材料來看，先秦時代的有刃殳已經發現不少，除曾侯乙墓外，累計見於安徽壽縣蔡侯墓[②]、安徽淮南蔡家崗蔡侯墓[③]、安徽舒城九里墩墓[④]、湖北襄陽蔡坡四號墓[⑤]、湖北當陽曹家崗五號墓[⑥]、河南淅川和尚嶺一號墓[⑦]。墓葬年代集中在春秋晚期到戰國早期，而出土地則均主要集中在南方地區。這似乎向我們暗示了有刃殳原本即起源於南方並主要在南方地區流行，屬於南方文化傳統。再結合曾侯乙墓竹簡中將無刃殳稱爲“晉杸”來看，則無刃殳很可能原本就是起源於北方，原屬於北方晉地的文化傳統。殳自古就有有刃和無刃兩種，而根據出土實物，有刃殳和無刃殳器物形制明顯不同，何以二者會具有相同的名稱呢？現在看來，這種現象可能正是由南北方兩種文化傳統的不同造成的。南方稱有刃殳爲“殳”，無刃殳爲“晉杸”；北方稱無刃殳爲“殳”，有刃殳爲“鋭殳”。後世不解，遂將二者混爲一談。

附記： 2013年2月，李家浩先生告訴筆者，新近出版的《飛諾藏金（春

---

① 裘錫圭、李家浩：《曾侯乙墓竹簡釋文與考釋》，湖北省博物館：《曾侯乙墓》，北京：文物出版社，1989年。

② 安徽省博物館：《壽縣蔡侯墓出土遺物》，北京：科學出版社，1956年，第11頁。

③ 安徽省文物局文物工作隊：《安徽淮南市蔡家崗趙家孤堆戰國墓》，《考古》1963年第4期，第204頁。

④ 安徽省文物工作隊：《安徽舒城九里墩春秋墓》，《考古學報》1982年第2期，第229頁。

⑤ 湖北省博物館：《襄陽蔡坡戰國墓發掘報告》，《江漢考古》1985年第1期，第1頁。

⑥ 湖北省宜昌地區博物館：《當陽曹家崗5號楚墓》，《考古學報》1988年第4期，第455頁。

⑦ 河南省文物研究所等：《淅川縣和尚嶺春秋楚墓的發掘》，《華夏考古》1992年第3期，第114頁。

秋戰國篇)》一書中“新借柲冒”的最後一字與筆者曾經討論過的包山楚簡和郭店楚簡中的“柽”字應該是同一個字，並敦促筆者寫成此文。本文初稿完成後，筆者亦呈交李先生審閲，先生在百忙之中抽時間閲讀全稿並提出很多寶貴修改意見。在此，謹向李先生致以誠摯的敬意和謝意。

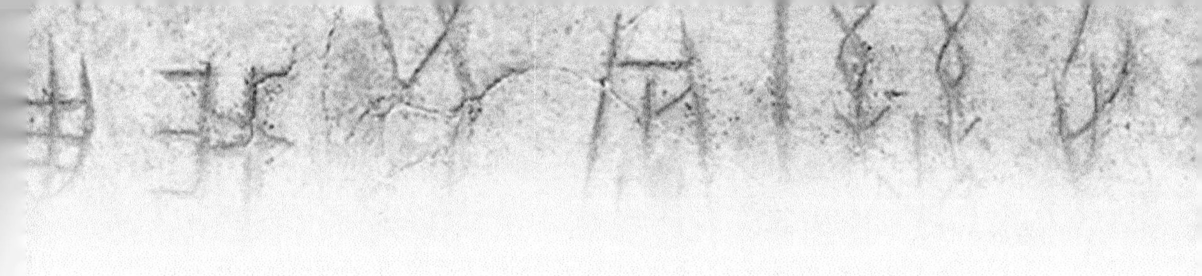

釋“裛”——兼談秀、采一字分化

古璽印文字中有一字作如下二形：

（1）a （《古璽彙編》三一九二）

（《古璽彙編》三一九三）

b （《古璽彙編》三五〇五）

戰國文字中又有如下諸例以此字爲偏旁的字：

（2）（《古璽彙編》三四三二）

（3）（蚍匕）

（4）（《古璽彙編》三三〇八）

（《古璽彙編》三二五八）

（5）（信陽簡二—〇八）

（信陽簡二—〇九）

 （信陽簡二—一四）

（6）（《古璽彙編》二六二四）

李家浩曾據《汗簡》卷中之一引《石經》“旝”字作“”，而將上述從（1）到（5）的諸字分別釋爲會、髍、薈、襘和澮。他認爲《汗簡》所引《石經》之“旝”字右旁與上録（1）之b形形同，他説：“此字右旁的上部可以看作是與‘㫃’旁公用的部分。”①這些字中，“薈”字不見於字書，李先生認爲此字“當從‘艸’‘髍’聲是可以肯定的”。至於（6），李先生認爲是一個“從‘彳’‘髍’聲的字”。李説極具影響力，到目前爲止，他的觀點已爲大多數學者所接受，如滕壬生編撰的《楚系簡帛文字編》和李守奎的《楚文字編》中均采納了他的看法，將信陽簡中的“”［即（5）字］釋爲澮，

① 李家浩：《信陽楚簡“澮”字及從“关”之字》，《中國語言學報》第1期，北京：商務印書館，1983年，第189頁。

置於水部①。

其實，李先生之説恐非。理由有以下兩點：第一，古文字中原有標準寫法的“會”字（可參看《金文編》第三六四頁、《古璽文編》第一一四頁和《楚系簡帛文字編》第四一二頁）②，其形體均與《説文》小篆會字形近，而與上述之字字形全不相符。第二，就李先生所據的《汗簡》文字材料來看，遍檢《汗簡》，除“旝”字外，會及其他從會得聲的字作：

（禬　字指）　（會）　（澮　尚書）　（鄶）
（�　張揖集古文）　（繪　孫强集字）

以上諸字，除“禬”字外又均見於《古文四聲韻》，分别作：

（會　汗簡） 　（澮　古尚書） 　（鄶　義雲章）
（黵　張揖集）　（繪　孫强集）

兩書中“會”字形體相同（《汗簡》“繪”字作“”，右旁與《説文》“困”字古文形同）。又《古文四聲韻》“斾”（筆者按，即“旆”）字引《石經》作“”、《訂正六書通》引《石經》“旆”字作“”、《六書通摭遺》引《石經》“旝”字作“”，三者形體相同，古音旆、旝同爲月部字，這種現象應是通假關係造成的。但由此我們也可以看出李先生所據以立論的《汗簡》所引《石經》之“”本是一訛形，當即“”之訛，所以也就不存在他所分析的“此字右旁的上部可以看作是與‘㫃’旁公用的部分”這種現象，因此也就不可以將之與前引（1）b之字形相比附。關於“”字，其原形實可上溯到甲骨文之“”，其與《説文》“困”字古文“”實爲一字，並即《説文》“朮”。這一點，筆者將另有專文詳論，兹不贅述。

既然前引（1）字並非“會”字，自當另有其字，《古文四聲韻》引《籀韻》“柚”字作：

① 滕壬生：《楚系簡帛文字編》，武漢：湖北教育出版社，1995年，第805頁；李守奎：《楚文字編》，長春：吉林大學博士學位論文，1997年，第500頁。

② 容庚：《金文編》，北京：中華書局，1985年，第364頁；羅福頤：《古璽文編》，北京：文物出版社，1994年，第114頁；滕壬生：《楚系簡帛文字編》，武漢：湖北教育出版社，1995年，第412頁。

按，此字從衣，當非柚字。循音義以推求，此字即褎（袖），袖、柚同從由聲，《籀韻》蓋借袖爲柚。此字與前引（4）字形體一致，故（4）字亦當釋爲褎（袖）。

《説文》褎字云：“袂也。从衣采聲。袖，俗褎从由。”若此，則上引（4）字衣旁中間所從之“□（或□）”乃采字。《説文》：“采，禾成秀也，人所以收。从爪禾。穗，采或从禾惠聲。”《詩・王風・黍離》：“彼黍離離，彼稷之穗。”毛《傳》：“穗，秀也。”《説文》：“秀，上諱（筆者按，此避光武帝劉秀諱）。”對秀字未作解釋。徐鍇《繫傳》：“禾實也，有實之象，下垂也。”《詩・大雅・生民》：“實發實秀，實堅實好。”朱熹《注》：“秀，始穟也。”《論語・子罕》：“苗而不秀者有矣夫，秀而不實者有矣夫！”朱熹《注》：“穀之始生曰苗，吐華曰秀，成穀曰實。”《爾雅・釋草》：“木謂之華，草謂之榮，不榮而實者謂之秀。”《詩・豳風・七月》：“四月秀葽 ，五月鳴蜩。”毛《傳》：“不榮而實曰秀葽；葽，草也。”《玉篇》：“秀，榮也。”總之，采（穗）和秀之本義是指穀類的花或果實聚生在莖的頂端部分，後遂泛指其他植物的穗狀花實。從“□（或□）”之字形上看，此字應是一個獨體象形字。其所從之“□（或□）”與下部之“禾”形總是連爲一體，正象“禾”之上部所生長之穗形。“□（或□）”應即采（穗）字之原始象形字。至於（5）字所從之“□”，應即“□（或□）”之訛省之形，也可能是由於“□”所從之“□”上部一斜筆與“□”左側一斜筆發生借筆關係後造成的。而（1）b 及（3）、（6）所從的“□”應是進一步訛變。楚簡中有采字作“□”、“□”（郭店楚墓竹簡《唐虞之道》）、“□”（郭店楚墓竹簡《忠信之道》），睡虎地秦簡有采字作“□”（日乙四九），此皆《説文》“□”字所本，此采字字形或是别有所出，但也很可能正是由“□（或□）”形訛變而來。睡虎地秦簡“領袖”之“袖”字作“□”（封二二），即《説文》“□”字所本，此亦可證《説文》云褎（袖）字從采，原本不謬。

以上是對褎及“□（或□）”字的初步分析，但我們似乎並不能排除“□（或□）”字是秀字的可能。前已論及，秀、采字義相同。段玉裁《説文解字注》采字下云：“采與秀古互訓，如《月令》注：‘黍秀舒散。’即謂黍采也。”如果單從“（或）”爲獨體象形字的角度來考慮，此字亦適合於秀字，而且褎、秀古音很近，同爲齒頭音幽部字。故前引（4）字是從秀聲也是完全可能的。

《説文》秀字篆文作“”，段玉裁《説文解字注》將其字形改作“”，認爲禾下所從本是人字。睡虎地秦簡秀字作如下之形：

（日甲一三） （日乙一三） （日甲三二）

秦簡中光字作：

（日乙一九六） （日甲三二） （日甲一一九）

可見段《注》認爲秀字下部從人原本不誤。這樣，秀字字形與禿字字形便完全吻合。《説文》：“禿，無發也。从人，上象禾粟之形，取其聲。”段《注》：“按粟當作秀，以避諱改之也。采下云：‘禾成秀也’，然則秀、采爲轉注。……禿與秀古音皆在三部。故云禿取秀之聲爲聲也。……其實秀與禿古無二字，殆小篆始分之。今人禿頂亦曰秀頂，是古遺語。凡物老而椎鈍皆曰秀，如鐵生衣曰鏽。”段《注》既云禿從秀聲，又云禿、秀古本一字。若此，豈不是秀字亦從秀聲？看上去有些自相矛盾，惜其未作進一步解釋。但他認爲禿從秀聲這一點很值得注意。

《説文》云褎字“从衣采聲”，則褎、采古音必然相近，而秀、褎上古音又同爲齒頭音幽部字。可見，秀、采古音不會太遠。但是，現有的上古音研究表明，采爲邪母質部字，韻部同褎字相隔甚遠，用作褎字之聲符顯然不太合適。故此我們認爲采字上古應同時具有采（穗）、秀兩種讀音，代表兩個同義詞。我們的看法還有以下三條證據：

（1）睡虎地秦簡《日書》甲種“稷辰”：“正月二日，子秀，丑戌正陽。”這段話在《日書》乙種中寫作：“正月二日，子采，丑戌正陽。”

（2）江陵九店楚簡《日書》“結陽”十二日值名之“采日”（簡三六）於睡虎地秦簡《日書》“結陽”中寫作“秀日”（日甲一三正貳）、

“復秀之日”（日乙二五壹）①。

（3）郭店楚墓竹簡中“采”字在如下三處文句中當中出現：“麐（咸）采此也”（唐虞之道）；“君子弗采也”（忠信之道）；“咎采内用五型（刑）”（唐虞之道）。其中前兩處之“采”均應讀爲“由”，第三處之“咎采”即文獻當中的“咎繇”，亦即“皋陶”②。而由、繇、陶與秀字上古音極近。

由此可見，采字上古確實兼具秀字的讀音，應同時代表采（穗）、秀這兩個同義詞。我們推測後來發秀音的“采”字因爲又引申出了用來表示人的優秀、出衆之義，於是便在其原有字形上追加了人旁，使其演變爲一個從人從采（秀）省聲的形聲字。而“穗”字則是代表“采”字的另一種音的後起形聲字，用於同發秀音的“采”字相區別。從楚簡和秦簡中秀字仍可用采字表示來看，這種演變最晚到戰國中晚期甚至秦代尚未最後完成。《廣雅·釋詁》：“秀，出也。”《國語·齊語》：“其秀民之能爲士者，必足賴也。”韋昭《注》：“秀民，民之秀出者也。”也可能秀字本義正是指禾之超群、秀出者。因爲“（或）”之字形不但可以表示禾苗之穗之意，也可以用來表示禾苗之超群、秀出之意，所以便同時兼具采（穗）、秀兩字之用。這種現象，林澐師認爲即“六書”中之“轉注”③。後來，發秀音的采字因爲又引申出了用來表示人的超群、出衆之義，於是便追加了人旁，使其演變爲從人從采（秀）省聲的形聲字。而“穗”字則是爲了避免同發秀音的“采”字相混淆而産生的後起形聲字。高亨編撰的《古字通假會典》“惠字聲系”“穗與采”字條下云：“《説文》：‘采或作穗’，按采疑秀之重文。”④可惜其未作進一步的説明，不知其所按何據。

需要説明的是，筆者雖不同意李家浩將前引（1）字釋爲“會”的看法，

---

①“采日”之“采”原李家浩《江陵九店五十六號墓竹簡釋文》（湖北省文物考古研究所：《江陵九店楚墓》，北京：科學出版社，1995年）中以爲是“禾”字，今審此簡圖版照片，此字實作“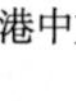”。從文義上看，應爲“采”字異體，與《説文》“采”字形同實異，更非“禾”字。

② 荊門市博物館：《郭店楚墓竹簡》，北京：文物出版社，1998年，第159頁，《注釋》[11][17]；第164頁，《注釋》[15]。

③ 林澐：《古文字轉注舉例》，《第三届國際中國古文字學研討會論文集》，香港：香港中文大學中國文化研究所編集，1997年，第787頁。

④ 高亨：《古字通假會典》，濟南：齊魯書社，1989年，第504頁。

但他據會、沫音近，而將前引信陽簡諸字［即（5）字］讀爲“沫”應仍是可信的。其實，這與筆者上面的看法並不矛盾，這是因爲信陽簡此字右旁所從之聲符實爲“采（穗）”字，而古代惠（穗字所從之聲符）、會音近可通的緣故。例如，《新序・刺奢・鄒穆公有令》“且爾知小計，不知大會”。《類説》卷三〇引“大會”作“大惠”；再如《山海經・中山經》“祈酒太牢祠，嬰用圭璧十五，五彩惠之”。郭璞《注》：“惠，猶飾也，方言也。”郝懿行《箋疏》：“惠，義同藻繪之繪，蓋同聲假借字也。”均其證。此外，《訂正六書通》引《六書統》“繐”字作“⿰糸歲”，從歲聲，又《集韻・祭韻》：“繐，《説文》：‘細疏布也。’或省。亦從歲。”而典籍中人名“曹劌”又多寫作“曹沫”[①]，這是信陽簡此字可讀爲“沫”的直接證據。

有必要解釋一下的是，我們雖已認出了前引（1）字和（1）旁，但由於形聲字的聲符常可用同音或音近的字替代，故前引（2）、（3）、（5）、（6）諸字應仍以存疑或隸定爲宜，而没必要强行指出其與後世某字的對應關係。

後記：文章完成後，近日再度查閲《古璽彙編》，得如下一方古璽：

（《古璽彙編》三二四五）

璽文之右字與前引之（2）字及（3）、（6）二字所從之聲符無疑當是一字，唯此字右旁從人從“禾”省，這可爲我們前面關於“秀”字字形演變的討論，提供一條中間過渡環節的材料。

① 高亨：《古字通假會典》，濟南：齊魯書社，1989年，第618頁。

古璽印文字考釋（四篇）

一、勝

《古璽彙編》中有一字作如下諸形：

（0947） （0948） （0949） （1910）
（2898） （2994） （2180） （1186）

此字從力乘聲，原編者將之隸定爲“𠡠”，不誤。此字亦常見於楚簡當中，作：

（包山簡 113） （包山簡 164）

（天星觀簡卜筮類）

以聲類求之，上述諸字當釋爲“勝”。《説文》：“勝，任也。从力朕聲。”“乘”“勝”古音同屬舌音蒸部字，故“勝”或可從“乘”聲作。《古文四聲韻》“勝”字引《古老子》古文作“”，與《説文》“乘”字古文“”形體十分接近，可見《古老子》乃是借“乘”爲“勝”。包山簡中“緑組之縢”（牘 1）又寫作“緑組之繩”（簡 270），亦是將“縢”字所從之“朕（䑞）”聲換成“𠡠（勝）”聲。

典籍中“乘”與從“朕（䑞）”聲之字亦多相通假，如《史記·宋微子世家》：“宋伐魯，戰於乘丘。”裴駰《集解》引徐廣曰：“乘，一作‘滕’。”《易·咸·象傳》：“滕口説也。”陸德明《經典釋文》：“滕，九家作乘。”皆其證。

古璽及楚簡中“𠡠”字出現數十例，均用作人名，應是常見人名用字。春秋戰國時期以“勝”爲名者亦甚爲常見，如鄭聲公鄭勝、楚左尹王子勝和平原君趙勝等。從這一點上來看，將“𠡠”字釋爲“勝”也是很合適的。

睡虎地秦簡中有“勝”字作“”，應是秦系文字的寫法，即《説文》小篆所本。

二、成

《古璽彙編》中有一字作：

（0150）

原釋文作“城”。此字亦見於包山楚簡，作：

（100） （120） （151）

或亦釋爲“城”。按，釋“城”誤，包山楚簡中另有字作：

（4） （2）

與《説文》籀文“城”字作“”者相合，故知上舉“”或“”乃“成”字。《説文》“成”字云：“就也。从戊丁聲。”古璽及包山簡諸“成”字俱從“壬”聲。古音“壬”“成”俱屬舌音耕部字，是故“成”字可從“壬”聲作。

《古璽彙編》中又有一字作：

（1696） （1694）

原未釋。按，此字可釋爲“亭”。《説文》“亭”字云：“民所安定也，亭有樓。从高省丁聲。”古璽此字下部從“壬”，是將“亭”字所從之“丁”聲改作“壬”聲。古音“亭”“壬”“丁”俱屬舌音耕部字，是故“亭”可以從“壬”聲作。“亭”字從“壬”聲與“成”字從“壬”聲應屬同類現象，均爲聲符互换。古璽此“亭”字在印文中均用爲姓氏字，古有“亭”姓，見於《姓苑》。

三、葽

戰國印文中有一字作：

（《古璽彙編》3995）

此字亦見於包山楚簡，作：

（255）

按，此字從艸兇聲，即《説文》“葼”字異體。“兇”“嵏”古本一字，故“葼”或可從“兇”聲作。《説文》“稯”字籀文形體作“”，正從“兇”聲。古璽此“葼”字在印文中用作人名。包山簡之“葼”字出現在“葼蘆（菹）二硫（缶）”的辭句當中。“葼”乃草名。《宋書·謝靈運傳》：“蓼蕺葼薺，葑菲蘇薑。”《正字通·艸部》：“葼，小藍曰葼。”菹指醃菜。《説文·艸部》：“菹，酢菜也。”徐鍇《繫傳》：“以米粒和酢以漬菜也。”“葼菹二缶”當指兩缶用葼草製作而成的醃菜。

古璽文字又有一人名用字作：

（《古璽彙編》2126）

此字從艸凶聲。古“凶”“兇”二字音近可通，故此字可能亦是“葼”字異構。

四、䮪

《古璽彙編》中有如下二字：

（5490） （1237）

《古璽文編》將之隸定爲“駽”，入馬部。此二字所從非爲“胥”，實爲“肙”字。《説文》“肙”字篆文作“”，云：“小蟲也。从肉口聲。一曰空也。”《古文四聲韻》引《汗簡》“絹”字作“”，肙旁上部從“口”，信陽簡中“絹”字作“”（13）、“”（15），與《古文四聲韻》相合。古璽此字肙旁中間從“”爲繁飾。包山簡中“絹”字作“”（267）、“”（275），亦作“”（271）、“”（268），與此屬同類現象。《古文四聲韻》引《崔希裕纂古》“狷”字作“”，“肙”旁與上舉古璽之字右旁所從十分接近，不同者僅是將“”旁變爲“”，與

“肙”字《説文》篆文上部形同。“䏍”字見於《説文》。

追記：文章完稿後，近日又查得包山簡之“綠組之縢”（牘 1）、“綠組之䋲”（簡 270）於江陵天星觀竹簡遣册類中又寫作“綠組之繩”（滕壬生：《楚系簡帛文字編》，武漢：湖北教育出版社，1995 年），此條證據更可證將“勳”釋爲“勝”是正確的，“勝”從“乘”聲與“縢”從“乘”聲如出一轍，均爲聲符互换。

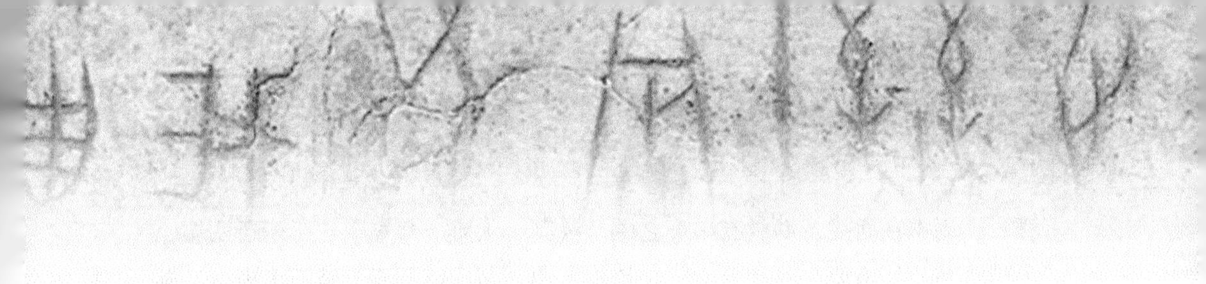

“玄咎”考

《上海博物館藏戰國楚竹書（二）》《子羔》篇中有一段話，内容是孔子向弟子子羔講述夏、商、周三代始祖禹、契、后稷誕生之傳説[①]。原文如下：

> （禹之母……之女）也，觀於伊而得之，㝃（娠）三（簡 11 上段）忎（年）而畫（？）於背而生，生而能言，是禹也。契之母，有娀氏之女（簡 10）也，遊於央台之上，有燕銜卵而措諸其前，取而呑之，㝃（娠）（簡 11 下段）三忎（年）而畫（？）於雁（膺），生乃呼曰：（中文大學藏簡）“欽（？）！”是契也。后稷之母，有邰氏之女也，遊於串咎之内，冬見芺，攼而薦之，乃見人武，履以祈禱曰：帝之武，尚使（簡 12）☐是后稷之母也。三王者之作也如是。子羔曰：然則三王者孰爲☐（簡 13）[②]

該簡當中有一地名“串咎”，原考釋云：“地名，史籍未載。今按司馬貞《補史記·三皇本紀》：‘太皡庖犧氏，風姓，代燧人氏繼天而王。母曰華胥，履大人跡於雷澤而生庖犧於成紀，蛇身人首。’自注：‘按伏犧風姓，出《國語》。其華胥以下，出《帝王世紀》。然雷澤，澤名。即舜所漁之地，在濟陰。成紀，亦地名，按天水有成紀縣。’華胥生庖犧‘履大人跡於雷澤’，和簡狄（引者按，當是姜原之誤）生后稷的得孕方式相同。‘串咎’或可讀爲‘串澤’。‘澤’從睪聲，‘睪’與‘皋’爲通假字，如《戰國策·秦策三》‘則成睪之路不通’，《史記·范雎蔡澤列傳》‘睪’作‘皋’，即‘皐’。‘澤’亦可通假爲‘睪’，《隸釋·楚相孫叔敖碑》‘收九睪之利’，洪适釋：‘澤去水而爲睪。’依華胥得孕的傳説模式，此‘串咎’讀爲‘串

---

① 馬承源主編：《上海博物館藏戰國楚竹書（二）》，上海：上海古籍出版社，2002 年，第 193—198 頁。

② 原書在竹簡編聯上存在問題，釋文主要是根據北京大學陳劍的調整意見寫成的，部分文字亦參考了北京大學張富海的考釋意見。陳劍：《上博簡〈子羔〉、〈從政〉篇的拼合與編連問題》，簡帛研究網，2003 年 1 月 5 日；張富海：《上博簡〈子羔〉篇“后稷之母”節考釋》，簡帛研究網，2003 年 1 月 17 日。

澤’。周本在西戎，西戎有串夷之國。《詩·大雅·皇矣》：‘帝遷明德，串夷載路。’毛傳：‘徙就文王之德也。串，習。夷，常。路，大也。’鄭玄箋：‘串夷，即混夷，西戎國名也。’”

按，以上考釋不確。所謂“串”字原篆作“”，實爲“玄”，張富海已詳論之[①]。以此爲綫索，筆者以爲此地名“玄咎”實際上就是“玄丘”。上古音“丘”爲溪母之部字，“咎”爲群母幽部字，兩字聲紐同爲喉音，韻則很近，例可相通。典籍中“丘”及從“丘”聲之字可與“區”及從“區”聲之字相通，如《荀子·大略》：“言之信者，在乎區蓋之間。”楊倞《注》：“器名區者，與丘同義。《漢書·儒林傳》：‘唐生、褚生應博士弟子選……試誦説，有法，疑者丘蓋不言。’丘與區同也。”《詩·墉風·載馳》：“載馳載驅。”陸德明《釋文》引驅作駈，云：“字亦作驅。”《詩·齊風·還》：“並驅從兩肩兮。”陸德明《釋文》云驅“本又作駈”。而從“區”聲之字又可與從“咎”聲之字相通。例如，《左傳·哀公二年》：“吾伏弢嘔血。”陸德明《釋文》云嘔“本又作嚌”。朱駿聲《説文通訓定聲》：“欬……假借爲歐。《廣雅·釋詁四》：‘欬，吐也。’咎、區雙聲。”即其例。又典籍中“丘”可通“鳩”，如《山海經·西山經》：“鳥多尸鳩。”郭璞《注》：“鳩或作丘。”“鳩”從“九”聲，而同從“九”聲之“氿”可通“晷”“厬”。《詩·小雅·大東》：“有洌氿泉。”陸德明《釋文》云氿“字又作晷”。《爾雅·釋水》：“水醮曰厬。”《説文·水部》“氿”字下引厬作氿。《爾雅·釋水》：“氿泉穴出。穴出，仄出也。”《説文·厂部》：“厬，仄出泉也。从厂晷聲。讀若軌。”“晷”“厬”具從“咎”聲。亦其證。又典籍中“丘”可通“皋”，如《韓詩外傳》卷九：“至則皋魚也，被褐擁鎌，哭於道旁。”《説苑·敬慎》“皋魚”作“丘吾子”。而典籍中“皋”及從“皋”聲之字亦多可與“咎”及從“咎”聲之字相通，其例甚多，玆不贅舉[②]。可見“玄咎”可以讀作“玄丘”。

地名“玄丘”見於典籍，而且往往是與殷祖契母簡狄之感應有關，如：

《史記·三代世表》褚先生引《詩傳》曰：“湯之先爲契，無父而

① 張富海：《上博簡〈子羔〉篇“后稷之母”節考釋》，簡帛研究網，2003年1月17日。
② 高亨：《古字通假會典》，濟南：齊魯書社，1989年，第710—712頁，“皋字聲系”。

生。契母與姊妹浴於玄丘水，有燕銜卵墮之，契母得，故含之，誤吞之，即生契。”

《列女傳·契母簡狄》：“契母簡狄者，有娀氏之長女也。當堯之時，與其妹娣浴於玄丘之水。有玄鳥銜卵，過而墜之，五色甚好。簡狄與其妹娣競往取之。簡狄得而含之，誤而吞之，遂生契焉。”

《宋書·符瑞志上》：“高辛氏之世妃曰簡狄，以春分玄鳥至之日從帝祀郊禖，與其妹浴於玄丘之水，有玄鳥銜卵而墜之，五色甚好，二人競取，覆以玉筐，簡狄先得而吞之，遂孕，胸剖而生契。”

《太平御覽》卷三七一引《帝王世紀》：“簡翟浴玄丘之水，燕遺卵，吞之，剖背生契。”

《太平御覽》卷八〇五引《帝王世紀》：“有燕飛而遺卵，簡翟與妹競取，覆以玉筐。”

典籍中又記有簡狄之感應是與“臺（瑶臺或九成之臺）”有關。如：

《吕氏春秋·音初》：“有娀氏有二佚女，爲之九成之臺，飲食必以鼓。帝令燕往視之，鳴若謚隘。二女愛而争搏之，覆以玉筐。少選發而視之，燕遺二卵，北飛，遂不反。”

《楚辭·天問》：“簡狄在臺嚳何宜？玄鳥致貽女何喜？”王逸《注》：“簡狄，帝嚳之妃也。玄鳥，燕也。貽，遺也。言簡狄侍帝嚳於臺上，有飛燕墮遺其卵，喜而吞之，因生契也。”洪興祖《楚辭補注》：“《詩》云：‘天命玄鳥，降而生商。’玄鳥，鳦也。湯之先祖有娀氏女簡狄配高辛氏，天使鳦下而生商者，謂鳦遺卵，簡狄吞之而生契。爲堯司徒而有功，封之於商也。”

《楚辭·離騷》：“望瑶臺之偃蹇兮，見有娀之佚女。”王逸《注》：“有娀，國名。佚，美也。謂帝嚳之妃，契母簡狄也。配聖帝，生賢子，以喻貞賢也。《詩》曰：有娀方將，帝立子生商。《吕氏春秋》曰：有娀氏有美女，爲之高臺而飲食之。”洪興祖《楚辭補注》：“娀，音嵩。李善引《吕氏春秋》曰：‘有娀氏有二佚女，爲九成之臺。’《淮南子》曰：‘有娀在不周之北，長女簡翟，少女建疵。’《注》云：‘姊妹二人在瑶臺也。’”

《漢書·揚雄傳上》："初累棄彼虙妃兮，更思瑶臺之逸女。"顔師古《注》："《離騷》云'吾命豐隆乘雲兮，求虙妃之所在'。又曰'望瑶臺之偃蹇兮，見有娀之佚女'。此又譏其執心不定也。虙妃，古神女。有娀女，即簡狄也。"

《宋書·樂志》："昔有娀氏有二女，居九成之臺。天帝使燕夜往，二女覆以玉筐，既而發視之，燕遺二卵，五色，北飛不反。"

除此之外，晉代王嘉《拾遺記》中則記簡狄之感應是與"桑野"有關。

《拾遺記》卷二："商之始也，有神女。簡狄游於桑野，見黑鳥遺卵於地，有五色文，作八百字。簡狄拾之，貯以玉筐，覆以朱紱，夜夢神女謂之曰：'爾懷此卵，即生聖子，以繼金德。'狄乃懷卵一年，而有娠，經十四月而生契。祚以八百葉，卵之文也，雖遭旱厄，後嗣興焉。"

由上引材料可以看出以下兩方面的問題。首先，與簡狄感應有關的地名，或稱"玄丘"，或稱"臺（瑶臺或九成之臺）"，或稱"桑野"，但每次僅提到一地，從未見兩地或三地並提者。也就是説，上述三種地名之間不太可能存在内在的關聯。其次，説簡狄在"臺（瑶臺或九成之臺）"感應者在戰國時期就已經出現了，這與簡文云"契之母，有娀氏之女也，游於央臺之上，有燕銜卵而措諸其前，取而吞之"相吻合（"央臺"、"瑶臺"或"九成之臺"雖然表達方式上有所不同，但都提到簡狄之"感應"是與"臺"有關，在這一點上則是一致的）。而有關"玄丘感應"的傳説是在西漢以後才出現，在時間上要晚得多[①]。至於"桑野"，則晚至晉代。因此，就時間上來講，在戰國時期人們的思想觀念中，簡狄之"臺（瑶臺或九成之臺）感應"的傳説恐怕要比其他兩種傳説要更符合當時的實際一些，尤其是這一傳説在《楚辭》當中出現兩次，而本簡則亦是戰國楚簡，可見，這一傳説在當時的楚地是廣泛流傳的。

---

① 今本《竹書紀年》："初，高辛氏之世妃曰簡狄，以春分玄鳥至之日，從帝祀郊禖，與其妹浴於玄丘之水。有玄鳥銜卵而墜之，五色甚好，二人競取，覆以玉筐，簡狄先得而吞之，遂孕。胸剖而生契。"這段話出自《宋書·符瑞志》，參王國維《今本竹書紀年疏證》（《王國維遺書》第12册，上海：上海古籍出版社，1983年，第16—17頁）。故不可據今本《竹書紀年》的這條材料來否定筆者上面的看法。

簡狄既是在“臺（瑶臺、九成之臺或央臺）”感應，那麽，在漢代以及後世文獻中爲何又突然産生了所謂“玄丘感應”的傳説呢？筆者以爲，這一傳説也許並非就是漢代人憑空揑造出來的，而是有其典籍依據的，其來源就正是簡文所説的“后稷之母，有郃氏之女也，遊於玄咎（丘）之内”。也就是説，漢人誤將有關后稷之母姜原的事跡安到了簡狄的頭上了而已。至於《拾遺記》所載之“桑野”，則不知其所出。

《詩・商頌・玄鳥》：“天命玄鳥，降而生商。”也許漢人以爲“玄鳥”是與“玄丘”有關，故而是有意將“玄丘”與簡狄感應的傳説聯繫在一起。

簡文云“遊於玄咎（丘）之内”，有些學者認爲，既稱“内”，則“玄咎”應該是一種較封閉的建築，如果“玄咎”是地名，則不大可能稱“内”。其實，“内”有時候不一定就是針對某種封閉性的建築而言的，而只是與“外”相對的一個概念，如“一國之内”，又如《釋名・釋州國》：“雍州在四山之内。”我們現在還經常説“山内”“山外”。這些“内”只是就某一區域或範圍而言。所以，若從這方面來看，“玄丘之内”也是可以理解的。

最後，筆者對簡文“冬見芙攼而薦之”一句談一點自己的粗淺認識。張富海將其斷句爲“冬見芙，攼而薦之”。在這裏，張富海在文章中的意見有三處是可取的。其一，斷句正確；其二，將“攼”讀作“搴”；其三，關於“芙”字的解釋，皆可信從。但是他對“薦”字的解釋則似可商榷。其文云：“簡文此節謂：姜原遊於玄宫，竟於冬日見可食之芙，於是拔取之，而進獻於上帝。”並引《左傳・隱公三年》：“苟有明信，澗、溪、沼、沚之毛，蘋、蘩、薀、藻之菜，筐、筥、錡、釜之器，潢污、行潦之水，可薦於鬼神”來解釋“薦”字。也就是説，他認爲“薦”字在這裏用爲“進獻”之義。筆者以爲，“攼（搴）而薦之”與前文簡狄之“取而吞之”無論是在句式上還是在思想性上都是一致的。句式上自不必多説。單從思想性上來講，筆者以爲簡文在此所要表達的是簡狄與姜原的一種“無意識”行爲，即她們事先並不知道上帝的降臨。事實上，很多有關“感應”的傳説所反映的都是當事人事先並不知道會發生什麽事情，而等到事後才逐漸明白過來是怎麽回事。姜原在“攼（搴）而薦之”之際，既然並不知道上帝的降臨，所以也就無從將“芙”“進獻”給了上帝。那麽，“薦”

字該如何理解。筆者認爲當“藉墊”講，即姜原於冬日看到“芺”，感覺特別稀奇，拔取之後將它藉墊起來，表示愛惜。《宋書·符瑞志上》及《太平御覽》卷八〇五引《帝王世紀》在講到簡狄得燕卵之後“覆以玉筐”，其“覆”字用法可以參考。《史記·周本紀》：“飛鳥以其翼覆薦之。”則，“覆”與“薦”本就是同一種類型的行爲。

孫叔敖“三相三去”考

孫叔敖，春秋時楚國令尹。傳世典籍中常見孫叔敖“三相三去”的記載，即孫叔敖曾三次出任楚相令尹這一職務，又三次辭去之。這方面的材料很多，如：

《莊子·田子方》：“肩吾問於孫叔敖曰：‘子三爲令尹而不榮華，三去之而無憂色。’”

《荀子·堯問》：“孫叔敖曰：‘吾三相楚而心瘉卑。’”

《呂氏春秋·知分篇》：“孫叔敖三爲令尹而不喜，三去令尹而不憂。”

此外，《淮南子·氾論》《史記·循吏列傳》《史記·鄒陽列傳》《新序·雜事第三·齊鄒陽客游於梁》等篇中也有類似的記述。與孫叔敖的事跡相類似，典籍中又記春秋時楚國令尹子文也有“三相三去”的事跡，如：

《論語·公冶長》：“子張問曰：‘令尹子文，三仕爲令尹，無喜色。三已之，無愠色。’”

《國語·楚語》：“昔鬬子文三舍令尹，無一日之積，恤民之故也。”

《潛夫論·遏利篇》：“楚鬬子文三爲令尹，而有饑色，妻子凍餒，朝不及夕。”

孫叔敖與子文同是春秋時之楚人，二人所處之時代相同，國别相同，亦都曾做過楚國令尹，而且又同時都有“三相三去”的事跡，兩者之間這種驚人的相似性著實令人難以置信。由上引典籍可以看出，有關孫叔敖“三相三去”的記載都是在戰國以後甚至漢代才大量出現的，而有關令尹子文的記載在時間上却要早得多，所以前人曾對孫叔敖“三相三去”的真實性提出過質疑。

例如，清人閻若璩就曾在其《四書釋地》中指出："孫叔敖之令尹，見宣十一年。叔敖死於楚莊王時，約令尹僅七八年。以莊王之賢，豈肯暫已叔敖。意《莊子》、《荀子》，原系子文事，傳訛而爲叔敖。"又盧文弨《鐘山劄記》中也説："《知分篇》（筆者按：指《吕氏春秋·知分篇》）雖有'孫叔敖三爲令尹而不喜，三去令尹而不憂'之語，乃是子文之事誤記耳。"但是由於閻、盧二人之説僅爲推測之辭，在當時並没能舉出十分堅實的證據，所以他們的看法未能贏得學術界的普遍認同，如今人陳奇猷即針對盧文弨提出批評説："不能因子文有三仕三去而證明孫叔敖無三仕三去。盧（筆者按：指盧文弨）謂孫叔敖之三仕三去是子文之事誤記，乃無據之談，失之武斷。"①

1993年，郭店楚墓竹簡出土，該簡《窮達以時》篇中的一段話爲這一問題的合理解決提供了重要綫索。這段話是：

> 孫弔（叔）三射（謝）邔（期）思少司馬，出而爲命（令）尹，堣（遇）楚臧（莊）也。②

簡文中，"孫弔（叔）"即指孫叔敖③。"楚臧（莊）"是指楚莊王。"射"應讀爲"謝"，謝從射聲，自可相通。《説文·言部》："謝，辭去也。"《玉篇·言部》："謝，辭也，去也。"《廣雅·釋詁二》："謝，去也。"又《禮記·曲禮上》："大夫七十而致事，若不得謝，則必賜之几杖，行役以婦人，適四方乘安車。"朱彬《訓纂》引惠棟曰："謝，猶去位也。""邔（期）思"是地名，期思在西周時本屬蔣國之地，《左傳·僖公二十四年》："凡蔣、邢、茅、胙、祭，周公之胤也。"杜預《注》："蔣在弋陽期思縣。"蔣後爲楚所滅，期思遂歸入楚國版圖。《荀子·非相篇》楊倞《注》引杜元凱云："期思，楚邑名，今弋陽期思縣。""少司馬"是官名，亦見於湖北荊門包山楚簡。

---

① 陳奇猷：《吕氏春秋校釋》，上海：學林出版社，1990年，第92頁。

② 荊門市博物館：《郭店楚墓竹簡》，北京：文物出版社，1998年，第145頁。原釋文中誤將"射"讀爲"斥"；地名"邔思"，亦未知即楚地"期思"，今一併改正。詳見拙作：《郭店楚簡拾遺》，《華南師範大學學報》（社會科學版）2000年第3期，第88頁。

③ 荊門市博物館：《郭店楚墓竹簡》，北京：文物出版社，1998年，第146頁，注［11］。

可見，上引簡文“孫㝵（叔）三躲（謝）邛（期）思少司馬，出而爲命（令）尹”的意思是説孫叔敖曾三次辭去期思少司馬這一官職，之後才出任令尹。郭店楚簡出土於湖北荆門，屬楚國故地，整理者認爲其時代相當於戰國中期偏晚，故其關於孫叔敖的記載較之《莊子》《荀子》和《吕氏春秋》等書當具有更高的真實性和可靠性。而據典籍記載，孫叔敖的確曾在期思生活過，之後才出任令尹，例如：

《荀子·非相篇》：“楚之孫叔敖，期思之鄙人也，突秃長左，軒較之下，而以楚霸。”

《吕氏春秋·贊能》：“沈尹莖遊於郢五年，荆王欲以爲令尹，沈尹莖辭曰：‘期思之鄙人有孫叔敖者，聖人也。王必用之，臣不若也。’荆王於是使人以王輿迎叔敖以爲令尹，十二年而莊王霸。”

可見，上述郭店楚簡的材料應當是可信的。典籍中又有孫叔敖在期思時曾“決期思之水”的記載，如：

《淮南子·人間訓》：“孫叔敖決期思之水而灌雩婁之野，莊王知其可以爲令尹也。”

《論衡·超奇》：“叔孫（孫叔）敖決期思［之水］，令君（尹）之兆著。”

筆者以爲此“決期思之水”就應當是孫叔敖任期思少司馬時所做的政績，否則，以其一“鄙人”恐怕是難以辦得到的。之後孫叔敖雖然“三”去其官，其身份又成爲“鄙人”，但人們依然認爲他非同一般，所以才會有人向楚王推薦他。

綜上所述，筆者認爲孫叔敖應當只有三爲期思少司馬而又三去之的事跡，但因他與子文處於同時代，又都曾作過楚國的令尹，而他三爲期思少司馬又三去之的事跡與子文“三相三去”的事跡也頗有相似之處，所以子文的“三相三去”後來便被誤傳並且安在了孫叔敖的頭上了。

利用郭店楚簡校讀古書二例

傳世典籍經歷代傳抄翻刻，多有訛誤。利用出土的文字材料校讀傳世典籍，自清代考據學興起以來，已經取得了顯著成就。近幾年，戰國楚簡文字材料大量發現並得以公佈。楚簡中的很多文句可以和傳世典籍中的文句相對應，有些篇章甚至可與傳世典籍直接對讀，爲我們校讀古書提供了更多的便利。本文擬舉兩個利用郭店楚簡文字材料校讀古書的例子，供讀者參考。

一

今王弼注本《老子》第五十四章首句是如下一段話：

> 善建者不拔，善抱者不脱，子孫祭祀不輟。

這段文字之“建”“拔”“抱”和“脱”四字，以往注家均依其本字加以訓解，並無異議，如《韓非子·解老》：“而今也玩好變之，外物引之，引之而往，故曰拔。至聖人不然，一建其趨舍，雖見所好之物不能引，不能引之謂不拔。一於其情，雖有可欲之類，神不爲動，神不爲動之謂不脱。”河上公《老子注》：“善建者不拔：建，立也。善以道立身立國者，不可得引而拔也。善抱者不脱：善以道抱精神者，終不可拔引解脱。”王弼《老子道德經》注：“善建者不拔：固其根而後營其末，故不拔也。善抱者不脱：不貪於多，齊其所能，故不脱也。”宋代吕吉甫《老子道德經注》：“凡物以建而立者，未有不拔者也。唯爲道者建之以常無有，則善建而不拔矣。凡物以抱而固者，未有不脱者也，唯爲道者抱神以静，則善抱而不脱矣。”當代學者如陳鼓應將該句解釋爲“善於建樹的不可拔除，善於抱持的不會脱落”[①]。任繼愈則説：“善於建立的，不可動摇。……善於抱持的，不會脱落。”[②]

按，上引諸説雖然在“建”“拔”“抱”和“脱”四字具體字義的解釋上尚不太統一，但依照其本字加以訓解則代表了學術界的通常看法，但這樣的解釋其實是可以商榷的，因爲這段文字中“不脱”是與“不拔”對言，而“不拔”是被動用法（即不會被别人拔除），而“不脱”則是主動用法（即自身不會將所抱持之物脱落）。一爲主動一爲被動，句式上並不對應。

其實，在今《老子》的其他版本中這段話有兩處異文，一處是“抱”字在傅奕本作“袌”，一處是“脱”字在范應元本作“挩”。但是，由於抱、袌俱從包聲，可以相通；脱、挩俱從兑聲，亦可互通，故這兩處異文也就一直未引起學術界的關注。馬王堆帛書《老子》甲乙篇中“善抱者不脱”這句話均殘缺，所以也未見學術界有關於這句話太多的解釋。郭店楚簡公佈後，簡本《老子》乙簡15—簡16中這句話寫作：

善建者不拔，善伂者不兑，子孫以其祭祀不乚（輟）。[③]

“伂”字，整理者認爲“疑是‘保’字簡寫，今本此字作‘抱’，‘保’‘抱’音義皆近”。“兑”字，整理者從今本讀作“脱”[④]。

關於“伂”字，原文作“”，整理者釋爲“保”應該是正確的。目前，除個别學者外，這一意見已爲多數學者所接受[⑤]。在字義的解釋上，多數學者仍從今本將簡本之“保”讀作“抱”，但也有部分學者注意到了簡本之“保”有可能是正字，並試著依此對整段文字加以解讀，如郭沂認爲“作‘保’義長”，並將前兩句話翻譯爲：“善於建樹的，不可拔除；善於保持的，不會脱失。”[⑥]丁原植認爲前兩句話意謂：“善於建城立國者，

① 陳鼓應：《老子注譯及評介》，北京：中華書局，1984年，第275頁。

② 任繼愈：《老子新譯》，上海：上海古籍出版社，1985年，第176頁。

③ “乚（輟）”字從何琳儀《郭店竹簡選釋》（《文物研究》第12輯，合肥：黄山書社，2000年，第196頁）、張桂光《〈郭店楚墓竹簡〉釋注續商榷》（《簡帛研究2001》，桂林：廣西教育出版社，2001年，第186頁）、白於藍（《郭店楚簡補釋》，《江漢考古》2001年第2期，第55頁）釋讀。

④ 荆門市博物館：《郭店楚墓竹簡》，北京：文物出版社，1998年，第118、120頁。

⑤ 劉信芳：《荆門郭店竹簡〈老子〉解詁》（臺北：藝文印書館，1999年，第66頁）將該字釋爲“休”，讀作“綏”。

⑥ 郭沂：《郭店竹簡與先秦學術思想》，上海：上海教育出版社，2001年，第116—117頁。

不會被拔除而喪國。善於保有天命者，不會被取代而滅亡。”[①]袁紅梅則説“善保者”即善於保持質樸的人[②]。

筆者認爲，儘管郭沂等對“保”字字義的解釋尚不統一，但他們用“保”字來解釋文義則是正確的。簡本之“保”應是正字，王弼本之“抱”和傅奕本之“褒”均是借字（詳見下文）。

關於“兑”字，除趙建偉外，其他學者均從今本讀作“脱”。趙建偉的相關論述如下：

> “善建者不拔”，“建”疑讀爲“楗”或“揵”，訓爲“閉”（《莊子·庚桑楚》《釋文》：“揵，閉也”）；“拔”疑讀爲“發”或“撥”（“撥”爲並母月部字，“發”爲幫母月部字。《左傳·襄公二十九年》“公叔發”，《禮記·檀弓上》鄭注作“公叔拔”），訓爲“開”（《釋名·釋言語》：“發，撥也，撥使開也”、《廣雅·釋詁》：“發，開也”）。“善揵者不發”與《老子·二十七章》：“善閉者無關楗而不可開”同。
>
> 又“善抱者不兑”，“兑”字今本多作“脱”，范應元本作“挩”，擬“兑”、“脱”、“挩”皆讀作“敚”（古“奪”字）。
>
> 總之，這兩句的意思是善閉者不可開，善抱者不可奪[③]。

筆者認爲，趙文對“善建者不拔”的解釋不可取。今王弼注本《老子》第二十七章原文是“善閉無關鍵而不可開也；善結無繩約而不可解”[④]。意思是善於關閉的，不用關鍵（相當於門鎖）却使人不能開啓；善於捆綁的，不用繩索却使人不能解開[⑤]。而《老子》第五十四章“善建者不拔，善抱者不脱”後面還有“子孫祭祀不輟”這句話。從文義上看，“善閉無關鍵而

① 丁原植：《郭店竹簡〈老子〉釋析與研究（增修版）》，臺北：萬卷樓圖書公司，1999年，第320頁。

② 袁紅梅：《郭店楚簡〈老子〉校釋劄記》，南京：南京師範大學碩士論文，2005年，第26頁。

③ 趙建偉：《郭店竹簡〈老子〉校釋》，《本世紀出土思想文獻與中國古典哲學研究論文集》上册，臺北：輔仁大學出版社，1999年，第199頁；又載《道家文化研究（“郭店楚簡”專號）》第17輯，北京：生活·讀書·新知三聯書店，1999年，第260頁。

④ 馬王堆帛書甲本該句作“善閉者無闗（關）籥（鑰）而不可啓也；善結者[無纆]約而不可解也”。帛書乙本該句作“善閉者無關籥（鑰）而不可啓也；善結者無纆約而不可解也”。

⑤ 陳鼓應：《老子注譯及評價》，北京：中華書局，1984年，第176頁；任繼愈：《老子新譯》，上海：上海古籍出版社，1985年，第117—118頁。

不可開也”很難説與“子孫以其祭祀不輟”存在必然聯繫，而“善建者不拔”則同“子孫以其祭祀不輟”關係十分密切，所以不能將“善閉無關鍵而不可開也”與“善建者不拔”等同看待。趙文依照今本將簡本之“保”讀爲“抱”筆者認爲亦不可取，但是，趙文將簡本之“兑”和今本之“脱”“挩”統一讀作“敓（奪）”則是正確的。

典籍中“不拔”一詞有主動和被動兩種用法。主動用法如：

《戰國策·秦二·宜陽之役馮章謂秦王章》：“不拔宜陽，韓、楚乘吾弊，國必危矣！”

《史記·穰侯列傳》：“攻而不拔，秦兵必罷，陶邑必亡，則前功必棄矣。”

被動用法如：

《漢書·揚雄傳下》：“婁敬委輅脱挽，掉三寸之舌，建不拔之策，舉中國徙之長安，適也。”

《後漢書·蔡邕列傳》：“輯當世之利，定不拔之功，榮家宗於此時，遺不滅之令蹤。”

《抱樸子外篇·勖學》：“確乎建不拔之操，揚青於歲寒之後。”

典籍中“不奪”一詞亦有主動和被動兩種用法。主動用法如：

《國語·周語中》：“不奪民時，不蔑民功。”

《管子·小問》：“其收之也，不奪民財。其施之也，不失有德。”

《淮南子·泛論》：“其德生而不辱，予而不奪，天下不非其服，同懷其德。”

《墨子·天志下》：“富不驕貧也，壯不奪老也。”

被動用法如：

《淮南子·人間》：“夫孫叔敖之請有寝之丘，沙石之地，所以累世不奪也。”

《鹽鐵論·險固》：“周之致遠，不以地利，以人和也。百世不奪，非以險，以德也。”

筆者認爲，“善建者不拔，善保者不奪”之“不拔”與“不奪”均是被動用法。《老子》此“不拔”即上引典籍中“建不拔之策”“定不拔之功”和“建不拔之操”之“不拔”。《老子》此“不奪”即上引典籍中“百世不奪”“累世不奪”之“不奪”，故“善建者不拔，善保者不奪”的意思是善於創建（創業）者，就不會被人拔除；善於保守（守業）者，就不會被人奪取，所以才能“子孫以其祭祀不輟”。《老子》這段話所講述的實際上就是創業和守業的問題。馬王堆帛書《老子》甲本卷後古佚書《明君》篇有“是故善戰者其城不圍，善守者其地不亡”語，在句式和語義上均與“善建者不拔，善保者不奪”相仿，可參。

現在，我們回過頭再來看范應元本《老子》之“挩”。《説文》：“挩，解挩也。”《説文》：“敓，强取也。《周書》曰：‘敓攘矯虔。’”從字義來講，“挩”即後世“解脱”“逃脱”之“脱”字之本字[①]，“敓”即後世“搶奪”“奪取”之“奪”字之本字[②]。但是就字形而言，古文字中手旁和攴旁在用作形聲字的表義偏旁時常可互换，如《説文》“扶”字古文作“𢻫”，“揚”字古文作“敭”，“播”字古文作“𢾱”，均從攴表義，故“挩”與“敓”完全可以看作是一字之異。《慧琳音義》卷七五“鳥挩”《注》：“挩，義與奪字同，《考聲》從攴作敓。敓，猶强取也。”就是將“挩”與“敓”當作是一字來看待的。有學者研究指出，范應元爲《老子》作集注，特别强調以古本爲依據[③]。故範本之“挩”很可能也是來源於古本《老子》，原本就是當作“敓（奪）”字來用的，保存了《老子》這句話的本來意思，而其他版本中的“脱”，則是後人見“挩”之字義已被“脱”字所取代而人爲校改過來的。

至於今本當中的“抱”和“褎”字，筆者推測，很可能是在後人將“挩（敓）”字校改爲“脱”字後，因“脱”字具有“脱落”之義，字義上更

---

① 段玉裁《説文解字注》“挩”字下注曰：“今人多用脱，古則用挩，是則古今字之異也。今脱行而挩廢矣。”“脱”字亦見《説文》，訓爲“消肉臞也”，用作“解脱”“逃脱”等義是其假借義。

② 段玉裁《説文解字注》“敓”字下注曰：“《吕刑》篇文，今《尚書》作‘奪’，此唐天寶衛包所改。”“奪”字亦見《説文》，訓爲“手持隹失之也”，用作“搶奪”“奪取”等義是其假借義。

③ 劉固盛：《范應元〈老子道德經古本集注〉試論》，《中國道教》2001年第2期，第10頁。

易與“抱”和“裦”二字發生聯繫，故而將“保”字改作讀音與之相近的“抱”或“裦”。

綜上所述，筆者認爲《老子》五十四章首句原本是作“善建者不拔，善保者不敓，子孫以其祭祀不輟”，後人誤將“挩（敓）”校改爲“脫”，在此基礎上又將“保”改作“抱”或“裦”，致使文義不明。

二

今本《禮記·學記》當中有這樣一段話：

> 君子既知教之所由興，又知教之所由廢，然後可以爲人師也。故君子之教喻也，道而弗牽，强而弗抑，開而弗達。道而弗牽則和，强而弗抑則易，開而弗達則思，和易以思，可謂善喻矣。

這段話講述的是儒家的教化思想，其中“道而弗牽，强而弗抑，開而弗達”不是十分容易理解，故歷代注家多有注釋，如：

> 鄭玄《注》：“道，示之以道途也。抑，猶推也。開，爲發頭角。”
>
> 孔穎達《疏》：“此一節明君子教人方便善誘之事。‘故君子之教喻也，道而弗牽’者，喻，猶曉也；道，猶示也；牽，謂牽逼。師教既識學之廢興，故教喻有節，使人曉解之法，但廣開道，示語學理而已。若人苟不曉知，亦不逼急，牽令速曉也。‘强而弗抑’者，抑，推也。謂師微勸學者，使神識堅强，師當隨才而與之，使學者不甚推抑其義而教之。‘開而弗達’者，開，謂開發事端，但爲學者開發大義頭角而已，亦不事事使之通達也。”
>
> 朱彬《禮記訓纂》引方性夫曰：“道之使有所尚，而弗牽之使從，則人有樂學之心。强之使有所勉，而弗抑之使退，則人無難能之病。開之使有所入，而弗達之使知，則人有則得之益。”
>
> 孫希旦《禮記集解》：“愚謂教唯其豫也，故道之而無牽引之煩而和矣。和者，扞格之反也。教唯其時也，故强之而無屈抑之患而易矣。易者，勤苦之反也。教唯其孫也，故迎其機以道之，開其端，不

遽達其意，而人將思而得之矣。思者，壞亂之反也。蓋君子唯知學之所由廢興，故其教喻之善如此。若相觀而善，則存乎朋友之益焉。”

按，上引諸家説解均牽强迂曲。郭店楚墓竹簡《成之聞之》篇簡15—簡16有如下一段話，原整理者釋文如下：

是民可敨道（導）也，而不可弇也；可馯（御）也，而不可掔（賢）也[①]。

其後注［一七］有裘錫圭按語説：“‘掔’與‘馯（御）’爲對文，疑當讀爲‘牽’。‘牽’字亦可作‘掔’，與‘掔’皆從‘臤’聲。”[②]裘按可從。

不難看出，《禮記》之“道而弗牽，强而弗抑”與該簡文十分近似，如依照《禮記》的句式，簡文就可寫作“道而弗弇，御而弗牽”。但兩句話又存在明顯出入，即簡文之“馯（御）”《禮記》作“强”，簡文之“弇”《禮記》作“抑”，簡文中“弇”和“掔（牽）”二字位置與《禮記》中“牽”和“抑”相互顛倒。

《禮記》之“强”字肯定是有問題的。郭店簡《尊德義》簡22：“民可道也，而不可强也。”明言民可引道，而不可强逼。《大戴禮記·曾子立事》：“君子之於子也，愛而勿面也，使而勿貌也，道之以道而勿强也。”[③]亦可相參。可見，“强而弗抑”之“强”是與儒家教化思想相違背的。而簡文“可馯（御）也，而不可掔（賢）也”之“馯（御）”字則不存在這一問題。《大戴禮記·盛德》：“德法者，御民之銜勒也。”《劉子·法術》：“君猶御也，法猶轡也，人猶馬也。”可參照。《禮記》之“强”是否會是誤字？待考。上古音“强”爲群母陽部字，“御”爲疑母魚部字，兩字聲母同爲喉音，韻則陰陽對轉，古音十分接近，故“强”亦可能是“御”之借字。

① 荆門市博物館：《郭店楚墓竹簡》，北京：文物出版社，1998年，第167頁。
② 荆門市博物館：《郭店楚墓竹簡》，北京：文物出版社，1998年，第169頁。
③ 《荀子·大略篇》亦見相同内容的語句。

典籍中弇及從弇聲之字常可與奄及從奄聲之字相通[1]，而從奄聲之“掩”古可通“按”，《荀子·富國篇》：“掩地表畝。”于省吾《雙劍誃諸子新證》：“掩應讀作按。”[2]《淮南子·兵略》：“掩節而斷割，因資而成功。”于省吾《雙劍誃諸子新證》：“掩、按古字通。”[3]可見簡文之“弇”亦可讀作“按”。《玉篇·手部》：“抑，按也。”《廣韻·翰韻》：“按，抑也。止也。”《淮南子·精神》：“捧心抑腹。”高誘《注》：“抑，按也。”可見，簡文之“弇（按）”與《禮記》之“抑”字義相通。

至於簡文中“弇”和“孯（牽）”與《禮記》中“牽”和“抑”位置顛倒的問題，從文義上來看，很顯然簡文要較《禮記》合理。“道”有引導、疏通之義，“弇（按）”則有抑制、抑止之義，詞義剛好相反。“御”有駕馭、統治之義，“牽”有牽制、制約之義，詞義亦相對。《禮記》中“牽”與“抑”位置對調後，“强而弗抑”一句本身就有些矛盾，很令人費解。

至於《禮記》之“開而弗達”，亦很令人費解。“開”字本身就有“達”義。《小爾雅·廣詁》：“開，達也。”可見“開而弗達”之文義亦不通暢。筆者認爲該句當讀作“開而弗撻”。“開”義爲開導。《荀子·儒效篇》：“教誨開導成王。”楊倞《注》：“開導謂開通導達。”撻從達聲，則達自可讀作撻。《玉篇·手部》：“撻，笞也。”《列子·黄帝》：“斫撻無傷痛。”張湛《注》：“撻，打也。”可見，“開而弗達（撻）”義即開導、教化而不要撻伐。《潛夫論·德化》：“是以聖帝明王，皆敦德化而薄威刑。”《劉子·賞罰》：“聖人之爲治也，以爵賞勸善，以仁化養民，故刑罰不用，太平可致。”可參。

《管子·牧民》：“御民之轡，在上之所貴。道民之門，在上之所先。召民之路，在上之所好惡。”“召”當讀爲“詔”，義爲“教”。《莊子·盜跖》：“爲人父者必能詔其子。”陸德明《釋文》：“詔，教也。”《吕氏春秋·審分》：“多其教詔。”高誘《注》：“詔，亦教。”該句

① 高亨：《古字通假會典》，濟南：齊魯書社，1989年，第249頁。
② 于省吾：《雙劍誃諸子新證》，北京：中華書局，1962年，第208頁。
③ 于省吾：《雙劍誃諸子新證》，北京：中華書局，1962年，第391頁。

中“御”“道”“詔”三字用法與《禮記》之“道”“御”“開”三字，亦可參。

綜上所述，筆者認爲《禮記》之“道而弗牽，强而弗抑，開而弗達”原本是作“道而弗抑，御而弗牽，開而弗撻”，傳抄有誤，致使文義扞格難通，後世注家自然也就不得其解了。

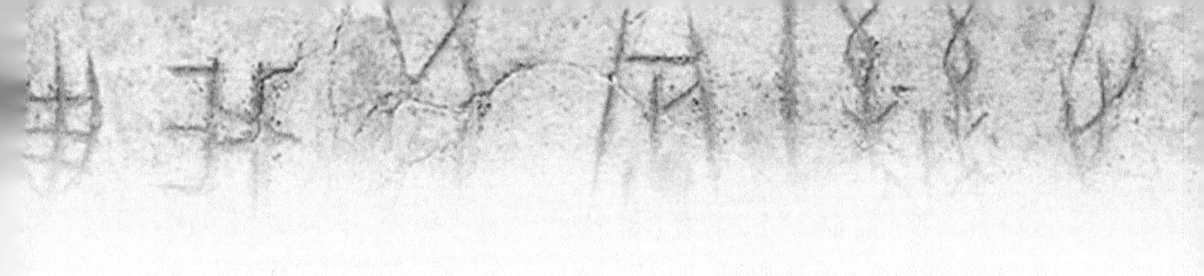

釋“宀”——兼論今本《老子》第三十二章“萬物將自賓”

清華簡《繫年》第九章有一段文字，原整理者釋文如下：

> 壞（襄）而〈夫〉人昏（聞）之，乃𢿚（抱）霝（靈）公以䖒（號）于廷，曰：“死人可（何）辠（罪）？生人可（何）㓝（辜）？豫（舍）亓（其）君之子弗立，而卲（召）人于外，而安（焉）牆（將）宀（寘）此子也？”（簡 51—簡 52）

關於“宀”字，整理者注［一〇］引《左傳·文公七年》：“曰：‘先君何罪？其嗣亦何罪？舍適嗣不立而外求君，將焉寘此？’”與簡文參照，指出“‘宀’即‘寘’字。‘寘’在《説文》新附，云：‘從宀，真聲。’詛楚文與之相合，簡文疑系省作。”[①]

按，“宀”字簡文原形作“”，從宀從貝，整理者隸定爲“宀”，認爲是與《左傳·文公七年》之“寘”字對應，這是正確的。但據此認爲“宀”是“寘”字省寫，則不確。“寘”從“真”聲，楚簡文字中“真”及從“真”之字很常見，曾侯乙墓竹簡中“真”字作“”（簡 124）、“”（簡 140）等形，“填”字作“”（簡 10）；包山楚簡中“真”字大都省作“”（包山簡 270）形，或作“”（牘 1）[②]。天星觀楚簡都省作“”形[③]。此外，楚帛書有字作“”，李零亦釋爲“填”[④]，陳斯鵬從之[⑤]。上博簡《周易·頤卦》與今本“顛”字對應的字作“”（簡

① 李學勤主編：《清華大學藏戰國竹簡（貳）》下册，上海：中西書局，2011 年，第 158 頁。

② 李守奎：《楚文字編》，上海：華東師範大學出版社，2003 年，第 501 頁。

③ 滕壬生：《楚系簡帛文字編增訂本》，武漢：湖北教育出版社，2008 年，第 759 頁。

④ 李零：《李零自選集》，桂林：廣西師範大學出版社，1998 年，第 68、254 頁。

⑤ 陳斯鵬：《戰國楚帛書甲篇文字新釋》，《古文字研究》第 26 輯，北京：中華書局，2006 年，第 343 頁。

24）、“”（簡 25），整理者濮茅左隸定爲“遉”[1]，陳斯鵬、侯乃峰從之[2]。清華簡《芮良夫毖》有字作“”（簡 6），丁若山認爲此字右上“就是‘真’的一種繁形”，全字與上引上博簡《周易》之字當是一字[3]。總之，在所見楚文字當中，未見一例“真”字有可省作“貝”形者。可見，從字形上來講，釋“貞”爲“寘”存在問題。

孟蓬生指出，“這個字應該就是‘實’字的異構，從宀，從貝，會室中實貝之義。由於現有文字資料中‘實’字時代較早，這個字也可以看作實字省去毌字而成”[4]。按，釋“實”可信。但筆者認爲，此字並非由“實字省去毌字而成”。楚簡文字中“實”字很常見，據筆者統計，共有十四例，作如下諸形：

（《信陽楚簡》簡 2—09）　（郭店簡《六德》簡 27）

（郭店簡《六德》簡 28）　（郭店簡《忠信之道》簡 5）

（郭店簡《忠信之道》簡 8）　（上博簡一《孔子詩論》簡 9）

（上博簡二《容成氏》簡 19）　（上博簡三《周易》簡 24）

（上博簡四《采風曲目》簡 3）[5]　（上博簡四《相邦之道》簡 3）

（上博簡四《相邦之道》簡 3）　（上博簡五《弟子問》簡 23）

（清華簡《保訓》簡 6）　（清華簡《皇門》簡 6）

---

① 馬承源主編：《上海博物館藏戰國楚竹書（三）》，上海：上海古籍出版社，2003 年，第 169 頁。

② 陳斯鵬：《戰國楚帛書甲篇文字新釋》，《古文字研究》第 26 輯，北京：中華書局，2006 年；侯乃峰：《〈周易〉文字彙校集釋》，合肥：安徽大學博士學位論文，2007 年，第 510 頁。

③ 丁若山：《讀清華三懸想一則》，簡帛網，2013 年 1 月 12 日。

④ 復旦大學出土文獻與古文字研究中心網論壇發言，http: // www. gwz. Fu dan. edu. cn/Show Post. asp? Thread ID=5415，[2012-1-7]。

⑤ 此字原整理者馬承源（《上海博物館藏戰國楚竹書（四）》，上海：上海古籍出版社，2004 年，第 166 頁）釋爲“賓”，李守奎、曲冰、孫偉龍編著《上海博物館藏戰國楚竹書（一——五）文字編》（北京：作家出版社，2007 年，第 369 頁）釋爲“實”。從字形上看，該字的確是“實”字。

楚簡文字中“敗”字亦十分常見①，絶大多數形體作如下之形：

（包山楚簡簡 54） （曾侯乙墓竹簡簡 56）
（郭店楚簡《老子》丙簡 12） （上博簡四《曹沫之陳》簡 46）

不難看出，楚簡文字中“敗”字常見形體之左旁與“實”字下部所從完全相同。但是，在楚簡文字中又有爲數不多的“敗”字可加以省寫，據筆者統計共有十一例，作如下諸形：

（曾侯乙墓竹簡簡 61） （曾侯乙墓竹簡簡 64）
（曾侯乙墓竹簡簡 66） （包山楚簡簡 128）
（上博簡二《民之父母》簡 9） （清華簡二《繫年》簡 48）
（清華簡二《繫年》簡 54） （清華簡二《繫年》簡 65）
（清華簡二《繫年》簡 82） （清華簡二《繫年》簡 121）
（清華簡二《繫年》簡 135）

這些省寫的“敗”字均省去了左上所從部分，使左旁僅剩“貝”字。筆者認爲，“實”字之省寫作“貟”，與“敗”字左旁省寫爲“貝”如出一轍，當屬平行演化關係。

需要説明的是，儘管就楚簡文字材料來看，“實”字下部所從與“敗”字左旁所從完全相同，但這並不意味筆者就此認爲“實”字下部所從與“敗”字左旁所從來源相同。

《説文》：“（敗），毁也。从攴、貝。敗賊皆从貝，會意。（𣪉），籀文敗从賏。”金文中“敗”字作“”（五年師旋簋）、“”（五年師旋簋）、“”（冉鉦鍼）、“”（鄂君啓舟節），《説文》

① 滕壬生：《楚系簡帛文字編增訂本》，武漢：湖北教育出版社，2008 年，第 308 頁。

籀文之“敗”與金文一脉相承，説明“敗”字左旁原本從“員”[①]。楚簡中“敗”字常見形體左上所從當爲“貝”字省寫。《説文》小篆“敗”字字形則與楚簡中“敗”字之省體形同。

《説文》：“（寶），富也。从宀从貫。貫，貨貝也。”金文中“寶”字作“”（䚄簋）、“”（散氏盤）、“”（國差𦉜），睡虎地秦簡中“寶”字很常見，一般作“”（睡虎地秦簡《日書》乙種簡 31 等）形。以上諸形下部均從“貫”，當即《説文》“寶”字小篆所本。金文另見一字作“”（中方鼎）、“”（中方鼎）、“”（晉姜鼎），從“丨”貫穿“員”形，唐蘭隸定爲“𤰈”[②]。可從。孫詒讓、唐蘭均釋“𤰈”爲“貫”[③]。此説可信。筆者認爲，楚簡所見之“寶”，其下部所從當來源於“𤰈”這種特殊寫法的“貫”字，因“𤰈”與“員”形體十分接近，且楚簡不見“𤰈”字，故訛變爲“員”，變的與楚簡中“敗”字常見形體之左旁同形。另外，《説文》對“寶”字的字形分析是“从宀从貫”，爲會意字，而“貫”又是“貨貝也”，可見“寶”字從“貫（或𤰈）”與從“員”或“貝”，就會意功能而言，並不矛盾。

關於清華簡《繫年》第九章中的“寊（寶）”字用法，前引孟蓬生已指出，當讀作“寘”[④]。亦可信從。上古音“寶”爲船母質部字，“寘”爲章母脂部字。兩字聲母同爲舌音，韻部對轉，音近可通。典籍中“寶”字常可與從“是”聲之字相通，其例甚多，兹不贅舉[⑤]。“寘”從“真”聲，而從“真”聲之字與從“是”聲之字亦可相通。《易·坎》：“寘于叢棘。”陸德明《釋文》：“寘，子夏《傳》作湜，姚作寔。”《説文》：“踶，迎視也。从目是聲。讀若‘珥瑱’之‘瑱’。”即其例。

① 《説文》認爲“敗”字左旁從“賏”，不確。《説文》另見“賏”字，爲“嬰”字所從，與“員”並非一字。

② 唐蘭：《西周青銅器銘文分代史徵》，北京：中華書局，1986 年，第 283 頁。

③ 孫詒讓：《古籀餘論》卷 3《古籀拾遺·古籀餘論》，北京：中華書局，1989 年，第 37 頁；唐蘭：《西周青铜器銘文分代史徵》，北京：中華書局，1986 年。

④ 復旦大學出土文獻與古文字研究中心網論壇發言，http：//www.gwz.fudan.edu.cn/ShowPost.asp?ThreadID= 5415，[2012-1-7]。

⑤ 高亨：《古字通假會典》，濟南：齊魯書社，1989 年，第 462 頁，“是字聲系”；第 569 頁，“寶字聲系”。

又，“賓”字亦常可與從“至”聲之字相通，其例亦甚多，亦無需贅引[①]。而“真”字及從“真”聲之字亦可與從“至”聲之字相通。《易·履》：“履虎尾，不咥人，亨。”馬王堆漢墓帛書本咥作真。《易·履》：“履虎尾，咥人，凶。”馬王堆漢墓帛書本咥作真。《易·損》：“君子以懲忿窒欲。”陸德明《釋文》：“窒，孟作恎，陸作吝。”“吝”即《說文》“慎”字古文“”之隸定形體。可見，清華簡《繫年》之“貢（賓）”，當可從《左傳·文公七年》讀作“寘”。

郭店楚簡本《老子》甲篇簡18—簡19有如下一段文字：

> 道亘（恒）亡名，僕（樸）唯（雖）妻（微），天陞（地）弗敢臣，侯王女（如）能獸（守）之，萬勿（物）牆（將）自貢。

關於“貢”字，原形作“”。整理者注[四六]：“貢，從‘貝’從‘寅’省，‘賓’字異體。”[②]研究者均無異議。整理者之所以將此字釋爲“賓”，蓋有兩方面的原因。一方面，固然是因爲該字在今本以及馬王堆漢墓帛書《老子》甲乙本當中均寫作“賓”[③]；另一方面，蓋是因爲當時所見楚簡文字中的“賓”字十分有限，而郭店簡《性自命出》簡66“賓客之豊（禮）必又（有）夫齊₌（齊齊）之頌（容）”之“賓”作“”，字形與“”十分接近。

筆者認爲，首先，郭店楚簡本《老子》是目前所見時代最早的《老子》抄本，其學術價值尤其是對《老子》原文本義的研究價值已爲學術界公認。根據簡本，經常可以糾正今本和其他各本之誤。比較典型的例子，如今本《老子》第三十五章“執大象，天下往；往而不害，安平太”，在郭店楚簡本《老子》丙篇簡4中“執”作“”，整理者注［七］引裘錫圭按語“此句首字實爲‘埶’，當讀爲‘設’，各本作‘執’恐誤”[④]。這一觀點已爲學術界廣泛接受。又如，今本《老子》第十九章的“絶仁棄義，民

① 白於藍：《戰國秦漢簡帛古書通假字彙纂》，福州：福建人民出版社，2012年，第541頁，“至字聲系”；第542頁，“實字聲系”。

② 荆門市博物館：《郭店楚墓竹簡》，北京：文物出版社，1998年，第115頁。

③ 近年公佈的北京大學藏西漢竹書《老子》（北京大學出土文獻研究所：《北京大學藏西漢竹書（貳）》，上海：上海古籍出版社，2012年）中亦寫作“賓”。

④ 荆門市博物館：《郭店楚墓竹簡》，北京：文物出版社，1998年，第122頁。

復孝慈”，在郭店楚簡本《老子》甲篇簡 1 中寫作“絶僞棄慮，民復季子”，與今本差别很大。經崔仁義、季旭升、許抗生和裘錫圭等多位學者研究，目前來看，郭店楚簡本應該是正確可靠並反映《老子》本義的[①]。此外，郭店楚簡本《老子》甲篇簡 2“視索（素）保（抱）菐（樸），少厶（私）寡欲”，其中“視”字今本作“見”，“保”字今本作“抱”，裘錫圭指出，簡文“視”字“在此當讀爲‘示’”，“視（示）素保朴”“從文義上看似乎比今本好（‘示素’的説法比‘見素’合理。‘保’‘抱’音近可通，但‘保樸’比‘抱樸’好理解），很可能是《老子》的原貌”[②]。郭店楚簡本《老子》甲篇簡 13“衍（道）亘（恒）亡爲也，侯王能[illegible]之，而萬勿（物）牆（將）自憰（化）”，今本《老子》第三十七章和馬王堆漢墓帛書甲乙本中與“[illegible]”字相對應的字均作“守”，牛新房根據字形比較，指出“[illegible]”字當釋爲“御”，並對相關字句作了深入探討[③]。美國漢學家夏含夷幾年以前即指出：“古文字學家通常以爲傳統文獻是閱讀出土文獻的鑰匙。我一點不否認傳統文獻常常能夠起這樣的作用。然而，我不相信任何的鑰匙能夠打開所有的門。有的時候門已經開著，我們只要進入直接閱讀所寫的文字。不但如此，有的時候我們要閱讀出土文獻，傳統文獻會變成一種手銬。我們過去所看的古書都是漢人編的；因此，他們的偏見也成爲我們的偏見。現在我們終於有一個機會超越這種媒介，直接看看先秦時代的文獻。我們如果堅持我們舊有的閱讀習慣，一定要通過漢人的眼光看古文字資料，恐怕我們會失掉某些極其難得的信息。”[④]因此，儘管目前所見《老子》的其他版本當中“賓”字均寫作“賓”，但我們仍不能忽視郭店楚簡本《老子》

---

① 崔仁義：《荆門郭店楚簡〈老子〉研究》，北京：科學出版社，1998 年，第 44、62 頁。季旭升：《讀郭店楚墓竹簡劄記》，《中國文字》新 24 期，臺北：藝文印書館，1998 年，第 132—134 頁。許抗生：《初讀郭店楚簡〈老子〉》，《中國哲學》第 20 輯，沈陽：遼寧教育出版社，1999 年，第 99、102 頁。裘錫圭：《糾正我在郭店〈老子〉簡釋讀中的一個錯誤》，《郭店楚簡國際學術研討會論文集》，武漢：湖北人民出版社，2000 年，第 25 頁。

② 裘錫圭：《以郭店〈老子〉簡爲例談談古文字的考釋》，《中國哲學》第 21 輯，沈陽：遼寧教育出版社，2000 年，第 185 頁。

③ 牛新房：《釋郭店楚簡〈老子〉中的“御”字》，《古文字研究》第 28 輯，北京：中華書局，2010 年，第 400 頁。

④〔美〕夏含夷：《簡論“閱讀習慣”——以上博〈周易·汬〉卦爲例》，“2008 年國際簡帛論壇”論文。後收入作者《興與象》，上海：上海古籍出版社，2012 年，第 120 頁。

此處異文的重要性。

其次，就目前所見楚簡當中用作“賓”字的字來看，不外乎有三種情況。第一種是用“丏”爲“賓”，第二種是直接寫作“賓”[①]，第三種是“賓”“瀕”讀作“賓”。

第一種情況如：

(1) 郭店簡《語叢一》簡 88：丏（賓）客，青（情）𡩜（貌）之𡕒（文）也。

(2) 郭店簡《語叢三》簡 55+簡 60：丏（賓）客之用繙（幣）也，非正内（納）賜（貨）也，豊（禮）杙（必）兼[②]。

(3) 上博簡二《容成氏》簡 5：四海（海）之外丏（賓），四海（海）之内貞。

(4) 上博簡三《周易・敂（姤）》簡 40：九二：橐（包）又（有）魚，亡（無）咎，不利丏（賓）。

(5) 上博簡七《凡物流形》甲本簡 28+簡 15：得而解之，上丏（賓）於天，下番（播）於囦（淵）[③]。

(6) 清華簡三《良臣》簡 6—簡 7：齊桓（桓）公又（有）龠〈管〉寺（夷）虐（吾），又（有）丏（賓）須亡，又（有）堅（隰）朋。

以上諸例之“丏”字分别作如下諸形：

(1) (2) (3) (4) (5) (6)

第二種情況如：

---

① 丏、賓古本一字分化，參于省吾主編《甲骨文字詁林》，北京：中華書局，1996 年，第 2017—2030 頁。

② 簡 55 與簡 60，采用李零《郭店楚簡校讀記》增訂本（北京：北京大學出版社，2002 年，第 148 頁）、陳偉《郭店竹書别釋》（武漢：湖北教育出版社，2003 年，第 227 頁）的看法連讀，“内（納）”字從陳偉（同上）讀。“賜（貨）”字從李零（同上）、陳偉（同上）讀。

③ 簡 28 與簡 15，參照復旦大學出土文獻與古文字研究中心研究生讀書會《〈上博（七）・凡物流形〉重編釋文》（上海：復旦大學出土文獻與古文字研究中心，2008 年 12 月 31 日）的意見拼合，“丏（賓）”“番（播）”“囦（淵）”三字亦均從該文讀。

（1）郭店簡《性自命出》簡 66：賓客之豊（禮）必又（有）夫齊₌（齊齊）之頌（容）。

（2）上博簡一《孔子詩論》簡 27：虐（吾）奚舍之？賓贈氏（是）已。

（3）上博簡二《容成氏》簡 13：昔舜静（耕）於鬲（曆）丘，匋（陶）於河賓（濱），魚（漁）於靁（雷）澤[1]。

（4）上博簡四《采風曲目》簡 4：羽譔：《嘉賓逌（道）憙（喜）》。

（5）上博簡五《季康子問於孔子》簡 16：☐之必敬，女（如）賓客之事也[2]。

（6）上博簡九《舜王天下》簡 26：舜王天下，三覒（苗）不賓。

（7）清華簡一《楚居》簡 3：妣殹（列）賓于天，晉（巫）戕（咸）賅（該）亓（其）髗（脅）以楚[3]。

以上諸例之"賓"字分别作如下諸形：

（1） （2） （3） （4）[4]

（5） （6） （7）

第三種情况如：

（1）上博簡六《莊王既成》簡 1—簡 2：虐（吾）既果成無鉀〈鐸（射）〉，以共（供）春秋之甞（嘗），以峕（待）四笅（鄰）之貪（賓）[5]。

（2）清華簡第一册《皇門》簡 5：先王用又（有）薙（勸），以

① 此例爲"賓"用作"濱"，爲方便比較，亦置於此處。

② 據福田哲之《上博四〈内禮〉附簡、上博五〈季康子問於孔子〉第十六簡的歸屬問題》（簡帛網，2006 年 3 月 7 日）研究，該簡當歸入上博簡第 2 册《昔者君老》篇，置於《昔者君老》第 2 簡之後。

③ "戕（咸）"字從復旦大學出土文獻與古文字研究中心研究生讀書會《清華簡〈楚居〉研讀劄記》（上海：復旦大學出土文獻與古文字研究中心，2011 年 1 月 5 日）讀。

④ 該字"貝"上所從殘泐不清，也可能是"實"字。"嘉實"一詞常見於古詩賦當中，如南朝沈約《郊居賦》："餐嘉實而却老，振羽服於清都。"南朝丘遲《芳樹詩》："芳葉已漠漠，嘉實復離離。"

⑤ "峕（待）""貪（賓）"二字均從蘇建洲《初讀〈上博（六）〉》（簡帛網，2007 年 7 月 19 日）釋讀。

瀕（賓）右（佑）于上。

以上第三種情況和本文所論關係不大，無需贅述。通過第一、二兩種情況中“丏”與“賓”的字形對比，可以看出在已知所有“丏”和“賓”的字例當中，無一例將“丏”字或“丏”旁直接省寫作“宀”字者。因此，筆者認爲郭店楚簡的整理者將“貭”字分析爲“從‘貝’從‘丏’省，‘賓’字異體”仍有商討的餘地，尤其是“貭”字目前又見於清華簡《繫年》，明顯不用爲“賓”。

筆者認爲，就字形而言，郭店楚簡本《老子》甲本此“貭”字與清華簡《繫年》之“貭”字字形相同，當爲一字無疑，亦當釋爲“實”。“實”字古有富裕殷實之義。《説文》：“實，富也。”《禮記·哀公問》：“好實無厭。”鄭玄《注》：“實，猶富也。”《廣雅·釋詁三》：“實，塞也。”《左傳·宣公十二年》：“實其言，必長晉國。”杜預《注》：“實，猶充也。”《國語·周語上》：“以惡實心。”韋昭《注》：“實，滿也。”《淮南子·主術》：“實曠來遠者。”高誘《注》：“實，滿也。”《詩·周南·桃夭》：“有蕡其實。”王先謙《詩三家義集疏》：“凡物盈於内皆謂之實。”“自實”一詞亦見於典籍。《管子·任法》：“是故人主有能用其道者不事心，不勞意，不動力，而土地自辟，囷倉自實，蓄積自多，甲兵自强。”據此，郭店楚簡本《老子》“萬物將自貭（實）”似可理解爲萬物將會自然富裕殷實。

典籍中亦見有“萬物”與“實”字連用之例。《管子·度地》：“當冬三月，天地閉藏，暑雨止，大寒起，萬物實熟。”《黄帝内經·素問·四氣調神大論》：“夏三月，此謂蕃秀。天地氣交，萬物華實。”《説文》：“庚，位西方，象秋時萬物庚庚有實也。”均其例。《六韜·守國》：“故春道生，萬物榮；夏道長，萬物成；秋道斂，萬物盈；冬道藏，萬物静。”《抱樸子·内篇·塞難》：“萬物盈乎天地之間，豈有異乎斯哉？”亦可參[①]。但是，除《老子》外，典籍中却再未見有“萬物”與“賓”字連用的

①《孫子兵法·地形》：“不盈而從之。”賈林《注》：“盈，實也。”《文選·曹植〈七啓〉》：“覽盈虚之正義。”劉良《注》：“盈，實也。”“盈”之訓爲滿或充亦爲典籍常訓，參宗福邦、陳世鐃、蕭海波主編：《故訓匯纂》，北京：商務印書館，2003年，第1533頁。

例子。這種現象亦從反面爲我們認爲《老子》中此所謂“賓”字原當爲“實”字提供了文獻支撑。

今本《老子》第四十章：“天下之物生於有，有生於無。”第四十二章：“道生一，一生二，二生三，三生萬物。萬物負陰而抱陽，沖氣以爲和。”可見老子認爲天下萬物原本生於虚無之道。第三十七章：“道常無爲而無不爲，侯王若能守，萬物將自化。”説明老子認爲侯王若能守持道之無爲，則萬物將會自然演化[①]。第三十二章：“道常無名。樸雖小，天下莫敢臣。侯王若能守，萬物將自賓。”若依照郭店簡本將“賓”改爲“貢（實）”，則這句話的意思就是侯王若能守道執樸，萬物將會自然富裕殷實。萬物從自生到自化再到自實，這是一個從出生到演化再到殷實繁榮的自然發展過程。這與老子一貫堅持的崇尚自然、任其發展的思想是一致的。今本《老子》第六十四章：“是以聖人欲不欲，不貴難得之貨；學不學，復衆人之所過。以輔萬物之自然而不敢爲。”説明老子認爲聖人對待萬物的做法是輔助其自然態勢而不會加以干預，説的也是這個道理。

今本《老子》第三十二章：“道常無名。樸雖小，天下莫敢臣。侯王若能守，萬物將自賓。”後世注家一般以賓服、服從等相關字義解釋此“賓”字。但在“賓服”於何物上却存在分歧，如河上公《注》：“侯王若能守道無爲，萬物將自賓服從於德也。”陳鼓應認爲“自將賓服於‘道’”[②]。也有注家則認爲是“賓服”於侯王。例如，吕吉甫《老子道德經注》：“侯王若能守，則是以真君君萬物，萬物孰有得其真君而不賓者乎？”丁福保：“侯王若能守樸，則身外百千萬億之化身將自來矣。”[③]曹聚仁：“王侯若能守道，則萬物將自賓服，何以兵爲？”[④]許抗生將帛書《老子》的同段話翻譯爲：“侯王如果能夠保守住它，萬物將自己來賓服。”[⑤]還有些注家則含混其詞，説的不是很明確。例如，如王弼《注》：“抱朴無爲，不以物累其真，不以欲害其神，則物自賓而道自得也。”《老

① 今本之“道常無爲而無不爲”，於郭店楚簡本《老子》甲篇簡13中作“衍（道）亘（恒）亡爲也”。
② 陳鼓應：《老子注譯及評介》，北京：中華書局，1984年，第195頁。
③ 丁福保：《老子道德經箋注》，上海：上海醫學書局，1927年，第22頁。
④ 曹聚仁：《老子集注》，上海：梁溪圖書館，1926年，第92頁。
⑤ 許抗生：《帛書老子注譯與研究》，杭州：浙江人民出版社，1985年，第125頁。

子想爾注》："人不可以貴輕道，當之，萬物皆自賓伏。"[1]蘇轍《老子解》："侯王之尊不能守，則萬物不賓矣。"任繼愈："侯王若能保有它（引者按，指"樸"），萬物將會自動地服從。"[2]高明："侯王若能守道無爲，則萬物將自賓、自化，聽其自然。"[3]

筆者認爲，不論哪種解釋，其實都不好講。這是因爲，從語法句式上來看，第三十二章"侯王若能守，萬物將自賓"與第三十七章"侯王若能守，萬物將自化"的語法句式應該相同，"自化"顯然是自然演化之義，若將"自賓"之"賓"理解爲賓服於某，則在語法結構上難以與"自化"對應。但若將此"賓"字改爲"實"，則自然殷實與自然演化顯然可以對應起來。《淮南子·繆稱》："勿驚勿駭，萬物將自理；勿撓勿攖，萬物將自清。"筆者認爲，此"自理""自清"與《老子》之"自化""自實"均是用於描述"萬物"自身之自然狀況，而不關涉其他。從這方面來講，郭店楚簡之"貭（實）"字亦較今本及其他版本中的之"賓"字爲優。

最後需要説明的是，今本《老子》第三十二章"樸雖小，天下莫敢臣。侯王若能守，萬物將自賓"這段文字是有韻的，上古音"臣"與"賓"俱爲真部字。筆者將"貭"釋爲"實"，"實"爲質部字。上古音質部與真部爲對轉關係，古音亦十分接近，故亦可與"臣"字押韻，並不矛盾。

上博簡第六册《用曰》簡 13 有字作""""。就字形而言，該字右旁所從與清華簡《繫年》之"貭(實)"字同形，可分析爲從爿從貭(實)，隸定作"牘"。該字出現在"又（有）牘才（在）心，嘉悳（德）吉猷；心牘之既權，征民之貼"之語中。清華簡第一册《程寤》簡 9 又有字作""，整理者隸定爲"寬"，認爲該字從爿聲，在簡文中讀作"藏"[4]。該字出現在"可(何)力非人=(人?人)悬(謀)疆(强)，不可以寬(藏)"之語中。筆者認爲，上博簡《用曰》之"牘"與清華簡《程寤》之"寬"當爲一字，均當分析爲從貭（實）爿聲，或許就是"藏"字異構。據清華

① 饒宗頤：《〈老子想爾注〉校箋》，上海：上海古籍出版社，1991 年，第 41 頁。

② 任繼愈：《老子新譯》，上海：上海古籍出版社，1985 年，第 130 頁。

③ 高明：《帛書老子校注》，北京：中華書局，1996 年，第 398 頁。

④ 李學勤主編：《清華大學藏戰國竹簡（壹）》下册，上海：中西書局，2010 年，第 139 頁。

簡整理者的釋讀，上博簡《用曰》之“䐗”似可讀作“臧”，訓爲“善”[①]。簡文“又（有）䐗（臧）才（在）心”即有善在心。“心䐗（臧）之既權”這句話的文義尚不是很清楚，但“心臧”一詞見於典籍。《尚書·酒誥》：“惟曰我民迪，小子惟土物愛，厥心臧，聰聽祖考之彝訓。”僞孔《傳》：“文王化我民，教道子孫，惟土地所生之物皆愛惜之，則其心善。”

① “臧”之訓“善”，爲典籍常訓，參宗福邦、陳世鐃、蕭海波主編：《故訓匯纂》，北京：商務印書館，2003年，第1878頁。

附録　本書所收論文原載信息

1. 《説甲骨卜辭中“南”字的一種特殊用法》，《中國文字》新 32 期，臺北：藝文印書館，2006 年。

2. 《師永盂新釋》，《考古與文物》2010 年第 5 期。

3. 《“玄衣臗純”新解》，《中國文字》新 26 期，臺北：藝文印書館，2000 年。

4. 《金文校讀三則》，《考古與文物》2013 年第 6 期。

5. 《釋屭羌鐘銘文中的“乂”字》，《古文字研究》第 29 輯，北京：中華書局，2012 年。

6. 《釋中山王嚳方壺中的“屬”字》，《古文字研究》第 25 輯，北京：中華書局，2004 年。

7. 《讀中山三器銘文瑣記》，《古文字研究》第 27 輯，北京：中華書局，2008 年。

8. 《曾侯乙墓竹簡中的“鹵”和“櫓”》，《中國文字》新 29 期，臺北：藝文印書館，2003 年。

9. 《曾侯乙墓竹簡考釋（四篇）》，《中國文字》新 30 期，臺北：藝文印書館，2005 年。

10. 《釋包山楚簡中的“巷”字》，《殷都學刊》1997 年第 3 期。

11. 《〈郭店楚墓竹簡〉釋文正誤一例》，《吉林大學社會科學學報》1999 年第 2 期。

12. 《〈郭店楚墓竹簡〉讀後記》，《中國古文字研究》第 1 輯，長春：吉林大學出版社，1999 年。

13. 《讀郭店簡瑣記（三篇）》，《古文字研究》第 26 輯，北京：中華書局，2006 年。

14. 《上海博物館藏竹簡〈容成氏〉“凡民俾敂者”考》，《文物》

2005年第11期。

15. 《〈曹沫之陳〉新編釋文及相關問題探討》，《中國文字》新31期，臺北：藝文印書館，2006年。

16. 《清華簡〈保訓〉篇竹簡編連問題芻議》，《古文字研究》第30輯，北京：中華書局，2014年。

17. 《〈清華大學藏戰國竹簡（叁）〉拾遺》，《中國文字研究》第20輯，上海：上海書店出版社，2014年。

18. 《清華簡〈説命〉三篇校釋》，《中國文字研究》第23輯，上海：上海書店出版社，2016年。

19. 《清華簡〈芮良夫毖〉6—8號簡校釋》，《古文字研究》第31輯，北京：中華書局，2016年。

20. 《讀秦漢簡帛劄記》，《中國文字研究》第17輯，上海：上海人民出版社，2013年。

21. 《〈戰國縱横家書〉"頳"字考》，《古籍整理研究學刊》2002年第4期。

22. 《銀雀山漢簡校釋》，《考古》2010年第12期。

23. 《銀雀山漢簡（貳）校讀六記》，《簡帛》第10輯，上海：上海古籍出版社，2015年。

24. 《阜陽漢簡〈春秋事語〉校讀二記》，《華夏考古》2014年第2期。

25. 《〈王杖十簡〉"本二年""山東復"考》，《中國文字研究》第19輯，上海：上海書店出版社，2014年。

26. 《釋"叏"》，《古文字研究》第28輯，北京：中華書局，2010年。

27. 《釋"娸"》（待刊）。

28. 《釋"㐱"》，《中國文字研究》第14輯，鄭州：大象出版社，2011年。

29. 《釋"為"》，《中國文字研究》第21輯，上海：上海書店出版社，2015年。

30. 《説"綏"》，《中國國家博物館館刊》2015年第1期。

31.《釋裦——兼談秀、采一字分化》，《中國古文字研究》第1輯，長春：吉林大學出版社，1999年。

32.《古璽印文字考釋（四篇）》，《考古與文物》1999年第3期。

33.《“玄咎”考》，《吉林大學古籍整理研究所建所二十周年紀念文集》，長春：吉林文史出版社，2003年。

34.《孫叔敖“三相三去”考》，《中國史研究》2001年第2期。

35.《利用郭店楚簡校讀古書二例》，《華南師範大學學報》（社會科學版）2010年第2期。

36.《釋“賓”——兼論今本〈老子〉第三十二章“萬物將自賓”》，《文史》2014年第4期。

後　　記

筆者從事出土文獻和古文字的學習和研究工作已有二十餘年，本論文集收録的是這二十餘年來所完成論文的一部分，總計三十六篇，大體可以分爲五個部分。第一部分是甲骨文和金文研究，第二部分是戰國簡册文字研究，第三部分是秦漢簡帛文字研究，第四部分是文字考釋，第五部分是其他相關研究。

本次論文集的編撰，在保持各篇論文原貌的基礎上，凡引用學者的説法，在學者姓名後統一去掉了“先生”二字。另外，各篇論文的注釋格式過去並不統一，本次作了統一調整；論文發表之後，有些觀點可以進一步補充或修正，以“編按”的形式附於各篇文末；對個别地方還做了幾個字的增删修改。

在此論文集即將出版之際，筆者對筆者碩士導師劉釗先生和博士導師林澐先生表達衷心的感謝，亦對在北京大學和芝加哥大學訪學期間的兩位合作導師李家浩先生和夏含夷先生表達誠摯的謝意。如果説筆者在學術道路上尚有些許心得或進步的話，與以上四位先生的長期指導和關懷是分不開的。

在系裏的大力支持下，筆者的學生王錦城、吴祺、周悦和楊欣四位同學幫我在較短的時間内完成了本論文集的編撰工作，在此一並致謝。科學出版社的陳亮先生和宋開金先生對本書的順利出版給予了極大的關心和支持，范鵬偉和徐榕榕二位先生對全書進行細緻入微的校勘，在此謹向出版社及四位先生致以崇高的敬意。

白於藍

2017年1月7日於上海嘉怡水岸